# प्रतिदिन आयुर्वेद की प्रशंसा में

'आधुनिक वैज्ञानिकों के लिए वैज्ञानिक तर्क और प्राचीन वैज्ञानिकों तथा समीक्षकों के लिए श्लोकों का इस्तेमाल करते हुए लिखी डॉ. भास्वती की यह पुस्तक उस ज्ञान को पुनर्जीवित करने में सहायता करेगी जिसके सहारे मैं बड़ा हुआ हूँ। उनका लेखन सचेतन आत्म-देखभाल, स्वस्थ आदतों पर ध्यान तथा पुरातन लोगों के ज्ञान के प्रति आदर का इस्तेमाल करते हुए अच्छा जीवन हासिल करने के लिए समर्पित बुद्धिमान जिज्ञासु को आकर्षित करेगा।'

**शशि थरूर**
संसद सदस्य

'भास्वती ने आरोग्यकर्ता के रूप में अपनी प्रतिभाओं को सचमुच सेहतमंद करने वाली औषधियों के बारे में बताने के साथ जोड़ा है। उन्होंने अपने दिल से आने वाले गीत से लिखा है जो प्रकृति के साथ प्रकाश, ध्वनि और संपर्क का उत्सव मनाता है।'

**पंडित राजन और साजन मिश्रा**
पद्म भूषण से सम्मानित और
बनारस घराने के शास्त्रीय हिंदुस्तानी गायक

'भास्वती के पास प्राचीन वैद्यों की तरह रोग को जाँच के बजाय महज रोगी को देखनेभर से पहचान करने की अद्वितीय क्षमता है। व्यक्ति-केंद्रित दृष्टिकोण के साथ यह पुस्तक आयुर्वेद को श्रद्धांजलि है और इसमें बताया गया है कि हमें उन संकेतों की ओर ज़्यादा ध्यान क्यों देना चाहिए जो हमें हमारा शरीर देता है।'

**अशोक एच. आडवाणी**
द बिज़नेस इंडिया ग्रुप, संस्थापक प्रकाशक

‘भास्वती ने दिनचर्या से निकलने वाली संस्कृत को संरक्षित किया है। सुप्रशिक्षित डॉक्टर, वैज्ञानिक व प्रोफ़ेसर के रूप में अपनी निरंतर जिज्ञासा और समर्पण के ज़रिये उन्होंने आयुर्वेद की बुनियादी अवधारणाओं पर रोशनी डाली है। उन्होंने दिलचस्प स्पष्टता, सूक्ष्म मस्तिष्क और असाधारण रूप से संबद्ध आत्मा के साथ कड़ी मेहनत तथा खोज की। वे आयुर्वेद को प्रामाणिक रूप से पढ़ाती हैं क्योंकि वह उनके हृदय में स्थित है।’

**डॉ. वैद्य चंद्रभूषण झा**

पूर्व डीन, आयुर्वेद संकाय, बनारस हिंदू विश्वविद्यालय और
अवकाशप्राप्त प्रोफ़ेसर, रसशास्त्र

‘प्राचीन आयुर्वेद ऋषियों ने दिनचर्या को विकसित किया, जो शरीर की सामान्य लयों को बनाए रखने और सेहतमंद रहने का तरीक़ा है। तार्किक तथा व्यक्तिगत अनुभवों के सहारे डॉ. भास्वती ने इस पुस्तक में दिनचर्या को सजीव रूप में पेश किया है और ख़ासकर व्यस्त जीवन में इसके महत्त्व तथा आवश्यकता को मज़बूती प्रदान की है।’

**वैद्य प्रताप चौहान**

संस्थापक, जीव आयुर्वेद

‘डॉ. भास्वती ने गूढ़ संस्कृत श्लोकों में समाहित आयुर्वेद के युगों पुराने जड़सूत्रों को खोला है। परंपराओं में उनकी मज़बूत जड़ों और आधुनिक जगत को उनके बारे में बताने की उनकी उत्सुकता ने इस पुस्तक को किसी अन्य सच्ची विद्या की तरह बेशक़ीमती बना दिया है।’

**डॉ. पी.आर. कृष्णकुमार**

पद्मश्री से सम्मानित और प्रबंध निदेशक
आर्य वैद्य फ़ार्मेसी, कोयंबटूर

‘फ़ुलब्राइट स्कॉलर के साथी के रूप में मैंने डॉ. भास्वती को उनका जीवन आयुर्वेद के शोध और संरक्षण तथा इसे वापस लोगों के हाथों और दिलों में लाने में लगाते देखा है।’

**गौतम गाँधी**

पूर्व प्रमुख, न्यू बिज़नेस डेवलपमेंट, गूगल इंडिया

# प्रतिदिन आयुर्वेद

# प्रतिदिन आयुर्वेद

## ऐसी आदतें जो आपका जीवन बदल सकती हैं

डॉ. भास्वती भट्टाचार्य

भूमिका अभय देओल

अनुवाद : महेन्द्र नारायण सिंह यादव

पेंगुइन बुक्स
पेंगुइन रैंडम हाउस इम्प्रिंट

**पेंगुइन बुक्स**

यूएसए | कनाडा | यूके | आयरलैंड | ऑस्ट्रेलिया | सिंगापुर
न्यू ज़ीलैंड | भारत | दक्षिण अफ्रीका | चीन

पेंगुइन बुक्स, पेंगुइन रैंडम हाउस ग्रुप ऑफ़ कम्पनीज़ का हिस्सा है,
जिसका पता global.penguinrandomhouse.com पर मिलेगा

पेंगुइन रैंडम हाउस इंडिया प्रा. लि.,
चौथी मंजिल, कैपिटल टावर -1, एम जी रोड,
गुड़गांव 122 002, हरियाणा, भारत

पेंगुइन
रैंडम हाउस
इंडिया

प्रथम अंग्रेज़ी संस्करण पेंगुइन रैंडम हाउस द्वारा 2015 में प्रकाशित
प्रथम हिन्दी संस्करण पेंगुइन रैंडम हाउस द्वारा 2018 में प्रकाशित
प्रथम हिन्दी संस्करण हिन्द पॉकेट बुक्स में पेंगुइन रैंडम हाउस द्वारा 2021 में प्रकाशित


हिन्दी अनुवाद : महेन्द्र नारायण सिंह यादव



10 9 8 7 6 5 4 3 2



ISBN 9780143429869

मुद्रकः रेप्रो इंडिया लिमिटेड



www.penguin.co.in

FSC
www.fsc.org
MIX
Paper from responsible sources
FSC® C047271

This is a legitimate digitally printed version of the book and therefore might not have certain extra finishing on the cover.

तीन लोगों को समर्पित
जिनसे मैंने दिल से
वादा किया था

समर्पण के लिए, केबी
अनुशासन के लिए, पीबीएम
साहस के लिए, बीसीबी

# भूमिका

मैंने अपने जीवनभर आयुर्वेद पर विश्वास किया है। इसके सिद्धांतों को व्यावहारिक तरीक़े से अपनाने और अपने सनकी शेड्यूल के हिसाब से इसे मोड़ने की मेरी इच्छा हमेशा से रही। हममें से कई लोग ऐसा चाहते हैं, लेकिन सुलभ, आसान तरीक़ों से हासिल नहीं कर पाते।

भास्वती ठीक यही करती हैं। वे आयुर्वेद की प्रामाणिकता को सुरक्षित रखते हुए उसे व्यावहारिक बनाती हैं। बेहतरीन संस्थानों (हार्वर्ड, यूपेन्न, कोलंबिया, प्रिंसटन, रश, कॉरनेल व बनारस हिंदू विश्वविद्यालय) से पढ़ाई, और योग्य डॉक्टर, वैज्ञानिक तथा पब्लिक हेल्थ स्पेशलिस्ट की उनकी प्रभावशाली पृष्ठभूमि के साथ-साथ उनके तर्कों और कहानियों ने इस पुस्तक को और अधिक बहुमूल्य बना दिया है। जब मैं न्यू यॉर्क में उनसे मिला था, तब भास्वती आयुर्वेद के ज्ञान को लोगों तक उपयोगी तरीक़े से वापस लाने को अपना मिशन बना चुकी थीं।

पारिस्थितिकी-पर्यावरणविद और विचारशील अभिनेता होने के नाते मैं अपनी त्वचा व चेहरे को स्वस्थ तथा शरीर को फ़िट रखने के लिए हमेशा ऐसा भोजन लेता हूँ, जो संतुष्ट करे और पोषण भी दे।

आयुर्वेद में जेट, ट्रेन तथा फ़िल्मी सेट की शहरी दुनिया की बासी, आसान, एक मिनट में तैयार होने वाली चीज़ें नापसंद की जाती हैं, और एकदम प्राकृतिक चीज़ों को बढ़ावा दिया जाता है। इस विचारधारा के ज़रिये मैंने अपने शरीर की ज़रूरतों को समझा और ऐसी पसंद विकसित की जिनसे मैं मज़े भी कर पाऊँ और स्वस्थ भी बना रह सकूँ।

सुबह जल्दी उठना ऐसी ही एक चीज़ है, जो बहुत अच्छी महसूस होती है। हालाँकि मुझे अक्सर देर रात तक व्यस्त रहना पड़ जाता है जिस वजह से सुबह देर तक सोने की ज़रूरत पड़ती है, फिर भी मैंने पाया है कि *ब्रह्म मुहूर्त* यानी सूरज उगने के साथ ही जागना वास्तव में मेरे तन को मज़बूत बनाता है।

जब भास्वती ने मुझे सबसे पहले दाँतों की सफ़ेदी के लिए *गण्डूष* के बारे में बताया, तो मैंने उत्साहपूर्वक इसे करने के बारे में सिखाने को कहा था! इसे करने के तर्क और तरीक़े की उनकी व्याख्या सुनना बहुत ही अच्छा था। मुझे उनके उपचारों के लिए चेहरा बनने का प्रस्ताव किया गया था।

भास्वती वह इंसान हैं, जो आयुर्वेद को प्राचीन ज्ञान से निकालकर आधुनिक युग में ले आई हैं। जब लोग उनसे पूछते हैं कि आज की एक आधुनिक डॉक्टर आयुर्वेद की इतनी बड़ी समर्थक कैसे हो सकती है, तो वे ज़बर्दस्त प्रमाण देती हैं।

वे होशियार हैं, स्पष्ट बोलती हैं, और दयालु हैं। उनकी क्लीनिकल प्रैक्टिस इसका सर्वश्रेष्ठ सबूत है। उनके इलाज तथा तरीक़ों में श्रेष्ठ प्रामाणिक आयुर्वेद शामिल रहता है, जिसे आधुनिक चिकित्सा की व्यावहारिक ज़रूरत के रूप में हम जानते और पसंद करते हैं।

जब उन्होंने मुझे अपनी क़िताब के बारे में बताया तो मैं बहुत ख़ुश हुआ। हर बार त्वचा की कोई समस्या होने पर उनके पीछे पड़ने के बजाय अब मेरे पास एक हैंडबुक है जो कड़े परहेज सुझाकर मुझे मार्गदर्शित कर सकती है। पुस्तक में दिए अधिकतर उपचारों में हल्का-फुल्का बदलाव करके वह मेरे ख़ास दोष के लिए इन्हें चिकित्सकीय उपचार बना सकती हैं।

इस पुस्तक को पढ़ना मज़ेदार भी है। लेखन बेलाग रूप से इंद्रियों को सुख देने वाला और आध्यात्मिक है तथा प्रकृति और आयुर्वेद के तरीक़ों के बीच गुज़रे बचपन से उनके अपने अनुभवों का ख़ुलासा करता है। यह पुस्तक उन लोगों को लाभ पहुँचाएगी जो अपनी सेहत बनाना चाहते हैं और उसमें बदलाव देखना चाहते हैं।

**अभय देओल**

# प्राक्कथन

बहुत समय पहले मेरी सुबहें आम, आधुनिक शहरी तरीक़े से शुरू होती थीं : घड़ी के अलार्म से जागना, एक कप कॉफ़ी, जल्दी-जल्दी शॉवर लेना और एक साथ बहुत तेज़ी से सारे काम निपटाना जिनमें ई-मेल व मरीज़ों की लैब रिपोर्टें चेक करना, घर का सामान व्यवस्थित करते हुए व अपना ब्रीफ़केस जमाते-जमाते खाना खाना, और फिर अस्पताल जाने के लिए मेट्रो की तरफ़ दौड़ लगाना। मैं इन सबमें दक्ष, पारंगत थी और संतुष्ट थी।

कुछ सालों बाद, जब मेरा वज़न बढ़ने लगा, बाल शुष्क होकर झड़ने लगे, और पेट भी अक्सर फूलने लगा, तब मुझे लगा कि ये उम्र बढ़ने के अपरिहार्य लक्षण हैं। मेरे भीतर कहीं से सवाल उठा कि कुछ लोग अस्सी पार करके भी कैसे सेहतमंद बने रहते हैं, जबकि दूसरे लोग बीमार पड़ने लगते हैं। आधुनिक दवाओं में इसके कुछ जवाब मिलते हैं, लेकिन इन अपरिहार्य लक्षणों को दबाने के लिए बहुत सारे टेस्ट और दवाएँ ज़रूरी होती हैं।

इस तरह, मैं सवालों के उस सफ़र पर आगे बढ़ने को प्रेरित हुई कि क्या थकावट से बचा नहीं जा सकता। मैंने आयुर्वेद की गहन जानकारी ली और मेरा परिचय *दिनचर्या* की अवधारणाएँ बताने वाली राह से हुआ। एक बार जब मैंने अंतर्मन की उस आवाज़ के सामने सिर झुका दिया तो मैं अधिक जिज्ञासु और कई चीज़ों को लेकर ज़्यादा जागरूक हो गई। मैंने चेतन रूप से अपनी आम राह से दिशा बदली और चुपचाप अकेले निजी प्रैक्टिस शुरू करने का निर्णय लिया। मैंने ऐसे जाने-माने डॉक्टरों की प्रसिद्धि से दूर रहने की ऐहतियात बरती जो रोग हरने की अपनी बुनियादी भूमिकाओं के प्रति अंधे होने लगते हैं।

कई *ग्रंथों* से मैंने सीखा कि वैदिक काल (क़रीब 10,000 ईसा पूर्व-500 ईस्वी तक) से ही बुद्धिमान लोग लगातार जीवन, दीर्घायु और सुखी होने के आयुर्वेद या *आयुष* के *वेद* के ज्ञान का इस्तेमाल करते रहे, उसमें निपुण रहे और उसे परिष्कृत करते रहे। पिछले 200 वर्षों से अधिक समय से यह ज्ञान आत्म-जागरूकता पर भारी जीत में छिपा हुआ था, वह अधम जीत जिसका सामना भारत ने किया।

हालाँकि, जब मैंने बार-बार भारत आना शुरू किया तो पाया कि उस ज्ञान का देश के हिस्सों तथा शांत कोनों में अब भी अस्तित्व है, और उपचार तथा समग्रता की परंपराओं के रूप में चुपचाप पीढ़ी-दर-पीढ़ी चला आ रहा है, जिसे कई बार आयुर्वेद कहा जाता है और कई बार केवल परंपरा कह दिया जाता है। उन्हें वैधता या स्वीकृति की ज़रूरत नहीं है; उनका निरीक्षण और स्वस्थ रोगी ही पर्याप्त हैं।

जब मैंने पहले पहल आयुर्वेद का अभ्यास आरंभ किया, तो मुझे बताया गया कि यह रोगनिरोधक है, और इससे जुड़ने का सबसे अच्छा तरीक़ा एकल जड़ी-बूटियाँ, कुछ योगासन और कुछ आहार-विहार में बदलाव है। प्रामाणिक रूप से तथा आयुर्वेदिक के *दोष, गुण, अग्नि* और *स्रोतों* की दार्शनिक अवधारणाओं के ज़रिये, मैं अपने प्रिस्क्रिप्शन में रोगी विशेष के लिए जीवन-शैली के बारे में सुझाव भी शामिल करने लगी। मैं मरीज़ों को दवाएँ, सर्जरी व टेस्ट कम बताने लगी और जड़ी-बूटियाँ, तेल, दिनचर्या तथा योगासन ज़्यादा बताना शुरू कर दिया। धीरे-धीरे मेरी प्रैक्टिस बदल गई और उसमें वह सब शामिल हो गया जो मैंने रोगियों तथा प्राचीन, बुद्धिमान डॉक्टरों से सीखा, मेडिकल जर्नल्स व प्राचीन ग्रंथों में पढ़ा, और जो अपने दिल से बटोरा।

जब मैंने देखा कि मेरे आधुनिक दवाओं के काले बैग से असंभव लगने वाली बीमारियाँ भी ठीक हो रही हैं, तो समग्र दवा मेरा कर्म बन गई। मैं टेस्ट और स्कैन की जाँच करती, रोगी मुझे अपनी कहानियाँ बताते, और मैंने उन पर विश्वास करना शुरू कर दिया। वर्ष 2003 में न्यू यॉर्क में कॉर्नेल मेडिकल कॉलेज के एक सामुदायिक अस्पताल ने महिलाओं के लिए एक समग्र चिकित्सा क्लीनिक शुरू किया। मैंने कई वर्षों तक इसका संचालन किया, जब तक कि मैं पूर्णकालिक प्राइवेट प्रैक्टिस नहीं करने लगी। मेरे विद्यार्थियों ने अनुरोध किया कि उनके आधुनिक चिकित्सा प्रशिक्षण में समग्र चिकित्सा के

प्रयोग करने वाला एक छोटा संस्थान शामिल किया जाए। दिनचर्या इंस्टीट्यूट शुरू करने के बाद ही मैंने इस हमनाम की शक्ति के बारे में ज़्यादा गहराई से जानना शुरू कर दिया था।

मुझे जो मिला वह मैं आपको बताना चाहती हूँ : नहाने से पहले जीभ साफ़ करने और तेल की मालिश करने जैसे जीवनशैली में हस्तक्षेपों की खोज न केवल रोग-निरोधक हैं, बल्कि उपचारात्मक भी हैं जो आपको ठीक करेगी और युवा बनाए रखेगी। इस संग्रह में आयुर्वेद के ग्रंथों से लिए गए बयालीस खंड हैं जिनमें तर्कसंगत और व्यावहारिक सुझाव हैं, कुछ विज्ञान है और कुछ कहानियाँ हैं।

यह पुस्तक ऐसे व्यक्ति के लिए लिखी गई है जो अनजाने में शहरी संस्कृति, टेलीविज़न के विज्ञापनों के अवचेतन संदेशों और स्वास्थ्य, विज्ञान तथा सत्य के प्रति परंपरागत चिकित्सा के प्रभावों को स्वीकार कर चुका है। लोकप्रिय संस्कृति में इस आम दर्शन को फैला दिया जाता है कि हमें अपने आप पर, अपने परिवार पर, अपने समुदायों और अपने ग्रह पर पड़ने वाले प्रभाव की परवाह किए बिना अधिक उपभोग करना चाहिए, अधिक संग्रह करना चाहिए, अधिक ख़रीदना चाहिए तथा अधिक करना चाहिए। टिकाऊपन को अपनाने के अभियान के हिस्से के रूप में, स्वास्थ्य और सुख के लिए समग्र चिकित्सा तथा प्राकृतिक उपाय जागरूकता के प्रति संकल्पित लोगों के बीच एक समझ के रूप में उभर रहे हैं। प्राचीन परंपराएँ भले ही देहाती और पुरानी लगें, लेकिन वे आज भी प्रासंगिक हैं, जबकि हम देख रहे हैं कि हमारे ग्रह की 100 साल पहले क्या स्थिति थी, और अब उपभोक्तावाद इसका क्या हाल कर रहा है। अगर हम फिर से ज़मीन से जुड़ने की ओर लौटते हैं तो हम उन बीमारियों का इलाज कर सकते हैं जिन्हें हम असाध्य मानते रहे हैं।

हमें युवा बनने की नहीं, बल्कि स्फूर्तिवान, लोचदार, अपने दिलों से जुड़ा हुआ बनने की ज़रूरत है, समझ के ज़रिये अपनी यात्रा को फिर से ऊर्जावान बनाने की ज़रूरत है जो कि ज़िंदगी है। *दिनचर्या* हमारी अग्नि या आंतरिक आग को पुनःस्थापित करती है, हमारी इंद्रियों को मुक्त करती है, हमारे मन को सुदृढ़ करती है और हमें हमारी आत्मा से जोड़ती है, हमें अपने जीवन का कायाकल्प करने की शक्ति देती है।

# प्रस्तावना

रिक्शे के बग़ल से गुज़र रहे गाँवों को देखते हुए मैं जब माँ की गोद में बैठती हूँ तो नम मिट्टी मेरे पैर के नन्हें अँगूठों में चिपकी दिखती है। जब माँ मौसी को नीम के पेड़ से बनने वाले औषधीय लेपों और घोलों के बारे में बताना शुरू करती हैं तो पास की झाड़ियों से छनकर आने वाली हवा हम तक पहुँच रही होती है। मौसी केवल ध्यान से सुनती रहती हैं, और बंगाल के हरे-भरे उष्णकटिबंधीय ग्रामीण इलाक़ों की रंग-बिरंगी छटा को देखती रहती हैं जो कि मेरी पैतृक भूमि है। बादलों से घिरी दोपहर में जब हम रेलवे स्टेशन की ओर जाते हैं तो रास्ते में घनी झाड़ियाँ अक्सर सड़क पर आ जाती हैं। मैं तब पाँच साल की बच्ची थी और जैसे ही हवा मेरी बाँहों में लगती, हर बार माँ मुझे अपने से और ज़्यादा सटा लेती हैं और मॉनसून की ठंडी नमी से मेरे कंधों को बचाने के लिए अपनी सिल्क की नीली-भूरी धूसर साड़ी में मुझे लपेटकर छिपा लेती हैं। मिट्टी की गाँव की गंध हमारी आत्मा को छू लेती है, जो गर्मी के पिछले सप्ताहों की शहर की गर्म और भारी हवा की तुलना में एकदम ताज़ा कर देने वाली होती है। मेरी माँ रिक्शा वाले पर कोई ध्यान नहीं देती दिखती हैं, लेकिन उसकी मौजूदगी से और हमें सुरक्षित ले जाने में हमारी उस पर निर्भरता का उन्हें पूरा ध्यान है।

यही मेरे बचपन का जंगल है, जहाँ मैं आज भी खेलने चली जाती हूँ। यहीं पर मैं गहरी साँस लेती हूँ, जो भौतिकतावादी जीवन से मुक्त, पश्चातापहीन भावमय तथा निर्भीक आध्यात्मिक होती है। इन पेड़ों के बीच ताज़ा बुद्धि है और गहरा ज्ञान है। हर दिन नया रंग तथा नई ध्वनियाँ लेकर आता है, और दुनिया को सार्थक बनाने वाले रास्तों पर आश्चर्यजनक तरीक़े से परिचित तथा स्थायी निर्भरता को साकार करता है।

## भाग - I

# प्रातःकाल के संस्कार

उस सघन हरे-भरे नीम जंगल से भोर से पहले के धुँधलके और शाहबलूत के बने दरवाज़े से गुज़रते अपने पिता के चिर-परिचित लंबे-लंबे डग से जागते हुए मैं ख़ुद को वास्तव में इस ईंट के पुराने बड़े घर में बड़े कोने वाले शयनकक्ष में पाती हूँ। जैसे ही मैं उठती हूँ, लकड़ी के तख़्त जानी-पहचानी जगहों में चरमराते हैं। पिछले दो दशकों से इस पीले-नीले कमरे में अपने पैरों पर खड़े होने की आवाज़ सुनने की मैं आदी हूँ।

यह भोर से बस थोड़ा पहले का समय है। मेरे पिता हमेशा की तरह अपने बिस्तर से उतर गए हैं और अपनी बेंत के सहारे अंदाज़ का इस्तेमाल करके रसोईघर तक सीढ़ियों की उड़ान लड़खड़ाकर पूरी करते हैं। मेरा उनींदी-आँखों वाला चेहरा उनको ख़ुश करता है। वे *'चा'* कहते हैं और भोजन कुंज में अपनी कुर्सी की तरफ़ चले जाते हैं। वह और मैं, हम दोनों आभारी हैं कि यह दिनचर्या हम दोनों के लिए परिचित है। अपनी आधी-जगी नींद में, मैं सहजता से उनके लिए काली दार्जीलिंग चाय बनाती हूँ, उनके पसंदीदा अंग्रेज़ी प्याले में चाय बनाते समय इस बात का पूरा ख़याल रखती हूँ कि चाय पर्याप्त महोगनी रंग की बने। पूरे रसोईघर में ऊँघते पड़े हुए आधे-भरे कार्डबोर्ड मुझे याद दिलाते हैं कि मुझे इस बात को स्वीकार कर लेना चाहिए कि जल्दी ही हम इस घर को छोड़ने वाले हैं जिसमें मेरे पिता ने उम्मीद की थी कि वे मरते दम तक रहेंगे।

अगले आधे घंटे मैं अपने पिता से बात करती हूँ, वे सक्रिय रूप से सिर हिलाते हैं, उनकी नींद को वश में करती हुई चाय से उनकी आँखें चमकती हैं। पाँच साल पहले आए आघात (स्ट्रोक) के बाद से वह मौखिक रूप से मौन हैं, लेकिन उनकी मौजूदगी गर्जनदार है।

भाग - I

# प्रातःकाल के संस्कार

~ 1 ~

# उठो और चमको

मैं जब छोटी लड़की थी, तब मेरे पिता मुझे उठाया करते थे। *'ओट, ओट।* उठ जाओ...!' मेरे पिता, जिन्हें हम बाबी के *डाक नाम*, यानी बुलाने वाले नाम से पुकारा करते थे, हमारे कमरे में पौ फटने से पहले आ धमकते और एक ऐसी ऊर्जा बिखेर देते जो हमारे सपनों को अस्त-व्यस्त कर देती थी। *'घूमचो? घूमचो?* क्या तुम सो रही हो?' वह अंदर आकर बिस्तर पर मेरे पैरों के पास बैठते और उछलने लगते, *'उठचीश? उठचीश?* तुम जाग गईं क्या?'

'नहीं, बाबी।'

'तो उठ। उठ जा। यह ब्रह्म मुहूर्त है! "अर्ली टू बेड ऐंड अर्ली की राइज़ मेक्स ए गुड गर्ल हेल्दी, वेल्दी ऐंड वाइज़।" *ओट, ओट।'* हमारे घर में भगवान के बाद हमारे माता-पिता का ही स्थान है। जब माता-पिता आदेश देते हैं तो बच्चे बहस नहीं करते। मैं अनिच्छा से खुद को उठाती, और किसी तरह अपनी बहन की नर्म-कोमल बाँहों से खुद को अलग करती, ठुनकती-ठुनकती बैठक में उनके पास जाती थी। मेरे पिता चाहते थे कि सुबह की पावन बेला का जितना सदुपयोग संभव हो, कर लिया जाए। वह मंत्रोच्चार किया करते थे और तब तक करते थे, जब तक कि मेरा हठ टूट न जाए और मैं उठकर उनके पास न चली जाऊँ।

कभी-कभी हम बैठे रहते थे। कभी बरामदे में टहलते थे और वह उनके लिए बनाई गई चाय की चुस्की ले रहे होते थे। अगर मौसम इजाज़त देता तो हम टहलने निकल पड़ते थे, जहाँ पहली किरण के साथ पेड़ों से निकलने वाली ताज़ी ऑक्सीजन हमारी साँसों में घुलने लगती थी। हम जब घर के सुकून

भरे माहौल में लौटते, तो मेरे पिता फ़र्श पर बैठ जाते और ऐसे पवित्र मंत्रों का उच्चारण करते थे जिनसे हमारा मन जागृत हो जाता है। कभी-कभी वह मुझसे उस दिन के अपने विषय पर चर्चा करते थे। यह आम तौर पर वीर्य से संबंधित होता था जो बरसों तक बतौर वीर्य विशेषज्ञ और बांझपन विशेषज्ञ के साथ ही आगे चलकर एचआईवी तथा प्रतिरक्षा विज्ञान के क्षेत्र में उनके कॅरियर में तैरता रहा।

मैं जब ग्यारह वर्ष की थी, तब एक बार उन्होंने मुझे *साइंटिफ़िक अमेरिकन* शीर्षक वाला लेख पढ़ने को दिया था जिसमें यौवन आने से पहले बच्चों की असीम मानसिक क्षमता को विस्तार से बताया गया था। उसी के अनुसार, उन्होंने कई हफ़्तों तक मुझे तड़के चार बजे उठाया ताकि मैं सभी बीस एमिनो एसिड के समूहों को रट सकूँ। एलीफ़ेटिक : ग्लाइसीन-एच, अलैनिन-मिथाइल या $CH_3$; शाखायुक्त शृंखला : वेलिन-एथिल, ल्यूसीन-एथिडाइमिथाइल, आईओल्यूसीन-मेथिल-आईसोप्रोपिल... फिर उन्होंने मुझसे ज़बरन लेहनिंगर की *बायोकेमिस्ट्री पुस्तक* पहले पन्ने से आख़िरी पन्ने तक पढ़वाई ताकि मैं उनके काम को अच्छी तरह समझ सकूँ। मैं अधिकांश शब्दों या संरचनाओं या उनका शरीर के तंत्र से क्या लेना-देना है, इस बारे में ज़्यादा नहीं समझ सकी थी। फिर भी, उसे पढ़ना था। पता नहीं कैसे, पर भोर के उस समय में वह सब आसानी से हो गया। उस समय मैं कुछ भी रट लिया करती थी।

तो इस प्रकार मैंने *ब्रह्म मुहूर्त* के बारे में जाना। तड़के 4 से 6 बजे तक का समय ब्राह्मणों के लिए पवित्र होता है। जो लोग आयुर्वेद से परिचित हैं, वे जानते हैं कि यह समय *वात* का होता है, जब शरीर एकदम हल्का रहता है, जब आत्मा तक हम अपने भारी, बोझिल सांसारिक मन से भी पहुँच सकते हैं। *ब्रह्म मुहूर्त* का संस्कृत में शाब्दिक अर्थ ब्रह्मा के पलों के रूप में लगाया जाता है, वह *ब्रह्मा* जो इस सृजन की ऊर्जा है, वह पल जब सवेरा होने से पहले दिन की रचना चेतना के साथ की जाती है।

***ब्राह्मे मुहूर्त्तउत्तिष्ठेत स्वस्थो रक्षार्थम् आयुष्यः।1।***

स्वास्थ्य की संपूर्ण तंदुरुस्ती को बनाए रखने और उसकी बुद्धि व प्रसन्नता की रक्षा के लिए, व्यक्ति को ब्रह्म मुहूर्त के दौरान जल्दी उठ जाना चाहिए।

वाग्भट्ट का अष्टांग हृदयम्
सूत्र-स्थान; अध्याय 2, श्लोक 1

आदर्श रूप से हमें तड़के 4 से 6 बजे के बीच उठ जाना चाहिए, और यह उस अक्षांश तथा समय क्षेत्र पर निर्भर करता है जिसमें हम रहते हैं। सांसारिक कामों की ज़रूरतों को पूरा करने से पहले हमें अपने आपको 1-2 घंटे का समय देना चाहिए। ऋषि-मुनि यह बात जानते थे। किसानों को भी यह बात पता थी। उन्हें मालूम था कि उन्हें अपने खेतों में दिन रहते ज़्यादा से ज़्यादा समय देने की ज़रूरत है। इसलिए वे भोर के पहले का यह समय अपने शरीर और मन को तैयार करने के लिए दिया करते थे ताकि बाक़ी का समय बाहर बिताया जा सके।

आयुर्वेद हमें सिखाता है कि भोर के इस समय हमें हल्का महसूस होता है। उन पलों को मन और शरीर के बीच बिताना चाहिए, जहाँ हमारी आत्मा हमें अपने जीवन के उद्देश्यों से तालमेल बिठाने में सबसे अधिक सक्षम बनाती है। यह दिन का सबसे ताज़गी भरा और शुद्ध समय होता है, तथा व्यायाम और अपने आपसे जोड़ने के लिए आवश्यक सबसे स्वच्छ ऑक्सीजन प्रदान करता है। इस हल्के एहसास, स्वच्छता और सूक्ष्म ऊर्जा की लहर पर जो भी सवार होना चाहें वे या तो ध्यान लगा सकते हैं या फिर उत्साह के साथ दौड़ लगाने निकल सकते हैं। अपनी सहज भावना का अनुसरण करें, और फिर अपने शरीर की प्रतिक्रिया देखें; यह किस प्रकार आपके साथ है, उससे तालमेल बिठाएँ। परीक्षण और त्रुटि तथा अवलोकन के माध्यम से स्वयं किए जाने वाले इस समायोजन को *उपास्य* कहा जाता है, जिसकी सलाह आयुर्वेद द्वारा आपको अपने शरीर को उसकी ज़रूरत के रूप में ढालने के सबसे अच्छे तरीक़े के रूप में दी जाती है।

- तड़के 4 और 6 बजे के बीच जागें।
- अपने साथ 1-2 घंटे बिताएँ।
- ध्यान लगाएँ या सुबह के हल्केपन, स्पष्टता और सूक्ष्म ऊर्जाओं को आत्मसात करने के लिए दौड़ लगाएँ।

❧ अपने अंतर्मन की सुनें और अपने शरीर की प्रतिक्रिया से देखें कि आपके लिए कैसी गतिविधियाँ कारगर हैं।

❧

ज्योतिषविज्ञानी, भूविज्ञानी और विशेषज्ञ जीवविज्ञानी, इन सभी के मिले-जुले ज्ञान से भरपूर प्राचीन जानकार पुरुषों की कई पीढ़ियाँ बताती हैं कि एक दिन में तीस अवधियाँ होती हैं जिनमें से प्रत्येक 48 मिनट की होती है और इन्हें *मुहूर्त* कहा जाता है। *ब्रह्म मुहूर्त* में भोर से पहले की दो अवधियाँ शामिल होती हैं, जो हल्का उजाला होने के दौरान होती हैं। अगर उस स्थान पर सूर्योदय सुबह 6 बजे होता है, तो *ब्रह्म मुहूर्त* सुबह 4.24 से 5.12 बजे तक होगा। इसमें हर दिन बदलाव आएगा।

ज्ञानी पुरुष इस समय का उपयोग अपनी जानकारी बढ़ाने के लिए किया करते थे, जिसका अर्थ सभी प्रकार से प्रकाश : रोशनी, ज्ञान, गर्मी और प्रफुल्लता को दर्शाता था। यह रात का आख़िरी हिस्सा होता है, जिसके बाद सूर्योदय एक नए दिन की शुरुआत कर देता है। इस समय पर्यावरण भी सबसे स्वच्छ होता है, जिसमें प्रदूषण सबसे कम होता है क्योंकि मनुष्य और जानवर सोए रहते हैं जबकि पेड़ सूर्य के श्वेत और प्रचंडता से पहले के चमकीले प्रकाश का उपयोग स्वच्छ ऑक्सीजन का उत्पादन पूरी रफ़्तार से करने के लिए करते हैं। सुबह से पहले के सुहाने पलों में वातावरण हल्का, स्वच्छ और सूक्ष्म ऊर्जा से पूर्ण रहता है क्योंकि शोर-शराबा नहीं होता।

96 मिनट की इस अवधि में उजाला होने से पहले के 48 मिनट ईश्वरीय शक्तियों और हमारे शरीरों के बीच पवित्र संचार के लिए सबसे महत्त्व पूर्ण समय होता है।

दिन को खंडों में बाँटने के कई पवित्र तरीक़े हैं, जैसे 3-3 घंटे के आठ खंडों के *प्रहर* में इसे बाँटा जाता है। *प्रहर* संदर्भ अवधियाँ होती हैं जो संकेत देती हैं कि विशेष गतिविधियाँ कब की जानी चाहिए। पहला *प्रहर* सूर्योदय के साथ शुरू होता है और यह उठने तथा ध्यान लगाने के लिए होता है। दूसरा *प्रहर* दिन की शुरुआत, घर को व्यवस्थित करने और नाश्ता बनाने के लिए होता है। पाचन तंत्र और प्रतिरक्षा प्रणालियों को स्वस्थ बनाए रखने के लिए दिन के इस दूसरे प्रहर में भोजन करना सबसे अच्छा रहता है। मध्य रात्रि

से तड़के 3 बजे तक का उपान्त्य *प्रहर* सोने का समय होता है। सवेरा होने से ठीक पहले का आख़िरी प्रहर नींद को तोड़ने, रतिक्रीड़ा करने और उठने का समय होता है। दैनिक चक्र का यह *अष्टम प्रहर,* या आठवाँ और अंतिम प्रहर तड़के 3 से सुबह 6 बजे तक चलता है और इसका उपयोग संगीतकारों को रचनाओं पर मार्गदर्शन के लिए किया जाता है क्योंकि इस समय प्रकृति और शरीर के बीच तालमेल अधिकतम होता है।

कभी-कभी, तीन घंटे के इन खंडों को *यामा* भी कहा जाता है। (ध्यान दें यह शब्द *यम* से भिन्न है, जिसका योगशास्त्र में अर्थ नियंत्रण होता है।) *प्रहर* के समान ही, *यामा* दिन के खंडों को बताता है जो सूर्य की शक्ति और कोण के साथ ही इन अवधियों में सबसे उपयुक्त गतिविधियों से जुड़े होते हैं।

- पहले *प्रहर* का आरंभ सूर्योदय के साथ होता है, जो उठने और ध्यान के लिए होता है।
- दूसरा *प्रहर* दिन की शुरुआत, घर को ठीक करने और सुबह का भोजन तैयार करने के लिए होता है।
- तीसरा *प्रहर* भोजन करने के लिए आदर्श होता है।
- उपान्त्य यानी आख़िरी से पहले का *प्रहर* सोने के लिए होता है।
- आख़िरी *प्रहर,* सुबह से ठीक पहले का होता है, जब रतिक्रीड़ा की जाती है और सोकर उठा जाता है।

आयुर्वेद के अनुसार, प्रातःकाल में *वात* का सिद्धांत विद्यमान रहता है।

*वात, पित्त* और *कफ़* शरीर के तीन *दोष* हैं। *दोष* प्रकृति या उन आवेगों के सिद्धांत हैं जो ग़ैर-भौतिक ऊर्जा से उत्पन्न होते हैं और जिनमें चेतनाओं की मंशा होती है। ये इस ब्रह्मांड की उन सारी चीज़ों पर लागू होते हैं, जिन्हें मनुष्य ने बनाया है।

आयुर्वेद ने इस बात को समझा है कि सारी चीज़ें ऊर्जा और तत्व के बीच घूमती हैं। *सांख्य* की दर्शन संबंधी जटिल प्रणाली कहती है कि सारी सांसारिक वस्तुएँ *परात्मा,* या सार्वभौमिक आत्मा की ऊर्जा और मंशाओं

से बनी हैं। यह मानती है कि सारी सांसारिक घटनाएँ आत्मा की ओर से यात्रा करने के प्रयास का परिणाम हैं। इस उद्देश्य सहित यात्रा के लिए आत्मा को प्रकाश की गति की अपेक्षा धीमी गति की आवश्यकता पड़ती है, ठीक उसी तरह जिस प्रकार हमें किसी विशेष पते को खोजते समय अपनी कार की रफ़्तार को कम करना पड़ता है। इसलिए, आत्मा सांसारिक रूप लेती है और उन प्राकृतिक शक्तियों से संचालित होती है जिन्हें *दोष* कहा जाता है। आधुनिक भारतीय भाषाओं में, *दोष* शब्द असुरक्षित या ग़लत क्षेत्रों को बताता है, जिसका अर्थ यह होता है कि भौतिक रूप में हमारी ऊर्जावान आत्मा कमज़ोर रहती है।

अधिकांश आधुनिक भौतिकी तथा अंतरिक्ष के निर्माण का अध्ययन करने वाले कण भौतिकीविदों के अनुसार, किसी परमाणु के नाभिक और उसका चक्कर लगाने वाले इलेक्ट्रॉनों के बीच की जगह किसी ऐसी चीज़ से भरी है जिसे मंशा से प्रभावित किया जा सकता है, जिसे संभवतः... चेतना कहा जाता है। 'कट्टर' वैज्ञानिक इन सिद्धांतों और वैसे आँकड़े को अनदेखा करना पसंद करते हैं, जो उनकी पहले से ही पक्की हो चुकी अवधारणाओं को साथ फ़िट नहीं होते जबकि वे वास्तविक हैं, जिससे बीते 500 वर्षों से हम लोगों के सामने समस्या पैदा हो रही है। उन्होंने चेतना की वास्तविकता को विज्ञान का एक तत्व कहकर ख़ारिज कर दिया है, फिर भी यह भौतिकी के विषय में सामने आया है, जो उनकी कठोर शंकाओं के बीच फल-फूल रहा है। आयुर्वेद ने चेतना के इस विचार को इसके मूल आधारों के साथ हमारी मंशाओं में इन *दोषों* में शामिल किया।

*दोष* भौतिक रूप में नहीं होते, न ही वे 'तत्व' हैं। वे सिद्धांत या बल हैं जो तत्वों - आकाश, वायु, अग्नि, जल और धरती को दर्शाते हैं। वायु और आकाश सबसे हल्के तत्व हैं। वे हल्के, ठंडे, सूखे, कड़े और चलायमान होते हैं। इन गुणों में गति का विषय शामिल रहता है। हवा और आकाश दोनों ही पारदर्शी हैं फिर भी उन्हें उनकी गति और भौतिक जगत से प्रतिक्रियाओं के कारण समझा जा सकता है। हम आकाश का अनुभव ध्वनि से करते हैं। हम वायु को हवा की गति और अपने शरीर के स्पर्श और ध्वनि से अनुभव करते हैं।

शरीर में, गति का विषय अनेक प्रकार के आवश्यक कार्यों तथा पाँच संबंधित संरचनाओं के रूप में सामने आता है जिनकी आवश्यकता उन कार्यों को पूरा करने के लिए होती है।

| केंद्रित वात के क्षेत्र | गतिविधि |
|---|---|
| फेफड़े | साँस |
| वाहिकाएँ | रक्त का प्रवाह |
| जोड़ | शारीरिक गतिविधि |
| आँत | पेट में वायु की गतिविधि |
| मस्तिष्क और तंत्रिकाएँ | तंत्रिका संवेग |

इन क्षेत्रों में बीमारियों से गतिविधियों में खलल पड़ता है और इस कारण शरीर में *वात* असंतुलित हो जाता है। उन्हें *वात* की बीमारियाँ कहते हैं जिन्हें अशांत प्रवाह, कोलाहल, बवंडर तथा तूफ़ान के स्थान पर शांत प्रवाह, शांत वायु और ध्वनि से बदलकर ठीक किया जाता है।

सारी गतिविधियों के लिए शरीर को *वात* की आवश्यकता पड़ती है। इसे *दोषों* का राजा कहा जाता है क्योंकि गतिविधि के कारण ही सारी चीज़ें शुरू होती हैं और आगे बढ़ती हैं।

मन में, *वात* गतिविधि की गुणवत्ता को प्रदर्शित करता है। मन जब हल्का, शीतल, शुष्क और गतिमान होता है, तब व्यक्ति *वात* मन की स्थिति में होता है। संतुलन में व्यक्ति रचनात्मक, तीक्ष्ण विचारक, समस्याओं का तुरंत हल करने वाला और दूरदर्शी बन सकता है। वही व्यक्ति जब असंतुलित हो जाता है, तब *वात* चिंता, भय, मानसिक चिंता और अनिद्रा का रूप ले लेता है।

आयुर्वेद के ज्ञाता पुरुष चेतन मंशाओं के साथ ही अदृश्य शक्तियों से प्रभावित होने वाली गति के स्वरूपों को देखते थे जो भौतिक संसार के व्यवहार को निर्धारित करते हैं। आधुनिक सिद्धांत अब दुनिया भर में इन जैविक स्वरूपों को देखने का महत्त्व खोज रहे हैं, जबकि पहले वे बीमारियों को केवल शरीर की रचना के हिसाब से देखकर बताया करते थे।

बीमारियों को समझाने के लिए वैज्ञानिक जीव विज्ञान, रसायन और भौतिकी में छिपी शक्तियों का उपयोग कर रहे हैं। वे अब 'स्वचालित' व्यवहार को देखने लगे हैं जिसके कारण बीमारियाँ होती हैं। न्यूरोन के कार्यात्मक

योजकशास्त्र में यह अध्ययन किया जाता है कि कैसे व क्यों मस्तिष्क की कोशिकाएँ मस्तिष्क के कार्य को जोड़ती हैं और अपने प्रवाह से उसे संचालित करती हैं। स्वार्म इंटेलिजेंस बुद्धिमानी के प्रवाह के नमूनों के उपयोग से एक इकाई के व्यापक व्यवहार पर ग़ौर करता है। जैसे मधुमक्खियों के व्यवहार का अवलोकन। क्लस्टर एपिडेमियोलॉजी यानी समूह महामारी विज्ञान यह पता लगाता है कि व्यक्तियों और समुदायों के बीच बीमारी किस प्रकार फैलती है। साइमैटिक्स ध्वनि की गूँज के प्रभावों का अध्ययन करता है कि ध्वनि और कंपन का अनुमानित प्रतिमानों में ठोस व तरल पर कैसा असर दिखता है। आयुर्वेद में, इन सभी प्रकार के प्रवाहों और प्रतिमानों को *वात* कहा जाता था क्योंकि उन पर विशेष पलों में सूक्ष्म और स्थूल का नियंत्रण रहता था।

सुबह का *वात* हमारे शरीर व मन में हल्का होने का एहसास, स्पष्टता, शीतलता और सूक्ष्म ऊर्जा लाता है। हल्के, लचीले शरीर वाले वे लोग इस समय परालौकिक ऊँचाइयों को हासिल कर सकते हैं जिनमें हल्का होने और स्पष्टता की भावना रहती है। उन्हें प्रकृति में *वात* के उन गुणों को धारण करना अच्छा लगता है जो उनके शरीर में *वात* की प्रचुरता से मेल खाता है और वे उस महान भावना को पूरे दिन बनाए रखते हैं। भारी-भरकम शरीर वाले लोग उस हल्की तरंग का इस्तेमाल अपनी जड़ता को दूर करने तथा जीने के हवादार क्षेत्र में जाने के लिए कर सकते हैं क्योंकि सभी जीवों में वही *वात* रहता है। लेकिन जिन लोगों में हल्का, लचीला शरीर और भारी जड़ता से बोझिल दिमाग़ रहता है वे असल में गतिमान होने या रचनात्मक गतिविधियों का आरंभ ग़लत तरीक़े से कर अपनी ऊर्जा का कुप्रबंधन कर सकते हैं। आयुर्वेद मौसम विज्ञान का उपयोग किसी सादृश्य के रूप में करता है; क्योंकि हल्की वायु भारी के साथ मिल जाती है और वायु का असंतुलन बवंडर खड़ा कर सकता है, जो कि वातावरण से धरती तक आ सकता है। इस प्रकार के बवंडर *वात* लोगों में या *वात* के रोगों से पीड़ित लोगों में मानसिक कहर पैदा कर सकते हैं। उनके लिए स्थिर करने वाली गतिविधियाँ, जैसे ध्यान लगाना या धीमा योग करना अच्छा रहेगा। यदि संभव हो तो प्रकृति के बीच समय बिताना सबसे अच्छा संतुलन पैदा करने वाला साबित होगा।

अतिरिक्त वज़न वाले लोग या ऐसी बीमारी से ग्रस्त लोग जो अप्राकृतिक भारीपन पैदा करती है, जैसे ट्यूमर, कंजेशन (रक्त संचय) और प्रतिरक्षा संबंधित बीमारियाँ, उन्हें शरीर में ऐसी वायु और ऐसे हल्के होने का अनुभव लाते समय सावधान रहना चाहिए, जो पहले से ही भारी के साथ दुविधा में है। यह अतिरिक्त *वात* ऊर्जा शरीर के असंतुलनों को और अधिक असंतुलित कर उन्हें बढ़ा सकती है। ऐसे लोगों के लिए सबसे अच्छा विकल्प यह है कि यदि उन्हें उत्तेजना की ज़रूरत हो तो वे जागें और एक तेज़, जगा देने वाले टिज़ैन (चाय की पत्तियों के बग़ैर पानी में खौलाए गए मसाले) या चाय पिएँ। उनके लिए ध्यान और प्रकृति के बीच बिताया गया समय संतुलनकारी होता है। सुबह कुछ देर बाद, वे रचनात्मक कार्य कर सकते हैं और अपनी *वात* ऊर्जा का उपयोग मध्य-सुबह में *कफ़* की अवधि के दौरान कार्य को आगे बढ़ाने में कर सकते हैं।

यदि किसी व्यक्ति का शरीर और मन हल्का रहता है, तो *ब्रह्म मुहूर्त* के शुरुआती पलों में शरीर तुरंत स्वस्थ *वात* को ग्रहण कर लेता है। स्वस्थ *वात* गतिविधियाँ स्वास्थ्य के विपरीत *वात* प्रवाहों को बेअसर कर असंतुलन को समाप्त कर देती हैं। उदाहरण के लिए, चिंता से डूबा व्यक्ति हर सुबह जल्दी उठकर अत्यधिक सक्रिय, चिंतित मन के असंतुलन को प्रकृति की सैर या स्वस्थ, संरचनात्मक कसरत से ठीक कर सकता है। कठोर व्यायाम, विवादित बातचीत भरी बेतरतीब सुबह या अंधाधुंध गतिविधि से उस व्यक्ति को शांति नहीं मिलेगी। इन पलों में, कोई भी व्यक्ति सबसे लंबे-चौड़े सुरक्षित स्थान यानी मन को व्यस्त कर अव्यवस्थित *वात* प्रवाह के स्थान पर स्वास्थ्यवर्धक *वात* प्रवाह प्राप्त कर सकता है। इसलिए, चाहे एक स्वस्थ व्यक्ति कितना ही थका क्यों न महसूस करे, उसे सुबह की जादुई शक्ति को एकदम छोड़ना नहीं चाहिए।

- हल्के मन-शरीर वाले व्यक्तियों को *वात* अवधि का सर्वाधिक लाभ उठाना चाहिए।
- भारी-भरकम शरीर वालों को इसका उपयोग हल्के क्षेत्र में जाने के लिए करना चाहिए।
- हल्के शरीर लेकिन भारी मन वाले व्यक्तियों को ध्यान, धीमा योग या प्रकृति में समय बिताने जैसी शांत करने वाली गतिविधियों में खुद को डुबा देना चाहिए।

- यदि आप ट्यूमर, कंजेशन (रक्त संचय) और प्रतिरक्षा संबंधी बीमारियों से पीड़ित हैं तो अतिरिक्त *वात* न लाएँ। जागने पर गर्मागर्म टिज़ैन पिएँ।
- *ब्रह्म मुहूर्त* के प्रारंभिक पल उस व्यक्ति के शरीर में स्वस्थ *वात* को तुरंत बढ़ाते हैं जो स्वस्थ शरीर और मन की ओर पुनर्स्थापित होता है।

आयुर्वेद कहता है कि हमें प्रकृति की उन अद्‌भुत शक्तियों के आगे खुद को समर्पित कर देना चाहिए जो अंतर्निहित रूप से हम पर शासन करती हैं। यह स्थूल से सूक्ष्म के चक्र में घूमती रहती है, और कहती है, 'जैसी यह बाहर संसार में है, वैसी ही शरीर में है।' प्रकृति में तीन पुनरावर्ती चक्र हैं, जो हमारे शरीर में शरीर विज्ञान के अनुरूप बलों से संचालित होते हैं।

पहला है पृथ्वी का अपनी धुरी पर घूमना, जिससे दिन-रात का चक्र चलता है। इसे मस्तिष्क में शीर्ष (पीनियल) ग्रंथि से समझा जा सकता है। यह ग्रंथि कई जानवरों में पाई जाती है और हाइपोथैलेमिक-पिट्यूटरी अक्ष (एचपीए) के साथ संकेतों की धारा के रूप में अनेक प्रकार के शृंखलाबद्ध रसायनों जैसे मेलाटोनिन को उत्पन्न करती है। ये हॉर्मोन, न्यूरोट्रांसमीटरों और रसायनों के ज़रिये पूरे शरीर में विचारों, भावनाओं तथा गतिविधियों को संकेत भेजती हैं जो अंत:संचार के व्यवस्थित जाल में प्रतिक्रिया देते हैं।

दूसरा चक्र धरती के चारों ओर चंद्रमा की परिक्रमा जैसा है। चंद्रमा का यह गुरुत्वाकर्षण महासागरों में चक्रवात पैदा करता है। यह धरती के घूमने के कारण महासागर की सतह पर स्थिर पानी में गति आने तथा विभिन्न महासागरों के बेसिन के बीच कंपन के कारण पैदा होता है। यह पुरुषों और स्त्रियों में मासिक चक्र तथा उससे संबंधित हॉर्मोन के प्रवाह से जुड़ा होता है।

तीसरा चक्र सूर्य के चारों ओर पृथ्वी की परिक्रमा के सदृश है। इससे मौसम बदलते हैं और प्रकृति में परिवर्तन आते हैं जिनसे फूल वाले पौधों व जड़ी-बूटियों के मरने और फिर से जन्म लेने का निरंतर जारी रहने वाला चक्र चलता रहता है। जानवरों, खेतों और पानी की तरह ही पेड़ भी

अपनी लय बदलते हैं। हम पर्यावरण में इन परिवर्तनों को अपने शरीर की पाँच इंद्रियों और अग्नि से महसूस करते हैं। अपनी आंतरिक अग्नि को हम तब बढ़ा देते हैं जब सर्दी होती है और कम करते हैं जब गर्मी लगती है।

ये चक्र और आयुर्वेद के सिद्धांत बेतरतीब नहीं हैं। ये खगोल भौतिकी तथा उन तरीक़ों की गहन जानकारी के अनुसार हैं जिनमें व्यापक विश्व की शक्तियाँ हमारे शरीर को प्रभावित करती हैं। आयुर्वेद को समझने के लिए, हमें अपने आपको सदैव इस कथन को याद दिलाते रहना होगा, 'जैसा स्थूल में है, वैसा ही सूक्ष्म में है।'

इस बात का प्रमाण है कि शरीर प्रकृति के चक्रों से तालमेल बैठाता है। रात के बीचोंबीच, अपनी सबसे गहरी नींद के ठीक बाद, लगभग तड़के 4.30 बजे, हमारे शरीर का तापमान सबसे कम होता है। शरीर के कम तापमान का संबंध स्वस्थ होने से जुड़ा होता है क्योंकि कम तापमान पर प्रोटीन सबसे धीमी गति से काम करते हैं और कम अपशिष्ट पैदा करते हैं। सुधार के कार्य शुरू हो जाते हैं, और इस दौरान ऊतकों - स्वस्थ *कफ़* - के निर्माण व उनके सुदृढ़ होने की प्रक्रिया शुरू हो जाती है। इसलिए हम देखते हैं कि ठंडी जलवायु में रहने वाले लोगों की आयु लंबी होती है, ऋषि-मुनि पर्वतों और ऊँचाई की तरफ़ जाते हैं। प्रतिदिन, हमारा शरीर इस निम्न तापमान पर जाता है ताकि हमें नई शुरुआत मिल सके।

उठने की तैयारी के लिए शरीर का सबसे प्रमुख सुरक्षात्मक हॉर्मोन कॉर्टिसोल *वात* अवधि के दौरान सुबह 6 बजे के क़रीब अपने चरम पर पहुँच जाता है। कॉर्टिसोल का यह स्तर निष्क्रिय शरीर तथा असंबद्ध मन की अवस्था से जागने के तनाव को कम करने में मदद के लिए बढ़ता है। हम अपने स्ट्रेस हॉर्मोन कॉर्टिसोल के साथ तालमेल बैठाने के लिए चेतन गतिविधियाँ करते हैं जो हमें हमारी लय तथा मन पर नियंत्रण दिलाता है।

सूर्योदय के ठीक बाद यानी *ब्रह्म मुहूर्त* के लगभग 2 घंटे बीत जाने पर हमें अपने ब्लड प्रेशर में सबसे तेज़ उछाल का अनुभव होता है, जो हमें दिन की सक्रियता के लिए तैयार करता है। ब्लड प्रेशर में यह वृद्धि एड्रिनलिन में तेज़ क्षणिक वृद्धि से आपस में जुड़ी होती है। यह सर्वविदित तथ्य है कि

एड्रिनलिन और ब्लड प्रेशर में इस वृद्धि को सुबह के इस समय में दुनियाभर में होने वाले हार्ट अटैक के लिए ज़िम्मेदार माना जाता है।

देर रात शरीर में शुरू होने वाला मेलाटोनिन का स्राव सुबह लगभग 7.30 बजे दिनभर के लिए थम जाता है। मेलाटोनिन मन को ख़ुश कर देने वाले मस्तिष्क रसायन सेरोटोनिन के स्राव से पहले रातभर हावी रहता है। सेरोटोनिन एकदम सुबह अपने चरमोत्कर्ष पर रहता है। मेलाटोनिन ऐसे अनेक रसायनों में से एक है जिसे मस्तिष्क में पीनियल ग्रंथि उत्पादित करती है। यह सूरज की रोशनी के प्रति संवेदनशील होता है। यह मस्तिष्क में हाइपोथैलेमिक-पिट्यूटरी एक्सिस के साथ रसायनों की शृंखला तथा संकेतों की धारा का हिस्सा होता है, जो हॉर्मोन, न्यूरोट्रांसमीटर और रसायनों के माध्यम से शरीर में समन्वय स्थापित करता है। ये पूरे शरीर पर परस्पर प्रभाव डालते हैं। यह समन्वय जब अव्यवस्थित हो जाता है, तब असंतुलन के लक्षण बढ़ जाते हैं।

रात की शिफ़्ट में काम कर चुके लोग रात को न सोने की व्यावहारिक सच्चाई को जानते हैं। आधुनिक चिकित्सा ने आख़िरकार 1990 के दशक में मानव शरीर विज्ञान तथा दिन-रात के चक्र के बीच संबंध को मान्यता दी, जिसे शरीर की आंतरिक घड़ी (सर्कैडियन) लय कहा जाता है। इस प्रकार क्रोनोबायोलॉजी के क्षेत्र का उदय हुआ। हाल के दशकों के दौरान नींद में चलने वालों, थके हुए रेजिडेंट चिकित्सकों, रात को काम करने वाले फ़ैक्ट्री मज़दूरों, नर्सों, युवा माता-पिता, ट्रक ड्राइवरों और पायलटों द्वारा होने वाले सिलसिलेवार हादसों के बाद क्रोनोबायोलॉजी में शोध में तेज़ी आई है। आयुर्वेद हमें बताता है कि हॉर्मोन चक्र के साथ तालमेल बिगड़ने के कारण असंतुलन पैदा होगा जिससे मानसिक और शारीरिक बीमारी हो सकती है।

❧

गति *वात* का विषय है। दिन की दो *वात* अवधियाँ सूर्योदय से सूर्यास्त तक, लगभग 3-7 घंटे के दौरान, सुबह तथा दोपहर में होने वाली गतिविधियों और परिवर्तनों को शामिल करती हैं। इन अवधियों को प्रकृति के उतार और प्रवाह के रूप में देखा जा सकता है, और वे दिन-रात की दैनिक लय से संबंधित होते हैं, जो पृथ्वी के अपनी धुरी पर घूमने के कारण होते हैं।

आख़िर प्राचीन काल में लोगों के लिए दिन के इन शुरुआती पलों का इतना महत्त्व क्यों था? दरअसल, इस अवधि के दौरान शुरू प्रवाहों से पूरे दिन की गति निश्चित हो जाती है। आजकल की आधुनिक, शहरी जीवनशैली में, तड़के 3-7 बजे का समय अब भी *वात* का समय है, जो गतिविधियों के तीन विषयों (आत्मा, स्वयं और सुरक्षा) के लिए आदर्श होता है। यह अपनी आंतरिक शक्तियों का नवीनीकरण करने और उनसे जुड़ने का समय होता है। तड़के 4 से 6 बजे तक, हमें आदर्श रूप से चिंतन, शांति, प्रकृति, ध्यान, योग तथा ऐसी ही गतिविधियों में समय बिताना चाहिए जो मन-आत्मा को शरीर तथा उस जीवन से हमें जोड़े जिसकी रचना हमने की है। सुबह 6 से 7 बजे तक हमें आगामी व्यस्त सुबह की तैयारी करनी चाहिए।

- तड़के 4 से 7 बजे तक हमें चिंतन, शांति, प्रकृति, ध्यान, योग तथा इस तरह की गतिविधियाँ करनी चाहिए।
- सुबह 6 से 7 बजे के बीच आगे के दिन की तैयारी करनी चाहिए।

हमारी लय-ताल जीवन की शुरुआत में ही हमारी परवरिश तथा रूटीन के मुताबिक़ निश्चित हो जाती है, जिन्हें सामान्य तौर पर हमारे माता-पिता तय करते हैं और इस बात से निश्चित होती है कि हमारा पालन-पोषण कैसे हो रहा है। उस प्राकृतिक जन्मजात लय को फिर से पाने के लिए, जो इस धरती के सभी जैविक जीवों में मौजूद होती है, व्यक्ति को देर शाम की अपनी अच्छी आदतों पर ध्यान देना चाहिए तथा अच्छी नींद के लिए कार्य करना चाहिए जिससे एकदम सुबह नींद खुल जाए।

बेशक आज के आधुनिक, शहरी संसार में यह बहुत बड़ी चुनौती है। समाज को स्वस्थ दिनचर्या और दिन की समाप्ति पर आराम की सराहना करने जैसा नहीं बनाया गया है। हमें शाम के समय जो भी काम दिया जाता है, उसे पूरा करने के लिए संघर्ष करते हैं या उनमें उलट-फेर करने की कोशिश करते हैं। वास्तव में शाम के इन्हीं पलों में हम अगले दिन की तैयारी करते हैं। आयुर्वेद में शाम को की जाने वाली गतिविधियों को विस्तार से बताया गया है, जिन्हें *रतिचर्या* या बुद्धिमानी भरी रात की चर्या कहा जाता है, जिन्हें इस पुस्तक के अंत में बताया गया है।

इन गतिविधियों में शाम के कार्य शामिल हैं; यदि सफ़र पर हैं तो क्या करें, अगले आधे दिन के माहौल के बारे में जानकारी, शराब का उपयोग, सेक्स में शामिल होना, शाम में लगाया जाने वाला ध्यान, चेतना के साथ दिन का समापन जिसमें स्मरण और समीक्षा की जाती है, और फिर नींद का *रसायन*, या *निद्रा* योग।

यदि आराम, पोषण व देखभाल को पूरा कर लिया गया, तो शरीर, मन और इंद्रियाँ स्थान तथा समय में एक बार फिर से संतुलन को प्राप्त कर लेती हैं, और जीवन के सफ़र के अगले दौर के लिए तैयार हो सकते हैं। हालाँकि, अक्सर ही शरीर थका रहता है, मन विचलित रहता है और इंद्रियाँ उलझी रहती हैं। अगला दिन और भी थकाने वाला होता है, व्यक्ति को अपने सामने के सबक़ और अवसर दिखाई नहीं देते।

इस प्रकार की क्रियाएँ महत्त्वपूर्ण हैं क्योंकि हमें अपनी रोज़ाना की उत्पादकता पर उनके प्रतिकूल असर डालने की ताक़त का अंदाजा नहीं है।

जागरूक बनने की शुरुआत आप अपनी गतिविधियों को सूर्यास्त के बाद दिमाग़ में या पेपर पर लिखकर कर सकते हैं। आप कहाँ जाते हैं? क्या करते हैं? किसके साथ समय बिताते हैं? आपकी पाँचों इंद्रियाँ किन कामों में व्यस्त रहती हैं? आपकी अंतरंगता किसके साथ है? इन प्रश्नों के उत्तर आपको आपके दिन के परिणामों के बारे में दिन के उजाले की तुलना में रात को कहीं अधिक बता देंगे।

- सूर्यास्त के बाद अपनी गतिविधियों को लिखें - आप कहाँ जाते हैं, क्या करते हैं, किसके साथ समय बिताते हैं, आपकी पाँचों इंद्रियाँ किन कामों में व्यस्त रहती हैं, आपकी अंतरंगता किसके साथ है?

चूँकि आयुर्वेद एक व्यक्तिगत प्रणाली है, इस कारण प्रत्येक दिशानिर्देश में कुछ अपवाद हो सकते हैं। सुबह उठने का नियम चार साल से कम उम्र के बच्चों, बुजुर्गों, स्वस्थ या असंतुलित लोगों, छोटे-छोटे बच्चों के माता-पिता, जिन्हें रात तक जागना होता है और सुबह आराम करना होता है तथा रोगियों या बीमारी से ठीक हो रहे लोगों पर लागू नहीं होता।

~ 2 ~

# पुराना खाना, नया खाना

बचपन में, मैं अक्सर घर के बडे लोगों या बहनों के जागने से पहले ही उठ जाया करती थी। बेशक, मेरी खिलखिलाने और खेलने की तीव्र इच्छा होती थी, लेकिन मुझे अक्सर डाँट कर कहा जाता था कि चुपचाप सोई रहो, जब तक कि मेरे साथ सोने वाले उठ न जाएँ। आख़िर में वे उठते और कुछ देर तक आँखें खोलकर चुपचाप पड़े रहते थे। फिर वे झुकते थे और धरती को छूते थे, तब जाकर मुझे बिस्तर पर इधर-उधर जाने और खेलने दिया जाता था।

कॉलेज में, मैं जब नई रूममेट्स व सहेलियों के साथ सोने लगी और कैंपों में समय बिताना शुरू किया, तब मैंने ग़ौर किया कि उनमें से किसी को भी जागने और फिर उठने से पहले मौन रहने की आदत नहीं थी। मुझे लगा कि कोई भी शांत मन लेकर नहीं उठता। कोई भी धरती को प्रणाम नहीं करता। फिर मैंने अपने माता-पिता के मौन को निजी प्रार्थना माना और कभी कोई पूछताछ नहीं की। कई दशकों बाद, एक दिन मेरी माँ ने पूछा कि उठकर जाने से पहले मैंने अपने पेट का अंदाज़ा लिया है। क्या मैंने धरती माँ को प्रणाम किया है। मैं हक्की-बक्की रह गई।

*शरीर-चिंतम् निर्वर्त्य कृतशौचविधीस्ततः ।।1।।*

थोड़ी बहुत या बिना किसी गतिविधि के हमें स्थिर लेटे रहना चाहिए और अपने पेट पर ध्यान देना चाहिए।

वाग्भट्ट का अष्टांग हृदयम्
सूत्र-स्थान; अध्याय 2, श्लोक 1

आयुर्वेद हमें अपनी चेतना और अपने शरीर में बसे जीव के प्रति चेतन बनाता है। यह कहता है कि जब हम जागें, तब आँखें खोलने से अपने संसार को देखें और बिस्तर छोड़ने से पहले मानसिक रूप से बाहरी विश्व में जाएँ। यह हमें चेतन होकर अपने शरीर से जुड़ने के लिए कहता है। दिन की शुरुआत अपनी गतिविधि, अपने भोजन के स्रोत के बारे में सोचते हुए करें।

इस दौरान, हमें पिछले दिन और रात में खाए गए भोजन की स्थिति पर विचार करना चाहिए। क्या पेट साफ़ लग रहा है? क्या वहाँ दर्द है? क्या भूख लगी है? समय के साथ, संचार का यह मार्ग मज़बूत होता जाता है, और आपको अपने पेट की पूरी जानकारी हो जाती है। इस दैनिक क्रिया से ही योगी अपनी स्वचालित क्रियाओं पर नियंत्रण करना सीख लेते हैं। अवचेतन स्तर पर, अगर आप अपनी भूख का स्तर तथा पाचन की शक्ति को जान लें तो आपको ऐसा भोजन चुनने में मदद मिलेगी जो आपकी प्रणाली के लिए सचमुच अच्छा है।

आयुर्वेद मशविरा देता है, 'आप वह हैं जो पचा लेते हैं' न कि 'आप वह हैं जो खाते हैं।' एक बार आपने हर सुबह इस दूसरी *दिनचर्या* का अभ्यास शुरू कर दिया, तो आप अपनी संतुष्टि, चिंता, सच्ची भूख, अपच, पेट फूलने, गैस की गतिविधि या शांति की भावनाओं पर ध्यान देने लगेंगे।

अगर आपने ज़रूरत से ज़्यादा खा लिया था, तो शायद आपने बहुत ज़्यादा पचा लिया और आपको अतिरिक्त खाने का अनुभव होगा। आपके शरीर की अग्नि बुझी हुई महसूस होगी। अगर आप तब तक पी रहे थे, जब तक कि नींद नहीं आ गई, तो शायद आपने बहुत अधिक जड़ता और कसैलेपन को पचा लिया, और आपके शरीर में भूख नहीं रह जाएगी। सुबह का यह अभ्यास आपकी आदतों के प्रति आपको अधिक जागरूक बनाएगा जो हो सकता है आपके शरीर और आपकी आत्मा को लाभ नहीं पहुँचा रही थीं।

अपने पेट से बात करने के बाद, मन और शरीर को एक करने के लिए तुरंत मानसिक कसरत शुरू कर दीजिए। पहले अपनी ग़ैर-दृश्य इंद्रियों

से उस दिन की ऊर्जा को अनुभव कीजिए। कुछ पल वृहत ब्रह्मांड से जुड़ने पर बिताएँ। अपने सिर के शीर्ष से साँस खींचे और सीधे हृदय में (भौतिक हृदय नहीं, बल्कि सीने के केंद्र में) ले जाएँ। आप वर्तमान, अतीत व भविष्य के सभी आध्यात्मिक गुरुओं व सभी सिद्ध हस्तियों से एक सुनहरी, चमकदार करुणा व प्रेम की धारा आती देख सकते हैं। अपने शरीर में चारों ओर प्रवाहित होती उस कृपा का अनुभव कीजिए। अपनी हथेलियों को गर्मी पैदा करने के लिए तेज़ी से रगड़िए और फिर धीरे-धीरे अपने चेहरे की मालिश कीजिए। अपने सिर, बाँहों और हाथों के लिए भी इसी प्रक्रिया को लंबे, सहज रूप से अपनाएँ।

आप जब अपने पैरों समेत, पूरे शरीर की धीरे-धीरे मालिश कर लें, तो उत्तर या पूर्व दिशा का रुख़ कर बिस्तर के किनारे पर बैठ जाएँ। छोटी-सी प्रार्थना करें जिसमें उचित कार्य करने और बढ़ने के प्रति, या बस इस जीवन में अपने धर्म को पाने के लिए सच्ची कृतज्ञता प्रकट करें। यदि यह वास्तविक लगे, तो आप सारे जीवों को मुक्ति देने की इच्छा प्रकट कर सकते हैं और उसे स्पष्ट कर सकते हैं।

- जागने के बाद कुछ पलों तक चुपचाप स्थिर होकर लेटे रहें।
- इस समय अपनी पाचन प्रणाली की स्थिति का आकलन करें।
- शरीर और मन को एक करने के लिए एक त्वरित मानसिक व्यायाम की कल्पना करें।
- अपनी हथेलियों को रगड़ें और पैदा हुई गर्मी से अपने चेहरे की मालिश करें। यही प्रक्रिया अपने शरीर के सभी अंगों को ऊर्जा प्रदान करने के लिए दोहराएँ।

बिस्तर छोड़ने से पहले, नीचे झुकें और अपने हाथ से फ़र्श को छुएँ। पूरी तरह, धीरे-धीरे और कुछ देर के लिए झुकें। आयुर्वेद कहता है कि हमें धरती पर पूरे दिन हर तरफ़ चलने से पहले उसे प्रणाम कर सम्मान देना चाहिए। व्यावहारिक दृष्टि से देखें, तो झुकने से पेट दबता है और आँतों में जमा पुराने तत्व नीचे और बाहर की ओर जाते हैं, इस गतिविधि को *अपान*

*वायु* कहते हैं। यानी मल त्याग और शरीर की मुख्य नली, जिसे *स्रोतशोधन* (*स्रोत*=मार्ग; *शोधन*=सफ़ाई) कहते हैं, की सफ़ाई के लिए तैयार रहना।

आयुर्वेद कहता है कि सोकर उठने पर, *आचमन* यानी अपने दाहिने हाथ से हथेली भर पानी पीना चाहिए। यह पानी गुनगुना या सामान्य होना चाहिए, लेकिन बर्फ़ जितना ठंडा नहीं होना चाहिए। आदर्श रूप से, इसे उबाला जाना चाहिए और रात भर तांबे के पात्र में रखना चाहिए। तांबा शरीर के लिए आवश्यक तत्वों में से एक है, जिसे लोग भारी धातु समझने की भूल करते हैं। तांबे का अंश प्रति दस लाख (पीपीएम) का एक बेहद छोड़ा हिस्सा भी मांसपेशियों को मज़बूत करने और आँतों को साफ़ करने में मदद करता है।

कहा जाता है कि प्रात:काल पिया जाने वाला यह जल पेट तथा शरीर की *जठराग्नि* (कायाकल्प, शरीर को गर्म करने और सूक्ष्म-शरीर की दरारों में प्रवेश करने के लिए अग्नि का मुख्य भंडार) को उत्तेजित कर देता है, रात भर से पेट में सुप्त अवस्था में पड़े अम्लों को कमज़ोर कर बाहर निकालता है, ताज़ा हाइड्रोक्लोरिक अम्ल तथा पाचन बढ़ाने वाले एंजाइम उत्पन्न करता है, जिनकी आवश्यकता ताज़े भोजन के आते ही पड़ने वाली होती है। कमज़ोर पड़ चुके अम्ल आँतों के गुज़रने पर वहाँ मौजूद कीचड़ भी साफ़ करते हैं। हथेलीभर इस जल को हमें बाथरूम जाने से पहले और दिन की शुरुआत करने से पहले पीना होता है।

गर्म जल जब आँतों में लहरदार प्रवाह को नीचे की तरफ़ बढ़ाता है, तब यह कई बार पेट की एक मज़बूत प्रतिक्रिया को तेज़ कर देता है जिससे निचली आँत सक्रिय होती है और पेट को ख़ाली करने की इच्छा होती है। जब यह कार्य तड़के 3 से 7 बजे तक, *वात* की अवधियों के बीच किया जाता है, तो यह स्वस्थ *वात* के प्रवाह को बढ़ाता और सही करता है। इसे आज़माइए और देखिए यह कैसे आपके लिए काम करता है।

- बिस्तर छोड़ने से पहले झुकिए और अपने हाथों से फ़र्श का स्पर्श कीजिए।
- जागने के बाद हथेलीभर गुनगुना या सामान्य तापमान वाला जल अपने दाहिने हाथ से पिएँ। यह उबाला हुआ और रात में एक साफ़, चमकदार तांबे के पात्र में रखा जाना चाहिए।

~ 3 ~

# सुबह का प्रक्षालन

कैंब्रिज से कलकत्ता (जिसे अब कोलकाता कहते हैं) लौटने पर मेरे पिता ने घर का जीर्णोद्धार कर उसे नया रूप देने का फ़ैसला किया। हम संतोषपुर के तीसरे माले के एक अपार्टमेंट में चले आए, जहाँ एक बेहद तंग गंदा-सा एशियाई बाथरूम था। उन्होंने ऊपर के सभी बाथरूम में यूरोपीय शौचालय बनाने का फ़ैसला किया, और इस कारण हमें कुछ और मरम्मत होने तक इंतज़ार करना पड़ा। उस साल, मैंने यकायक स्कूल जाने की ज़िद पकड़ ली, क्योंकि मैं बड़ी शिद्दत से अपनी बहन का साथ चाहती थी। इसलिए यह तय हुआ कि अगर मुझे स्कूल जाना है, तो तीन साल की परिपक्व उम्र में डायपर का इस्तेमाल बंद करना होगा।

मुझे जो बचपन की बातें अब तक याद हैं उनमें से एक है एशियाई शौचालय पर बैठने की वह शिक्षा जो मेरी पसंदीदा मौसी ने मुझे देने की कोशिश की थी। यह चीनी मिट्टी का एक सफ़ेद दीर्घाकार कटोरा जैसा था जिसका आयताकार किनारा ज़मीन में धँसा था। इसके एक सिरे पर छह इंच चौड़ाई वाला गोल गड्ढा था जो आगे तक जाता था। उस दीर्घाकार कटोरे के पतले सिरों पर चीनी मिट्टी के दो आयताकार धारीदार स्लैब थे, जिन पर बिना फिसले पैरों को सूखी ज़मीन पर जमाकर बैठा जा सकता था। पैरों और मुँहबाए छेद के बीच की दूरी इतनी अधिक थी कि मैं डर से रो पड़ती थी। इस टॉयलेट में कोई दोष नहीं था। एक फिसलन और मैं उसके अंदर समा सकती थी। या इससे भी बुरा यह कि मेरी जेबों में पड़े खिलौने निकलकर बाहर गिर सकते थे और फिर उनका अता-पता

नहीं रहता। कई नाकाम कोशिशों के बाद, मेरी मौसी ने मुझे एक अख़बार पर बैठने की इजाज़त दे दी और फिर जो अवशेष उस पर गिरते थे, उन्हें वह टॉयलेट में डालकर पूरी तरह फ़्लश करने के लिए प्रचुर पानी डाल दिया करती थीं।

गाँव में हम मिट्टी के एक बड़े से घड़े के ऊपर बैठते थे, जो काफ़ी हद तक बोने वाली एक बड़ी मशीन जैसा था, जिसके अंदर केले का पत्ता होता था, और माँ फिर उस कटोरे को तालाब में डाल दिया करती थी। उसमें कोई रद्दी काग़ज़ या ग़ैर-जैव निम्नीकरणीय कचरा नहीं होता था, इसलिए तालाब उसे उछालकर किनारे ला देता था।

शहर के हमारे घर पर जब ऊपरी मंज़िल के बाथरूम बनकर तैयार हो गए, तो मेरी सबसे छोटी मौसी मुझे मॉडर्न बनाने के लिए बेहद उत्सुक थीं। वह अमेरिका जाने के सपने देख रही थीं और इसके लिए उन्होंने अपने जीवन की सारी चीज़ों को व्यवस्थित करना शुरू कर दिया था। उन्होंने तय किया कि वह मुझे हमारे नए यूरोपीय टॉयलेट पर बैठना सिखाएँगी, ताकि मैं उसमें न गिर सकूँ। इसमें संतुलन का खेल था। मैं ज़्यादातर आगे-पीछे डोलती रहती थी, और अपने मूत्राशय या पेट को तैयार करने से ज़्यादा इस बात का डर लगा रहता था कि पानी में न गिर जाऊँ। तब तक इच्छा भी नहीं रह जाती थी। मेरी मौसी ने ठान लिया था, मानो पासपोर्ट हासिल करने का यह एक ज़रूरी क़दम था। कुछ दिनों बाद, वह जब भी मुझे टॉयलेट सीट पर बैठातीं, मैं इतना डर जाती थी कि इच्छा ही समाप्त हो जाती थी। आख़िरकार, वह मुझे उतारतीं और इच्छा तुरंत पैदा हो जाती थी। मैं झट से अख़बार उठाती और ज़मीन पर बैठ जाती थी, मैं इस बात के लिए पूरी तरह तैयार रहती थी कि कोई इस अख़बार को देखेगा और इसे फ़्लश कर देगा। चूँकि डायपर छोड़ने के बाद मैं ऐसा ही करती आई थी, इसलिए उनकी ख़ातिर चीनी मिट्टी के कटोरे पर डगमगाने से ज़्यादा तुक इसी में दिखाई देता था। आख़िरकार, कई कोशिशों और उनकी तरफ़ से दृढ़ निश्चय के बाद, मैं बैठने वाले टॉयलेट का इस्तेमाल और जो करना था कर सकी। वह ख़ुश हुईं। आख़िरकार, मेरी मौसी नेब्रास्का जा सकीं।

सुबह के ऐब्लूशन (ऐब्लूशन लैटिन शब्द है, जो *एब* : दूर करना, और *लुएरे*: धोना या साफ़ करना) या प्रक्षालन दुनिया की सबसे अच्छी तरह सहेजकर रखी गई गुप्त बात है। यहाँ तक कि यौन क्रीड़ाओं को भी फ़िल्मों, कविताओं और क़िताबों में दिखा या बता दिया जाता है, लेकिन पेट और मूत्र से जुड़ी आदतें पर्दे के पीछे रहती हैं जिन्हें कुछ ही मीडिया वाले दिखाते हैं। यहाँ तक कि आधुनिक चिकित्सा विज्ञान, जो आपको बताता है कि आपको कितनी कॉफ़ी, चॉकलेट, सेक्स और शराब का भोग करना चाहिए, ने भी इस पर कोई अध्ययन नहीं किया कि सुबह पेट साफ़ करने का सही तरीक़ा क्या है। हालाँकि, आयुर्वेदिक ज्ञान में निश्चित निर्देश उपलब्ध हैं।

हम बाथरूम से जुड़ी आदतें कहाँ सीखते हैं? हम जब छोटे-छोटे बच्चे होते हैं, तब माता-पिता या दाई द्वारा हमारे डायपर हटाए जाते हैं या हमें वहाँ तक ले जाया जाता है जहाँ हम मल-मूत्र त्याग सकें। वे हमें तरीक़ा दिखाते हैं और हम वैसा ही करने की कोशिश करते हैं, हम अपने छोटे भाई-बहनों को सिखाते हैं, हमारे अंग जब परिपक्व हो जाते हैं तब हम फिर से उन्हें दोहराते और अपनाते हैं। साथ ही, उन द्वारों की संरचना को समझते हैं जो हमारे अपशिष्ट को बाहर निकालने के लिए खुलते हैं।

***उदङ्मुखो मूत्रशकृद्दक्षिणाभिमुखे निशि।***
***वाचं नियम्य प्रणतः समवीतांगोऽवगुंठितः ॥3॥***
***प्रवर्त्तयेत्प्रचलितं नतु यत्नादुदीरयेत्।***

जब मल-मूत्र त्यागने की स्वाभाविक इच्छा स्वतः उत्पन्न होती है, तब व्यक्ति को उन्हें निष्कासित कर देना चाहिए। एकदम सुबह उत्तर दिशा की ओर रुख़ कर और अंधेरा हो तो दक्षिण दिशा में घूम जाना चाहिए। चुपचाप आप बैठिए, किसी कपड़े से सिर को ढँकिए, इच्छा को स्वयं आरंभ होने दीजिए और उसके साथ कोई ज़ोर-ज़बर्दस्ती मत कीजिए।

वागभट का अष्टांग संग्रह
सूत्र-स्थान; अध्याय 3, श्लोक 3-4

योग के अभ्यास बताते हैं कि आपको प्राकृतिक इच्छा की पूर्ति सुबह, उत्तर दिशा की तरफ़ देखते हुए, किसी निजता के स्थल पर बैठकर करनी चाहिए और ऐसा करते समय किसी शुभ वस्तु को नहीं देखना चाहिए। यह कार्य गोशाला, वेदी, क़ब्रिस्तान, पेड़ों, अग्नि के क़रीब या बिना घास वाली ज़मीन पर नहीं करना चाहिए। अत्यधिक गंदे, सड़क के बीच, मिट्टी या राख के ढेर, लोगों के इकट्ठा होने या गोबर के ढेर वाले स्थानों पर भी यह नहीं करना चाहिए। आपको अपने पेट की मांसपेशियों को कड़ा करना चाहिए और निष्कासन से पहले *मूलाधार* को थोड़ा-सा संकुचित करना चाहिए। इसकी सहायता के लिए, प्राचीन मूत्रालय इस प्रकार बनाए जाते थे कि पुरुष मूत्र त्याग के लिए एक घुटने को मोड़कर बैठते थे। हम बैठने के जितना क़रीब होंगे, उतनी ही आसानी से मल-मूत्र त्याग सकेंगे।

पैरों को फैलाकर बैठने बनाम मोड़ कर बैठने के लाभ के व्यापक अंतर को लेकर किए गए आकस्मिक, डबल ब्लाइंड, मीठी गोली नियंत्रित नैदानिक परीक्षण (आरसीटी) में हमारे पेट ख़ाली करने की प्रक्रिया से जुड़ी कई महत्त्वपूर्ण बातें सामने आईं। इस तरीक़े को बेतुका कहना मुश्किल है और मीठी गोली ढूँढ़ना भी हास्यास्पद है! अगर कोई परीक्षण बिना दवा के किया गया है, और उसे साबित किया जाता है तो उस अध्ययन के निष्कर्षों पर आसानी से सवाल खड़े किए जा सकते हैं। वास्तव में, आरसीटी जीवनशैली के बजाय छिपाकर दी गई दवाइयों को लेकर सारे ही विज्ञानों पर सवाल उठाते हैं। लेकिन आरसीटी के बिना, कोई भी चिकित्सकीय निष्कर्ष विश्वसनीय या सम्मानजनक कैसे हो सकता है? राष्ट्रीय स्वास्थ्य संस्थान से सहायता लिए बिना विज्ञान में प्रशिक्षित कोई व्यक्ति इस शोध को कैसे मान लेगा?

फिर भी, वैज्ञानिक पुष्टि और नाम के बिना भी इलाज करने वालों ने बार-बार बताया है कि पैरों को फैलाकर बैठने से पेडू को निष्कासन के लिए ज़रूरी सबसे अच्छी पोजिशन मिलती है। तंत्रिकाओं तथा मूत्राशय और पेट की मांसपेशियों को पैरों को फैलाकर बैठने तथा जाँघों को पूरी तरह दूर करने से स्वाभाविक घुमाव पैदा होता है जिससे मदद मिलती है। वे मांसपेशियाँ जो गुदाद्वार को बंद रखती हैं वे पैर फैलाकर बैठने पर ढीली पड़ जाती हैं और उत्सर्जन अधिक पूर्ण होता है। खिंचाव से पैदा होने वाले

बवासीर में पैर फैलाकर बैठने से राहत मिलती है। पैरों के निचले हिस्से को नियमित व्यायाम मिलता है और वे अच्छी तरह पुष्ट तथा लचीले हो जाते हैं। वैरिकोज़ वेन्स (अपस्फीत नसें) सीमित हो जाती हैं। नितंबों या जाँघों का उस सीट से कोई संपर्क नहीं होता जो अस्वच्छ हो सकती हैं। पैर फैलाकर बैठने से शेषांत्रउण्डुकीय वाल्व भी बंद हो जाते हैं जो बड़ी व छोटी आँत के बीच होते हैं, और दोनों क्षेत्रों के कार्य को अलग रखते हैं। यह शौच के समय गर्भाशय पर पड़ने वाले दबाव से बचाता है और गंभीर विपुटिता की आशंका को भी कम करता है। चूँकि शरीर रचना की बातें प्रमाण-आधारित चिकित्सा में शामिल नहीं की जाती हैं, इसलिए पारंपरिक जगत में कोई इन पर ध्यान नहीं देता है।

1925 की रचना *द कल्चर ऑफ़ द ऐब्डोमन* में फ्रेडरिक हॉर्निब्रुक ने लिखा है कि अलमारी बनाने वाले जोसेफ़ ब्रमा और प्लम्बर थॉमल क्रैपर द्वारा कुछ दशक पहले तैयार किए गए नए बैठने वाले टॉयलेट की ख़ामियों पर उस समय के चिकित्सा अधिकारी बेबाक राय रख रहे थे। यूरोप में बैठने वाले टॉयलेट सामने आए जहाँ मानव अपशिष्ट का व्यवस्थित निष्पादन नहीं होता था, जैसा कि जापान, भारत, ईरान और प्राचीन सभ्यता वाले देशों में सदियों तक होता आया था। वे टॉयलेट की ख़ामी भरी डिजाइन के बारे में बोल रहे थे और उन्हें आशंका थी कि इससे क़ब्ज, हर्निया, वैरिकोज़ वेन्स, बवासीर तथा एपेंडिसाइटिस जैसी बीमारियाँ होंगी। पेडू की मांसपेशियों पर पड़ने वाले दबाव को कम करने के लिए एक फुट-स्टूल ईजाद किया गया। लेकिन पॉकेट वाली और चुस्त यूरोपीय पोशाकों के लिए बैठने वाले टॉयलेट सुविधाजनक थे। यही नहीं, चेयर टॉयलेट राजतंत्र के प्रति प्रेम को दर्शाते थे। हेनरी अष्टम का मोटापा जब बढ़ गया, तो उन्होंने बैठने वाला टॉयलेट बनवाया। लेकिन जब बीसवीं सदी के मोड़ पर युद्ध शुरू हो गए, तो चेयर टॉयलेट को समाप्त करना कम प्राथमिकता का विषय हो गया। यह आर्थिक रूप से भी व्यवहारिक नहीं था। ऐसे में एक पीढ़ी तैयार हो गई थी, जो चेयर को पसंद करती थी, जिसे बैठने के दौरान अपने कपड़े व्यवस्थित करना नहीं आता था।

अमेरिका और पश्चिमी यूरोप में, निर्माताओं ने इस पसंद को तुरंत अपना लिया क्योंकि इसमें अधिक चीनी मिट्टी, जोड़ने के लिए कई पुर्जों की ज़रूरत पड़ती थी, और इस तरह इसमें अधिक कमाई होती थी। अमेरिका

में कंपनियों ने अब पैर फैलाकर बैठने वाले टॉयलेट बनाना बंद कर दिए, और एशियाई टॉयलेट वाले घरों की क़ीमत कम आँकी जाने लगी।

हालाँकि, पिछले दशक में, स्वास्थ्य को लेकर चिंता ने पेट ख़ाली करने के लिए एक बार फिर पैर फैलाकर बैठने बनाम मोड़ कर बैठने पर बहस की शुरुआत कर दी है। अब कई कंपनियाँ मौजूद हैं, जो ऐसे प्लेटफ़ॉर्म बनाती हैं जिन्हें बैठने वाले टॉयलेट के किनारे पर फ़िट कर दिया जाता है और ऊपर उठा हुआ टॉयलेट तैयार हो जाता है। लेकिन, पश्चिम में, बैठने वाले टॉयलेट आज भी हैं।

- यदि आपको क़ब्ज़ है या फिर पेट साफ़ होने में परेशानी है तो पैर फैलाकर बैठे हुए अपने पेट को ख़ाली करें।

मेडिकल स्कूल यह नहीं बताते कि क्यों कुछ लोग सुबह जागते हैं और बैठने के साथ ही अपना पेट साफ़ कर पाते हैं, जबकि दूसरे लोग हफ़्ते में कुछ ही बार ऐसा कर पाते हैं। प्रोफ़ेसर इसे 'सामान्य अंतर' बताकर बड़ी सफ़ाई से मेडिकल के छात्रों के भोले-भाले सवालों से कन्नी काट जाते हैं लेकिन सवाल बना रहता है। आयुर्वेद ने हज़ारों वर्षों से मरीज़ों को देखा है, और चूहे-चुहियों नहीं, बल्कि मनुष्यों पर अपने नैदानिक अनुभव को आज़माया है और उनके आधार पर ही निष्कर्ष तक पहुँचा है। आयुर्वेद दलील देता है कि विज्ञान गहन अवलोकन और स्पष्ट अवधारणाओं पर आधारित होता है, न कि अंधविश्वास पर।

आयुर्वेद कहता है कि शरीर पर हावी रहने वाले *दोष* किसी व्यक्ति के पेट की गतिविधियों की मात्रा, गुणवत्ता और बारंबारता को निर्धारित करते हैं। *वात* वाले व्यक्ति के शरीर के गुण हवा और आकाश के सूखेपन को प्रतिबिंबित करते हैं। ऐसे व्यक्ति को हमेशा पेट की हल्की और अनियमित गड़बड़ियों का सामना करना पड़ता है। अक्सर उन्हें क़ब्ज़ रहता है। बाद के जीवन में उन्हें मूत्राशय और पेट के असंयम का सामना करना पड़ सकता है। *पित्त* वाले व्यक्ति के गुण लक्ष्योन्मुख और आग तथा पानी विषयक तत्वों के परिवर्तन को तुरंत पचाने के संकेत देते हैं। ऐसे व्यक्ति में सोकर उठने

के बाद साफ़, तुरंत और पेट की नियमित गतिविधि देखने को मिलती है। *कफ़* वाले व्यक्ति की प्रकृति पानी और धरती के भारी, धीमे और तेलयुक्त गुणों को दर्शाती है। ऐसे व्यक्ति में पेट की धीमी, फूली हुई और अनियमित गतिविधियाँ देखने को मिलती हैं। हालाँकि, अधिकांश लोगों में एक ही *दोष* की प्रकृति नहीं होती। 80 प्रतिशत से ज़्यादा लोगों में दो *दोष* होते हैं जो हावी रहते हैं, जैसे *कफ़-पित्त* या *पित्त-वात।* इसलिए, उनकी दैनिक क्रिया उपरोक्त वर्णन से अक्सर अलग होती है।

*पित्त-वात* वाले व्यक्ति का पेट हर सुबह साफ़, नियमित रहता है लेकिन जब भावनाओं, ज़्यादा काम या क्रोध के कारण *वात* बढ़ जाता है, तब थोड़े उतार-चढ़ाव देखे जाते हैं। यह मुख्य रूप से *पित्त* की प्रकृति के कारण होता है, जिसमें *वात* की दूसरी प्रकृति की अनियमितता भी देखने को मिलती है। *पित्त-वात* वाले व्यक्ति को आम तौर पर क़ब्ज़ रहता है तथा पेट की गड़बड़ी नियमित रूप से रहती है जिसमें पेट सूखा व अधूरा या गर्म लगता है, विशेष रूप से जब वह व्यक्ति असंतुलित रहता है, या व्यक्ति ने पिछले दिन बहुत ज़्यादा खा लिया या फिर ग़ुस्से में हो। इसका कारण वायु वाली प्रकृति होती है जो बड़ी आँत तथा दिमाग़ को रूखा करती है जिसके कारण शरीर *पित्त* की गर्मी और *वात* की वायु के कारण *वात* के असंतुलन का शिकार हो जाता है।

इसी प्रकार, किसी व्यक्ति में कई दोषों के कारण मल त्याग का अनुमान लगाया जा सकता है, जिसे प्राचीन ग्रंथों में ऋषि-मुनियों ने लिखा भी है। यही बात आज भी लागू होती है, जब आयुर्वेदिक चिकित्सक अपने मरीज़ों से तरह-तरह के सवाल करते हैं। इनके बीच का संबंध रहस्यमयी है लेकिन इसकी संभावना कम है कि यह महज अटकल हो।

अगर आपके पेट की गतिविधियाँ सुस्त हैं और पेट में अपशिष्ट जमा होता जा रहा है, जिसके कारण विषैली चीज़ें बढ़ रही हैं, असामान्य आंत्र वनस्पति और गैस बढ़ रही है, तो हर सुबह सोकर उठने के बाद कुछ भी खाने से पहले एक मग ताज़ा गर्म पानी पिएँ। अगली बार आप ताज़ा अदरक मिला सकते हैं जिससे पाचन की शक्ति थोड़ी बढ़ जाएगी, लेकिन तभी जब आपको अम्ल की अधिकता की समस्या नहीं है। गर्म पानी आपके मुँह और कंठ नली को साफ़ करेगा, तथा आपके आँत की प्रतिक्रिया को बढ़ाएगा, जिससे बाहर निकाल देने की इच्छा बढ़ेगी।

आयुर्वेद ऐसी सलाह देता है कि सुबह जितना जल्द से जल्द संभव हो पेट को ख़ाली कर देना चाहिए। बड़ी आँत तथा मूत्राशय के उचित तरीक़े से ख़ाली हो जाने से शरीर का सही रूप में काम करना सुनिश्चित होता है। यदि आप सुबह में कुछ देर करते हैं या दिन तक इंतज़ार करते हैं, तो आप धीरे-धीरे दूषित चीज़ों तथा अपशिष्ट से विष को बढ़ा रहे हैं, और लंबे समय तक रहने वाली बीमारी को मौक़ा देते हैं।

- यदि आपके पेट की गतिविधियाँ सुस्त हैं, तो ताज़ा उबाला हुआ, गर्म पानी हर सुबह उठने के तुरंत बाद बिना कुछ खाए-पिए पी लें। दूसरी बार उसमें ताज़ा अदरक मिला लें, लेकिन सिर्फ़ तभी जब आपको अम्ल की शिकायत न हो।
- सुबह जितनी जल्दी संभव हो, शरीर के अपशिष्ट को त्याग दें।

यौन व्यवहार की तरह ही, कोई भी पेट की आदतों के बारे में बात नहीं करना चाहता, लेकिन जानना सब चाहते हैं। चूँकि मेरे पिता वीर्य विशेषज्ञ थे, इसलिए मुझे वैसे शब्दों की अच्छी जानकारी हो गई, जो बहुत नुक्ता-चीनी किए बिना अंतरंग अवधारणाओं को बता सकती हूँ। मरीज़ों से पेट के बारे में पूछना एक आम बात हो चुकी है जिसके लिए कोमलता ज़रूरी है ताकि ज़रूरी सूचना सामने आ सके। चूँकि 1990 के दशक में मेडिकल कॉलेजों में हमें किसी मरीज़ के यौन या पेट संबंधी रोग के बारे में उसका इतिहास खंगालने के तरीक़ों का प्रशिक्षण देने की पर्याप्त व्यवस्था नहीं थी, इसलिए मैंने अपने पिता के केबिन में मरीज़ों से होने वाली उनकी बातचीत को इस्तेमाल करना शुरू किया। कुछ वर्षों के भीतर, इस प्रकार के प्रश्नों ने एक फ़ॉरमैट का रूप ले लिया, जिनका उपयोग मैं मरीज़ों की जानकारी को टटोलने और उनके शरीर की रोज़ाना की बातों व बीते कल की पाचन की गतिविधियों के बारे में जानने के लिए करती हूँ।

### अंदर और बाहर : आख़िर आप भोजन को कैसे पचाते हैं

**आपके मल त्याग की बारंबारता :** दिन में एक बार/दिन में कई बार/...में एक बार

**नियमितता :** नियमित/अनियमित

**रंग :** सफ़ेद/पीला/हल्का भूरा/ख़ून के साथ/गाढ़ा भूरा/काला/अन्य...

**आकार :** केले जैसा लंबा/पेंसिल जैसा/टुकड़ों में/रेशेदार टुकड़े/गोली की तरह/अन्य...

**घनत्व :** तैरता है/तैरता है फिर डूब जाता है/डूब जाता है/ओटमील जैसा हो जाता है/अन्य...

मेडिकल कॉलेज में हमने पेट के बारे में सरसरी तौर पर पूछना सीखा। 'आपका पेट कैसा रहता है?' और मरीज़ आमतौर पर बोलते, 'अच्छा... सामान्य।' बस इतना ही। पेशेंट चार्ट में एक चेकबॉक्स होता था जिस पर निशान लगा दिया जाता था और बात आगे बढ़ जाती थी। चूँकि अधिकांश लोग शौच की आदतों से वाक़िफ़ नहीं होते, इसलिए हम यह कैसे जान सकते हैं कि सामान्य क्या है? सिर्फ़ आंत्र रोग विशेषज्ञ से लंबी बातचीत के बाद मैं जान सकी कि पेट के बारे में पूछे गए सवालों पर 'सामान्य' कह देना एक बेकार का जवाब है। हमारी आँतों में जमा अपशिष्ट हमारे शरीर की ओर से दी जाने वाली प्रतिक्रिया का सबसे सक्षम स्रोत है, लेकिन पारंपरिक दवाइयाँ इसके महत्त्व को अक्सर अनदेखा कर देती हैं।

मल त्याग और अपशिष्ट को समझने व फिर सलाह देने के लिए आयुर्वेद एक विस्तृत प्रक्रिया का उपयोग करता है। आयुर्वेदिक भौतिक जाँच की कला में *पुरिष परीक्षा* कहा जाने वाला मल का अवलोकन शरीर के दस परीक्षणों में से एक माना जाता है। इसी प्रकार, *मूत्र परीक्षा* में मूत्र तथा उसके रंग, गाढ़ापन, बुलबुलों की उपस्थिति, गंध तथा चींटियों को आकर्षित करने की क्षमता के आधार पर शरीर को समझा जाता है। *पुरिष* का अनुवाद 'वह जो शरीर के प्रवाह के निचले मार्ग में मौजूद रहता है' के रूप में किया जा सकता है, जिसे *पक्वाशय* कहा जाता है। यह आँतों को नष्ट होने, नमी देने

और गर्मी को बनाए रखने का काम करता है, और इस प्रकार इसे सिर्फ़ इकट्ठा हुए *विषाक्त* पदार्थ और अपशिष्ट के रूप में ही नहीं देखा जाना चाहिए। *पुरिष* में भूरापन होना चाहिए, उसे केले की तरह एक ही टुकड़े में बाहर आना चाहिए और वह एक रूप में और अटूट हो। इसे टॉयलेट के पानी में ऊपरी स्तर पर तैरना या मंडराना चाहिए। सुबह-सुबह शरीर को ख़ाली कर देने की इच्छा का उत्पन्न होना *अग्नि* यानी शरीर की स्वस्थ पाचन अग्नि का अच्छा संकेत होता है। आप जब निवृत्त हो जाएँ तो शरीर का निचला हिस्सा हल्का महसूस होना चाहिए। बार-बार जाने की ज़रूरत नहीं पड़नी चाहिए। इससे अलग कुछ भी हो तो आयुर्वेद उसकी व्याख्या *वात, पित्त, कफ़, आम* (शरीर में बचा अनपचा तत्व, मल और विष) या *अग्नि* के रूप में करता है।

~ 4 ~

# हाथ धोना

सोकर उठने और अपने पेट के बारे में सोचने के बाद, मैं स्वचालित मोड में आ जाती हूँ क्योंकि बचपन से ही मैंने अपनी माँ से नित्यक्रिया के बारे में सीखा था। मैं अपने पेट को सुनती हूँ, धरती को छूती हूँ, बिस्तर से उठती हूँ तथा सुबह की क्रिया के लिए बाथरूम की तरफ़ बढ़ जाती हूँ, और फिर तेज़ी से संवेदी अंगों की नियमित सफ़ाई में जुट जाती हूँ।

हालाँकि, सफ़ाई शुरू करने से पहले, मैं अपने हाथों को रगड़-रगड़ कर धोती हूँ। इस कारण नहीं कि मुझे शौचालय जाना पड़ा था, बल्कि इसलिए क्योंकि यह अंग वह है जो दूसरे अंगों को स्वच्छ करता है। ओमाहा में जब मैं सुस्त किशोरी थी, तब एक दिन सुबह उठने के बाद माँ के साथ बात करते-करते हम दोनों ही बाथरूम की तरफ़ चल दीं। बिना सोचे-समझे मैंने अपनी हथेलियों को कुप्पी की शक्ल दी और चेहरे पर छींटे मारने के लिए उसमें पानी भर लिया, लेकिन तभी माँ ने मुझे डाँटते हुए रोका था। 'अपने चेहरे को छूने से पहले, तुम्हें अपने हाथ धोने चाहिए!' तुरंत ही, किशोरावस्था में हर बात पर बहस करने की आदत ने मुझे यह पूछने पर मजबूर कर दिया कि आख़िर ऐसा क्यों। तब उन्होंने *गीता* को उद्धृत करते हुए पाँच इंद्रियों की कहानी सुनाई, जिन्हें पाँच पांडवों का रूप दिया गया था। ये शक्तिशाली योद्धा हैं जो हमारे शरीर की रक्षा करती हैं। इस कारण उन्हें स्वच्छ और स्वस्थ रखना चाहिए। हाथ धोने से इंद्रियों तक वह गंदगी नहीं पहुँचती जो आते-जाते, सोते और उत्सुक बच्चे की शरारतों के कारण हाथों में लग जाती है।

*स्नातः क्षुद्वान् विविक्तस्थो धौतपादकराननः ।।36।।*

हाथ, पैर और चेहरे को धोने के बाद ही भोजन ग्रहण करना चाहिए।

वाग्भट्ट का अष्टांग हृदयम्
सूत्र-स्थान; अध्याय 8, श्लोक 36

प्राचीन काल में, आयुर्वेद स्वच्छता के महत्त्व को भलीभाँति समझता था। चूँकि मल-मूत्र को प्रकृति के बीच त्यागने को कहा गया था, इसलिए उसे किसी एकांत स्थान में मिट्टी से ढँक दिया जाता था, क्योंकि अक्सर पानी का कोई स्रोत नहीं होता था। इस कारण पानी लेकर जाने की आवश्यकता पर सचेतन रूप से ध्यान दिया गया। इसके बाद किसी भी व्यक्ति को सुबह-सुबह हाथ में एक लीटर पानी का पात्र और कंधे पर कोई कपड़ा लेकर घर से निकलते देखा जाता था। इससे यह पता चलता था कि वह स्त्री या पुरुष निवृत्त होने के लिए किसी एकांत स्थान की ओर जा रहा है। गुदा क्षेत्र को साफ़ करने के बाद, थोड़ा पानी बच जाता था, जिससे पहले बाएँ मैले हाथ को और फिर दूसरे हाथ को साफ़ किया जाता था। संभवतः हाथों के मैले होने की बात गुदा द्वार तथा बाएँ हाथ को मिट्टी और फिर पानी से साफ़ करने के कारण की जाती थी।

हाथ धोने की स्वच्छता का संबंध दाहिने हाथ की हथेली को अँगुलियाँ मोड़कर गोल बनाने और पानी पीने से जुड़ा है। इस परिमाण की माप को आधी *अंजलि* कहा जाता है। इस प्रकार हाथ धोने की प्रक्रिया कभी भी हाथों का इस्तेमाल खाने या पीने के लिए करने से पहले की क्रिया का अभिन्न अंग बन गई।

*प्रक्षालनम् हि पान्योश्च पदयोः शुद्धिकारणम् ।*
*मलश्रम हरं वृष्यम् चक्षुशां राक्षसापदम् ।।*

मल त्याग के बाद हाथों, मुँह तथा पैरों को साबुन और पानी से अच्छी तरह धोना चाहिए।

मयूरपाद भिक्षु का योग रत्नाकर;
लगभग 1700 सीई

*राक्ष-गण* का अर्थ रोगाणुओं और रोगाणु रोधक शक्तियों से है। जिन हाथों को ठीक से धोया नहीं जाता, उनमें सूक्ष्म अंडे होते हैं जो पानी व थोड़े से साबुन से नहीं धुलते और पेट तक पहुँचकर कृमि संक्रमण का कारण बनते हैं। आँख, कान तथा नाक की सफ़ाई; बाल कटवाने; भोजन करने से पहले और बाद में; सोकर उठने के बाद; पूजा-पाठ करने से पहले; तथा बाहर से घर आने के बाद हाथों और पैरों को भी धोना चाहिए। अगर बाथरूम न हो तो आप खुली जगह में पैर के पंजों के बल बैठकर पूर्व या उत्तर दिशा की ओर मुँह कर हाथ-पैर धो सकते हैं।

- आँख, कान तथा नाक की सफ़ाई बाल कटवाने, भोजन करने से पहले और बाद में, सोकर उठने के बाद, पूजा-पाठ करने से पहल तथा बाहर से घर आने के बाद हाथों और पैरों को भी धोना चाहिए।

पश्चिमी देशों में 1900 के दशक की शुरुआत में हाथ धोने के महत्त्व को जब समझ लिया गया, तब सार्वजनिक स्वास्थ्य और स्वच्छता में काफ़ी तरक्की हुई। उससे पहले, पश्चिमी देशों के अस्पतालों के डॉक्टर और नर्स हाथ धोए बिना ही एक मरीज़ से दूसरे मरीज़ के पास चले जाया करते थे। इस बात का पता चलते ही उन आदतों में बदलाव आया जिसके बाद आधुनिक चिकित्सा, सर्जरी और कीटाणुओं तथा कोशिका के सिद्धांतों को आकार दिया गया जो हाथों को रोगाणुओं से मुक्त करने का समर्थन करते थे।

पश्चिमी देशों में लोग राह चलते-चलते सीधे खाने की टेबल पर पहुँचते हैं और हाथ, पैर व मुँह धोना तो छोड़िए, सीधे भोजन करना शुरू कर देते हैं। सड़कों की गंदगी पर चलने वाले जूते खाने की टेबल पर भी

पहने जाते हैं। अब स्वच्छता की आदतों में हैंड सैनिटाइज़र अल्कोहल की बोतल तथा पेपर नैपकिन शुमार हो गए हैं, जबकि दोनों ही धरती की पारिस्थितिकी के साथ-साथ शरीर के लिए भी ठीक नहीं हैं। लेकिन वे कुछ बैक्टीरिया को शरीर में प्रवेश करने से रोकते हैं, और ऐसे प्रिज़र्वेटिव और सिंथेटिक रसायन की जगह लेते हैं जो जीवन को नष्ट करते हैं।

आयुर्वेद ने इन बातों पर हज़ारों वर्ष पहले ही विचार कर लिया था, और पानी रखने के लिए तांबे के कटोरे बनाए, वर्षा के साफ़ पानी को बचाकर रखा, तालाबों व झील के पानी को उबाला और किसी अन्य तत्व की अपेक्षा शरीर की सफ़ाई के लिए पानी का ज़्यादा से ज़्यादा इस्तेमाल किया। शरीर के किसी भी निजी क्षेत्र में कुछ ले जाने से पहले और बाद में उसे पानी से धोने की अवधारणा सुरक्षा की दैनिक जीवन की एक आदत और निष्पादक बन गई।

आज, जहाँ पानी की कोई कमी नहीं है, वहीं साफ़ पानी तथा पारिस्थितिकी से जुड़ी आदतों की सही जानकारी न होने और स्वच्छता तथा उसे बढ़ाने वाली तकनीक की कमी के कारण बीमारियाँ बढ़ रही हैं। नदियों से लेकर सीवेज सिस्टम तक, शौचालय से लेकर पानी के व्यक्तिगत उपयोग तक, पानी के सही इस्तेमाल पर आपकी सोच को पूरी तरह बदल दिया जाए तो आप एक बार फिर सुमधुर, स्वस्थ जीवन जीने लगेंगे जो न पानी को दूषित करेगा और न ही आपके शरीर को रूखा करेगा। साथ ही, आपको अनावश्यक संक्रमणों से भी बचाएगा। जब आप साफ़ पानी के संपर्क में आते हैं, तब आप ऐसे ज्ञान की ओर लौटते हैं, जिससे आप आधुनिक जगत में वास्तविक सफ़ाई की ऊर्जा से ख़ुद को जोश में रखते हैं, जिसमें आधुनिक दुनिया में बढ़ावा दिए जाने वाले पेपर, डिटर्जेंट और रसायन नहीं होते।

~ 5 ~

# चेहरे और उसके छिद्रों की सफ़ाई

बहुत छोटी उम्र से ही, मैंने अपनी माँ, मौसियों और बड़ों को सुबह-सुबह अपने चेहरे को साफ़ ठंडे पानी से धोते देखा है। कोई साबुन, स्क्रब, ब्रश, कपड़ा या अन्य साधन नहीं होता था; बस वे कई बार पानी से रगड़ कर उसे धोया करते थे। मैंने भी ऐसा ही करना शुरू किया। किशोरावस्था के दौरान, मुझे बिना सुगंध वाला साबुन दिया गया, जिसका इस्तेमाल तैलीय धब्बों वाली जगह पर होता था, गर्दन या आँखों के लिए कभी नहीं। तेलयुक्त गंदगी को केवल तेल, घी या पानी से धोया जाता था। कुछ साल बाद, मैंने गर्मियों के लिए चंदन और सर्दियों के लिए ऑलिव ऑयल साबुन के बारे में जाना। दिन में इन साबुनों का इस्तेमाल हाथ धोने के लिए नहीं किया जाता था, ये केवल नहाने के काम आते थे। लिक्विड सोप से मैं बचती थी, क्योंकि उसमें फ़ोमिंग के लिए सोडियम लॉरिल सल्फ़ेट समेत अतिरिक्त रसायन हुआ करते थे। अगर मुँहासे जैसी कोई परेशान करने वाली चीज़ हो जाती थी, तो हम फ़ौरन किचन में जाकर 5 मिनट के लिए हल्दी, नींबू या दही लगाते और फिर रात को चंदन का ताज़ा लेप इस्तेमाल करते थे। अगर सूरज, गर्मी, चोट, छिलने या देर रात तक काम करने के कारण त्वचा लाल हो जाती थी, तो खीरा या ताज़े कच्चे दूध की मलाई लगाते थे; फिर रात को पोषण और अंदर से ठंडक के लिए घी लगाया करते थे।

| समस्या | उपचार |
|---|---|
| मुँहासे | हल्दी/नींबू/दही, फिर रात को चंदन का लेप |
| गर्मी, चोट या थकान से त्वचा का लाल होना | खीरे का टुकड़ा या पेस्ट और, ताज़े कच्चे दूध की मलाई, फिर रात को घी |

हाथ धोने के ठीक बाद, आयुर्वेद उन विशेष प्रक्रियाओं के बारे में बताता है जिनके ज़रिये हमें उन पाँच सूक्ष्म ऊर्जाओं (इन्हें *तन्मात्रा* कहा जाता है) से परस्पर क्रिया करने से पहले अपनी पाँच संवेदी अभिग्राहकों को साफ़ कर लेना चाहिए, ताकि हम उन्हें पूर्ण और सही रूप से समझ सकें। यह कार्य हमें सुबह दिन की शुरुआत करने से पहले करना चाहिए।

सोकर उठने के तुरंत बाद, चेहरे पर ठंडे पानी के छींटें मारिए। आयुर्वेद तब तक सुबह उठते ही साबुन या अन्य क्लींजर्स के उपयोग की सलाह नहीं देता, जब तक कि रात में अत्यधिक पसीने या गर्मी से निकला तेल या गंदगी इकट्ठी न हो गई हो। ठंडा पानी उन छिद्रों को बंद कर देता है, जिनमें दिन के समय गंदगी और कीटाणु आसानी से प्रवेश कर जाते हैं। यह कुछ लोगों की आदत में शुमार होता है, लेकिन कई लोग सोकर उठने के बाद चेहरे को पानी से नहीं धोते हैं, और ऐसा नहाते समय ही करते हैं।

चेहरे को पानी से धोने के बाद, छिद्रों को अच्छी तरह साफ़ कीजिए। सबसे पहले आँखों में कई बार छींटे मारने चाहिए। फिर कुछ पानी नाक में डालना चाहिए और तुरंत बाहर निकाल देना चाहिए। थोड़ा पानी मुँह में भरकर कुल्ला करें और उसे बाहर निकाल दें।

- सोकर उठने के बाद, चेहरे को ठंडे पानी से धोएँ। सुबह उठते ही साबुन या अन्य क्लींजर्स का इस्तेमाल न करें, जब तक कि चेहरे पर अत्यधिक पसीना, गर्मी के कारण तेल या गंदगी इकट्ठी न हो गई हो।
- चेहरे के बाद, आँखों पर ठंडे पानी के छींटे कई बार मारें।
- फिर कुछ पानी धीरे से नाक में डालें और तुरंत बाहर निकाल दें।
- थोड़ा पानी मुँह में भरकर कुल्ला करें और बाहर निकालें।

मीडिया कई आधुनिक ग्राहकों को इस बात के लिए राज़ी कर लेता है कि चेहरे के लिए थोड़ी बहुत सफ़ाई की बजाय इस तरह के उत्पाद अच्छे होते हैं। अगर कंपनियाँ व्यापार की गोपनीयता के दावे कर अपने उत्पादों के रसायन पर पर्दा डालने की बदले उन्हें अधिक सच्चाई के साथ बताएँ, तो लोग ज़्यादा समझदार फ़ैसले कर सकेंगे। आयुर्वेद की बातें सरल तर्क पर आधारित हैं, जो डॉलरों में खेलने की बजाय, चेहरे के जीव विज्ञान और रसायन पर ध्यान देती हैं।

ऐसे कई प्रकार के प्राकृतिक जीवाणु होते हैं जो पूरे स्वस्थ मानव शरीर पर जीते हैं, जिन्हें माइक्रोबायोम कहा जाता है। त्वचा पर इन 900 ट्रिलियन जीवाणुओं का एक उपवर्ग होता है, जो हमारी 100 ट्रिलियन मानव कोशिकाओं को संतुलित करता है। ये जीवाणु त्वचा पर छा जाते हैं और हानिकारक जीवाणु के आक्रमण को रोकते हैं। जीवाणु-रोधी क्रीमों का अत्याधिक प्रयोग करने से, त्वचा में उन स्वाभाविक एंटीबायोटिक को उत्पन्न करने की क्षमता समाप्त हो जाती है जो हमें संकेत देते हैं और हमारी सुरक्षा करते हैं। चेहरे की देखभाल के उत्पादों में मौजूद अल्कोहल व स्तंभक (एस्ट्रिंजेंट) सुरक्षात्मक परत को रूखा कर देते हैं और उन जीवाणुओं को समाप्त कर देते हैं जिससे हानिकारक जीवाणुओं को दरारों में प्रवेश करने में आसानी हो जाती है। त्वचा पर जब इस प्रकार की कृत्रिम क्रीमों का प्रयोग किया जाता है, तो उसका कुदरती रंग बिगड़ जाता है और उसका संपर्क अंदर की जीवित त्वचा की कोशिकाओं, वसा, तंत्रिकाओं, मांसपेशियों और जोड़ने वाले ऊतकों से टूट जाता है, जिन्हें फ़ेसिया कहा जाता है, जिससे झुर्रियाँ पड़ने लगती हैं। आयुर्वेद सभी एस्ट्रिंजेंट को धरती और हवा के गुरु तत्व से बने रसायन के रूप में वर्गीकृत करता है, जो आख़िरकार रूखा करते हैं और *वात* को बढ़ाते हैं। लोग जब अपनी त्वचा को नियमित रूप से रूखा करते हैं, तब वे स्थायी *वात* असंतुलन पैदा कर लेते हैं जो जीवनभर बना रह सकता है। सिर्फ़ एक अस्थायी प्रसाधन (कॉस्मेटिक) उपाय रह जाता है, और वह है मॉश्चराइज़र का इस्तेमाल। चेहरे के सौंदर्य उपचार के उत्पाद बनाने वाले उद्योग के लिए यह काफ़ी सुविधाजनक होता है।

आधुनिक विज्ञान ने पिछले दो दशकों में इस बात की पुष्टि कर दी है कि हमारी त्वचा रसायन सोख लेती है। इस तरीक़े का इस्तेमाल करने वाली दवाइयों को ट्रांसडर्मल उत्पाद कहा जाता है। दर्दनिवारक और सिडेटिव

नाइट्रोग्लिसरीन, गर्भनिरोधक हॉर्मोन तथा निकोटिन पैच, ये सभी रसायन को सीधे रक्तप्रवाह में भेजते हैं, जो पूरे शरीर में फैलते हैं ताकि मरीज़ों को होने वाली मुश्किलें दूर कर सकें। आयुर्वेद भी कहता है कि त्वचा रसायनों को सोख सकती है। *पंचकर्म, लेप* और *बस्ती* जैसी औषधीय प्रक्रियाओं के ज़रिये जड़ी-बूटियों और तेल को प्रवेश कराया जाता है। इस कारण, फ़ेसवॉश और मॉश्चराइज़र जैसे पेट्रोलियम से बने सभी तेलयुक्त तत्वों में मौजूद संश्लेषित (सिंथेटिक) रसायन त्वचा और अंततः रक्तप्रवाह में प्रवेश कर जाते हैं। इस बारे में सोचिए - अगर आप इसे खाना नहीं चाहते, तो अपनी त्वचा पर क्यों लगाएँगे? सिर्फ़ अपनी बिक्री की चिंता करने वाली कंपनियाँ आपके पेट या त्वचा के बारे में बिलकुल भी नहीं सोचती हैं। जैसा कि फ़ूड ऐंड ड्रग एडिमिनिस्ट्रेशन (एफ़डीए) की शर्त है, जब तक पूर्वनैदानिक अध्ययनों में जानवरों की मौत नहीं होती, तब तक वे ख़ुश रहती हैं।

आयुर्वेद सलाह देता है कि चेहरे को ठंडे पानी से धोने के बाद उसे प्राकृतिक फ़ाइबर के कपड़े से पोंछकर या थपथपा कर सुखाएँ। कुछ ही हफ़्तों में, आपका चेहरा रातोंरात कम तैलीय हो जाएगा क्योंकि यह सुबह के अल्कोहल, साबुन या एस्ट्रिंजेंट के इस्तेमाल का अनुमान लगाना बंद कर देगा।

अगर आपको तैलीय परत या उसकी चिपचिपाहट से ज़्यादा परेशानी होती है, तो निम्नलिखित चीज़ों से उसे साफ़ कीजिए। आयुर्वेदिक ब्यूटी स्पा इनका इस्तेमाल चेहरे को कई तरीक़े से साफ़ करने के लिए करते हैं।

अपनी बाथरूम की अलमारी में मौजूद चीज़ों की जगह तेल, मसालों, एक मूसल व सिलबट्टे समेत पत्थर के कुछ छोटे कटोरे रखने से आपके चेहरे की त्वचा को कुछ महीने में बदल जाएगी और यह जीवन भर का निवेश होगा।

कई हफ़्ते बाद कृत्रिम उत्पादों के उपयोग की इच्छा कम हो जाएगी, और त्वचा के कुदरती तेल तथा उसे पुनर्जीवित करने की निरंतर इच्छा प्रबल हो जाएगी। अधिकांश लोगों को कुदरती, स्वस्थ चमक दिखने लग जाती है।

| तत्व | लाभ | उपयोग |
|---|---|---|
| घृतकुमारी (एलो वेरा) | यह त्वचा की ऊपरी परत को नया जीवन देती है और उसे शीतल करती है। एलो वेरा में कुदरती जीवाणुरोधी और फफूंदरोधी रसायन होता है। | मुँहासे के दाग़ पर एलो वेरा जूस को लगाएँ और थोड़ा पिएँ भी |
| चंदन (लाल नहीं सफ़ेद) | यह स्वाभाविक रूप से छिद्रों को बराबर करता है और दाग़ हटाता है। यह एक हल्की चमक और ख़ुशबू छोड़ जाता है। | किसी पीसने वाले गीले पत्थर पर चंदन की लकड़ी को 40 सेकेंड तक घिसें जिसका इस्तेमाल सिर्फ़ चंदन के लिए किया जाता है। सोने से पहले हर रात चेहरे पर लगाएँ, तेल और फुंसी वाली जगहों पर मोटी परत लगाएँ। गर्मियों में इसका उपयोग हफ़्ते में एक बार करें क्योंकि यह त्वचा में स्वाभाविक रूप से कसावट लाता है। अगर आप किशोर हैं या बहुत ज़्यादा मांस का सेवन करत हैं तो इसे हर दिन लगाएँ। |
| नींबू | नींबू का रस अम्ल और एस्ट्रिंजेंट होता है, जो मुँहासों में काफ़ी फ़ायदेमंद होता है। | नींबू का रस और गुलाब जल की बराबर-बराबर मात्रा मिलकर अच्छा फ़ेस मास्क बनाते हैं। एक चुटकी हल्दी भी डाली जा सकती है। |

| तत्व | लाभ | उपयोग |
|---|---|---|
| गुलाब जल | यह बहुत शीतलदायी होता है और त्वचा पर प्रदाह या जलन में लाभकारी होता है। यह त्वचा के अनेक रोगों के इलाज के काम आता है। लेकिन आयुर्वेद कहता है कि दीर्घकालीन आराम के लिए पेट में प्रदाह या जलन के मूल कारणों का इलाज किया जाना चाहिए। | प्रदाह या जलन वाले हिस्से में सीधे रुई की मदद से लगाएँ। |
| खीरा | खीरा शीतल गुण वाला होता है। यह सूजन और आँखों के नीचे की सूजन कम करने में विशेष लाभकारी होता है। | खीरा के पतले कटे हुए टुकड़े आँखों पर 10-15 मिनट के लिए रखे जा सकते हैं। नहीं तो खीरे की प्यूरी को स्क्रब के रूप में काम में लाया जा सकता है।<br>खीरा के स्क्रब को अपने पसंदीदा फ़ेशियल उत्पाद के साथ ढँके हुए गिलास में तीन घंटे के लिए छोड़ दें। यदि ऑक्सीकरण के इस समय के बाद यह भूरा और कीचड़ जैसा नहीं दिखे तो संभवतः इसमें प्रिजरवेटिव मिलाए गए हैं। |

| तत्व | लाभ | उपयोग |
|---|---|---|
| धनिया की पत्ती | इसकी पत्तियाँ शीतलदायी होती हैं। | इसके बीज का इस्तेमाल अक्सर पीसकर खाना पकाने में, या अत्यधिक *अग्नि* को कम करने के लिए पानी में रातभर भिगो कर पीने के लिए किया जाता है। पत्तियों को पीसा जाता है, और फिर लाल और सूजे मुँहासे पर लगाया जाता है। |
| दही | यह ठंडक देने वाला एक प्रभावी तत्व है। इसमें दूध के कुछ गुण होते हैं, लेकिन अल्कोहल और लैक्टोबैसिलस बैक्टीरिया के किण्वन से उत्पन्न अग्नि के गुण कहीं अधिक होते हैं। इस प्रकार के अल्कोहल कुछ हद तक अल्कलाइन होते हैं और त्वचा के अम्लीकरण की प्रतिक्रिया करते हैं। | दही को आम तौर पर खीरा या गुलाब जल के साथ मिलाया जाता है और फिर 10-15 मिनट के लिए छोड़ दिया जाता है। इसमें त्वचा में कसावट लाने और नमी बनाए रखने का प्रभाव होता है। |

| तत्व | लाभ | उपयोग |
| --- | --- | --- |
| घी (जब शुद्ध दूध निकाले जाने के बाद चार चरणों से होकर निकाला जाए) | किसी स्वस्थ गाय से निकले दूध से अच्छी तरह बनाया गया शुद्ध घी एक प्रभावी मॉश्चराइज़र और कई प्रकार की आयुर्वेदिक दवाइयों का आम वाहक होता है। सिर्फ़ कुछ ही कंपनियाँ सही घी बनाती हैं, जो न केवल कार्बनिक होता है बल्कि घी बनाने के लिए प्राचीन विधि का उपयोग भी करती हैं। | पुतलियों और बरौनियों पर घी को लगाएँ जिससे कि आँखें तरोताज़ा हों और उन्हें ठंडक मिले (सिर्फ़ तभी जब कोई छिपा संक्रमण न हो)। |
| *एरंड* (अरंडी का तेल) | अरंडी का तेल पलकों और भौंह को मोटा बनाता है। इसे आम तौर हफ़्ते में एक बार रेचक के रूप में भी उपयोग किया जाता है। इस तेल को पाचन की अन्य जड़ी-बूटियों के साथ मिलाकर *वात अनुलोमन* (अनुचित *वात* को बाहर निकालने के लिए) के लिए घोल तैयार किया जाता है। | इसे भौंहों तथा पलकों के आसपास रात को लगाएँ। सुबह थोड़ा दही और नींबू लगाकर इसे धो लें।<br>एक रेचक के रूप में, सोने से पहले एक चम्मच लें। |

~ 6 ~

# दाँतों की सफ़ाई

हमारे पूरे घर में बाथरूम कैबिनेट सबसे अस्त-व्यस्त जगह थी क्योंकि ढेर सारे बच्चे, मौसेरे भाई-बहन, आने-जाने वाले लोग, मौसी-मौसा रहते थे और सफ़र पर आना-जाना लगा रहता था। कैबिनेट सुंदर दिखे इसके लिए मेरी माँ कप, रैक और सिंक के किनारे के बर्तनों को मेढक, समुद्री जीव और कई तरह की परियों से सजाकर रखती थी। इससे अलग-अलग चीज़ें अलग-अलग रहती थीं और स्वच्छता में चूक को कम से कम किया गया था। हर दिन 2-3 बार ब्रश करने के लिए पाँच या अधिक लोग उस बाथरूम का इस्तेमाल करते थे, इसलिए यह पता लगाना मुश्किल होता था कि कौन-सी चीज़ किसकी है।

बचपन में हमारे पास ऐसी ज़्यादा चीज़ें नहीं होती थीं जिन्हें हम अपना कह सकते थे। म्यूजिक, क़िताब, बिस्तर, कोट, कप, कंबल, तौलिया और प्लेट पर सबका हक़ था। असल में, कई भारतीय भाषाओं में स्वामित्व या मालिकाना हक़ के लिए कोई क्रिया नहीं है, और अनुवाद करने पर यही कहा जाता है कि *मेरे पास है।* लेकिन टूथब्रश एक ऐसी चीज़ थी जो निजी थी, और कोई दूसरा इसे न तो इस्तेमाल करता था, ना ही उसे छूने या हटाने का हक़ था।

हम एक बार अपने गाँव जा रहे थे, और मैं अपना ब्रश भूल गई। मैं डर रही थी कि सुबह की क्रिया पूरी न कर पाने पर डाँट पड़ेगी और सज़ा भी मिल सकती थी। तब बिना किसी उलझन के माँ मुझे एक घने, विशाल पेड़ के पास ले गई जिसकी पत्तियाँ दाँतेदार थीं। माँ ने हाथ बढ़ाया और एक पतली डाली तोड़ ली। पत्तियों को हटाया और डाली को बीच से चीरते हुए दो टुकड़ों

में बाँट दिया। फिर उन्होंने टहनी के किनारे को चबाया और उसे चपटा कर दिया जिससे वह उस काली लकड़ी के किनारे पर ब्रिसल की तरह बन गई। इसके बाद उन्होंने मुझे दिखाया कि कैसे करना है, और फिर हमने नीम की ब्रिसल वाली टहनी को मसूढ़ों व दाँत पर रगड़ा, जिसमें पहले दाँतों की नीचे वाली क़तार की सफ़ाई की जाती है। वह इतना कड़वा था कि आज तक याद है और बाद में पुदीने का स्वाद भी नहीं आता था। वह एक कप पानी लेकर आईं और मेरे मुँह को ऊपर उठाकर उसमें थोड़ा-सा पानी डाला। यह ध्यान रखा कि मेरे मुँह के किनारों को ना छुए। मैंने कुछ बार कुल्ला किया और हर बार मुँह में इकट्ठा रात की गंदगी को थूक दिया। फिर हमने थोड़ा गर्म पानी पिया और इस तरह सुबह ब्रश करने का काम समाप्त हो गया।

बरसों बाद, हम ग्रामीण नेब्रास्का स्थित अपने फ़ार्म में गए थे, तो वहाँ बर्फ़ीले तूफ़ान में फँस गए। एक बार फिर, हमारे पास टूथब्रश नहीं थे। मुझे बदबूदार मुँह से परेशानी महसूस होने लगी। माँ मुस्कराती हुई आईं और हमारी हथेलियों पर थोड़ा बेकिंग सोडा, दालचीनी, इलायची और लौंग का पाउडर रख दिया। इन्हें वह अक्सर घर में भी रखती थी। हमने अपनी इशारा करने वाली अँगुली को गीला किया और उस किरकिरे पाउडर से अपने दाँतों की सफ़ाई की। इसने कमाल का असर दिखाया और मेरी माँ संतुष्ट हो गईं। हमने कुल्ला किया और थोड़ा ताज़ा व गर्म पानी पी लिया।

इससे मुझे आश्चर्य हुआ कि आख़िर हमें यह क्यों सिखाया गया कि मीठा, फ़्लोराइड वाला, मेंथॉल से भरा टूथपेस्ट दाँत की सफ़ाई का मानक और बेहतर तरीक़ा होता है। वास्तव में, यह तब हुआ जब यूनिलीवर व कोलगेट ने टेलीविज़न विज्ञापन की ताक़त से अपने टूथपेस्ट को बाज़ार में उतारा और हमने उसकी मिठास को मानक मान लिया। अमेरिकी डेंटिस्ट्री एसोसिएशन ने चीनी पर सवाल उठाने की बजाय फ़्लोराइड पर बहस छेड़ दी, जो 1940 के दशक तक चलती रही। उन्होंने गुपचुप अपनी वेबसाइट पर भी ज़िक्र किया कि टूथपेस्ट अनेक प्रकार के 'दंत मंजनों' में से एक है जिनमें पेस्ट, जेल और विरले दिखने वाले पाउडर शामिल रहते हैं।

❧

पशु चिकित्सा पर बाबी के संग्रह में जानवरों को बीमारियों से बचाने वाली देखभाल पर कई क़िताबें हैं। हर क़िताब में एक अध्याय जानवरों के मुँह

की देखभाल पर है, जिनमें से किसी ने भी उनके दाँतों को ब्रश करने की सलाह नहीं दी है। उन्हें अपने बुढ़ापे में बत्तीसी की भी ज़रूरत नहीं पड़ती है और न ही उनके दाँत झड़ते हैं।

इससे मुझे ख़याल आया कि भारत में बुज़ुर्गों, और जानवरों के दाँत आम तौर पर उनकी मौत तक सही-सलामत रहते हैं। क्या दाँतों में कैविटी भोजन में रिफ़ाइंड शुगर के इस्तेमाल से होती है - इस तरह की चीनी आधुनिक संसार की एक नई खोज थी क्योंकि वनस्पति चीनी को घुलने में समय लगता था- या फिर टूथपेस्ट में मिठास, फ़्लोराइड या आधुनिक उपयोग के मिले-जुले तरीक़ों से ऐसा होता है जिसकी सलाह आयुर्वेद नहीं देता है?

टूथपेस्ट में फ़्लोराइड के इस्तेमाल को बढ़ावा दिए जाने की शुरुआत 1950 के दशक में, लावा में मिले अतिरिक्त विषाक्त तत्व के अनोखे उपयोग से हुई, जो उन खदानों के पास जमा हो जाता था जहाँ एल्यूमीनियम तथा धातु अयस्क को रिफ़ाइन करने के दौरान हैलोजन गौण उत्पाद के रूप में निकलता था।

जब यह पाया गया कि फ़्लोराइड दाँतों के लिए फ़ायदेमंद हो सकता है क्योंकि यह कैल्शियम को बाँधता है, तो अमेरिकी सरकार ने फटाफट इसके व्यापक सार्वजनिक इस्तेमाल को मंजूरी दे दी ताकि ज़्यादा से ज़्यादा लोग इसका उपयोग शुरू कर दें। इसने उन कंपनियों का काम आसान बना दिया जिन्हें पहले अपने कचरे के निपटारे में मुश्किल आती थी, अब वे टॉयलेट और घर-घर के उत्पाद बनाकर उसे बाज़ार में बेचने लगीं और उनकी माँग भी बढ़ गई।

खड़िया जैसी चीज़ को स्वादिष्ट बनाने के लिए उसमें चीनी और पायसीकारकों (एमल्सीफ़ायर) का इस्तेमाल किया गया ताकि उन्हें ट्यूब से आसानी से निकलने लायक़ बनाया जा सके। पेस्ट, जेल और ऑइंटमेंट को आज़माया गया। फ़ोकस ग्रुप ने बताया कि लोगों को झाग स्वच्छता की निशानी लगती है, इसलिए उसमें सोडियम डोडेसील सल्फ़ेट (एसडीएस) मिलाया गया, जिसे 1938 में अमेरिका में फूड, ड्रग और कॉस्मेटिक में पाबंदी से छूट मिली हुई थी। तबसे पिछले बीस वर्षों के अमेरिकी ड्रग विकास क़ानून को आँख मूँदकर अपनाने के साथ अधिकांश भारतीय स्वास्थ्य और ड्रग क़ानूनों को 1940 और 1945 के ब्रिटिश स्वास्थ्य क़ानून से हूबहू अपना लिया गया है। इस प्रकार, एसडीएस भारत के अधिकांश टूथपेस्ट में अपनी जगह बना चुका

है, जिनमें आयुर्वेदिक टूथपेस्ट भी शामिल हैं। हालाँकि, स्वास्थ्य और स्थिरता वाली जीवनशैली (लोहास) को अपनाने वाले शिक्षित, संपन्न और स्वास्थ्य के प्रति जागरूक रहने वाले उपभोक्ता एसडीएस-मुक्त, ग़ैर-विषाक्त विकल्पों की माँग करते हैं जिनकी उपलब्धता तेज़ी से बढ़ रही है।

आधुनिक टूथपेस्ट में ये अवयव होते हैं : अपघर्षक, फ़्लोराइड, नमी बनाए रखने वाले, गाढ़ा करने वाले, स्वादिष्ट बनाने वाले मसाले, परिरक्षक और फ़ोमिंग डिटर्जेंट। ज़्यादातर टूथ पाउडरों में मैल को साफ़ करने के लिए हल्के अपघर्षक डाले जाते हैं। कुछ सतह पर अवशिष्ट के दाग़-धब्बे भी हटाते हैं। आजकल के टूथपेस्ट में कैल्शियम कार्बोनेट, मैग्नीशियम कार्बोनेट, कैल्शियम फ़ॉस्फ़ेट डाइहाइड्रेट, खड़िया, एल्युमिना, निर्जलित सिलिका जैल, हाइड्रेटेड एल्यूमीनियम ऑक्साइड, फ़ॉस्फ़ेट लवण और सिलिकेट्स इस्तेमाल होते हैं। आयुर्वेद मोटा पीसा हुआ मसाला इस्तेमाल करता है, जैसे दालचीनी या लौंग, और/या मौसम के अनुकूल प्राकृतिक छाल को पीस कर बना सूक्ष्म-अपघर्षक।

फ़्लोराइड का इस्तेमाल इस दावे के साथ किया जाता है कि यह दाँत की परत को मज़बूत करता है और दाँतों की सड़न में खनिज को फिर से बढ़ाता है। अमेरिकी डेंटल एसोसिएशन (एडीए) की ओर से स्वीकृत सभी टूथपेस्ट में फ़्लोराइड होता है। फ़्लोराइड पर छिड़ी बहस जारी है क्योंकि अमेरिकी जनता पारदर्शिता को बढ़ावा देने वाली पर्यावरण सुरक्षा एजेंसी (ईपीए) और वेबसाइट्स पर उपलब्ध प्रमाण को नज़रअंदाज़ करती है। उनमें से एक 18 सितंबर, 1943 के एक जेएएमए की धारा का उदाहरण देती है, जो बताता है कि फ़्लोराइड सामान्य पुरस संबंधी (प्रोटोप्लाज़्मिक) ज़हर हैं। ये एंजाइम प्रणाली को काम नहीं करने देते और 1 पीपीएम या उससे अधिक फ़्लोराइड की मात्रा वाला पानी अच्छा नहीं होता। अमेरिकी सार्वजनिक स्वास्थ्य सेवा (पीएचएस) ने जब तक देश भर में पानी के फ़्लोराइडिकरण को बढ़ावा नहीं दिया तब तक फ़्लोराइडिकरण पर एएमए का यही रुख़ था। इससे ठीक पहले 1947 में नुक़सानदेह फ़्लोराइड के कचरे के सबसे बड़े उत्पादकों में एक के वकील को यूएस पीएचएस के प्रमुख के रूप में नियुक्त किया गया था। कई लोगों का दावा है कि उनके नेतृत्व में किए जाने वाले

अध्ययन में छेड़छाड़ की गई थी और यह बिना औपचारिक सहमति के भी किया गया था।

आजकल कुछ ही टूथपेस्ट मिलते हैं जिनमें कोई स्वीटनर, फ़्लोराइड या एसडीएस नहीं होता। फ़्लोराइड वाले 90 प्रतिशत सार्वजनिक पेयजल में इस्तेमाल रसायन-औद्योगिक श्रेणी के ख़तरनाक अपशिष्ट हैं जो फ़ॉस्फ़ेट के वायु प्रदूषण नियंत्रण स्क्रबर सिस्टम में पकड़े गए जिन्हें सिलिको-फ़्लोराइड कहा गया। आयुर्वेद को लोगों के मुँह तक रासायनिक कचरा पहुँचाने में कभी लाभ नहीं दिखा और इनकी बजाय उसने मसालों और जड़ी-बूटियों को चुना।

आधुनिक टूथपेस्ट का तीसरा अवयव एक प्रकार के ह्यूमेक्टैंट हैं, जो पानी की कमी नहीं होने देते, जैसे ग्लिसरॉल, प्रोपीलीन ग्लाइकोल या सॉर्बिटोल। चौथा तत्व गाढ़ा करने वाला एजेंट या बाइंडर होता है जो टूथपेस्ट को स्थिर करता है। इनमें खनिज कोलाइड, प्राकृतिक गोंद, समुद्री शैवाल कोलाइड और सिंथेटिक सेलुलोज होते हैं। आयुवेद ने टहनियों और पाउडरों का इस्तेमाल किया। टूथ पाउडरों में पानी, गाढ़ा करने या बाँधने वाली चीज़ों की ज़रूरत नहीं होती और वे कई दशकों तक ठीक रहते हैं, यहाँ तक कि सरकारी एक्सपायरी डेट के बाद भी, और ताज़ा डंडियों को स्थिरीकरण या कृत्रिम ह्यूमेक्टैंट की आवश्यकता नहीं होती।

पाँचवाँ अवयव एक फ़्लेवर वाला तत्व है, जैसे सैक्रीन या अन्य ग़ैर-कुदरती मीठी चीज़, जो स्वाद बढ़ाती है। डेंटिस्ट एक तरफ़ तो कैविटी का कारण बनने वाली मीठी चीज़ों और शुगर कैंडी को न खाने की लगातार सलाह को मुहिम की तरह चला रहे हैं दूसरी तरफ़ इस मिठास पर चुप्पी साधे हुए हैं। काग़ज़ी तौर पर, स्वाद बढ़ाने वाले तत्व ऐसे नहीं होने चाहिए जो दाँत ख़राब करें। आयुर्वेद मुँह की सफ़ाई के लिए कड़वी और कसैली चीज़ों की सलाह देता है क्योंकि इस प्रकार के रसायन सामान्य तौर पर प्राकृतिक रूप से जीवाणुरोधी व फफूँदरोधी होते हैं, और मुँह को सूखा रखने के साथ ही *कफ़* को कम करते हैं। दिन में सभी प्रकार के छह स्वादों का अनुभव करने से भी लार ग्रंथि के सारे अवयव उचित रूप से सक्रिय हो जाते हैं। रंगों और परिरक्षकों को उनकी उम्र बढ़ाने के लिए डाला जाता है।

आधुनिक टूथपेस्टों में मौजूद आख़िरी अवयव डिटर्जेंट होता है जिसका इस्तेमाल झाग बनाने के लिए किया जाता है और उनमें सोडियम लॉरिल सल्फ़ेट शामिल रहता है, जिसे सोडियम डोडेसील सल्फ़ेट या सोडियम

एन-लॉरॉयल सैर्कोसिनेट भी कहा जाता है। इस प्रकार के रसायन को गंभीर प्रमाणों और सुरक्षा संबंधी कारणों से कई देशों में प्रतिबंधित कर दिया गया है।

इस दुनिया में दो तरह के लोग हैं : वे जो टूथ पाउडर का इस्तेमाल करते हैं, और वे जो टूथपेस्ट का। साल के अलग-अलग समय में अलग-अलग जलवायु के अनुसार, आयुर्वेद विशेष रूप से विभिन्न पाउडरों के इस्तेमाल की सलाह देता है, जो पीसे हुए मसाले से बनते हैं और अगर उन्हें निगल लिया तो कोई नुक़सान नहीं होगा। अगर टहनियाँ उस मौसम में उपलब्ध नहीं हैं या नहीं मिल रही हैं, तो आयुर्वेद अदरक, काली मिर्च और लंबी काली मिर्च की सलाह देता है जिसे *त्रिकटु* कहते हैं या जो तीन शक्तिशाली फलों यानी *त्रिफला* का पाउडर होता है जिसका उपयोग आम तौर पर ख़ून तथा लिवर को दूषित तत्वों से मुक्त करने के लिए किया जाता है। आदर्श रूप में इन पाउडरों का उपयोग अँगुली से किया जाता है, जिससे कि हम मुँह के अंदर दरारों और उभारों को महसूस कर शरीर की जानकारी को बढ़ा सकें।

आयुर्वेद मुँह की सफ़ाई के लिए मसालों की छालों का इस्तेमाल करता है। पेड़ों की टहनियाँ *कषाय, कटु या तिक्त होनी चाहिए।* इनमें से कुछ हैं *दालचीनी, नीम, बबूल, अर्क, खदिरा, करन्जा, काकुभ, मधुक और न्यग्रोध।*

इनका उपयोग दिन के मौसम, *दोष, रस* और *वीर्य* को देखकर तय किया जाता है। स्वाद को अनुभव करना महत्त्वपूर्ण होता है क्योंकि यह लार के संयोजन में परिवर्तन करता है। दालचीनी का उपयोग पूरे साल किया जा सकता है क्योंकि यह मीठी एस्ट्रिंजेंट होती है, जो बसंत और गर्मियों में अनुकूल होता है, जबकि इसका तीखी गर्मी देने वाला गुण शरद ऋतु और सर्दियों के अनुकूल है। अधिक खट्टे और नमकीन स्वाद की सिफ़ारिश बसंत के लिए की जाती है। कड़वी चीज़ों में नीम सर्वोत्तम है और सर्दियों के समाप्त होने तथा बसंत की ऋतु में यह बेहतरीन होता है क्योंकि यह *कफ़* को काटता है और *पित्त* को कम करता है। *खदिरा* लेने की सलाह *कफ़* वाले ठंडे मौसम में दी जाती है क्योंकि यह एक ऐसा एस्ट्रिंजेंट है जो *कफ़* की तैलीय प्रकृति को काटता है तथा *कफ़* तथा *पित्त* को कम करता है क्योंकि यह धरती तथा वायु के ठंडक देने वाले तत्वों से बना होता है। *मधुक* गर्म, हवादार मौसम के लिए शानदार होता है क्योंकि इसका मीठा और कम

करने वाला गुण ताप को *पित्त* तथा मौसम के *वात* संबंधी प्रभावों को घटा कर कम करता है। *करंज* तिक्त पौधों में सबसे अच्छा होता है और इसका इस्तेमाल बारिश के मौसम में किया जाता है, जब *पित्त* की गर्मी और *कफ़* की नमी अधिक होती है।

कई सदियों और दशकों तक, आयुर्वेद ने लोगों को सलाह दी है कि अगर उनके पास अपने दाँतों की देखभाल के लिए समय नहीं है या पाउडर उपलब्ध नहीं है, तो वे सबसे पारंपरिक तौर पर ताज़ा टहनियों का इस्तेमाल करें। निर्देश बिलकुल स्पष्ट हैं; रात को खाना खाने के बाद और एकदम सुबह, बिना पत्तियों और गाँठों वाली टहनियों का इस्तेमाल करें, जिन्हें उपजाऊ मिट्टी में पैदा किया जाता है; हर दिन नई टहनी लें। हाथ की सबसे छोटी अँगुली जितनी मोटी टहनी लें जो लगभग बारह सेंटीमीटर या पाँच इंच लंबी हो, नीचे से ऊपर तक ब्रश करें क्योंकि गंदगी नीचे की तरफ़ जाती है। किसी नदी के ताज़े जल या पिछली रात को उबाल कर ठंडा करने के बाद तांबे के बर्तन में पूरी रात रखे गए पानी से कुल्ला करें।

पश्चिमी देशों में कुछ पुरातन-शैली की टूथपेस्ट कंपनियाँ आज भी शुद्ध बेकिंग सोडा के उपयोग को बढ़ावा दे रही हैं, जिनका उपयोग औद्योगिकीकरण से पहले बड़े पैमाने पर किया जाता था। भारत में, आयुर्वेदिक मसालों का प्रचार-प्रसार आम तौर पर औषधीय दाँतों की देखभाल की बुनियाद के रूप में किया जाता है, जिनमें 'आधुनिक' अवयवों को जोड़ा जाता है ताकि मुख्य धारा के टूथपेस्ट से टक्कर ली जा सके। आज भी जहाँ अधिकांश भारतीय किराना दुकानों में टूथ पाउडर मिल जाता है, वहीं टूथपेस्ट की सुविधा, आकर्षण और विज्ञापन की ताक़त ने उसे जीत दिला दी है।

दाँतों की सबसे अच्छी देखभाल के लिए :

- रात को खाने के बाद और सुबह उठते ही, नीम या बबूल की ताज़ा टहनियों का उपयोग करें।
- हर दिन छोटी अँगुली जितनी मोटी ताज़ा नई टहनी चुनें, जो लगभग बारह सेंटीमीटर या पाँच इंच लंबी हो।
- नीचे से ऊपर की तरफ़ ब्रश करें क्योंकि गंदगी नीचे की ओर जाती है।

- अगर मुँह में मौजूदा बीमारी सक्रिय है, तो उसे साफ़ पानी से धोएँ जिसे रात में उबालकर तांबे के चमकदार बर्तन में ठंडा होने के लिए रात भर रखा गया था।

निम्नलिखित जड़ी-बूटियों का उपयोग टूथ पाउडरों के रूप में उनके सही मौसम में करें :

- दालचीनी का उपयोग पूरे साल किया जा सकता है क्योंकि एस्ट्रिंजेंट के रूप में यह मीठी होता है जो बसंत और गर्मियों में अनुकूल होती है, तथा इसका तीखा गर्म करने वाला गुण शरद तथा सर्दियों के अनुकूल होता है।
- बसंत के लिए अधिक खट्टे और नमकीन स्वाद की सलाह दी जाती है।
- नीम की कड़वाहट सबसे अच्छी होती है और ठंड के मौसम के आख़िर और बसंत में यह सबसे अच्छा होता है क्योंकि *कफ़* को काटता है और *पित्त* को कम करता है।
- सर्दियों के मौसम के लिए *खदिरा* की सलाह दी जाती है।
- *मधुक* गर्म, हवादार मौसम के लिए शानदार होता है।
- तीखे पौधों में *करंज* का उपयोग सबसे सही होता है और इसका इस्तेमाल बारिश के मौसम में किया जाता है।

❧

आयुर्वेद कुछ लोगों को हर दिन सुबह टूथब्रश या कड़ी टहनियों का इस्तेमाल न करने की सलाह देता है, और केवल पाउडरों तथा नर्म अँगुली से मुँह की सफ़ाई करने को कहता है।

इनमें वे लोग आते हैं जो भयंकर अपच या डायरिया से पीड़ित हैं, जिन्हें उलटी होती है, जिनका दम फूलता है या दमा, भयंकर कफ़, बुखार, चेहरे का लकवा है, भयंकर प्यास लगती है, या अल्सर या मुँह में सूजन है, जैसे नासूर या मुँह के छाले। आयुर्वेद उस समय भी लोगों को ब्रश न करने की सलाह देता है जिन्हें हृदय रोग, आँखों की बीमारियाँ, सिर की समस्याएँ, और कान की बीमारियाँ हैं।

सतही तौर पर, इस तरह की सलाह किसी आधुनिक चिकित्सा विज्ञानी को अटकलबाजी लग सकती है। हालाँकि, आयुर्वेदिक तर्क बायोकेमिस्ट्री से जुड़ा होता है। मुँह में मौजूद जीवाणु को दूर करने से शरीर के विभिन्न क्षेत्रों में संतुलन पुनर्स्थापित करने की कोशिश कर रहे जीवाणुओं की पारिस्थितिकी बदल जाती है। मुँह में पाचन संबंधी एंजाइम स्वाद को ग्रहण करने वाले अभिग्राहकों से लेकर पेट-दिमाग़ धुरी तक से प्रभावित होते हैं। यह धुरी पेट की प्रतिरोधी प्रणाली को मस्तिष्क के हॉर्मोनों से जोड़ती है।

- अगर आप भयंकर अपच या डायरिया के शिकार हैं, अचानक उलटी आती है, दम फूलता है या दमा, भयंकर कफ़, बुखार, चेहरे का लकवा है, भयंकर प्यास लगती है या मुँह के अंदर अल्सर या सूजन जैसे कि नासूर या मुँह के छाले हैं, तो टूथब्रश या कठोर टहनियों का इस्तेमाल न करें, तथा अपने मुँह की सफ़ाई के लिए सिर्फ़ नर्म पाउडर और अँगुली का इस्तेमाल करें।
- इसके साथ ही, अगर आपको हृदय रोग, आँख की बीमारियाँ, सिर की समस्याएँ या बीमारियाँ तथा कान की बीमारियाँ हैं तो ब्रश का इस्तेमाल न करें।

मेडिकल कॉलेज में चिकित्सक दाँत और मसूड़ों के बारे में ज़्यादा नहीं सीखते। शरीर रचना विज्ञान और रेडियोलॉजी में कुछ दिनों के बाद, हम रीढ़ की हड्डी के ऊपर कपाल या खोपड़ी को संतुलित करने के लिए एक आधार के रूप में जबड़े का अध्ययन करते हैं। यह स्पष्ट है कि जबड़े का संतुलन अच्छे संतुलन, गर्दन के लचीलेपन और तंत्रिकाओं के कार्यों का मौलिक अंग है जो सिर की रीढ़ की हड्डी के मार्ग से प्रवाहित होता है। दूसरी तरफ़ जबड़े का संतुलन उस सबसे बाहरी स्थान पर निर्भर करता है जिस पर वह टिका होता है : दाँत पर, विशेष कर काटने पर। इस कारण यह ज़रूरी है कि दाँत ठीक से जमे हों और आपस में ठीक से बंद हों।

न्यूरोमस्कुलर दंत चिकित्सा का क्षेत्र इस संबंध को खंगालता है। हड्डियों का स्थान और किस प्रकार वे एक-दूसरे पर बैठते हैं, इसका अध्ययन भी

फ़ेल्डेनक्राइस, अस्थिरोग विज्ञान (ऑस्टियोपैथी) और काइरोप्रैक्टिक जैसे क्षेत्रों में किया जाता है। आयुर्वेद योग की मुद्राओं की सहायता से मसूड़ों और दाँतों की सही नियोजन को बढ़ाता है जिनसे गर्दन, जबड़े और मुद्रा सुदृढ़ होते हैं। सालभर में दर्जनों बार पारंपरिक दंत चिकित्सक के पास जाने के बावजूद मुझे एक भी ऐसा चिकित्सक नहीं मिला जो मेरे दाँतों की पंक्ति को मेरे काटने, आँखों और रीढ़ की हड्डी के लिहाज से देखे। जबकि, एक अच्छा आयुर्वेदिक चिकित्सक व संपूर्ण डेंटिस्ट सिमेट्री का ध्यान रखता है और सिर तथा गर्दन के स्वास्थ्य के लिए इस स्पष्ट संबंध पर विचार करता है।

मेरी माँ ने कभी धागे से दाँत को साफ़ करना नहीं सिखाया। डेंटिस्ट ने ज़रूर सिखाया। मेरी माँ ने हमें सिखाया कि जब भी और जितनी बार भी हम खाएँ, कुल्ला ज़रूर करें। यही नहीं, वह हमें खाने के बीस मिनट बाद पानी पीने देती थीं। हम जब अमेरिकी स्कूली प्रणाली में आए, तो कैफ़ेटेरिया से निकलते ही क्लासरूम में चले जाया करते थे। मैंने अपनी माँ से पूछा कि कहाँ जाकर कुल्ला करूँ तो उन्होंने कहा कि जब भी लंच करूँ तो बाथरूम में जाऊँ और अपने हाथ-मुँह को धो लूँ तथा ज़रूरत हो तो मूत्र त्याग दूँ।

इसलिए लंच के बाद मैं बाथरूम जाने और कुल्ला करने तथा हाथ धोने के लिए रुका करती थी। एक दिन, बाथरूम में एक लड़की ने मुझे बताया कि मैं गंदी और असभ्य हूँ क्योंकि मैं सिंक में थूकती हूँ और बाथरूम का पानी मुँह में भर लेती हूँ जबकि मुझे ऐसा नहीं करना चाहिए। मैं दुविधा में पड़ गई। भारत में जो 'क्या करें' है वह अमेरिका में 'क्या न करें' है। दुनिया ही उलट-पुलट हो गई क्योंकि लगातार मुझे ताने मारे जाते और फिर बहिष्कृत कर दिया गया। इसके बाद मैंने लंच के बाद कुल्ला करना बंद कर दिया।

कुछ वर्षों के भीतर मुझे दंत चिकित्सक के पास ले जाया गया और उन्होंने पाया कि मेरे दाँतों में कैविटी है जिसे भरना पड़ेगा, और हमें लंच के बाद मुँह साफ़ रखने के लिए गम चबाने की सलाह दी गई। कई दशकों बाद, आज मैं आधुनिक संस्कृतियों की ओर से गुमराह किए जाने की बुद्धि पर बौखला जाती हूँ। प्राचीन संस्कृतियों में लोग खाने के पहले और बाद में कुल्ला किया करते थे। वे धागे से दाँत साफ़ नहीं करते थे, और उनके दाँत भी नहीं गिरते थे।

~ 7 ~

# जीभ की सफ़ाई

हमारे घरों में लड़कियों का बाथरूम जैसा होता है, उसके विपरीत मेरे पिता का बाथरूम शेविंग की चीज़ों, बालों में लगाने वाले तेल, मिश्रित औषधि, कोलोन तथा फ़ादर्स डे के तोहफ़े से भरा होता था, जो वहाँ क़रीने से रखी होती थीं लेकिन उन्हें खोला नहीं गया था। उनके पास उनके टूथब्रश और टूथपेस्ट के लिए एक कप था, एक तेज़, घुमावदार चाँदी का चम्मच और एक यू-आकार वाला पुराना तांबे का उपकरण था। बेशक, मैं बरसों तक उसके बारे में पूछने से इसलिए डरती रही क्योंकि वह लड़कों का उपकरण हो सकता था। लेकिन, आख़िर में मैं मजबूर हुई और पूछा तो मुझे जिभिया (टंग स्क्रैपर) के बारे में पता चला।

मुझे अपने दाँतों और मसूड़ों पर ब्रश करने, कई बार कुल्ला, गरारा करने के बारे में बताया गया था, लेकिन मैंने किशोरावस्था तक कभी अपनी जीभ को साफ़ नहीं किया था। मेरी माँ ने बताया कि जब हम वयस्कों वाला भोजन करना शुरू करें और मासिक धर्म की शुरुआत हो, तभी जीभ को साफ़ करने की ज़रूरत पड़ती है। उन्होंने बताया कि अगर हम स्वस्थ रहें और घर में स्वच्छ भोजन करें, तो हमारी जीभ साफ़ रहेगी। अगर हम बीमार पड़ जाएँ या जब घर से बाहर काम करने लग जाएँ, जहाँ बाहरी विषैले तत्वों का ख़तरा बढ़ जाता है, तो हमारी स्वाद कलिकाओं के बीच चीज़ें जमने लगती हैं।

हाई स्कूल में, जहाँ मैंने विज्ञान व सच्चाई तथा अपने घर के भीतर की वास्तविकता के बीच टकराव को समझाने में संघर्ष किया, जो अमेरिका से बिना

पासपोर्ट के निकल जाने जैसा था, वहाँ दोस्तों से टूथब्रश के बारे में पूछना शुरू किया और चालाकी से जीभ को साफ़ करने का ज़िक्र छेड़ दिया। उनमें से कुछ ने मुझे बताया कि अगर ब्रश करते समय वे जीभ को छू दें तो उन्हें उबकाई आने लगती है। कुछ तो ब्रश के जीभ से टकराते ही उलटी कर देते थे। उन्होंने तुरंत सब बातें बता दीं। बायोलॉजी के टीचर ने बताया कि टूथब्रश से जीभ ब्रश करने से स्वाद कलिकाएँ उत्तेजित होंगी। लेकिन किसी ने भी जीभ को जिभिया से साफ़ करने का समर्थन नहीं किया, और किसी को भी यह समझ नहीं आया कि मुझे ऐसा करने से डर क्यों नहीं लगता क्योंकि मैंने अपनी माँ को कई साल तक ऐसा करते देखा। इसलिए, एक भारतीय अमेरिकी होने की कई आदतों की तरह ही जीभ को साफ़ करने का मुद्दा अनिवार्य, लेकिन दैनिक जीवन का गुप्त कार्य बन गया।

ओमाहा में अपने घर आने वाले लोगों से अपनी अलग आदतों को छिपाने के दौरान, मेरी माँ ने अपनी तांबे की जिभिया को नारंगी लाल टॉयलेटरी ट्रैवल बैग में स्थायी रूप से छिपा दिया था। जापान के एक दौरे पर, वह अपनी जिभिया भूल गईं और उन्हें चाँदी का अंडाकार अनोखा चम्मच मिला जो उनकी जीभ को अच्छी तरह साफ़ कर देता था। यह इतनी अच्छी तरह काम करता था कि उन्होंने हाउसकीपर को टिप दी और वह चम्मच ख़रीद लिया। उसके बाद से ही वह चम्मच उनके बाथरूम में रहता है। कुछ समय बाद मुझे अमेरिकी संसार में वैसा ही झाँसा देने वाला चम्मच दिया गया, क्योंकि वहाँ जिभिया का मज़ाक़ उड़ाया जाता है। वह चम्मच अब मेरे ही साथ चलता है जो मुझे चाँदी के चम्मच के साथ जीने की याद दिलाता है।

आयुर्वेद में *जिव्हा निरलेखन* की चर्चा है जो *जीभ* को ब्रश करने की बजाय साफ़ करने की सलाह देता है। ब्रश करने से कलिकाएँ उत्तेजित हो जाती हैं लेकिन उनकी सफ़ाई नहीं हो पाती है। कुछ समय पहले खाए गए खाने के अति सूक्ष्म टुकड़े जीभ की कलिकाओं के बीच कारपेट के निचले हिस्से की धूल की तरह जमा रहते हैं, जो विषाक्त प्रभाव, स्वाद में कमी, ख़राब स्वाद और बदबू उत्पन्न करते हैं। आयुर्वेद हमें बताता है कि जीभ में सूजन के साथ ही उसकी सख़्ती को कम करने के लिए हमें इसे साफ़ करना चाहिए और फिर से मुँह में पानी भरकर कुल्ला करना चाहिए।

जीभ को ठीक से साफ़ करना कंघी करने जैसा होता है - ज़्यादा कस कर दबाने से ख़ून निकल जाता है और ज़्यादा हल्केपन से सफ़ाई नहीं हो पाती है। एक सही जिभिया सफ़ाई करती है लेकिन चुभती नहीं है। अमेरिका में, मैंने जैसे ही मरीज़ों को जिभिया की सलाह दी, उन्होंने मुझे बताया कि स्टोर ने उन्हें बेचना बंद कर दिया है क्योंकि दंत चिकित्सक उन्हें ख़तरनाक बता चुके हैं, जिससे लोगों की जीभ कट रही थी! मैंने जब पूछा, तो पता चला कि एक प्रकार का डर था कि अगर यू आकार वाली जिभिया का इस्तेमाल किया गया तो उसके धारदार किनारे से जीभ कट सकती है। यह स्वाभाविक-सी बात थी कि लोगों को समझना होगा कि वे जिभिया को कितनी ज़ोर से या धीरे से दबाएँ, लेकिन दुकानदार पीछे हट गए, और सिर्फ़ अमेरिका में बनी प्लास्टिक की नई जिभिया ही ख़रीदने लगे।

आयुर्वेद चाँदी या तांबे की जिभिया के इस्तेमाल की सलाह देता है, क्योंकि चांदी *पित्त* और गर्मी को कम करती है, जबकि तांबा *कफ़* जमा देने वाले प्रभाव को कम करता है तथा *पित्त* में दिखने वाली सूजन का मुक़ाबला करता है। इसलिए, जिभिया तथा सिर और चेहरे के अन्य उपकरणों के लिए ऐसी धातु आदर्श होती है।

*जिव्हानिर्लेखनं रौप्यम् सुवर्णं वाक्ष्र्यमेव च।*
*तन्मलापहरणं शस्तं मृदुश्लक्ष्णं दशांगुलम् ।।13।।*
*मुखवैरस्यदौर्गन्ध्या शोभजाड्यहरं सुखम्।*
*दंतदार्ढ्यकरम् रुच्यं स्नेहंगण्डूषधारणम् ।।14।।*

जीभ को साफ़ करने के लिए, चाँदी, सोने, लोहे या किसी पेड़ की मज़बूत टहनी का इस्तेमाल करें जो कोमल, चिकनी, दस अँगुली लंबी और सफ़ाई कर देती हो। ।।13।।

यह ख़राब स्वाद तथा मुँह की दुर्गंध को दूर करती है, फुलाव, जीभ की कठोरता को कम करती है और स्वाद की इंद्रिय को फिर से सक्रिय कर देती है। मुँह में तेल को स्थिर रखने से मुँह सुदृढ़ होता है और दाँत सफ़ेद होते हैं। ।।14।।

सुश्रुत संहिता,
चिकित्सा स्थान; अध्याय 24, श्लोक 13-14

- अपनी स्वाद कलिकाओं को साफ़ करने तथा जीभ के फुलाव और उसकी कठोरता को कम करने के लिए ब्रश की बजाय जिभिया का उपयोग करें।
- प्लास्टिक की बजाय चाँदी या तांबे की जिभिया का इस्तेमाल करें।

आधुनिक चिकित्सा ने हाल ही में स्वाद बताने वाले स्वाद अभिग्राहकों के बारे में पता लगाया है, जिनकी तरफ़ लोगों का ध्यान तब और गया जब कोलंबिया यूनिवर्सिटी के प्रोफ़ेसर लिंडा बक और प्रोफ़ेसर रिचर्ड एक्सेल को नोबेल पुरस्कार दिया गया। यह सम्मान उन्हें गंध को लेकर घ्राण अभिग्राहकों के तंत्र की प्रणाली पर कार्य के लिए दिया गया था। गंध बताने वाले अभिग्राहक काफ़ी हद तक चखने वाली अनुभूति के समान ही हैं, जो हमारी ओर से चखे जाने वाले भोजन को हवा में उड़े रसायनों से जोड़ते हैं।

आधुनिक विज्ञान पाँच प्रकार के स्वाद को जानता है : मीठा, खट्टा, नमकीन, तीता और उमामी। उमामी जापानी शब्द है जिसका अर्थ स्वादिष्ट होता है और यह ग्लूटामेट अभिग्राहक से मेल खाता है। यह टमाटरों, आलू और ग्लूटामिक एसिड से सक्रिय हो जाता है, जो स्वादिष्ट और मांसयुक्त खाद्य पदार्थ में पाया जाता है। विज्ञान में स्वाद के रूप में तिक्तता और कसैलेपन को वर्गीकृत नहीं किया गया है। आयुर्वेद दोनों प्रकार के स्वादों में भेद करता है। पहला, जो मुँह में (तिक्त) ढेर सारी लार निकालता है, दूसरा जो मुँह (कसैले) से लार बाहर करता है।

अधिकांश वयस्कों में 3,000 से 10,000 के बीच स्वाद कलिकाएँ होती हैं। इस प्रकार की स्वाद कलिकाएँ एंट्रम या पेट के ऊपरी हिस्से, तथा ऊपरी ग्रासनली के साथ ही पाचन प्रणाली के अन्य हिस्सों में भी पाई जाती हैं, जैसे अग्नाशय और यकृत, जिनका काम विभिन्न एंजाइम के बीच समन्वय स्थापित करना तथा मुँह में पहुँचते ही स्वाद को लेकर संचार करना होता है। स्वाद कलिकाएँ दिमाग़ तथा मुँह के तालू, टॉन्सिल के स्तंभ, कंठच्छद (एपग्लॉटिस) और श्वसन प्रणाली, अंडकोष और टेस्टिकल्स, मूत्राशय और गुदा पर भी होती हैं। अंडकोश में मौजूद स्वाद के अभिग्राहक स्पर्म को मिलने वाली शुगर

की मात्रा को नियंत्रित कर सकते हैं क्योंकि फ्रक्टोज शुक्राणु गतिशीलता के लिए एक विष और महत्त्वपूर्ण सब्सट्रेट दोनों ही है।

आयुर्वेद स्वाद को आधुनिक विज्ञान के दृष्टिकोण से अलग हटकर देखता है। हर टुकड़ा, चाहे वह खाने का हो, दवा, खनिज, वनस्पति या पशु का, यह पाँच महातत्वों से मिलकर बना होता है। ये तत्व युग्मों में मिलकर स्वाद बताते हैं।

| | | |
|---|---|---|
| *मधुर (मीठा)* | *पृथ्वी + जल* | नीचे की जड़ें *(अपान वायु)*, पीसना |
| *अम्ल (खट्टा)* | *पृथ्वी + अग्नि* | भारी और हल्का दोनों ही |
| *लवण (नमकीन)* | *जल+अग्नि* | जलयोजित करता है, घूमता है, हल्का और नर्म करता है |
| *कटु (कड़वा)* | *अग्नि + वायु* | ऊपर की तरफ़ *(उड़ान वायु)* ख़ुशबूदार, रोगजनकों को मारता है |
| *तिक्त (तीता)* | *वायु + आकाश* | दूसरे भोजन का स्वाद बढ़ाता है |
| *काषाय (कसैला)* | *वायु + पृथ्वी* | सूखा होता है और भूख कम करने में मदद करता है |

इनमें से हर स्वाद मन, जीभ और पेट के ऊपरी हिस्से में विभिन्न प्रकार की अग्नि को भड़काता है, जो इन स्वादों को पचाते हैं और पेट के विशेष क्षेत्रों में उन्हें चुनकर, शरीर की ज़रूरत के अनुसार उन्हें अवशोषित करते हैं। इस प्रकार के स्वाद को जब अवशोषित किया जाता है, तब वे अपने मौलिक घटकों को विकसित करने के लिए ऊतकों को ईंधन उपलब्ध कराते हैं। इसलिए, सही पाचन एंजाइम के सक्रिय होने के लिए प्रत्येक टुकड़े को चखना ज़रूरी है। वसा के ऊतक को थोड़ी गर्मी और अधिक कूटने की आवश्यकता पड़ती है, इसलिए यह ज़्यादातर मीठे स्वाद के तत्वों को सोखता है। हड्डियों को गतिविधि और प्रवाह पसंद होता है क्योंकि ख़ून दिन-रात उनसे होकर दौड़ता है। इसलिए, हड्डियों में हल्के तत्वों के प्रति आकर्षण होता है और वे तीखे व कड़वे पदार्थों को चुनकर सोखते हैं। इस प्रकार की सोच जहाँ पूरी तरह से जैवरसायन विचारकों के लिए बाहरी है, वहीं मरीज़ों में हम जो देखते हैं उसके नैदानिक दृष्टिकोण से यही पूरी तरह से

मेल खाती है। आयुर्वेद के ज़रिये, ऊतकों के साथ स्वादों के परस्पर संबंध से आप बीमारियों के बारे में संक्षिप्त और सटीक अनुमान लगा सकते हैं।

मेडिकल कॉलेज में, हमने सीखा कि जीभ के ऊपर की परत कुछ लोगों में होती है, तो कुछ में नहीं। हम मुँह खोलकर उवुला (जो हमारे कंठ के पिछले हिस्से में लटकती रहती है) में सूजन की जाँच करते हैं, फिर टॉन्सिल और मसूड़े देखते हैं तथा जीभ को दबाने वाले को हटाते हैं। हालाँकि, आयुर्वेद जीभ को काफ़ी महत्त्व देता है, जो पाचन की स्थिति का सूचक है। कुछ बातें दी जा रही हैं जो समय की कसौटी पर खरी उतरती हैं।

| जीभ की दशा | संकेत/स्थिति |
|---|---|
| किनारों पर के घुमाव पकना | पेट में बिना सोखे गए पोषक तत्व |
| सतह पर दरार | आँत में *वात* की असाध्य समस्या |
| गाढ़ी सफ़ेद परत | भारीपन, आँत में *कफ़* |
| गाढ़ी चीज़ जैसी परत | पेट के ऊपरी हिस्से में बिना पचा *कफ़*, आम तौर पर पेट में, सामान्य रूप से फ़ूड प्वाइज़निंग या गंभीर अपच में देखा जाता है। |
| भूरी, पानी वाली या जेल-जैसी परत | *पेट* पर वात का हावी होना |
| जीभ की लाल परिधि पर पीली या पीली-सफ़ेद परत (जिभिया से हट सकती है लेकिन फिर जम सकती है) | पेट में गर्मी और अत्यधिक *पित्त*, आम तौर पर छोटी आँत में |

आयुर्वेद कहता है कि इस प्रकार के दिशा-निर्देशों को मरीज़ के खाने-पाने की आदतों, लक्षणों तथा पिछले 2 दिनों में पेट की गतिविधियों के बारे में पूछकर जाँच लेना चाहिए।

~ 8 ~

# सुबह के समय पानी

हमारे घर के हर ओवन में ताँबे का एक बर्तन रखा रहता है। हमने अपने पूरे जीवन में तांबे, पीतल और मिट्टी के बर्तनों को देखा। फिर हम ओमाहा आ गए, जहाँ यह सब नहीं था। यहाँ मेरे पिताजी ने क्रेटन में काम करना शुरू किया और अमेरिका में रहते हुए हमने टपरवेयर का आनंद उठाना शुरू कर दिया। मेरी माँ नियमित रूप से *कच्चा जल* उबालती हैं जिससे कि रसायन और अवांछित ऊर्जा को समाप्त किया जा सके, और फिर उसे तांबे के बर्तन में डाल देती हैं। प्रिंसटन में जिस सबसे बड़े ओवन में बड़ा बर्तन रहता है वह पायलट लैंप की गर्मी में रहता है, जो पूरे दिन रहती है और अमेरिका के आधुनिक स्टोव में साल भर देखी जा सकती है। यह पानी को 27-32$^0$ सेंटीग्रेड के आसपास गर्म रखता है और सर्दियों में इसे पीना अच्छा लगता है। सुबह में, प्रातः की नित्य क्रिया से निवृत्त होकर मेरी माँ किचन में प्रवेश करते ही एक बड़ा गिलास भरकर पानी पीती हैं।

हम अब बड़े हो गए हैं, लेकिन बरसों से हमने अपनी अग्नि को भड़काना और पानी को उबालने की सरल युक्ति का उपयोग कर अपने विषाक्त पदार्थों को समाप्त करना सीख लिया है। या तो हम इसे ताज़ा उबला हुआ और गर्म पीकर दिन की शुरुआत करें या जब मौसम गर्म रहता है या *पित्त दोष* बढ़ जाता है, तब वह कमरे के तापमान पर आ जाए तो गिलास भरकर पी लें। दोनों ही तरीक़े से, हम अपने शरीर में सिर्फ़ पानी लेते हैं और उसे जीवित कोशिकाओं की दिशा में यात्रा के लिए तैयार करते हैं जिनसे हमारा शरीर बना है।

*स्पृष्ट्वा धातून्मलानश्रु दृशंकेशनखांश्चुतान् ।। 8।।*
*स्नात्वा भोक्तुमनः भुक्त्वा सुप्त्वा क्षुत्वा सुरार्चने।*
*रथ्यामाक्रम्य चाचामेदुपविष्ट उदङ्मुखः ।। 9।।*

ख़ून, मांसपेशियों या वसा; मल; अश्रु; मांस के वसा, बाल या जानवरों के नाख़ूनों (गिरे या काटे गए) के संपर्क में आने के बाद *आचमन* (संस्कृत में, चम का अर्थ है चुस्की लेना) करना चाहिए। इसे स्नान के तुरंत बाद, भूख लगने की पहली अनुभूति पर, खाने के अंत में, *सुप्त्व* (उठने) के दौरान, *सुत्व* (*छींक)* के बाद, ईश्वर की उपासना की शुरुआत से पहले, *रथ* की सवारी के बाद, दूर तक टहलने या लंबी यात्रा के बाद, तथा दैनिक साफ़-सफ़ाई के बाद भी किया जाना चाहिए।

*प्राङ्मुखो वा विविक्तस्थो ना बहिर्जानु नान्यदृक्।*
*अजल्पनुत्तरासंगी स्वच्छैरंगुष्ठमूलगैः ।।10।।*
*नौद्धृतैर्नानतो नोर्ध्वम् नाग्निपक्वैर्नपूतिभिः ।*

उत्तर या पूर्व दिशा का रुख़ कर, हर दिन पैर मोड़कर या फैलाकर तनकर बैठकर एकांत में पूरा ध्यान लगाकर बिना कुछ बोले आचमन किया जाना चाहिए। दोनों हाथ घुटनों के भीतर और नीचे हों, कहीं न देखें, बिना बोले, ऊपरी परिधान या कंधे पर गमछा रख कर करना चाहिए। पानी शुद्ध होना चाहिए, और पहले दोनों हाथों, चेहरे व पैरों को धोना चाहिए, और फिर दाहिने हाथ को ताकि यह सुनिश्चित हो कि यह साफ़ है। फिर पानी को बाएँ हाथ से दाहिने हाथ पर अँगूठे की जड़ में डालना चाहिए, जो बीच की तथा सूचक अँगुली के बीच कप के आकार में रहेगा। इसे बिना गिराए और आवाज़ किए तीन बार पीना चाहिए।

*न फेनबुद्बुदक्षारैर्नैकहस्तार्पितैर्जलैः ।।11।।*
*नार्द्रैकपाणिनर्मिध्य हस्तपादो न शब्दवत् ।*

पानी दोबारा उबाला नहीं जाना चाहिए, न ही उसमें कोई *दुर्गंध* या *बुलबुला,* और *क्षार* होना चाहिए। मलोत्सर्ग, आँसू पोंछने, स्नान करने, भोजन, जागने,

छींकने, प्रार्थना करने और बाहर से आने के बाद जल की चुस्की लेनी चाहिए।

वाग्भट्ट का अष्टांग संग्रह
सूत्र-स्थान; अध्याय 3, श्लोक 8-12

इस प्राचीन ग्रंथ के कई अध्यायों में पानी पर विस्तार से चर्चा की गई है। *दिनचर्या* अध्याय में, आयुर्वेद पानी के महत्त्व को बताता है कि जब हम सोकर उठते हैं और हमने अपने पेट को सुना और महसूस किया कि यह कैसा लग रहा है, तब वह हमें *आचमन* की सलाह देता है। ऐसे में दाहिने हाथ को कुप्पी जैसा बनाकर थोड़ा जल पीना चाहिए। सुबह में पहली बार पिया गया पानी पेट को संदेश देता है कि रात को अपनी स्थिर अवस्था से शरीर जाग उठा है। आख़िर में, हम आँखों के पास *मर्म* (महत्त्वपूर्ण बिंदुओं), कान, नाक, बाहरी होंठ, ललाट तथा हँसुली को छूते हैं। अपने चेहरे और छिद्रों को साफ़ करने तथा दिन की शुरुआत के लिए बाहर से स्वच्छ होने के बाद हमें अंदर से साफ़ होने के लिए ज़्यादा मात्रा में शुद्ध पानी पीना चाहिए। यह पानी उबला हो और इसे गर्म, हल्का गर्म या ठंडा पिएँ, यह मौसम, जलवायु तथा व्यक्ति के शरीर के गठन और *अग्नि* की स्थिति पर निर्भर करता है।

आधुनिक चिकित्सा जहाँ काफ़ी पानी पीने पर ज़ोर देती है, और स्वस्थ वयस्कों को दिन में दो लीटर पानी पीने की सलाह देती है, वहीं आयुर्वेद की सलाह है कि हम उतना ही पिएँ जितना ज़रूरी हो, जिसमें गटकना नहीं चुस्की लेना है, और पानी की शुद्धता, उसके रंग, गंध तथा स्वाद पर ज़्यादा ध्यान दिया जाना चाहिए। यह बताता है कि जब हम शरीर की ज़रूरत - जैसे प्यास, सुस्ती, पेट फूलना, अधिक वज़न होना, कफ़, पाचन शक्ति का घटना, उबकाई, लार, साँस लेने में परेशानी तथा नाक में म्यूकस जमना, जो *पित्त, कफ़* और आम में धीरे-धीरे वृद्धि को बताता है, से अधिक पानी पी लेते हैं तो हमें कौन-सी बीमारियों के लिए तैयार रहना चाहिए। बहुत अधिक पानी पीने से इसका अधिकांश हिस्सा पच नहीं पाता, जिससे शरीर में असंतुलन पैदा हो जाता है। यह जानने के लिए कि आपके शरीर को क्या

चाहिए, उससे हर दिन बात कीजिए। कुछ दिनों तक कोई भी अन्य तरल पदार्थ कम मात्रा में पीजिए, और आपका शरीर आपको बता देगा कि उसे कितने पानी की ज़रूरत है। अपने स्वयं के शरीर की देखभाल न करने वाले किसी डॉक्टर की बात सुनने के पहले, आप स्वयं को पानी का एक घूँट पीने के लिए आमंत्रित कीजिए और देखिए, पानी आपके कितने काम आता है।

- एक अंजुरीभर पानी पीने के बाद आँखों, कानों, नाक, बाहरी होंठ, कनपटियों और हँसुलियों के पास *मर्म* को स्पर्श कीजिए।
- चेहरा और मुँह साफ़ करने के बाद शुद्ध पानी की काफ़ी मात्रा पीजिए। यह उबला और मौसम, जलवायु तथा व्यक्ति के शारीरिक गठन तथा *अग्नि* की स्थिति के अनुसार, गर्म, गुनगुना या ठंडा हो सकता है।
- मलोत्सर्ग, आँसू, स्नान के बाद, भोजन, निद्रा, छींक के बाद, पूजा और यात्रा के बाद थोड़ी मात्रा में साफ़ पानी पीजिए।
- ध्यान दीजिए कि कितना पानी आपके लिए आदर्श है। किसी व्यक्ति की बताई मात्रा के बजाय केवल उतना ही पानी पीजिए।

~ 9 ~

# शुभ वस्तुएँ

अब तक हम जितने भी घरों में रहे, उन सभी के गलियारे में एक छोटी सी कोठरी हुआ करती थी जो उस घर की सबसे रोचक जगहों में से एक थी; उसे वेदी कक्ष कहते हैं। हम वहाँ बैठकर ध्यान लगाते थे, हर दिन सूर्योदय और सूर्यास्त के समय पूजा किया करते थे, अपनी चिंताओं, अपने आँसुओं, अपनी ज़रूरत से अधिक भावनाओं को वहाँ छोड़ दिया करते थे और दिन की शुरुआत करते हुए अपनी सबसे अच्छी भावना व्यक्त करते थे। मैं जब छोटी थी, तब जानती थी कि सवेरे-सवेरे मेरी माँ कहाँ मिलेगी। वे पालथी मारकर बैठती थीं, और उनके हाथों में एक जलता दीप व अगरबत्ती हुआ करती थी। उन्हें बीच में कभी कोई नहीं टोकता था, हाँ, हमने कुछ आपात संकेत ईजाद कर लिए थे जिनकी मदद से उनका ध्यान खींचकर खेलने जाने की इजाज़त ले लिया करते थे। वेदी कक्ष की कुछ चीज़ों को हाथ लगाने की हमें इजाज़त नहीं थी। जब हम बड़े हुए, तो हमें नई ज़िम्मेदारियाँ दी गईं और विभिन्न वस्तुओं के साथ ही विभिन्न संस्कारों का मतलब समझाया गया।

एक वेदी बनाने के लिए बस छह वस्तुओं की ज़रूरत पड़ती थी, हालाँकि बरसों के दौरान दर्जनों चीज़ें हमारे *ठाकुरेर घॉर* (पूजा घर) में जगह बना चुकी थीं। छह चीज़ों में - एक दीप या प्रकाश का स्रोत, कुछ ख़ुशबूदार चीज़ (जैसे अगरबत्ती या फूल), थोड़ा जल, चढ़ावे का स्थान, नीचे बैठने क़ी जगह जिसे आसन कहा जाता है और एक शुभ वस्तु। मेरी माँ सुंदरता से बनाए गए चित्रों का इस्तेमाल करती थीं जो मानवीय क्षमता के पहलुओं : बुद्धिमानी, प्रचुरता, स्वास्थ्य, प्रेम, धन और धैर्य को दर्शाते थे। असल में, यह उन देवी-देवताओं

की तसवीरें थीं जिनकी चर्चा हिंदू पौराणिक कथाओं में है। माँ ने मुझे बताया कि उन्हें इस कारण बनाया गया ताकि उन तसवीरों में प्रतीक के रूप में जिन बातों को विशेष रूप से दिखाया गया है, हम अपने अंदर उन बातों पर ध्यान लगाएँ। हमें कहा जाता था कि हम जिस किसी तसवीर के प्रति आकर्षित हों और जिनकी हर बात को हम सावधानी से याद रख सकें उन पर ध्यान लगाएँ, ताकि हम उन बातों पर ग़ौर कर सकें जो हमें अपने अंदर दिखाई पड़ती है। स्कूल में पढ़ने के दौरान, वे हमें सरस्वती को दिखाती थीं, जो शिक्षा और बुद्धि की देवी थीं, और उनकी शांत मुद्रा, बुद्धि की सुंदरता, सरलता, सौम्यता तथा हर समय उनकी हाथों में मौजूद रहने वाली क़िताबों के बारे में बताती थीं। कई वर्षों के दौरान हमारे घर में उपहारों, मूर्तियों और कैलेंडरों का आना जारी रहा। उन्हें साफ़-सुथरा किए जाने के बाद ससम्मान वेदी कक्ष में रख दिया जाता था। सारे फूल वेदी का स्पर्श करते और फिर उन्हें वहीं चढ़ा दिया जाता था। इसके बाद उन्हें किसी बैठक के गुलदस्ते में लगा दिया जाता था।

*प्रणम्य देवान्वृद्धांश्च मंगलाष्टशतं शुभं।*
*शृण्वन्कांचनविन्यस्तं सर्पिः पश्येदनंतरं ।।23।।*

सबसे पहले देवताओं और वृद्धों की पूजा होनी चाहिए, फिर घी से भरे सोने के कलश में अपनी छवि को देखने के साथ-साथ पूजा करने वाले को भगवान के 108 शुभ नामों का जाप करना चाहिए।

वाग्भट्ट का अष्टांग संग्रह
सूत्र-स्थान; अध्याय 3, श्लोक 23

बरसों से, किसी व्यस्त दिन की शुरुआत से पहले, सुबह उठना और समय निकालकर किसी शुभ वस्तु को देखना अंतरात्मा से जुड़ने के क्रम में एक अगाध श्रद्धा का अभ्यास बन गया है। भोर में *वात* के इस प्रहर में, जब हवा हल्की होती है, अपने प्रेम की वस्तुओं के साथ कुछ पल बैठना हमें

प्रेरित कर सकता है और उस दिन हमारे अंदर के उस दिशा सूचक को एक नया आयाम दे सकता है। हमारे हृदय में स्थित वह योजना बनाना वाला वास्तव में किए जाने वाले कार्य पर अपना मत व्यक्त कर सकता है। केंद्रित होना सिर्फ़ धार्मिक होने से कहीं अधिक महत्त्व रखता है। यह आंतरिक स्व के लिए एक अनुष्ठान है।

आयुर्वेद कहता है कि हमें अपना वेदी कक्ष घर के पूर्वोत्तर कोने में बनाना चाहिए। यदि ऐसा संभव न हो, तो यह ऊपरी तल, छत या उस कोठरी में होना चाहिए जो उत्तर या पूर्वोत्तर मुख की हो। कभी-कभी, इतना ही संभव हो पाता है कि उत्तर या पूर्वोत्तर की दीवार या उस कमरे के कोने में एक छोटी-सी ताक बन पाती है, जिस पर एक दीप, प्रिय दिवंगत संबंधी या हमारे प्रिय देवी-देवता का छोटा-सा फ़ोटो होता है। सबसे आवश्यक बात यह होती है कि एक ऐसी जगह होनी चाहिए जहाँ हम आकर रुकें, अपने दिमाग़ को स्थिर करें और सुबह के समय पल-दो पल के लिए वहाँ उपस्थित हों। इस ध्यान के बिना, हम पूरे दिन भागदौड़ करते रहेंगे लेकिन हमारा मन हमारे शरीर से कभी जुड़ा नहीं रहेगा। आख़िर कौन चाहेगा कि वह हाईवे पर किसी ऐसी कार में सवार हो जिसके ड्राइवर को पता ही न हो कि वह कहाँ जा रहा/रही है? दिमाग़ को समझने के लिए दृष्टि एक शक्तिशाली साधन है। इसलिए, आयुर्वेद कहता है कि हमें शुभ विचारों को मन में लाने के लिए सुबह की बेला में अपने माता-पिता या बुज़ुर्गों, प्रिय पुजारियों, पवित्र अग्नि, सूर्य, सोना, गाय, घी या स्वच्छ जल की ओर देखना चाहिए।

- वेदी के लिए घर में सबसे अच्छा स्थान घर का पूर्वोत्तर का कोना होता है।
- यदि ऐसा संभव न हो, तो किसी कमरे के पूर्वोत्तर के कोने या ऊपरी तल, छत या कोठरी में एक ताक का इस्तेमाल करें जहाँ आप उत्तर या पूर्वोत्तर का रुख़ कर सकें।
- इस स्थान की देखभाल करें और अपने आपको स्थिर करने के लिए इसका उपयोग करें।

जबसे न्यूरोसाइंस का विकास हुआ है, तभी से न्यूरोबायोलॉजी ने एक उम्मीद जगाई है। इसने हमें प्रेरणा दी है कि किस प्रकार और क्यों हम अपने मन को सकारात्मक बनाए रख सकते हैं। जब हम प्रेरणादायी उत्प्रेरक को देखते हैं तब हमारे मन में पैदा होने वाली भावनाएँ ऐसे न्यूरोट्रांसमीटर उत्पन्न करती हैं जो स्वास्थ्य को बेहतर बनाते हैं। दूसरी तरफ़ विफलता, धमकाए जाने और हिंसा के कारण लंबे समय से चली आ रही नकारात्मकता और निराशावादिता, सेरोटोनिन व नोराड्रेनलिन के न्यूरोट्रांसमीटरों को कम कर देगी, जिससे अंग प्रणाली असामान्य ढंग से काम करने लगेगी। माना जाता है कि हमारी भावनाएँ यहीं स्वरूप लेती हैं। यह हमारे हाइपोथैलेमस, पिट्यूटरी और एड्रिनल के बीच संबंध में गड़बड़ी भी पैदा करती है, जिससे कॉर्टिसोल के ज़बर्दस्त अतिप्रवाह और उत्पन्न होने का कारण बन जाता है, जो प्रतिरक्षा प्रणाली को दबा देता है।

बायोमेडिसिन में, ऐसी कई दवाएँ तैयार की गई हैं जिनसे अवसादग्रस्त व निराशा का अनुभव करने वाले लोगों में सेरोटोनिन के स्तर को कृत्रिम रूप से बढ़ा दिया जाता है। इसका अध्ययन करने के बजाय कि किन विचारों से सेरोटोनिन में कमी आती है और उन विचारों को कम करने की दिशा में काम करें, ऐसी दवा सेरोटोनिन को नष्ट होने से रोकती है, जिससे मस्तिष्क में उसका स्तर बढ़ जाता है। नैदानिक दृष्टि से, हम सेरोटोनिन की दवाइयों के अलग-अलग प्रभावों को देखते हैं। मूड अच्छा हो जाता है, लेकिन कभी अजीबोग़रीब व्यवहार सामने आता है, या मरीज़ों को लगता है कि कुछ है जो उनके दिमाग़ को नियंत्रित कर रहा है। उन्हें अपने शरीर के साथ या दूसरे लोगों से बातचीत के दौरान कुछ अच्छा होता नहीं लगता, और वे बताते हैं कि दूसरे लोगों की भावनाओं पर ग़ौर करते हुए उन्हें परेशानी होती है।

साइकोथैरेपी मन व चित्त को ताक़तवर बनाने के लिए व्यावहारिक परिवर्तनों, परंपरागत अभ्यासों के विभिन्न प्रकार के साधनों का उपयोग करती है। जैसे जर्नलिंग और साप्ताहिक नियोजित मुलाक़ात, मानसिक विश्लेषण, जागरूकता निर्माण कौशल, ताकि अवसादग्रस्त मन का सही उपयोग किया जा सके और उसे ख़ुश रखा जा सके।

हाल ही में आधुनिक वैज्ञानिकों ने एक ऐसा तरीक़ा ढूँढ़ निकाला है जिससे मन को इस प्रकार देखा जा सके कि वह दिमाग़ से अलग लगे। उन्होंने उस बात का 'आविष्कार' बड़ी गहराई से किया, जिसकी शिक्षा

योगशास्त्र हज़ारों वर्षों से देता आ रहा है। मन एक ऐसा लेंस है जिसे परिवर्तित किया जा सकता है, जिसके माध्यम से हम अपने शरीर के कार्यों और जीवन की प्रक्रियाओं को समझ सकते हैं, उन्हें चला सकते हैं और नियंत्रित कर सकते हैं। इस सशक्त दृष्टिकोण से, वैज्ञानिक चिंतन, संबंधों और भावनात्मक बुद्धि के उपयोग से ऐसे साधन तैयार कर रहे हैं जो मन को मज़बूत बनाते हैं। उन्हें पता चला है कि अनुकूलित, बनावटी व्यवहार मानसिक और भावनात्मक परिवर्तन करता है जो न्यूरोट्रांसमीटरों में बदलाव लाते हैं और समय के साथ ही, हमारी तंत्रिका के आवेगों के मार्गों को बदलने और नया स्वरूप देने का काम करते हैं, जिनसे हमारे सोचने, जवाब देने, प्रतिक्रिया करने और महसूस करने के तरीक़े बदल जाते हैं।

वैज्ञानिकों को यह पता चला है कि आध्यात्मिकता का पुरोमुखीय बहिरांश (प्रीफ़्रंटल कॉर्टेक्स) पर गहरा प्रभाव पड़ता है। यह मस्तिष्क का वह भाग है जो विभिन्न प्रकार के व्यवहारों को तय करता है, जिन्हें कार्यकारी कार्यों के रूप में जाना जाता है, जैसे निर्णय लेने, समाज के साथ संपर्क करने, समस्या हल करने, निर्णय, ध्यान और अमूर्त कौशल जिनकी आवश्यकता विचारों और कर्मों के कार्यान्वयन के लिए आंतरिक लक्ष्यों को जोड़ने में पड़ती है। यह व्यक्तित्व को अभिव्यक्त करने के लिए भी अनिवार्य होता है। डेविड पर्लमटर, एंड्र्यू न्यूबर्ग और डेनियल सीगेल जैसे वैज्ञानिकों ने इस सवाल पर विचार किया है कि मन कैसे काम करता है और हम इसे और अच्छी तरह से कैसे चला सकते हैं। धार्मिक और आध्यात्मिक अनुभवों के साथ संबद्ध न्यूरल तंत्र पर अध्ययन से अब धीरे-धीरे खुलासा हो रहा है कि मत, ध्यान, शब्द चयन, दयालुता के विचार व करुणा के कार्य मस्तिष्क के स्वास्थ्य को बेहतर बनाते हैं और सही मायने में मस्तिष्क की संरचना को अनकूल बनाते हैं।

आयुर्वेद एक अलग दृष्टिकोण को अपनाता है क्योंकि यह व्यक्ति को ब्रह्मांड के साथ जोड़ता है। नैदानिक रूप से उसी बिंदु पर शुरुआत करते हुए, जहाँ एक व्यक्ति हताशा और अवसाद में डूबा रहता है, आयुर्वेद कहता है कि पहले उन्हें प्रकृति में डाला जाए और ब्रह्मांड पर विचार करने का समय दिया जाए, जिसमें वह उसके सभी संदेशों, अद्‌भुत संतुलन तथा निर्विवादित शक्ति को देखता है। इसके साथ ही, छोटे बच्चों और प्रियजनों के साथ बातचीत को बढ़ावा दिया जाता है क्योंकि वे लोग उन्हें सही या ग़लत नहीं

ठहराएँगे। उन्हें घर के काम में शामिल किया जाता है ताकि उन्हें लगे कि उनकी भी ज़रूरत है, और परिवार से होने वाली बातचीत का इस्तेमाल उन्हें संबंधों तथा संवाद में लगाए रखने के लिए किया जाता है। यही नहीं, उन्हें अपने आप से बातचीत करने के क़ाबिल भी बनाया जाता है। वे हर दिन सुबह और शाम की *संध्या* में समय व्यतीत करते हैं। परिवार और मित्र उनका मार्गदर्शन करते हैं। वे शुभ वस्तुओं की ओर देखते हैं और उन्हें छू कर उनकी ऊर्जा को आत्मसात करते हैं। इसके साथ ही, जब *वात* में सूर्य के साथ प्राकृतिक परिवर्तन आते हैं तब उनका उपयोग मन को बदलने में सबसे अच्छी तरह किया जा सकता है। इस प्रकार के संस्कार मन को रास्ता बदलने और इस बात को स्पष्ट रूप से समझने में करते हैं कि शरीर को सही दिशा में ले जाने के लिए उनकी आत्मा उनसे क्या कहना चाहती है। एक बार हमारे पास कुछ ऐसा होता है जिसे हम अपने अंतर्मन के साथ ला सकें, कोई परियोजना, कार्य का सपना जिसे पूरा करना है, तो हमारे पास एक मक़सद या कारण होता है जिससे हम अगले दिन अपना क़दम आगे बढ़ाते हैं। निराशावादिता का मुक़ाबला सिर्फ़ आशा से ही किया जा सकता है।

आयुर्वेद इस प्रकार की अवसाद की स्थितियों में पोषण और जड़ी-बूटियों से सहायक सिद्ध होता है जो *दोष* को दूर करते हैं। चूँकि स्वास्थ्य *दोष* और *धातु* के बीच संतुलन पर निर्भर है, जो अपशिष्टों को दूर करने के साथ ही शरीर को बदलने, आगे ले जाने और स्थिर करने का कार्य मिलकर करते हैं, इसलिए यह मानता है कि किसी अवसादग्रस्त व्यक्ति के *दोष, धातु* या *मल* में संतुलन की कोई न कोई कमी है। आयुर्वेद सबसे पहले *वात* के अनियंत्रित कार्य और प्रवाह को कम कर मन को मज़बूत करने का प्रयास करता है। *ब्राह्मी, जटामांसी* और *शंखपुष्पी* को उनके संतुलन करने वाले गुणों के लिए आम तौर पर मिलाया जाता है और उन कई जड़ी-बूटियों के साथ दिया जाता है जो *गुणों* के असंतुलन को ठीक बनाए रखें। किसी व्यक्ति के पाचन की अग्नि को जब ठीक और संतुलित कर दिया जाए, तो शरीर उस *साधक पित्त* को स्थिर कर अच्छे पोषण को पचा लेता है, जो परिवर्तन की ऐसी ऊर्जा है जिससे हमें सबसे मुश्किल भरे समय में भी दृढ़संकल्प और धैर्य मिलता है।

जब *वात* और *पित्त* स्थिर हो जाते हैं, तब मन के *गुणों* पर भी ध्यान देना चाहिए। *महागुणों* के रूप से विख्यात वे हैं *सत्व, रजस* और *तमस,* जिन्हें सांख्य नामक प्राचीन भारतीय दर्शन में बताया गया था। आलस से भरा या *तामसिक गुण* मन के लिए आवश्यक ऊर्जा होता है क्योंकि इसे समय-समय पर काम से हटाकर आराम देने की ज़रूरत पड़ती है। यदि यह अधिक हो जाए, तो आलस्य, सुस्ती और अवसाद को बढ़ा देता है। *रजस* या शक्तिमान *गुण* गतिविधि, उत्सुकता और काम करने वाली मनोस्थिति को बढ़ाता है, लेकिन इसके साथ ही यह अकड़, अहंकारपूर्ण अनाचार और बदमाशी को भी बढ़ाता है। *सत्व* वातावरण के साथ सौहार्द, संतुलन और एकता का गुण होता है। एक दिन में आधे से भी अधिक समय तक हमें मन में *सत्व* का गुण धारण किए रहना चाहिए। हालाँकि, अत्यधिक सत्व हमें दूसरों से मिलने-जुलने से नहीं रोकता जिसके कारण ऐसे लोग हमारी निजता का उल्लंघन कर सकते हैं जो मन और भावना से *सात्विक* रूप से विकसित नहीं हुए हैं। *तमस* से शरीर को मुक्त कराने वाली गतिविधियों, जैसे व्यायाम, टीम के साथ खेले जाने वाले खेल और पर्वतारोहण को बढ़ावा दिया जाता है ताकि शरीर से ग्रहण की जाने वाली चीज़ों - भोजन, ध्वनि, बातचीत, दृश्य वस्तु, गंध, सूर्य और माहौल जो हमारी त्वचा से प्रविष्ट हो जाती है, नकारात्मक ऊर्जा को कम कर सकें। कोई व्यक्ति जब वातावरण को अपने अंदर ग्रहण करता है, तब वह उसकी मानसिक संरचना में परिवर्तन ला सकता है क्योंकि हम जानते हैं कि भावनाएँ उन न्यूरोट्रांसमीटरों को बदल सकती हैं, जो हॉर्मोन के स्तरों और प्रतिरक्षा प्रणाली में परिवर्तन लाती हैं।

अपनी *संध्या* पूजा के दौरान, रोशनी में परिवर्तन की स्तुति में मेरी माँ प्रतिदिन *आरती* किया करती थीं, जिसमें दीप से निकलने वाली गर्मी के बीच रोशनी का आशीर्वाद लिया जाता था। संस्कृत में *अरात्रिका* शब्द है, जिसका अर्थ होता है वह जो *रात्रि* (अंधेरा) को दूर कर दे। पूजा की एक विधि, पूजा का हिस्सा होती है, जिसमें देवताओं को दीप दिखाया जाता है। यह अपनी आत्मा को प्रकाशमान बनाने या अंतरात्मा को जगाने का प्रतीक होता है।

इस पूरी विधि में अग्नि या पूजा की दिशा में, जो सामान्य रूप से उत्तर या पूर्वोत्तर होती है, कई बार अर्पण किया जाता है। इसमें आठ वस्तुओं को

घड़ी की सुई की दिशा का पालन करते हुए अर्पित किया जाता है, जिनमें से पाँच तत्व उनके प्रतीक हैं जिनसे हम बने हैं - अंतरिक्ष, हवा, अग्नि, पानी और पृथ्वी। सबसे पहले, धूप या *अगरबत्ती* अर्पित की जाती है, जो धरती की गंध और उसके ठोस होने को दर्शाता है। इसके बाद पानी का छिड़काव होता है, और फिर हमारे अंदर की अग्नि के सम्मान में किसी दीप को जलाया जाता है। इसके बाद, मोरपंख के उपयोग से हवा के गुणों, गतिशीलता और पवन को बताया जाता है, जिसके बाद किसी गाय, घोड़े या याक की पूँछ को हिलाकर सूक्ष्म अंतरिक्ष या आकाश का आभार माना जाता है। इसके साथ ही, *जल-शंख* या बाईं तरफ़ खुले पानी से भरे *शंख* का इस्तेमाल कर अर्पण किया जाता है, जो पानी और तरलता को दर्शाता है। *शंख* बजाना ध्वनि और व्योम को दर्शाता है। *त्रिशूल* व्योम में चुंबकीय शक्तियों को बताता है। थाली में रखे फूल और उन पर चंदन का छिड़काव धरती और उसकी सदैव नई प्रकृति को दर्शाता है। नया सूती या रेशमी वस्त्र धरती की बनावट के समान है और फल हमें पृथ्वी के उपहारों की याद दिलाते हैं।

भले ही *आरती* अवसरों और संस्कृतियों के अनुसार अलग-अलग होती है, लेकिन यह उन शुभ वस्तुओं को अर्पण करने को लेकर स्पष्ट होती है, जो हमारे अंतर्मन को दर्शाती हैं, जबकि अंतर्मन देवताओं से पहचाना जाता है।

## ~ 10 ~

# दिन का माधुर्य

नित्यकर्म से निवृत्त होने के बाद, मेरी माँ व पिता बाथरूम से निकलते और तुरंत क्रमवार विशेष कार्यों को करने के लिए वेदी कक्ष की ओर बढ़ जाते थे। वे भले ही निरुद्देश्य लगते थे, लेकिन उनके प्रतीकात्मक हाव-भाव बताते थे कि वे दिन में किसी अन्य कार्य से पहले उन्हें पूरा कर लेना चाहते थे। तेज़ और उद्देश्य के साथ लेकिन नपे-तुले क़दमों से मेरी माँ वेदी कक्ष से निकलती थीं, अपने माता-पिता की तसवीरों को देखती थीं, जो उनके बचपन में ही स्वर्गवासी हो चुके थे, उनसे बुदबुदाते हुए कुछ कहतीं, किसी फूल या इत्र की गंध लेतीं, किसी मंत्र का उच्चारण करतीं और अपनी जीभ पर एक किशमिश या चावल का दाना रख लेती थीं। फिर तेज़ी से दिन का काम-काज निपटाने के लिए निकल जाती थीं।

मेरे पिता नहाकर निकलते, वेदी कक्ष में प्रवेश करते और फिर अपने बेडरूम से आश्चर्यजनक ढंग से इत्र की ताज़ा ख़ुशबू के साथ मंत्रोच्चारण करते हुए बाहर आते थे। वह रवींद्रनाथ टैगोर, अल्बर्ट आइंस्टीन तथा विवेकानंद की तसवीरों को देखते, और फिर अपनी जीभ पर कोई जड़ी या *नारायण शिला* को धोए गए जल या भगवान के पैरों को धोए गए जल की कुछ बूँद रखते थे, जिसे *चरणामृत* कहा जाता था।

दशकों बाद, दिल का दौरा पड़ने के बाद, वे अब भी अपने कमरे से निकलते हैं, वेदी के पास रुकते हैं, और जैसे ही सुगंध उनके नाक तक पहुँचती है, अपने होंठों को हौले से हिला देते हैं। वह अब भी *महामनाओं* (*महा* = महान, *मना* = मन) की तसवीरों को देखते हैं। वह अब भी गुनगुनाते हैं, और

कभी-कभी मेरी माँ उन्हें बीच में रोककर उनके होंठों पर चरणामृत या चंदन की कुछ बूँदें रख देती है।

सांसारिकता में शामिल होने से पहले सुबह-सुबह *इंद्रियों* को कुछ मीठे से भर देना अपनी ही आत्मा का बोध करने का एक कार्य है जिससे हम सबकुछ जान-समझकर सकते हैं। आयुर्वेद हमें बताता है कि दिन की शुरुआत में ली गई सकारात्मक ऊर्जा यह तय कर देती है कि उस दिन संसार हमारे लिए क्या लेकर आने वाला है और हम उसे कैसे स्वीकार करेंगे।

*सुगंध* (*सु* = संस्कृत के उपसर्ग का अर्थ होता है अच्छा, उत्कृष्ट, सुंदर; *गंध* = महक) एक मीठी, खुशबूदार महक धरती के तत्व के समान होती है। सुबह हम किसी फूल, जलती अगरबत्ती, यहाँ तक कि पेड़ों या पर्वतों से आने वाली भीनी ताज़ा हवा को भी सूंघ सकते हैं। भारत में, अधिकांश घरों में या तो *अगरबत्ती* रहती है या इत्र या फूल।

*सुमुख* (*मुख* = मुँह; खुला सिरा) हमें चखने के लिए कोई मीठी चीज़ देता है। यह किसी फल का छोटा टुकड़ा हो सकता है, मिश्री हो सकती है या मीठा या खुशबूदार पत्ता भी हो सकता है। *सुमुख* के लिए अक्सर सुबह सबसे पहले तुलसी के पत्ते को पानी के साथ जीभ पर रखा जाता है।

*सुदृष्टि* (*दृश* = देखना) वह होता है जो देखने में सुहाना लगता है। यह आपकी खिड़की के बाहर पर्वत हो सकते हैं या एक सुंदर वन या आपके बग़ल में सोया कोई शिशु। ये ऐसे लोग भी हो सकते हैं जिन्हें आप चाहते हैं। कोई भी सुंदर चीज़ जो आपकी आँखों को प्यारी लगती है और मन को प्रेरित करती है वह अग्नि के तत्व के प्रति एक श्रद्धांजलि है।

*सुकथा* (*कथा* = प्रवचन) स्वर देती है जिसमें स्वर ग्रंथियों से पहले हवा निकलती है, फिर अच्छे शब्दों को बोला जाता है, जो वायु के तत्व की साथी होती है। आप कोई कविता, कोई छंद या प्रार्थना गा सकते हैं। यदि मधुर हैं तो अक्सर मंत्रों का ही उच्चारण किया जाता है।

*सुशब्द* (*शब्द* = संस्कृत में ध्वनि) व्योम की तरंगों से हमारे कानों तक पहुँचते हैं, जो अंतरिक्ष के तत्व के साथ रहते हैं। सुबह-सुबह लोग

वाद्यसंगीत, *शंख,* मधुर स्वर या सुमधुर गुनगुनाहट का आह्वान करते हैं जो कानों को सुखद लगता है।

यदि एक आकर्षक, सुंदर मन वाला व्यक्ति सुगंधित फूलों के साथ, सुरीले स्वर में गाते हुए आपका अभिवादन करता है, और फिर आप से सुंदर शब्द कहता है, साथ ही, कुछ साफ़, मीठा और ताज़ा खाने को देता है, तो आपका दिन अच्छा हो जाता है।

लेकिन अफरा-तफरी में रहने वाले शहरियों, पश्चिमी जगत के लोगों के लिए, जो इन सबके बावजूद प्रातःकालीन *दिनचर्या* का पालन करना चाहते हैं, वे बस एक काम कर सकते हैं, वेदी पर इत्र के साथ मिश्री, किसी देवता की सुंदर तसवीर, स्वच्छ जल और मंत्रों की क़िताब रखें।

- पाँचों इंद्रियों में से प्रत्येक को सुबह में किसी प्रिय वस्तु के संपर्क में लाएँ जैसे सुगध, फूल, देवता की तसवीर, स्वच्छ जल, मंत्रोच्चार और मिश्री।

सुबह किए जाने वाले अनेक सांस्कृतिक संस्कार पाँचों इंद्रियों का आह्वान करते हैं जबकि लोगों को यह पता भी नहीं होता कि उनका मूल क्या है। आयुर्वेद हमें बताता है कि हम अपने माता-पिता, बुज़ुर्गों या स्वच्छ पुजारियों की ओर देख सकते हैं; हम किसी गाय या पानी को देख सकते हैं। सुबह के आरंभ के साथ ही हम पवित्र अग्नि, सोना, घी या सूर्य पर ध्यान लगा सकते हैं। इन्हें भी शुभ माना जाता है, वह भी मुख्य रूप से इस कारण क्योंकि वे मन को शांति और प्रसन्नता से भर देते हैं।

आधुनिक जगत ने इन्हीं संस्कारों को अपने ही उत्पादों वाले संस्करण के साथ अपनाया है। शहरी आधुनिक दुनिया में, हम इस बात को लेकर ज़बर्दस्त मार्केटिंग देखते हैं जिसमें लोगों से कहा जाता है कि वे बेहतर और ताज़ी ख़ुशबू बिखेरने के लिए दिन की शुरुआत डिओडोरेंट से करें, फिर अपने ऊपर अल्कोहल आधारित परफ़्यूम, सुगंधित हेयर स्प्रे और जेल उड़ेल लें। सुबह-सुबह एक कप कॉफ़ी पीने की चाहत भी ज़बर्दस्त है। लोग अपनी

दीवार पर लगी प्रकृति की पेंटिंग पर नज़र डालते हैं, अपने इलेक्ट्रॉनिक डिजिटाइज़्ड प्लेयर्स पर संगीत सुनते हैं और सांसारिक कामों के लिए निकल पड़ते हैं।

आयुर्वेद आपसे कहता है कि रुकिए और अपनी इंद्रियों को जानिए। जब भी दिन की शुरुआत करें तो प्रकृति और पवित्र संबंधों के संसर्ग में जाकर अपनी *इंद्रियों* को उनसे परिपूर्ण कर लीजिए।

~ 11 ~

# दिन की तैयारी

दिल का दौरा पड़ने के बाद स्थायी रूप से लक़वाग्रस्त हो चूके मेरे पिता आज भी जहाँ तक सभव है, अपनी दिनचर्या का पालन उतने ही संकल्प के साथ करते हैं। सुबह होने से पहले की चाय और ध्यान के बाद वह अपनी छड़ी की टेक लेते हुए शौचालय तक जाते हैं, जहाँ वह मूत्र विसर्जित करते हैं, अपना पेट साफ़ करते हैं, हाथ धोते हैं, नक़ली दाँतों के सेट को साफ़ करते हैं, जीभ साफ़ करते हैं और दाढ़ी बनाते हैं। यह सब वे एक हाथ से ही कर लेते हैं। वे धीरे-धीरे अपने चेहरे, नाक, कानों पर तेल मलते हैं और आँखों पर घी लगाते हैं। फिर धातु के कटोरे में गर्म किए तेल को पानी के साथ मिलाकर पूरे शरीर पर लगाते हैं। सर्दियों में, मेरी माँ उनके लिए स्टोव पर तेल गर्म करती हैं और बाथरूम हीटर को ऑन कर दिया करती हैं। फिर वे नहाने जाते हैं और सुबह की सफ़ाई के नियमों को पूरा करने के बाद आईने में ख़ुद को देखते हैं। इसके बाद वह हिलते-डुलते बाहर आते हैं और आइंस्टीन, टैगोर व विवेकानंद की तसवीरों को देखते हैं जो उनके कमरे में टंगी हैं।

मेरे पिता के रूटीन ने उनके कई अंगों को काफ़ी स्वस्थ रखा है। पचहत्तर वर्ष की आयु में, उनका शरीर एकदम शानदार है, कहीं कमर या पेट पर कोई चर्बी नहीं। शरीर के दाहिने हिस्से में जहाँ उन्हें अब भी संवेदना है व जिसे अब भी हिला-डुला सकते हैं, वह एकदम मज़बूत और ठोस है। आघात ने उन्हें उतना नुक़सान नहीं पहुँचाया, जितना अधिकांश अमेरिकियों को पहुँचता है जो ऐसे सदमे को झेल जाते हैं। उनकी *दिनचर्या* ने उन्हें ऐसी चीज़ों को करने की ओर प्रेरित किया है जिन्हें वे कुछ हद तक पश्चिमी खानपान और जीवनशैली

के बावजूद अपना सकते हैं। उन्हें आज भी अपनी अच्छी पतलून और स्वेटर के साथ ही बेहतरीन शर्ट और अँगूठियों को पहनने का बड़ा शौक़ है। उनकी अलमारी आज भी बड़े क़रीने से व्यवस्थित रहती है, जिसमें सही आकार के लकड़ी के हैंगर, सीध में टंगी महँगी टाई, विंग-टिप वाले जूते, रूमाल और कफ़ लिंक कुर्ते-पायजामे और साफ़-सुथरी ऊनी शॉल के साथ रखे हैं। हम जब किसी ख़ास मौक़े के लिए उन्हें तैयार करते हैं, तब उन्हें ऐसे कपड़ों में ख़ूब मज़ा आता है और रात होने से पहले वह उन्हें उतारना नहीं चाहते। लेकिन अब वह इतने शक्तिशाली व्यक्ति नहीं रहे जितने कि हुआ करते थे। मैं समझ नहीं पाती कि वह आईने में आख़िर क्या देखते हैं।

❧

आयुर्वेद हमसे कहता है कि हमें अपनी प्रातःकालीन दिनचर्या अपनी ही छवि को देखकर पूरी करनी चाहिए। यह एक प्रकार की जाँच होती है कि हम अपने शारीरिक रूप को ठीक करें और दुनिया के सामने खुद को पेश करने पर अपनी स्वीकृति दें। दूसरे क्या देखेंगे यह उनकी *इंद्रियों* पर निर्भर है, लेकिन हमें अपने रूप और जिस प्रकार हम अपने स्वास्थ्य और प्रसन्नता को दिखाते हैं, उससे संतुष्ट होना चाहिए। हम जब अपने आप को *सुंदर* दिखते हैं, तो हमारा आत्मविश्वास अधिक होता है और संसार के उपहारों के प्रति खुले दिल के साथ जीते हैं।

उस जमाने में जब आईना नहीं था, तब हम किसी तालाब या स्थिर पानी में खुद को देखते थे। आयुर्वेद ने सावधान किया है कि हमें किसी नदी पर झुकना नहीं चाहिए, और न ही किसी कुएँ में अपनी छवि को देखना चाहिए। यह सुझाव दिया गया है कि हमें सुबह के समय पवित्र, स्वच्छ जल या घी में, और स्नान के बाद तथा पूजा से पहले किसी सोते या पात्र में रखे जल या घी में अपने आपको देखना चाहिए।

- प्रातःकालीन दिनचर्या को ध्यान के बाद अपनी छवि को देखकर पूरा करें।
- यह देखें कि क्या आप अपनी छवि से प्रसन्न और संतुष्ट हैं।

❧

*प्रणम्य देवान्वृद्धांश्च मंगलाष्टशतं शुभं।*
*शृण्वन्कांचनविन्यस्तं सर्पिः पश्येदनंतरं ।।23।।*

देवताओं तथा वृद्धों की पूजा के बाद, भगवान के 108 नामों का जाप किया जाना चाहिए और इस बीच व्यक्ति अपनी छवि को घी से भरे सोने के पात्र में देखे।

वाग्भट्ट का अष्टांग संग्रह
सूत्र-स्थान; अध्याय 3, श्लोक 23

वास्तविक सुंदरता सिर्फ़ त्वचा तक ही सीमित नहीं रहती है। आयुर्वेद इस बात पर बल देता है कि त्वचा शरीर की गहरी परतों के ऊतकों और पाचन की अग्नि को दर्शाती है। यह आंतरिक स्वच्छता, अच्छे पोषण और पाचन अग्नि के स्वाभाविक रूप से कार्य करने पर भी बल देता है। शरीर जब पूर्ण प्रवाह और गतिविधि में रहता है, तब उससे ऐसी ऊर्जा निकलती है जिसे *ओज* कहते हैं। यह मोहक, आकर्षक और अविस्मरणीय होती है।

आयुर्वेद हमारी बाहरी सुंदरता के अंग के रूप में आंतरिक शांति और अच्छाई के प्रदर्शन पर भी ज़ोर देता है। चेहरे की तैंतालीस मांसपेशियाँ अक्सर बता देती हैं कि व्यक्ति के अंदर क्या चल रहा है। वैज्ञानिक, ख़ास तौर पर डॉ. पॉल एकमैन ने पाया कि सात भावनाएँ ऐसी होती हैं जिनके संकेत चेहरे पर स्पष्ट उभरते हैं : आश्चर्य, ख़ुशी, नाख़ुशी, अपमान, उदासी, भय और क्रोध। शोध बताता है कि जब कोई व्यक्ति अपने चेहरे को किसी विशेष भाव के अनुसार व्यवस्थित करता है, तब उसे असल में उससे जुड़ी भावना का अनुभव होता है। भावनाएँ बाहर से अंदर की दिशा में और अंदर से बाहर की दिशा में भी काम करती हैं। हम जब कुछ ख़ास तरह के चेहरे के हाव-भाव बनाते हैं, तब वे किसी विशेष भाव को उससे जुड़ी शारीरिक संवेदनाओं में बदल देते हैं। इस कारण, संयमित चेहरे पर जो पूर्ण शांति और प्रसन्नता दिखती है वह अंदर की शांति के जैसी ही होती है। समझदार लोग दूसरों के इन सूक्ष्म हाव-भाव को समझ जाते हैं, और यही कारण है कि अच्छे व्यापारी अहम बातचीत और महत्त्वपूर्ण करार के लिए आमने-सामने मिलने पर ज़ोर देते हैं।

स्वाभाविक रूप से, हम लोगों के बारे में उनके चेहरे के हाव-भाव से राय बनाते हैं। जब कोई चेहरा साफ़-सुथरा दिखता है, तो उसका अंदरूनी स्वास्थ्य अच्छा लगता है। एक संयमित चेहरा भी संतुलन और सुंदरता की पहचान के लिए किसी वैज्ञानिक तत्व को दर्शाता हुआ माना जाता है। पूरी तरह से सीधा चेहरा शायद ही दिखता है, लेकिन उससे यह पता चलता है कि कुछ सही हुआ है, कुछ पूर्णता बाक़ी है। सुंदरता पर ग़ौर करते समय एक और पहलू पर ध्यान दिया जाता है और वह है इंद्रियों की स्वच्छता। जब पाँचों इंद्रियाँ स्वच्छ होती हैं और पूरी क्षमता से कार्य करती हैं, तब चेहरा खुला होता है, सौहार्द के साथ स्वीकार करने के लिए तैयार दिखता है जिससे उसका आकर्षण बढ़ जाता है। हम यह जानते हैं कि आँखों, कानों, नाक और मुँह से कुछ चीज़ें बाहर निकलती हैं, लेकिन हम नहीं चाहते कि इन छिद्रों से कुछ भी बहता दिखाई दे। हम आईने में अपना चेहरा देखते हैं, तब यह सुनिश्चित करते हैं कि इस तरह की सारी सामान्य चीज़ें साफ़ कर दी गई हैं, नहीं तो सफ़ाई को लेकर ऐसी छवि सामने आएगी जिसे हम नहीं दिखाना चाहते हैं।

# प्रातःकालीन दिनचर्या : व्यावहारिक

आयुर्वेद के सिद्धांतों के अनुरूप सुबह-सुबह की एक निश्चित दिनचर्या अपनाने के पीछे का व्यावहारिक सच यह है कि आपको सबसे पहले यह देखना होगा कि आप कहाँ हैं। क्या आप पहले से पाँच या छह कर्म कर रहे हैं? या आप सुबह के समय बुरी तरह अव्यवस्थित रहते हैं? शुरुआत का सही तरीक़ा सुबह के स्नान से होता है क्योंकि बाथरूम जाना आम तौर पर एक प्राकृतिक क्रिया है। आप जब सुबह उठते हैं, तो आपने जो पढ़ा और अच्छा लगा, उनमें से किसी एक कर्म को अपनाएँ। इसे तब तक जारी रखें जब तक कि यह आपके सुबह की दिनचर्या का प्रिय और अभिन्न अंग न बन जाए। फिर एक और कर्म को जोड़ लें, और उसे उसी तरीक़े से करें जैसा बताया गया है। सामंजस्य बैठाएँ। पढ़ें। अपने बाथरूम की व्यवस्था, अपनी अलमारी या रात की मेज़ को बदलें।

एक बार आपने अधिकांश कर्मों को अपना लिया, तो आप अपने आप को बदलता पाएँगे। मैं अब भी नहीं जानती कि यह कैसे होता है या इसके पीछे की न्यूरोबायोलॉजी का खुलासा कब होगा। लेकिन मैंने सैकड़ों मरीज़ों में ऐसा होते देखा है और वे खुश हो जाते हैं। अधिक स्वस्थ हो जाते हैं। वे बीमारियों को दूर भगाते हैं, और बार-बार होने वाली छोटी-छोटी स्वास्थ्य समस्याओं का इलाज कर लेते हैं। कुछ लोग बड़ी बीमारियों को भी ठीक कर लेते हैं। प्रातःकालीन दिनचर्या को लेकर ऐसा कुछ है, जो इंद्रियों को स्वच्छ करता है, प्रकृति की शक्तियों और फिर स्वास्थ्य के साथ शरीर का तालमेल बैठा देता है।

जब कर्मों को अपना लिया जाता है, तो सामान्य रफ़्तार से उन्हें पूरा करने में हमें लगभग 11 मिनट लगते हैं। यदि आप सुबह की पहली किरण से डेढ़ घंटे पहले जागते हैं और चुपचाप लेटे रहते हैं, तब आपको आपका पेट अपना हाल बताता हुआ सुनाई देगा कि वह क्या चाहता है और आँत वृत्ति से कुछ ऐसी अप्रत्याशित जानकारी, जो हममें से सभी के भीतर है। इसके बाद पूरी तरह झुक जाइए, दोनों हाथों से ज़मीन का स्पर्श कीजिए और धरती पर चलने से पहले प्रार्थना कीजिए। दाहिनी हथेली से पानी की एक चुस्की लीजिए, जैसा कि आचमन में बताया जाता है। फिर शौचालय जाइए, और थोड़ा समय है तो पानी को उबलने के लिए चढ़ाकर जाइए। यदि आपकी इच्छा शौचालय जाने की नहीं है, तो पेट की मांसपेशियों को सिकोड़ने के लिए थोड़ा व्यायाम कीजिए। अपने मूत्राशय और आँत को साफ़ करने के बाद, हाथों को अच्छी तरह धो लें। फिर चेहरे को आँखों में पानी के छींटे मारते हुए धोएँ, थोड़ा-थोड़ा पानी हर नासिका छिद्र से खींचें और उसे पूरी तरह से बाहर निकाल दें, और फिर थोड़ा-सा पानी लेकर कुल्ला करें। इसके बाद दाँतों को साफ़ करें, जिसके लिए अच्छा ब्रश या दातुन और उसके साथ अच्छी जड़ी-बूटी, पाउडर या मंजन का इस्तेमाल करें। शुरुआत नीचे के दाँत से करें, फिर ऊपर और सामने के दाँत के अंदरूनी हिस्से तथा आगे और पीछे मसूढ़े की दीवारों को भी साफ़ करें। कुल्ला करें, और फिर जीभ को साफ़ करने के लिए उसके आख़िरी सिरे से लेकर आगे तक 3-4 बार सफ़ाई करें और एक बार फिर कुल्ला कर लें।

जब आप स्नानघर से बाहर आएँ, तो किसी शुभ वस्तु और अपने प्रियजनों की तसवीरों को देखें जो आपके मन को ख़ुश कर दे। एक दीप जलाएँ या सूरज निकल गया है तो उसे सुरक्षित तरीक़े से देखें। कोई धूप-अगरबत्ती जलाएँ या कोई अच्छी-सी ख़ुशबू का आनंद लें। प्रेरणादायी प्रार्थना करें। कोई मंत्र या धुन गुनगुनाएँ। अपनी जीभ पर तुलसी का ताज़ा पत्ता रखें। आईने में देखें और दिन की शुरुआत से पहले किचन में जाकर गर्म पानी की चुस्की लें।

## भाग - II

# पाँच इंद्रियों को खोलना

इस समय जब मैं *दिनचर्या* को लेकर एक ज्ञानी, नीरस आयुर्वेदिक चिकित्सक की बातों को टेलीकॉन्फ़्रेंसिंग के ज़रिये सुन रही हूँ, मैं अपने विशाल घर के गलियारे में आधे-भरे डिब्बों के खुले मुँह को देख रही हूँ। उनके स्वस्थ दैनिक जीवन पर दिए जा रहे प्रवचन पर मैं ध्यान लगाने की कोशिश कर रही हूँ, लेकिन मेरी हँसी छूट रही है, और याद आ रहा है कि किस तरह मेरे पिता मेरे बिस्तर के सामने तब तक उछल-कूद मचाया करते थे, जब तक कि मैं उस सबक़ को सुनने के लिए उठ नहीं जाती थी कि उस दिन मुझे कैसे जीना है। आख़िर जब मैं उठती और उनके साथ सुबह होने से पहले के वक्त को बिताती, तो मुझे अपनी आज़ादी का पूरा एहसास होता था, लेकिन समय और दूसरों की ज़रूरतों को मैं भुला देती थी। हम जब जीवन पर चर्चा करते, तब हमारी इंद्रियाँ उस दिन के लिए खुल जाती थीं और आकाश में फैल जाती थीं।

हालाँकि, पहली किरण के साथ ही प्रकाश फैल जाता था, और मेरे पिता छत की दिशा में ओझल हो जाते थे। वह अपनी 'दिनचर्या' शुरू करने के लिए दरवाज़ा बंद कर दिया करते थे। बचपन में मैं समझ नहीं पाती थी कि वह दिनचर्या थी क्या। बेशक, वे बाथरूम में एक घंटे तक नहीं बैठते थे। फिर भी, जब वे बंद और उमस भरे कमरे से बाहर आते, तो बिना शर्ट, गीले बाल तथा जनेऊ उनके बाएँ कंधे पर होता, और जब वह पूजा कक्ष में बैठने की तैयारी कर रहे होते, तब यही लगता था कि उन्होंने सिर्फ़ स्नान किया होगा। मुझे यह बात हैरान करती थी क्योंकि मुझे लगता था कि ब्रश करना और बाल झाड़ना तो बच्चों जैसा आसान काम है। मैं उनके जाने के

बाद बाथरूम में जाकर कटोरे और बरतनों को देखकर उनकी तुलना सुबह की रूटीन के विविध रंगों और महक से करती थी।

मैं जब दस साल की हो गई और मेरे पिता जब ऊपर चले जाया करते थे, तब मुझे पता चल जाता था कि मेरे दिन की भी शुरुआत होने वाली है क्योंकि तब किसी बुलबुले की सुरक्षा में बीत रहे बचपन में स्कूल के लिए भाग-दौड़ वाली सुई ने सुराख कर दिया था। मेरे बाथरूम के काम झटपट और व्यवस्थित होते थे - सुबह का कुल्ला, चेहरे, आँखों, नाक, मुँह, दाँत और जीभ की सफ़ाई। हम जहाँ भी रहे, मेरी माँ दवाइयों की अलमारी में सुबह के रूटीन के लिए ज़रूरी सारे सामान रख दिया करती थीं : टूथपेस्ट, टूथपाउडर, अलग-अलग रंगों और आकार के ब्रश, कंघियाँ, जिभियाँ, चम्मच, साबुन, दंत धागा और तेल।

लेकिन साथ लगी अलमारी में कुछ डिब्बे थे जो विशेष रूटीन और विकल्पों के लिए रखे गए थे। इनकी ज़रूरत हममें से किसी एक के लिए तब पड़ती थी जब जुकाम, फ़्लू, चकत्ते या इंफ़ेक्शन होने पर मेरी माँ उस ख़ास रूटीन को अपनाने के निर्देश देती थी। हम देखते थे कि माँ कोई तेल, लेप या पाउडर दिया करती थीं। बरसों तक, अपनी आँखों, कान, नाक और मुँह को साफ़ रखने के इस तरह के ख़ास रूटीन के दौरान गंध और स्वाद का मेरे जीवन में अपना ही स्थान बन गया था।

किसी स्वस्थ मनुष्य की परिभाषा में आयुर्वेद स्वच्छ इंद्रियों पर विशेष बल देता है। अन्य समग्र प्रणालियों के विपरीत जिनमें मनुष्य की चर्चा शरीर, मन और कभी-कभी आत्मा के रूप में की जाती है, जिसे डेकार्टेस ने 1648 में चिकित्सा के दायरे से हटा दिया था, आयुर्वेदिक दर्शन चौथे तत्व यानी *इंद्रियों* पर भी ध्यान केंद्रित करता है, जिन्हें बाहरी संसार से जोड़ने वाले परस्पर संवाद करने वाले साधन के साथ ही जीने के आंतरिक उद्देश्य का साधन भी माना जाता है।

*ज्ञान-इंद्रियाँ* (*ज्ञान* = संस्कृत में बुद्धि) पाँच संवेदी अंग होती हैं, *कर्म-इंद्रियाँ* (*कर्म* = कार्य) पाँच मोटर अंग होती हैं, और *मानस* आत्मा की अनुभूति करने और उसे इंद्रियों की भाषा से जोड़ने का अंग होता है। ये सभी ग्यारह अंग मिलकर इस भौतिक दुनिया में खोज और चिकित्सा के मार्ग पर आगे बढ़ने में सहायक होते हैं।

मनुष्यों की पाँच इंद्रियाँ होती हैं जो इस धरती के पाँच प्रमुख तत्वों के साथ तालमेल रखती हैं। सजीव प्राणियों के लिए पाँचों तत्व अविभक्त होते हैं और रासायनिक आवर्त सारणी में दिए गए तत्वों से अलग होते हैं। इन्हें *पंचमहाभूत* (*पंच* = पाँच, *महा* = महान) कहा जाता है। भूत का शाब्दिक अर्थ होता है ग़ैर भौतिक ऊर्जावान जीव से व्युत्पन्न। सबसे सूक्ष्म से सबसे भौतिक तक, इस प्रकार की ऊर्जाएँ हैं अंतरिक्ष, वायु, अग्नि, जल और पृथ्वी।

कभी-कभी आकाश (आकाशीय पर विचार कीजिए) कहा जाने वाला, अंतरिक्ष वह है जहाँ अणु मौजूद नहीं होते और द्रव्य से भरे होने की क्षमता का प्रतिनिधित्व करता है। ध्वनि इसका माध्यम या *तन्मात्रा* होती है। *तन्मात्रा* वह सूक्ष्म ऊर्जा है जिसकी सक्रियता हमारी चेतना को अनुभव करने के क़ाबिल बनाती है और इस कारण एक ऐसी व्याख्या करती है जिससे हमारा शरीर उसके साथ संवाद करता है। जब अंतरिक्ष चलता है, तब हम ध्वनि को सुनते हैं। ध्वनि के सामंजस्य के बिना, हम कुछ नहीं सुन सकते। *ज्ञान-इंद्रिय* ध्वनि या कान के परदे और कान की अंदरूनी बनावट और यांत्रिकी का अंग होती है।

वायु वह तत्व है जो पारदर्शी अणुओं से मिलकर बनी है। हल्के रूप से भरे, तेज़ी से क्रिया करते अणुओं के बिना, हम गतिविधि का पता नहीं कर सकेंगे। वायु की *तन्मात्रा* है स्पर्श। वायु हमें ध्वनि और स्पर्श दोनों का बोध कराती है। जब हवा चलती है, तब हम चीज़ों को समझ पाते हैं। आधुनिक विज्ञान कहता है कि हम चार मुख्य प्रकार के संवेदी अभिग्राहकों के माध्यम से अनुभव करते हैं - गर्म/ठंडा, दबाव, दर्द और स्थान। अन्य जीव, विशेष रूप से मछली के इलेक्ट्रोअभिग्राहकों में छठी इंद्रिय होती है, जो विद्युत क्षेत्र, खारेपन और तापमान का पता लगा लेती है। *ज्ञान-इंद्रिय* हमारी त्वचा का अंग है।

अग्नि ताप और धरती का तत्व है। इसकी *तन्मात्रा* है रूप, जिसे हम आँख की *ज्ञान-इंद्रिय* के माध्यम से दृष्टि की सहायता से अनुभव करते हैं। अग्नि ध्वनि, स्पर्श और दृष्टि के साथ संवाद करती है। अग्नि की सूक्ष्म क्रिया को प्रकाश के रूप में जानते हैं, जिसके बिना हम आकार या रंग को नहीं देख सकते।

पानी इस धरती का प्रमुख तत्व है। यह विलायक, घोल और क्रिस्टल होता है जिसमें जीवन बना होता है। इसकी *तन्मात्रा* होती है स्वाद। पानी

ध्वनि, स्पर्श, दृष्टि और स्वाद के साथ प्रतिक्रिया करता है। पानी जब दूसरे तत्वों के साथ चलता और प्रतिक्रिया करता है तब हम इसके स्वाद का अनुभव कर पाते हैं। स्वाद कलिकाएँ *ज्ञान-इंद्रियाँ* होती हैं। ये रुचिकर अभिग्राहकों से युक्त होती हैं, जो पूरी तरह से हमारी जीभ और हमारे पेट में होती हैं। अगर आप अपनी जीभ को पूरी तरह सुखा लें, और फिर उस पर चीनी या नमक डालें, तो आपको कोई स्वाद नहीं मिलेगा।

धरती इस ग्रह का सबसे भारी तत्व है। इसके कई रूप और गुण होते हैं, जिनमें अकार्बनिक धातु व चट्टान तथा कार्बनिक लकड़ी और पौधे शामिल रहते हैं। यह भौतिक संसार में हर किसी चीज़ को संरचना और स्थायित्व प्रदान करता है। इसकी *तन्मात्रा* है गंध। पृथ्वी ध्वनि, स्पर्श, दृष्टि, स्वाद और गंध के साथ प्रतिक्रिया करती है। जब पृथ्वी घूमती है, तब यह हमारे गंध के अंगों के साथ प्रतिक्रिया करती है, जिन्हें घ्राण अभिग्राहक कहा जाता है। ये नाक व जीभ में होते हैं, और गंध के अभिग्राहकों को सक्रिय कर देते हैं। पृथ्वी के कणों और घनत्व के बिना, हम अपने गंध के अभिग्राहकों को सक्रिय नहीं कर पाएँगे।

इन पाँच तत्वों से ऊर्जा के सूक्ष्म गुणों का पता चलता है जो तत्व का रूप लेते हैं। हमारे पाँच संवेदी अंग इस प्रकार की सूक्ष्म ऊर्जा तथा तत्व को चुनते हैं, और उन्हें हमारी चेतना में उन रूपों के माध्यम से बदलते हैं कि हम उनकी पहचान कर सकें। प्रकाश, ध्वनि और अदृश्य रसायन ध्वनि, स्पर्श, रूप, स्वाद और गंध बन जाते हैं।

इंद्रियों पर आत्म-नियंत्रण को खुशी और संतुष्ट होने की क्षमता का सबसे अधिक प्रोत्साहित करने वाला माना जाता है। योगाभ्यास और *आध्यात्मिका* का अध्ययन, दोनों ही मन पर लगाम लगाने में सहायक होते हैं जबकि मन में असीम संभावनाएँ होती हैं और वह त्वरित गतिविधियाँ करता है। संवेदी अंग, पाँच *ज्ञान-इंद्रियाँ,* संसार के साथ हमारे मन और हमारी आत्मा को मिलाते हैं। संवेदी अंगों की अत्यधिक उत्तेजना से व्यसन, अपूर्ण इच्छाओं और *रिपु* या मन के घिर जाने को देखा जाता है। कम उत्तेजना अलगाव, अवसाद, जुड़ाव में कमी और अनुभव में कमी के कारण निराशावाद को जन्म देती है। पथभ्रष्ट करने वाली उत्तेजनाएँ कुत्सित विचारों को जन्म देती

हैं जो हमें विश्व को उस रूप में दिखाती हैं जो प्रकृति के प्रवाह के तरीक़े से मेल नहीं खाती हैं। इस प्रकार, आत्म-नियंत्रण हमें अपने आसपास की दुनिया में सुनने, स्पर्श करने/अनुभव करने, देखने, सूँघने और स्वाद लेने में सक्षम बनाता है तथा हम उस संतुलन का आनंद लेते हैं जिसे प्रकृति कहा जाता है। सौहार्द के साथ यह तालमेल हमें ऐसी ख़ुशी और संतुष्टि देता है जो अक्सर प्रसन्नता में बदल जाती है।

***खदिन्यात्मा मनः कालो दिशाश्का द्रव्यसंग्रहः ।***
***सेंद्रियम सेतानाम् द्रव्यम्, निरिंद्रियमशेतानाम ।। 48 ।।***

पंच तत्व *(पृथ्वी, आप, तेजस, वायु और आकाश)* आत्मा, मन, समय और आकाश मिलकर भौतिक तत्व को बनाते हैं, जिससे यह भौतिक संसार और शरीर बना है। एक प्रणाली या भावना और मोटर अंगों के साथ एक प्रणाली या वस्तु का संग्रह बोध कराने वाला हो सकता है, जबकि उनमें से कोई एक अलग जड़ होता है।

चरक संहिता
सूत्र स्थान; अध्याय 1, श्लोक 48

आयुर्वेद ने इस विषय पर विस्तार से बताया है कि पाँच संवेदी अंगों और मन को साफ़ कैसे रखें। यह हमें उन्हें पुनर्जीवित करने और खोलने की याद दिलाता है ताकि हम संसार का सामना कर सकें, न कि जब समस्या बढ़ जाए तो किसी कान, नाक और गले के डॉक्टर के पास जाएँ। आयुर्वेद हमें शिक्षा देता है कि हम किस प्रकार स्वास्थ्य की देखभाल को अपने शक्तिसंपन्न क्षेत्र में रखें क्योंकि अक्सर जब हमारे संवेदी अंगों में समस्या होती है तो सबसे पहले हमें ही उनका पता चलता है। यह हमें हर सुबह और फिर समय-समय पर अपने संवेदी अंगों को साफ़ करने की सलाह देता है ताकि हम अपने माहौल में जुड़ें, सक्रियता से सलाह दें, आँख मिलाकर संवाद और संबंधों को आगे बढ़ाएँ, ध्यान से सुनें और यह ज्ञान प्राप्त करें कि दूसरे व्यक्ति से किस प्रकार बात करें व सही ढंग से उसका स्पर्श करें।

भाग – II

# पाँचों इंद्रियों को खोलना

~ 12 ~

# इंद्रियों की स्वच्छता : आँखें

मेरे जन्म के भी पहले से हर सुबह मेरी माँ सूर्य को नमस्कार करने जाती हैं। प्रत्येक घर, प्रत्येक स्थान पर, वह उन्हें ढूँढ़ ही लेती हैं, चाहे बरामदे से, छत से या घर के बाहर मैदान से, अहाते से या सड़क पर जाकर। वह सूर्य को नमस्कार करने वाले मंत्र का उच्चारण करती हैं।

*ॐ जपाकुसुम संकाशं काश्यपेयम्।*
*महदद्युतिम् तमोरिंसर्व पापघ्नं*
*प्रणतोऽश्मि दिवाकरम्॥*

उड़हुल के फूल की तरह लाल उस पिंड को प्रणाम, जो कश्यप ऋषि के समान सफ़ेद हो रहा है,

जो अंधकार को दूर करता है; सारे पापों को मिटाता है।
मैं उसे प्रणाम करता हूँ जो दिन की रचना करता है।

सूर्य प्रणाम/सूर्य नमस्कार

वह उगते सूर्य की ओर उस समय देखती थीं, जब वह धरती को ही छू रहा होता था, और तब वह अपने दिन की शुरुआत करती थीं। एक बार, नासा

में खगोल भौतिकविद् मेरी बहन ने उन्हें सीधे सूरज की ओर देखने से आगाह किया था। उसने बताया कि सूर्य की गर्मी, चमक और रेटिना में छेद कर देने की क्षमता किसी व्यक्ति को अंधा कर सकती है। मेरी माँ ने उसकी चेतावनी को सुन लिया, पलकें झपकाईं, कुछ देर रुकीं और फिर बिना कुछ बोले चली गईं। उस शाम, मैंने देखा कि उन्होंने उस समय तक प्रतीक्षा की जब तक कि सूर्य ने धरती का छू नहीं लिया, फिर उनसे क्षमा माँगी और अपने मंत्र का उच्चारण किया।

मेरी माँ और उन लाखों-लाख भारतीयों के लिए जो सूर्य को इसी प्रकार से नमस्कार करते हैं और जो कभी अंधे नहीं हुए, *त्राटक* ही जीने का तरीक़ा है। संस्कृत में, *त्राटक* के अभ्यास का मतलब है स्थिर दृष्टि से देखना। इसका उपयोग किसी एक बिंदु पर ध्यान लगाने और स्थिर होने के लिए किया जाता है। योग की एक विधि के रूप में, इसका उपयोग जागरूकता, ध्यान और स्थिरता को बढ़ाने के लिए किया जाता है। यह आँखों को ताक़त देता है और *आज्ञा* चक्र या तीसरी आँख को उत्तेजित करता है।

*त्राटक* करने के तीन चरण होते हैं। पहले चरण में आँख की स्वैच्छिक क्रियाओं को स्थिर किया जाता है। अपनी दृष्टि को किसी स्थिर वस्तु पर टिका दें और एक मिनट या उससे अधिक समय तक दृष्टि को बनाए रखने का प्रयास करें। इस पहले चरण में, मन भटकेगा, और आँखें इधर-उधर जाना चाहेंगी। जब कोई इच्छा या विचार उत्पन्न होता है, तो उस पर ध्यान दें और उसे जाने दें। कुछ सेकेंड बाद, आँखें बंद करने की इच्छा होगी। उन्हें खुला रखें। जब उनमें पानी आने लग जाए, तो धीरे से उन्हें बंद करें, ताकि आँसुओं के साथ ताप और भावनाएँ बह जाएँ। एक बार आपने 1 मिनट तक नज़र जमा ली, तो दूसरे चरण की ओर बढ़ जाएँ।

दूसरे चरण में, किसी जलती मोमबत्ती को ध्यान से देखें। इसे देखते रहें और लौ जब फड़फड़ाए तब भी आँखों को स्थिर रखें। इस स्थिति को पार करें और जब तक आँखों में पानी न आ जाए, तब तक उन्हें खुली रखें, और फिर धीरे से बंद करें, जिससे आँसुओं के साथ ताप और भावनाएँ बह जाएँ। बंद आँखों में ही मोमबत्ती की छवि को तब तक मन में रखें, जब तक आप ऐसा कर सकते हैं।

तीसरे चरण में, जैसे ही सूर्योदय हो आपको उसे नमस्कार करना चाहिए। शुरुआत से पहले आप आँखों में घी डाल सकते हैं। जब सूर्य लाल या गहरा नारंगी हो और क्षितिज को छू रहा हो तभी उसे ढूँढ़ लें। सूर्य को तभी देखें जब वह चुभे नहीं और आँखों को तब तक स्थिर रखें जब तक संभव हो। इस बात को देखते हुए कि आप किस स्थान पर हैं, और सूर्य तेज़ी के साथ उगता और डूबता है, इस कारण आपको सुबह-शाम *त्राटक* अभ्यास के लिए 10-15 मिनट का ही अंतराल मिलेगा। एक बार यह क्षितिज से नीचे या ऊपर चला गया, तो आपको *त्राटक* नहीं करना चाहिए। उसकी बजाय आप दीपक का उपयोग कर सकते हैं।

*त्राटक* का अभ्यास निम्नलिखित तीन चरणों में करें :

- पहला चरण : किसी स्थिर वस्तु पर अपनी नज़र टिका दें और उसे एक मिनट या उससे अधिक समय तक टिकाए रखें। जब कोई चाह या इच्छा पैदा हो, तो उस पर ग़ौर करें और जाने दें। जब आँखें बंद करने की इच्छा हो, तब उन्हें खुला रखें। जब उनमें पानी आने लगे, तब आहिस्ता से बंद करें, जिससे कि ताप और भावनाएँ आँसू के साथ बह जाएँ। एक बार आप 1 मिनट तक नज़र टिका लें, तो दूसरे चरण की ओर बढ़ जाएँ।
- दूसरा चरण : किसी जलती मोमबत्ती की लौ को ध्यान से देखिए। उसे देखते रहिए और आँखों को स्थिर होने दीजिए जब तक कि लौ लगातार जलती रहती है। इस क्रिया को जारी रखें और आँखें तब तक खुली रखें जब तक कि उनमें आँसू न आ जाए, फिर उन्हें धीरे से बंद करें, ताकि गर्मी और भावनाएँ आँसुओं के साथ बह जाएँ। आँखें बंद करके, लौ की छवि को मन में तब तक बनाए रखें, जब तक आप ऐसा कर सकते हैं।
- तीसरा चरण : सूर्य को उगने के साथ ही नमस्कार करें। शुरुआत करने से पहले आप आँखों में घी डाल सकते हैं। सूर्य की तरफ़ तभी देखें जब वह लाल या गहरा नारंगी हो, और क्षितिज को छू रहा हो। सूर्य को तभी देखें जब उसकी चुभन न महसूस हो और आँखों को यथासंभव स्थिर रखें। आपको सुबह-शाम *त्राटक* अभ्यास के लिए

10-15 मिनट का अंतराल ही मिल पाएगा। एक बार सूर्य क्षितिज को छोड़ देता है, तो आपको सूर्य के साथ *त्राटक* नहीं करना चाहिए। इसकी बजाय मोमबत्ती का उपयोग करें।

हमारी आँखें वास्तव में उन चर्बियों की बूँदों का विस्तार हैं जिनसे मिलकर हमारा मस्तिष्क और तंत्रिका तंत्र बना है। तंत्रिकाएँ चर्बी में लिपटी रहती हैं, और आँखें उन्हीं ऊतकों से बनी होती हैं तथा मस्तिष्क के सबसे गहरे केंद्र से सीधे जुड़ी होती हैं, जिसकी सुरक्षा खोपड़ी की हड्डी से होती है जहाँ से ये सिर से बाहर शरीर की निगरानी के लिए निकलती हैं। आँखें परिवर्तित तंत्रिकाएँ हैं जो ऊर्जा को कभी प्रकाश तो कभी गर्मी के रूप में ग्रहण करती हैं। इस प्रकार की रचना अधिकांश जीवों में आश्चर्यजनक रूप से समान होती है।

मनुष्य की आँख में तरल पदार्थ के तीन खाने होते हैं, जो उसके गोलाकार रूप को चारों तरफ़ से चर्बी से घेरे रहते हैं। आँख के बाहरी मोटे, साफ़ प्रोटीन की कवच के भीतर, पहला तरल खाना होता है जो जलीय रस से भरा होता है। यह पहला कक्ष होता है, और गोल पुतली की रंगीन मांसपेशियों को ढँककर रखता है।

पुतली की सँकरी दरार में दूसरा खाना होता है, जिसे बाद का कक्ष कहा जाता है। इस हिस्से में समस्या, विशेष रूप से दबाव से मोतियाबिंद हो जाता है। इस स्थान के पीछे एक पतली-सी झिल्ली के पिछले हिस्से में वह कक्ष होता है जिसमें जलीय रस भरा होता है, एक पानी जैसा द्रव्य जो आँखों में नमी और संचलन को संभव बनाता है। इसके पीछे एक बड़ा-सा गड्ढा होता है जिसे नेत्रकाचाभ द्रव कहते हैं, जो आँखों को आकार देता है और उन तंत्रिकाओं को स्नेहक प्रदान करता है जो आँख के पीछे रहते हैं, उसे मस्तिष्क से जोड़ते हैं।

हम जब देखते हैं, तब पहले कक्ष में प्रवेश करने वाला प्रकाश नेत्रकाचाभ द्रव से होकर पीछे दौड़ता है और आँख के पीछे उस हिस्से तक पहुँचता है जिसमें प्रकाश को ग्रहण करने वाले होते हैं जो रंग या काले/सफ़ेद की पहचान करते हैं। इस प्रकार के अभिग्राहक सूचना को सीधे मस्तिष्क के अनेक हिस्सों में भेजते हैं, जिससे तुरंत सैकड़ों चीज़ों को एक साथ

समझा जाता है और हमें किसी चीज़ को देखते हैं तो पता चलता है कि वह क्या है।

आँखें यह बताती हैं कि कोई चीज़ कितनी दूर है और कितनी मोटी है। ऐसा प्रकाश के विभिन्न कोणों को प्रत्येक आँख से एकसाथ मिलाकर संभव होता है, जो एक ही वस्तु से लौटकर आती हैं। आँखें प्रकाश के रंग, वैषम्य और मात्रा का पता लगाती हैं। रात को देखती हैं, गतिविधियों को देखती हैं, दूर व नज़दीक की चीज़ों पर ध्यान देती हैं, और शरीर से मिलने वाली अन्य सूचनाओं के आधार पर संतुलन बनाती हैं जिससे शरीर को पता चलता है कि किस चीज़ से वह कितनी दूर है। कुछ लोग कहते हैं कि आँखें केवल दृश्य वर्णक्रम में प्रकाश की उन्हीं तरंगदैर्घ्य को देख पाती हैं, जो पराबैंगनी प्रकाश के किनारे से -अवरक्त रेंज में 390 नैनोमीटर पर- गहरे लाल रेंज में 780 नैनोमीटर तक होती हैं। अन्य लोग कहते हैं कि कुछ लोग अवरक्त प्रकाश सीमा या उन धुँधली चीज़ों को देख पाते हैं जो 780 नैनोमीटर के बाद होती हैं, जो कुछ ही जानवरों जैसे मधुमक्खियों, कुत्तों, बिल्लियों, मवेशी, हिरण, हाथी, चमगादड़, फ़ेरेट्स और ओकैपिस को दिखती हैं।

आँख के न्यूरोसाइंस से जुड़ी सारी बातें जानने के बावजूद, पारंपरिक चिकित्सा के पास कई अरब डॉलर ख़र्च करने के बाद भी खोई हुई दृष्टि लौटाने का कोई समाधान नहीं है। मधुमेह रेटिनोपैथी, मोतियाबिंद और धब्बेदार अधःपतन के कारण होने वाली दृष्टिहीनता को आज आधुनिक चिकित्सा असाध्य मानती है। कंजंक्टिवाइटिस व ब्लेफ़्राइटिस जैसे संक्रमण का इलाज स्टेरॉयड तथा एंटीबायोटिक दवाओं से किया जाता है, और आँखों की सर्जरी, कॉन्टैक्ट लेंस और लेंस का प्रत्यारोपण आज भी जारी है।

चूँकि वसा अन्य ऊतकों की तुलना में अधिक आसानी से पिघल जाता है, और तंत्रिका ऊतक विशेष तरह के वसा से बने होते हैं जो गर्मी के प्रति ख़ास संवेदनशील होते हैं, इसलिए बेहतर यही है कि आँखों को अधिक ताप नहीं दिया जाए। यही कारण है कि आयुर्वेद हर सुबह आँखों को ठंडे पानी से धोने की सलाह देता है।

प्राचीन आयुर्वेद हमें ऐसे साधन उपलब्ध कराता है जिनसे दिनभर की कड़ी मेहनत के दौरान आँखों को स्वस्थ रखा जा सके। यह दैनिक देखभाल और

समय-समय पर आँखों को ताक़त देने वाले तरीक़ों पर ज़ोर देता है। पहली विधि सुबह की दिनचर्या के दौरान आँखों को धोने की थी, जिससे उन तेलों और वसा को स्थिर बनाया रखा जा सके जिनसे आँख बनी होती है।

रात को सोने से पहले मैं नियमित रूप से आँखों की सफ़ाई के लिए उनमें घी डालती हूँ जो मेरा सौंदर्य से जुड़ा सबसे पसंदीदा काम है। दोनों आँखों से शुरू कर, मैं साफ़ घी को त्वचा पर मलती हूँ, और फिर पलकों के आसपास, जब तक कि घी से वह स्थान न भर जाए जिसके नीचे आँखें होती हैं। जब सबकुछ धुँधला दिखने लगता है, तब मैं समझ जाती हूँ कि पर्याप्त घी अंदर जा चुका है।

आयुर्वेद के अनुसार, आँखों को साफ़ करने के लिए इस्तेमाल किए जाने वाले घी की तासीर ठंडी होती है और उसमें वही वसा होते हैं जिनकी ज़रूरत मानव शरीर को अपनी कोशिकाओं और ऊतकों के कार्य करने के लिए होती है। घी का उपयोग नियमित रूप से करने वाले अधिकांश मरीज़ों ने मुझे बताया कि उनकी आँखें अधिक चमकीली दिखती हैं, जिसमें सफ़ेद हिस्सा अधिक साफ़ दिखता है और कुछ रातों तक आँखों में घी डालने के बाद उन्हें आँखों में कुछ डालते समय उतना डर नहीं लगता है।

यह प्रक्रिया सुरक्षित है, फिर भी आज के आधुनिक युग और पश्चिमी सभ्यता में ढले अधिकांश लोगों को यह अनजाना लगता है, इसलिए सबसे अच्छा यह होगा कि इसे पहले किसी को करते देखें और उस पर आज़माने के बाद अपने ऊपर आज़माएँ।

- हर सुबह दोनों आँखों पर ठंडे पानी के छींटे मारें।
- एक बार आपने किसी को घी लगाते हुए ध्यान से देख लिया है, तो इन चरणों को स्वयं करें :
  - सोने से पहले इसे लगाएँ।
  - पहले दोनों आँखों की पलकों पर लगाएँ। उनकी त्वचा पर साफ़ घी मलें।
  - फिर पलकों के बीच लगाएँ, जब तक कि घी उस जगह को भर न दे और आँखों पर पूरी तरह न लग जाए।

- जब सबकुछ धुँधला दिखने लगे, तब समझिए कि घी प्रवेश कर चुका है।

आयुर्वेद के अनुसार जब आँखें, तेलयुक्त और वसायुक्त होती हैं तब उन पर *वात* व *पित्त* के कार्य हावी रहते हैं। *वात* गतिविधि की मात्रा का गुण होता है, और *पित्त* परिवर्तन के विषय को बताता है।

अग्नि व जल तीखे, जलन वाले और अम्लीय होते हैं। इन गुणों के अंदर की बात है परिवर्तन और उसे *पित्त* कहा जाता है। अग्नि और जल एक-दूसरे से नहीं मिलते और उनका मेल असंभव-सा होता है। आलू को आग पर रखिए तो वह जलकर राख हो जाता है, और पानी में डालने पर नीचे बैठ जाता है व सड़ जाता है। लेकिन इसे किसी पानी से भरे बर्तन में रखिए और बर्तन को आग पर चढ़ा दीजिए, फिर देखिए दोनों मिलकर आलू को एक स्वादिष्ट खाने योग्य व्यंजन में बदल देंगे।

यही परिवर्तन आँख में होता है। आँख हमारे पर्यावरण की वस्तुओं से परावर्तित होने वाले प्रकाश को बदलती है, जो पानी से भरे तेलयुक्त गोलों को पार कर आँख तक पहुँचता है, और उन वस्तुओं के बारे में बताती हैं। इसे ही हम दृष्टि कहते हैं। इस प्रकार, आँख में आने वाले फ़ोटोन से लगातार गर्मी पैदा होती है।

*सांख्य* दर्शन बताता है कि हमारे पास पाँच इंद्रियाँ हैं जो हमें भौतिक संसार से संपर्क स्थापित करना सिखाती हैं। अग्नि का अनुभव उसके प्रकाश, चमक और गर्मी के माध्यम से प्रमुख रूप से हमारी आँखों द्वारा ही किया जाता है, भले ही पाँच इंद्रियों में से प्रत्येक भी अग्नि को स्पर्श और ध्वनि, तथा गंध और स्वाद के माध्यम से परोक्ष रूप से भाँप ले।

शरीर में, परिवर्तन के विषय के अंतर्गत कई महत्त्वपूर्ण कार्य और संबंधित संरचना आती है जिनकी आवश्यकता उन कार्यों को पूरा करने के लिए होती है : आँत के पाचन अंश, यकृत के बायोट्रांसफ़ॉरमेशन के एंजाइम, त्वचा द्वारा दी जाने वाली जानकारी के अलग-अलग हिस्से और मन/आत्मा की प्रचंड इच्छा जिसे कभी-कभी दृढ़संकल्प कहा जाता है।

इसके मुताबिक़ इन हिस्सों में होने वाली बीमारियाँ परिवर्तन के विषय में बाधा पहुँचाती हैं और इस कारण शरीर में *पित्त* का संतुलन बिगड़ जाता है। शरीर को *पित्त* की आवश्यकता पड़ती है ताकि स्वस्थ परिवर्तन हो सके।

आँखों में जब अत्यधिक चमक, अग्नि और अम्लता होती है, तब उन पर *पित्त* हावी रहता है। इस कारण परिवर्तन सही ढंग से नहीं हो पाता। अग्नि की गर्मी व तीक्ष्णता आँखों में गर्मी और सूखापन पैदा करती है जो जलन और चुभन पैदा करता है क्योंकि तेलयुक्त ऊतक सूख जाते हैं। रूखेपन और जलन से खुजली व प्रदाह होता है, जो लालपन, सूजन, दर्द और गर्मी के अनुभव के रूप में सामने आते हैं। आयुर्वेद ने इन लक्षणों और संकेतों को कुल मिलाकर *पित्त* का नाम दिया है। आँखों में इसे *आलोचक पित्त* कहा जाता है।

आयुर्वेद का प्राचीन ज्ञान जुटाने वाले ऋषि-मुनियों में अद्‌भुत समझ और उत्कृष्ट दृष्टि थी। वे पौधों, पशुओं व खाद्य पदार्थों के सूक्ष्म गुणों में अंतर कर लेते थे और यह अनुमान लगा लेते थे कि यदि तत्वों को मिलाया गया तो क्या होगा। अपनी बुद्धिमानी से, वे जानते थे कि आँखों की देखभाल किस प्रकार नवीकरण, नियमित रूप से सफ़ाई तथा अंदर तक धुलाई, और उसे फिर से नमी देकर की जाती है।

कई योगी अपनी आँखों पर नियमित रूप से 3 सप्ताह में एक बार शहद लगाते हैं, वह भी सोने से ठीक पहले। प्राकृतिक शहद या *मधु* जिसे संस्कृत में *मक्षिका* भी कहते हैं, मीठी और कसैली होती है। प्राचीन रसायनशास्त्र के अनुसार, शहद में धूल और तेल की सफ़ाई करने के गुण होते हैं लेकिन यह कोमल और प्रभावी होती है। संभवतः मधुमक्खी के लार एंजाइम और पचाने वाले पराग के मिल जाने से, यह सूखने वाली और साफ़ करने वाली हो जाती है क्योंकि यह विषाक्त पदार्थों के पाचन को बढ़ाती है।

पहली बार का अनुभव बेहद डराने वाला होता है, इसलिए यही अच्छा होगा कि किसी पुराने उपयोगकर्ता का मार्गदर्शन ले लिया जाए। साफ़ अँगुली

पर साफ़ शहद की एक बूँद डालें, फिर अँगुली को आँख की तरफ़ ले जाएँ। आँख के नीचे की त्वचा को नीचे की तरफ़ झुकाते हुए निचली पलक के पास एक मुँह बनाने का प्रयास करें। उस मुँह पर शहद की एक बूँद डालें और गहरी साँस लेते हुए आँखों को धीरे से बंद करें। 10 सेकेंड के भीतर, तेज़ जलन और दर्द का अनुभव होगा। यह दर्द बहुत तेज़ नहीं होता, लेकिन कुछ लोगों को हिला सकता है। गहरी साँस लेते रहें। कुछ सेकेंड तक आँखों में चुभन और जलन होगी, जिसके बाद विभिन्न तरल पदार्थों का ठोस अनुभव होगा। धीरे-धीरे, आँखों के अंदर से गर्मी उसी तरह बाहर निकलती नज़र आएगी जैसे कि कोई साँप कुंडली मारकर बैठा हो और फिर बाहर निकल रहा हो। आधा मिनट के भीतर कुछ बाहर निकलता महसूस होगा। मोटे-मोटे आँसू बाहर आएँगे, और आँखों में हल्कापन, ताज़गी और साफ़ होने का अनुभव होगा। पहली बार, मेरे मरीज़ मुझे कोसते हैं और चीख़ते हैं, फिर जब शुद्धिकरण हो जाता है, तब मेरी प्रशंसा के पुल बाँधते हैं। सफ़ाई होती ही ऐसी है।

यदि आप आँखों में पहली बार शहद डाल रहे हैं, तो किसी अनुभवी उपयोगकर्ता के मार्गदर्शन में इन चरणों को अपनाएँ :

- एक अँगुली पर साफ़ शहद की एक बूँद लें और फिर उसे आँख की ओर ले जाएँ।
- पलक के पास आँख के नीचे के हिस्से की त्वचा को नीचे खींचते हुए एक मुँह बनाएँ।
- उस मुँह पर शहद की बूँद डालें और गहरी साँस लेते हुए आँखों को बंद कर लें।

सुबह-सुबह, एक बुज़ुर्ग मरीज़ ने अचानक मुझे फ़ोन किया और बताया कि उसके भतीजे को क्रिकेट की गेंद से आँखों के कूप के पास चोट लगी है। उसे कुछ दिखाई नहीं दे रहा था और ख़ून बहने के साथ ही दर्द भी हो रहा था, और उसे अस्पताल ले जाया गया है। डॉक्टर ने उसकी जाँच की है और

बताया है कि उसकी दाहिनी आँख के एक हिस्से की दृष्टि जा चुकी है और दूसरे में कम हो गई है। ख़ून बहने का मतलब था कि रेटिना अलग हो गया है। उस लड़के को एक पैच लगाया गया और कुछ दर्द निवारक गोलियाँ दी गईं तथा जख़्म भरने तक आराम करने की सलाह दी गई।

आयुर्वेद हमें याद दिलाता है कि तेलों में उपचार करने की क्षमता होती है। शरीर *शीत, स्निग्ध* और *आग्नेय* है, जिसका अर्थ है कि यह प्राकृतिक रूप से ठंडा, नमी धारण करने वाला और आग की तरह परिवर्तनकारी है। संकट के समय हम उपचार के लिए इन गुणों का लाभ उठा सकते हैं। शरीर रचना के साथ इस सिद्धांत को ध्यान में रख उस लड़के से कहा गया कि क्या वह *नेत्र बस्ति* को आज़माना चाहेगा, जिसे नेत्र *तर्पण* भी कहा जाता है। उसके परिवार के तीन लोग उस इलाज को सीखने के लिए तैयार हुए। सही तरीक़े से तैयारी करने और 7 दिनों तक नियमित रूप से करने पर यह प्रभावी हो सकता था। इस चुनौती के लिए तैयार होते ही फटाफट सामग्रियों को जुटाया गया : घी, *उड़द* का आटा, साफ़ पानी, महीन कपड़ा, साफ़ कटोरा और एक चम्मच। चोट लगने के तीन घंटे के भीतर इलाज शुरू हो गया।

मरीज़ को आराम से उसकी पीठ के बल लिटाया गया, और उसके माथे, कनपटी, गालों व नाक पर गर्म मोटे कपड़े से भाप दी गई। इसका उद्देश्य त्वचा को गर्माहट देना, आँखों व साइनस के पास ख़ून के बहाव को तेज़ करना और लड़के को आराम पहुँचाना था। फिर, सिर को थोड़ा पीछे झुकाया गया ताकि आँखों के कूप आसमान की ओर हो जाएँ। उड़द के आटे और पानी को मिलाकर एक लोई तैयार की गई जिसे आँख के गड्ढे के चारों ओर रख दिया गया। इससे भौंहों के नीचे नाक की किनारी और आँखों के नीचे की त्वचा सील हो गई। इस पूल में, धीरे-धीरे ठंडा और पिघला हुआ घी उस महीन कपड़े गाछ से निचोड़ा गया, जिसे कटोरे में डुबाया गया था। लोई से बनी दीवारों के किनारे तक घी भर दिया गया। कुछ देर बाद, उसने धीरे-धीरे अपनी आँखें खोली। उसके एक हिस्से की दृष्टि एकदम ठीक थी, और वह पीले तरल पदार्थ से देख पा रहा था, लेकिन उसे भारीपन महसूस हो रहा था। उसकी बाक़ी दृष्टि में अंधेरा ही छाया था।

परिवार के दो सदस्यों की सहायता से यह उपचार 7 दिनों तक दिन में दो बार किया गया। चौथे दिन, उसकी माँ ने मुझे बताया कि लड़के को अपनी

दाहिनी आँख से ज़्यादा दिखाई पड़ने लगा था और वह उसे और अच्छी तरह घुमा-फिरा सकता था। मैं इस बात पर अड़ी थी कि उन्हें आकलन करने से पहले इसे 7 दिनों तक जारी रखना चाहिए। सातवें दिन शाम को, उसे पूरी तरह दिखने लगा था, लेकिन वह धुँधला था। वे अगले सप्ताह भी उसे जारी रखना चाहते थे और मैं भी सहमत थी।

एक महीने तक वह परिवार मुझसे बचता रहा। बहुत बाद में, मुझे पता चला कि उसी नेत्र रोग विशेषज्ञ ने उसी अस्पताल में उसकी आँखों की जाँच की और पाया कि सबकुछ सामान्य था। उनकी ख़ुशी का ठिकाना नहीं था और उन्हें लगा कि 'घी वाले डॉक्टर' से बात करने की भला क्या ज़रूरत है। उस असली डॉक्टर ने, जिसने उसे दृष्टिहीन घोषित कर दिया था, उनसे ज़्यादा सवाल नहीं किए लेकिन अपनी जाँच के पैसे मिलने पर ख़ुश था। उस परिवार को मुझे पैसे देने में बड़ा डर लग रहा था क्योंकि वे उस डॉक्टर पर काफ़ी पैसा ख़र्च कर चुके थे। मैंने एक रुपया लिया क्योंकि दृष्टि अनमोल होती है। मैंने इस लड़के से *नेत्र बस्ति* को लेकर जो सीखा, उसे पैसे से चुकाया नहीं जा सकता था।

*नेत्र बस्ति* का इस्तेमाल कई तरह की परिस्थितियों में किया जा सकता है, जिनमें आँखों में असाध्य सूखा रोग, धुँधलापन, आँखों में प्रदाह, कॉर्निया में खरोंच, और आँखों की ख़राब होती स्थिति शामिल है। हर मामले को अलग तरीक़े से, उस व्यक्ति के शरीर में अग्नि के संदर्भ में, स्थिरता और परिवर्तनकारी शक्ति बनाम आग की झुलसा देने की शक्ति के मुताबिक़ देखा जाना चाहिए।

अपनी इमरजेंसी किट में, मैं अपने काँच की बोतल में *महात्रिफला घृत* रखती हूँ। *घृत* घी के लिए संस्कृत शब्द है जिसमें औषधीय जड़ी-बूटियों को उबाला जाता है। *महात्रिफला* में दर्जन भर से ज़्यादा जड़ी-बूटियाँ होती हैं जो आँखों में असंतुलन पैदा करने वाले *वात* व *पित्त* की गर्मी और रूखेपन को शांत कर देती हैं। सदियों से इसका इस्तेमाल बीमारी, सूजन, संक्रमण, सर्जरी और असाध्य चिड़चिड़ेपन के बाद आँखों की सफ़ाई, जलन और खुजली को दूर करने के लिए किया जाता रहा है। कभी-कभी आयुर्वेदिक चिकित्सक इन खाद्य जड़ी-बूटियों को घी में पकाने के साथ ही *त्रिफला क्वाथ* (काढ़ा) में

मिलाने का सुझाव देते हैं। आम धारणा के विपरीत, घी जितना पुराना होता है, उसका औषधीय गुण उतना ही बढ़ जाता है।

*महात्रिफला घृत* ख़तरनाक यौगिक है, लेकिन अपनी क्षमता, सुरक्षा या ग़ैर विषाक्तता की वजह से नहीं, बल्कि सिर्फ़ इस कारण क्योंकि यह सादा होता है और इस कारण, चिकित्सा की उस धारणा को चुनौती देता है जिसके अनुसार आँखों का इलाज सिर्फ़ डॉक्टरों से ही कराया जाना चाहिए। यह ऐसा यौगिक है जो पारंपरिक दवाओं और अपनी देखभाल स्वयं करने के विरुद्ध पारंपरिक चिकित्सा शोधकर्ताओं की पूर्वाग्रहों से जुड़ी समस्याओं को महत्त्व नहीं देता। पारंपरिक डॉक्टर यह पूछेगा कि कौन-सा यौगिक प्रभावी है क्योंकि उन्हें इस तरह प्रशिक्षित किया जाता है कि इस परिदृश्य में केवल एक रसायन ही दवा का काम कर सकता है। वे किसी यौगिक में समस्याओं के जाल पर ग़ौर करेंगे जिसमें सैकड़ों, शायद हज़ारों अज्ञात रसायन होते हैं। उनके लिए यह समझना कठिन होता है कि किसी दवा के पूर्ण प्रभावी होने की वजह कई अलग-अलग कारक हो सकते हैं जो एक व्यापक असर दिखाते हैं।

दूसरा, इस यौगिक को आँखों में डाला जा रहा है। लोग आँखों में जाने वाली किसी भी चीज़ को लेकर सावधान रहते हैं और जानना चाहते हैं कहीं वह आँखों के लिए ज़हरीली तो नहीं। वास्तव में, हज़ारों लोगों ने *महात्रिफला घृत* का उपयोग किया है और सुधार की बात बताई है। इसका इस्तेमाल भारतीय क़ानून के अनुसार वैध है। ड्रग्स ऐंड कॉस्मेटिक्स एक्ट की धारा 3ए के तहत यह एक पारंपरिक आयुर्वेदिक औषधि के रूप में सूचीबद्ध है और पारंपरिक आयुर्वेदिक ग्रंथों में इसकी व्याख्या विस्तार से की गई है। लेकिन भारत के साथ ही दुनिया भर के डॉक्टर इसके इस्तेमाल को लेकर संशय में हैं।

तीसरा, घी को हेयदृष्टि से दिखाया गया है, जिसकी शुरुआत प्रतिष्ठित चिकित्सा पत्रिका, *द लांसेट* ने सितंबर 1987 में छपे एक लेख से की। लेखकों ने ऐसे घी का ज़िक्र किया जिसे आयुर्वेदिक पैमाने पर तैयार नहीं किया गया था, और घी में पाए जाने वाले कोलेस्ट्रॉल ऑक्साइड के साथ एथेरोस्क्लेरोसिस को जोड़कर हलचल पैदा कर दी। उन्होंने हृदय रोग के जोखिम की बात कर घी के ख़तरों का डर दिखाया, और मरीज़ों को मधुमेह, उच्च कोलेस्ट्रोल और उच्च रक्तचाप की चेतावनी दी। आज लोग घी में अत्यधिक वसा की बात करते हैं, जिसमें बेशक प्रति चम्मच 60 प्रतिशत से

अधिक संतृप्त वसा और 8 मिलीग्राम कोलेस्ट्रॉल होता है, जबकि उन्होंने घी को अलग तरीक़े से तैयार करने पर अच्छे वसा और बुरे वसा के अंतर को नहीं बताया। बेशक, पारंपरिक चिकित्सा ने भी दिखाया है कि शरीर को 'अच्छे वसा' की आवश्यकता होती है और कुछ कोलेस्ट्रॉल कम करने वाले एजेंट शरीर में वसा को कम कर देते हैं जिसके कारण मस्तिष्क में विघटन हो सकता है क्योंकि मस्तिष्क में शरीर का 25 प्रतिशत वसा होता है। विज्ञान ने भी अब दिखाया है कि मस्तिष्क तक जानकारी वसा की छोटी-छोटी बूँदों से पहुँचती है जो तंत्रिका की कोशिकाओं के साथ-साथ एक नेटवर्क में सफर करती हैं, जिसे इंटर-एक्सॉन नेटवर्क कहा जाता है, न कि सिर्फ़ रक्त के माध्यम से जैसा कि पहले सोचा गया था।

लेकिन आयुर्वेद घी का इस्तेमाल शरीर को सबसे अच्छा पोषण देने, ऊतकों को शक्ति प्रदान करने और पाचन को बेहतर करने वाले पदार्थ के रूप में करने की अनुशंसा करता है। यह इसकी चेतावनी भी देता है कि जब पाचन सही न हो और शरीर में विकार बढ़ जाएँ तो घी का उपयोग नहीं करना चाहिए क्योंकि वसा ठीक से नहीं पिघलेगा और शरीर के सूक्ष्म मार्गों को अवरुद्ध कर देगा, जिससे प्रवाह और क्रिया में रुकावट आ जाएगी। यह वैसा ही है जैसे तेज़ी से जलती आग में तेल डालने से वह और तेज़ हो जाती है, वहीं बुझती आग को वही तेल बुझा देता है। यह समझना कि आग में कितना तेल डाला जाए, वैसा ही है जैसे यह समझना कि किसी व्यक्ति को कितना घी खाना चाहिए। घी पर होने वाले अधिकांश शोध अध्ययनों में शरीर की पाचन शक्ति के संबंध में इस प्रकार की गणना की कहीं कोई चर्चा नहीं है, और घी को सिर्फ़ बदनाम किया गया है।

हालाँकि, इस्तेमाल बढ़ने पर ऐसी वैज्ञानिक चिंता पीछे छूट जाती है जिनमें कोई प्रमाण नहीं होता है। वर्ष 2005 में इसका इस्तेमाल बहुत ज़्यादा बढ़ गया, जब कई पारंपरिक आयुर्वेदिक फ़ॉर्मूले लोकप्रिय हो गए क्योंकि टेलीविज़न और इंटरनेट पर बाबा रामदेव उनकी हिमायत कर रहे थे। लोग अब खुद ही घी का उपयोग करने लगे, उन्हें हर रात अपनी आँखों में मलने लगे और इलाज के बाद के नतीजे बताने लगे। जैसी कि उम्मीद थी, यह सुरक्षित है और अब तक किसी विषाक्तता या दृष्टिहीनता से इसे जोड़ा नहीं गया है।

दक्षिण भारत के दिल में, जड़ी-बूटियों को मिलाकर तैयार आयुर्वेदिक फ़ॉर्मूले का इस्तेमाल ख़ूब होता है, ख़ास तौर पर केरल की गर्म और उष्णकटिबंधीय जलवायु में। *एलानीर कुजाम्बु* एक दवा है जिसे ख़ास तौर पर जख़्मों को साफ़ करने व आँखों के फोड़े, मोतियाबिंद और कंजंक्टिवाइटिस के लिए तैयार किया जाता है। इस तरह की समस्या *पित्त* और *कफ़* के कारण होती है। इसका इस्तेमाल आँखों में *वात* की गड़बड़ियों के लिए नहीं करना चाहिए, जिनके कारण खुश्की, तेज़ दर्द और आँखों को उत्तेजित किए जाने का डर रहता है।

इस गाढ़े तरल के नौ अवयव होते हैं, जिनमें से सभी का उपयोग आँखों की समस्याओं के लिए आयुर्वेदिक फ़ॉर्मूले के तौर पर किया जाता है। इसमें ज़बर्दस्त सफ़ाई करने वाली तिकड़ी *त्रिफला-आमलकी* जो पूर्ण आहार है, *हरितकी* जो सफ़ाई करती है और *बिभितकी* जो पिघलाने वाली है, शामिल रहती है। इसमें शहद, नारियल पानी, कपूर और मुलेठी भी होती है। आँखों के स्वास्थ्य को बेहतर करने वाले अवयवों को संस्कृत में *चक्षुस्य* कहते हैं। इनमें से अधिकांश हल्के होते हैं। ये पाचन बढ़ाते हैं और इनमें किसी भी मिलावट को परिवर्तित करने की क्षमता होती है जिससे आँखों में चुभन या प्रदाह होने की आशंका रहती है।

इस चिपचिपे और गाढ़े तरल को देर शाम की हल्की रोशनी के समय आई ड्रॉप या आई लाइनर के तौर पर आँखों की निचली पलक से लेकर अंदरूनी हिस्से तक लगाया जाता है, जिसे ललाट की तरफ़ ले जाया जाता है। फिर, आँखों को बंद कर आँखों को गोल घुमाते हुए गाढ़े तरल को श्वेतपेटी या श्लेष्म के माध्यम से फैलाया जाता है। आँखों से आँसू बहेंगे और अगर आपकी इच्छा हो तो उन्हें *त्रिफला* चूर्ण घुले पानी को छानकर धोया जा सकता है। अन्यथा आँसुओं को पोंछने, आँखों को पूरी तरह आराम देने और फिर तुरंत सो जाने की सलाह दी जाती है।

*दिनचर्या* की शिक्षा देने वाली एक कार्यशाला में, हमने स्वास्थ्य के जानकारों को यह अवसर दिया कि वे ख़ुद आगे आएँ और *एलानीर कुजाम्बु* को आज़माएँ। उनमें से एक कुछ मिनट बाद रोने लगी और फिर चिल्लाने लगी। वह कुछ देर के लिए वहाँ से चली गई और आधे घंटे बाद लौटी तो पूरे समूह को बताया कि उसे किस प्रकार सफ़ाई हो जाने का अनुभव हुआ क्योंकि अतीत की तसवीरें उनके सामने एक बार फिर से आईं और दवा

के असर से उनमें घुल गईं। यह असली अनुभव उन्हें कई हफ़्तों तक याद रहा, और उन्होंने अपनी आँखों से ओझल होने से पहले जिस तरह की ताक़तवर दृष्टि का अनुभव किया था, उससे उन्होंने अपने जीवन और संबंधों को बदल दिया। वे अकेली नहीं थीं। ऐसे अनेक छात्र थे जिन्होंने गहराई तक सफ़ाई का अनुभव किया था, जिससे आँखों में ठंडक, स्पष्ट दृष्टि और हल्केपन के साथ ही अप्रत्याशित भावनात्मक सफ़ाई का एहसास भी हुआ। कई वर्षों के दौरान, मैंने साप्ताहिक सौंदर्य देखभाल के लिए इस बोतल को अपने सुझावों में शामिल किया है, ख़ास तौर पर एक्टर्स और ऐसे लोगों के लिए जो आँखों पर बहुत ज़्यादा मेकअप का इस्तेमाल करते हैं या कंप्यूटर स्क्रीन के सामने बहुत ज़्यादा वक़्त बिताते हैं।

*एलानीर कुजाम्बु* का इस्तेमाल करने के लिए निम्नलिखित निर्देशों का पालन करें :

- इस तरल आई ड्रॉप का इस्तेमाल देर शाम निचली पलक पर करें।
- पलक के अंदरूनी हिस्से से शुरू करें और फिर ललाट की दिशा में जाएँ। फिर आँखों को बंद करें और आँखों को इस तरह घुमाएँ कि श्वेतपेटी या श्लेष्म के माध्यम से पूरी आँख में फैल जाए।
- *त्रिफला* चूर्ण वाले पानी को छानकर आँखों को धोएँ और आँसुओं को साफ़ करें। नहीं तो, आँसुओं को सुखाएँ और आँखों को पूरी तरह आराम दें।

आई लाइनरों का इस्तेमाल युगों-युगों से किया गया है। अब वे कई तरह के रंगों और प्रकार में आते हैं : पेंसिल, लिक्विड, केक और ब्रश के साथ ट्यूब। मूलरूप से संस्कृत में *अंजन* कहे जाने वाले आई लाइनर को चिकित्सकीय जड़ी-बूटियों को आँखों की सफ़ाई, उन्हें ठंडा रखने और नियमित रूप से शुद्ध करते रहने के उद्देश्य से लगाने के लिए तैयार किया गया था। पेरिस से लेकर टोक्यो तक विभिन्न संस्कृतियों में यह माना गया है कि नकारात्मक ऊर्जा, जिन्हें *नज़र* कहते हैं, आँखों और उनके बाद आत्मा को भेद सकती है। यह माना जाता था कि *अंजन* इन बुरी आत्माओं को आँखों को भेदने से रोक सकता है।

*अंजन,* या सुरमा आँखों के लिए अच्छी मानी जाने वाली जड़ी-बूटियों जैसे *आमलकी, हरितकी* या *दारुहल्दी* को लोहे के तवे पर तब तक गर्म कर तैयार किया जाता है, जब तक कि वे जलकर राख न हो जाएँ। काली राख में एक बूँद तेल डाला जाता था, फिर उसे ठंडा करने के बाद एक साफ़ शीशी में रखा जाता था, और साफ़ लकड़ी या अँगुली से निचली पलक की किनारी पर लगाया जाता था। ख़ास तौर पर बच्चों की आँखों में ताकि किसी प्रकार के संक्रमण को रोका जा सके।

अंजन या कोलीरियम ग्रीक शब्द *कोल्लुरियन* से बना है, जिसका मतलब है पुल्टिस, और यह आँखों की सफ़ाई के लिए इस्तेमाल किए जाने वाले तरल पदार्थों, जेल या किरकिरे लेप के लिए अनोखा शब्द है। आधुनिक चिकित्सा में, कई अस्पतालों में आज भी ख़तरनाक बैक्टीरिया को ख़त्म करने के लिए सिल्वर नाइट्रेट जेल का इस्तेमाल किया जाता है, जिसके कारण गोनौरिया जैसी बीमारी होती है, जो योनि के रास्ते आँखों तक पहुँच सकता है।

बड़ी व्यापारिक कंपनियों की ओर से बनाए जा रहे आधुनिक आई लाइनरों में प्रिज़र्वेटिव के तौर पर भारी धातुओं का इस्तेमाल किया जाता है ताकि वे ज़्यादा दिनों तक ख़राब न हों, साथ ही पेट्रोलियम जेली का उपयोग भी होता है, लेकिन वे आँखों के लिए चिकित्सकीय जड़ी-बूटी का इस्तेमाल नहीं करते हैं। उनके द्वारा इस्तेमाल किए जाने वाले पारा या सीसा को अधिकांश देशों के ड्रग्स और कॉस्मेटिक्स क़ानूनों से छूट मिली हुई है। लाइनर को किसी के साथ साझा नहीं करना चाहिए लेकिन ऐसा आम तौर पर किया जाता है।

❧

अमेरिका में लोग योग के दीवाने हो गए हैं। यह न केवल एक अच्छी कमाई का कारोबार है जिसमें बेहद मामूली वित्तीय निवेश करना पड़ता है, बल्कि योग शिक्षक को अपने छात्रों के जीवन को बेहतर बनाते हुए देखने से भी लाभ मिलता है। कई बार ज़िद किए जाने पर, मैं एक स्वयंभू और मशहूर योगी की क्लास में शामिल हुई जिसका दावा था कि उसने व्हाइट हाउस में कई बड़ी हस्तियों को योग सिखाया है। वे विशेष फ़ेस (चेहरा) योग कराते थे, जो सुंदरता बढ़ाने में कारगर होने के चलते काफ़ी लोकप्रिय हो गया

था। उसके व्यायामों में शरीर रचना और चेहरे की मांसपेशियों तथा कपाल की नसों पर ध्यान दिया जाता है जो चेहरे पर मस्तिष्क के नियंत्रण को नियमित करती है।

एक तय सुचारू कार्यक्रम के अनुसार, योगी ने हमसे चेहरे के क्रमवार व्यायाम करवाए। शुरुआत ललाट से की, फिर कनपटी, कानों, आँखों, नाक, मुँह और आख़िर में गर्दन पर आया। यह सत्र 45 मिनट तक चला, और लोगों से इन व्यायामों को हर दिन आईने के सामने या योगा मैट पर ध्यान की मुद्रा में बैठकर दोहराने के लिए कहा गया।

आँख का योग काफ़ी हद तक डॉक्टरों की ओर से कपाल की नसों (III, IV व VI) और आँखों के आसपास की जाने वाली जाँच के जैसा था। मरीज़ से दूर और नज़दीक देखने को कहा जाता है, आँखों को ऊपर और नीचे, बाएँ फिर दाएँ, एकदम दाएँ और फिर बाईं ओर तेज़ी से ले जाने, घड़ी की दिशा में आधा सर्कल बनाने तथा फिर उल्टी दिशा में, और फिर आख़िर में पलकों को पूरा खोला जाता है और कस कर बंद कर लिया जाता है। ऐसा माना जाता है कि जब इन व्यायामों को ध्यान की मुद्रा के साथ मिलाकर किया जाता है तो आँख के चारों ओर की मांसपेशियों में कसावट आती है और वे मांसपेशियों को त्वचा और उसके अंदर की परतों के साथ फिर से जोड़ती हैं।

लगभग सात वर्ष की उम्र में, जब मैं चौथी कक्षा में थी, तब मैं अपनी आँखें मलने लगती थी क्योंकि मैं अपने आसपास के लोगों को देखती थी तो मुझे धुँधलेपन का एहसास होता था। दूसरी चीज़ें एकदम साफ़ दिखती थीं। मैं अपनी बहन की पूरी नक़ल उतारा करती थी, और उसी तरह पीछे-पीछे घूमती थी जैसे कोई चूजा किसी मुर्गी के पीछे। उसने भी धुँधलेपन की शिकायत की और उसके पूछने पर ही, मुझे याद आया कि चॉकबोर्ड भी बहुत साफ़ तरीक़े से दिखाई नहीं पड़ता था। स्कूल के शिक्षकों की सलाह पर, मेरे पिता हमें एक डॉक्टर के पास ले गए थे। मेरे पहले चश्मे के शीशे छोटे, आयताकार थे, जबकि फ्रे़म नीली झील के रंग का था। मैं उन्हें सिर्फ़ इस वजह से बर्दाश्त कर रही थी क्योंकि मेरी बहन की फ्रे़म भी वैसा ही था।

हम जैसे ही अमेरिका पहुँचे वे हमें लेने आ गए और यह संकेत दे रहा था कि यह देश हमारे विकासशील देश वाले जीवन को सुधार कर हमारी दृष्टि को ठीक कर देगा। लेकिन न जाने क्यों मुझे लगा जैसे चश्मे के कारण मेरे और इस दुनिया के बीच एक फ़िल्टर आ रहा था। यह वैसा ही था जैसे मुझे अपने सामने के झूठ को सच के रूप में महज इस कारण देखना पड़ रहा था क्योंकि वे ज़्यादा साफ़ दिख रहे थे। मैंने जो साफ़-साफ़ देखा, वह इतना ही था कि ओमाहा में अपने स्कूल की क्लास में मैं अकेली अश्वेत लड़की थी, यह देश आज़ादी और समान अवसर के नियमों के बावजूद घोर नस्लवादी था, प्रेम विवाह तलाक़ पर आकर ख़त्म हो जाते थे, बच्चे मार-पीट के बाद क्लास से कहीं ज़्यादा वक्त मार्गदर्शन दफ़्तर में बिताते और माँ-बाप शराब के नशे में चूर रहा करते थे। मैंने जो देखा, और जिसके बारे में किसी ने कुछ नहीं कहा, उससे मुझे आश्चर्य हुआ कि आख़िर क्यों कुछ लोगों को चश्मे की ज़रूरत पड़ती है और कुछ को नहीं।

पाँचवीं कक्षा में, एक लड़की ने मुझसे कहा कि लंच के समय वह मेरे साथ नहीं बैठेगी क्योंकि मैं दिव्यांग थी : मुझे लगा इसकी वजह मेरी अश्वेत चमड़ी थी क्योंकि अंग्रेज़ों ने हम भारतीयों को यही सिखाया, लेकिन उसने मुझे समझाया कि इसकी वजह मेरी चार आँखें थीं। उसकी निर्दयता से मेरा हृदय छलनी हो गया। एक साल तक चश्मा पहनने के बाद मैं पूरी तरह उस पर निर्भर हो गई थी और उसके बिना मुझे कुछ भी दिखाई नहीं देता था। मुझे हैरानी हो रही थी कि चश्मा पहनने वाले लोग दिव्यांग कैसे हो जाते हैं और इसे कैसे सुनिश्चित करें कि आँखों में गड़बड़ी न हो। भारत में, कुछ लोग चश्मा लगाते थे। क्या इसका कारण उनका ग़रीब होना था या फिर उनकी आँखें स्वस्थ थीं? जल्द ही मुझे बताया गया कि कमज़ोर नज़र आनुवंशिकी है और मुझसे कह दिया गया कि ज़्यादा सवाल न करूँ।

डॉ. जैकब लिबरमैन ने कॉलेज के दौरान दृष्टि को लेकर मेरे विचारों को बदल दिया। आँखों और ऑस्ट्रेलियाई आदिवासियों को लेकर उन्हें जो कुछ पता चला, हम उस पर लंबी चर्चा किया करते थे। उन्होंने कुछ ऐसा पता लगाया जो आधुनिक चिकित्सा के लिए असंभव था : सर्जरी के बिना दृष्टि को फिर से हासिल करना। उन्होंने अपनी क़िताबों में बताया कि आँखों और मन

के अनुकूलन के लिए सिलसिलेवार कई तरह के व्यायामों के माध्यम से हम अपनी बढ़ी हुई चेतना से तंत्रिका तंत्र में सुधार कर सकते हैं। वे आदिवासी योगी थे और विचारों तथा भौतिक शरीर को परिवर्तित करना जानते थे।

कई वर्षों बाद, आयुर्वेद के एक उम्रदराज़ और बुद्धिमान व्यक्ति ने मुझे दृष्टि के बारे में बताया। आयुर्वेद कहता है कि मन की मदद करने के लिए आँखें उसके अनुकूल हो जाती हैं। यदि आसपास के माहौल की घटनाएँ मन को इतना व्याकुल कर देती हैं कि वह उन्हें बर्दाश्त नहीं कर पाता, तो आँखें भी सबकुछ बहुत साफ़-साफ़ नहीं देख पाती हैं। यहीं से निकट दृष्टि दोष की शुरुआत हुई, जिसमें इंसान दूर की चीज़ों को साफ़ नहीं देख पाता है। कुछ योगियों का कहना है कि जब मन जिसे सही या अच्छा मानता है उसकी बजाय वैसी बातें देखता है जो उसकी सोच के मुताबिक़ नहीं हैं, तो तालमेल बैठाने की कमी के चलते आँख की बीमारियाँ होती हैं। इसका समाधान यह है कि मन पर भावनाओं, विचारों तथा शरीर के व्यायामों से लगाम लगाकर रखी जाए ताकि सबकुछ आपस में जुड़ा रहे और अस्पष्ट विचारों को स्पष्ट कर लिया जाए।

आप अपने घर पर ही समय-समय पर आँखों की सफ़ाई के साथ अचानक पड़ने वाली आवश्यकता के लिए आयुर्वेदिक नेत्र औषधालय बना सकते हैं। इसके लिए आपके पास गुलाब जल, घी, शहद, *महात्रिफला घृत, अंजन,* मोमबत्ती, खीरा, गाढ़ा क्रीम, संभव हो तो एक आईना होना चाहिए और सारी चीज़ें आपकी रसोई के भंडार में हों। इसमें कोई भी प्रिज़र्वेटिव नहीं होना चाहिए। यह याद रहे कि प्रिज़र्वेटिव का उद्देश्य अपरिवर्तनशील वस्तुओं में मौजूद जीवन को समाप्त करना होता है। केवल पुनर्जीवन देने वाले तत्वों को साफ़ हाथों से आँख में लगाना चाहिए।

~ 13 ~

# इंद्रियों की स्वच्छता : कान

सप्ताह में एक बार, आम तौर पर रविवार को, मेरी माँ एक कंबल पर सारे बच्चों को लिटा दिया करती थीं। फिर एक-एक कर वह हमारे कानों में झाँका करतीं, और कभी धागे से तो कभी-कभार बाबी पिन का सावधानी से इस्तेमाल करते हुए हमारे कान के बाहरी किनारों पर जमा मैल साफ़ किया करती थीं। इसके बाद हमारे कानों के छोटे-से गलियारे में गर्म तेल डालती थीं और कहती थीं कि जब तक यह भीतर तक समा न जाए, तब तक स्थिर लेटे रहें। ऐसा करने से हमें नींद आ जाती थी। हमने सीखा कि कान की जाँच से डरना नहीं चाहिए क्योंकि वह तेल एकदम आरामदायक था। मेरे पिता हमें इसके लिए राज़ी होने के लिए डराया करते थे और कहते थे कि तेल डालने से राक्षस नहीं आएँगे, वरना हमारे कानों में जानवर और कीड़े घुस सकते हैं।

*कर्णपूरण* समय की कसौटी पर खरी उतरने वाली प्राचीन विधि है जिससे कान में एक बार फिर शांति स्थापित हो जाती है। *कर्ण* संस्कृत शब्द है जिसका अर्थ होता है कान और *पूरण* का अर्थ होता है भरना। इस अभ्यास का अर्थ है कान के रास्ते को गर्म तेल से भरकर नम करना और उस रास्ते को बंद करना ताकि बाहरी तत्व अंदर न आ सकें, और कान के मैल को ढीला करना संभव हो जाए।

तिल के तेल का उपयोग करने से दर्द और सूजन में कमी आती है तथा शांति मिलती है क्योंकि विशुद्ध तिल के तेल से *वात* और *पित्त* दोनों

ही कम होते हैं। इस विधि में कान के बाहरी रास्ते में शुद्ध, गर्म, साफ़ तिल के तेल को डाला जाता है, जिससे वह 15-20 मिनट में सोख लिया जाए और फिर मरीज़ को सीधा बैठाकर कान को इस प्रकार झुकाया जाता है कि तेल सीधा बाहर निकले न कि अंदरूनी कान और मुँह के छेद से साइनस में चला जाए, और फिर कान की सफ़ाई की जाती है। तेल ज़्यादा गर्म नहीं होना चाहिए क्योंकि यह जला सकता है, लेकिन यह ठंडा भी नहीं होना चाहिए क्योंकि इससे चिड़चिड़ापन होता है और आराम भी नहीं मिलता। तेल डालने का सबसे अच्छा तरीक़ा यह है कि रुई को तेल से भिगो लिया जाए और फिर उसे दबाकर धीरे-धीरे कान के मुँह से डाला जाए, ताकि बहाव सही हो और बूँदों से कान को परेशानी न हो। आम तौर पर शुरुआत में व्यक्ति को भर जाने से कम सुनाई देने से परेशानी होती है और फिर बाहरी दुनिया की बातों के सुनाई न पड़ने से सुकून मिलता है।

*कर्णपूरण* की एक कार्यशाला के बाद एक चिकित्सक गंभीरता के साथ मेरे पास आए और आरोप लगाने लगे कि मरीज़ ख़तरे और जोखिम में आ सकता है जबकि उनके पास इसका कोई सबूत नहीं था। मुझे इस तरह के डरपोक पेशेवरों और मानव शरीर के 'जानकारों' को देखकर बड़ा मज़ा आता है जो कभी मानव शरीरों के इतने क़रीब रहकर नहीं पले-बढ़े कि उनके बारे में सामान्य जानकारी हो। शुरुआत करने से पहले, माता या पिता तीन अँगुलियों को कान के ऊपर रगड़कर यह सुनिश्चित कर सकते हैं कि वह बच्चा सुन सकता है और उसके कान का पर्दा सुरक्षित है। कान में कुछ भी डालने से पहले मवाद या दर्द के कारण की जाँच कर लेनी चाहिए। अगर हाल-फ़िलहाल में कान में कोई परेशानी नहीं हुई है, और बच्चा कान को खींचता नहीं (जो संक्रमण को बताता है) या सुनने में तकलीफ़ की बात नहीं बताता या बचपन से ही बच्चे को *कर्णपूरण* किया गया है, तो यह अभ्यास काफ़ी सुरक्षित है और कई तरह की तकलीफ़ों को दूर करने में काफ़ी प्रभावी होता है जिन्हें तत्काल इलाज की आवश्यकता होती है। इन विधियों को सीखने का सबसे अच्छा तरीक़ा यह है कि देखें, अनुभव करें, हिस्सा लें और लागू करें।

एक अच्छा आयुर्वेदिक चिकित्सक आपको बताएगा कि *कर्णपूरण वात* को ठीक करेगा और उसे कान से बाहर निकालेगा। अच्छी तरह समझने के लिए इसे करते हुए देखें। एक बार *कर्णपूरण* शुरू हो गया, तो वह व्यक्ति

निढाल पड़ा रहता है, और उसके कान आसमान की तरफ़ होते हैं, जबकि तेल कान के पूरे रास्ते को भर देता है। कोई भी देखने वाला तेल के इस पूल को देख सकता है। यदि उस व्यक्ति में *वात* बहुत अधिक है, तो यह शरीर से बाहर निकलने के रूप में दिख जाता है। तेल में बुलबुले छूटते हैं और वे लगातार बाहर आते हैं। आयुर्वेद इसे मरीज़ के मस्तिष्क में भरे अत्यधिक *वात* को अव्यवस्थित वायु के रूप में बताता है जिसे शरीर के सूक्ष्म छिद्रों को तेल से भरकर धीरे-धीरे बाहर निकाला जाता है। हालिया न्यूरोसाइंस ने दिखाया है कि विशुद्ध तेल ख़ून के ज़रिये नहीं बल्कि नसों के उन रास्तों से मस्तिष्क तक पहुँचता है जिन्हें इंटर-एक्सॉन (अक्ष तंतु) कहा जाता है, उन रास्तों का इस्तेमाल करते हुए मस्तिष्क तक पोषक तत्वों को ले जाता है जिन्हें मुख्य धारा के चिकित्सा विज्ञान ने अब तक मान्यता नहीं दी है।

*कर्णपूरण* के चरण :

- इस बात को सुनिश्चित करने के बाद कि कान का पर्दा फटा नहीं है, किसी से कान के बाहरी रास्ते में गर्म, साफ़ तिल का तेल डालने को कहें।
- गर्म तेल का उपयोग करने के लिए गाज या भिगोई गई रुई का इस्तेमाल करें और धीरे-धीरे इसे कान के रास्ते की शुरुआत के पास ले जाकर तेल को डालें ताकि यह धीरे-धीरे अंदर चला जाए।
- इसे 15-20 मिनट तक देखें और फिर धीरे-धीरे उठ कर बैठते हुए कान को साफ़ कर लें। ऐसा करते हुए सिर को सीधे आगे रखें और उल्टे कान को आसमान की तरफ़ कर लें ताकि तेल सीधा बाहर निकल जाए न कि कान के अंदर के छिद्र से साइनस में चला जाए।
- तेल बहुत गर्म या ठंडा न हो।

मुंबई में रहने वाले एक व्यस्त उद्योगपति की नब्बे वर्षीय माँ हैं, जिनके कारण वह शहर छोड़कर नहीं जा पाते थे। वह बिरले ही कुछ दिनों के लिए बाहर

जा पाते थे क्योंकि उनकी माँ को कई तरह की बीमारियाँ थीं। बेशक उन्हें शहर के बेहतरीन डॉक्टरों की सुविधा उपलब्ध थी और वे घर पर आकर उन्हें देख जाते थे।

एक दिन, ओबेराय के बेल्विडेर क्लब में चाय पीते हुए उन्होंने मुझे बताया कि एक बार फिर वे शहर के न्यूरोलॉजिस्ट्स के चक्कर काट रहे हैं क्योंकि दशकों से चली आ रही समस्या अचानक गंभीर हो गई है। उनकी माँ के साथ संतुलन को लेकर समस्या थी और उन्हें अकेला नहीं छोड़ा जा सकता था क्योंकि या तो वे लड़खड़ाकर गिर पड़ती थीं या बीच-बीच में आने वाले चक्कर के कारण कुर्सी से गिर जाती थीं। वह बिस्तर पर रह नहीं पाती थीं और लेटे रहने से होने वाले फोड़े-फुंसी को रोकने के लिए उन्हें घुमाते-फिराते रहना पड़ता था। कभी-कभी, उन्हें मिचली आती और वह उलटी कर देती थीं, इसलिए दम घुटने का डर हमेशा बना रहता था। हर दिन पूरे समय तक रहने वाले अटेंडेंटों का मरीन ड्राइव स्थित उस आलीशान फ़्लैट से अंदर-बाहर आना-जाना लगा रहता था।

उनकी हताशा और लाचारी ज़ाहिर-सी बात थी। मैंने उनसे पूछा कि क्या उनके कानों में घंटी बजने जैसा कुछ होता है, और वे मेरी तरफ़ एकटक देखने लगे और कहा कि हाँ, कुछ सबसे अच्छे डॉक्टरों ने बताया कि उन्हें टिनिटस है, जो उनके मुताबिक़ लाइलाज था। आयुर्वेद के ग़ैर-विषैले स्वभाव पर पूर्ण विश्वास होने के कारण मैंने पूरे साहस के साथ उनसे पूछा, क्या कुछ अलग आज़माना चाहेंगे। हम उनके फ़्लैट पर पहुँचे और मैंने उन्हें *कर्णपूरण* करके दिखाया, वहाँ मौजूद दो अटेंडेंट को भी बताया कि किस प्रकार एक-एक चरण कर इसे करना है। क़रीब 20 मिनट बाद, वह एकदम ठीक थीं। मैंने अगले दिन दूसरे कान में तिल का तेल डालने को कहा, और अगर उन्हें अच्छा लगे तो 5 दिनों तक हर दिन दोनों कानों में दो बार तिल का तेल डालने का परामर्श दिया। फिर मैंने कहा कि उसके बाद वे 2 हफ़्ते तक *कर्णपूरण* को दिन में एक बार कर दें।

5 दिन बीत जाने के बाद, बूढ़ी माँ के बेटे ने मुझे यह बताने के लिए फ़ोन किया कि उसकी माँ जाग गई हैं और तुरंत उनसे मिलना चाहती हैं। उनके कानों में कोई गूँज नहीं थी, और उनका मन भी पहले से अच्छा रहने लगा था। वह पहले ज़्यादा भोजन करने लगी थीं और उनका पेट भी ठीक रहता था। उन्होंने 2 दिन बाद मुझे फिर फ़ोन पर बताया कि उन्होंने

उस न्यूरोलॉजिस्ट को 'लाइलाज' टिनिटस के बारे में बताया, तो उस डॉक्टर ने यह स्वीकार करते हुए कहा कि एक आधुनिक लाइसेंसी डॉक्टर होने के कारण वह इस तरह के साधारण नुस्खे नहीं सुझा सकते हैं, और उन्होंने अपने पेशे के मुताबिक़ ही दवाइयाँ दी हैं। 'उन्हें मरीज़ की कोई चिंता नहीं,' उस उद्योगपति ने मज़ाक़ उड़ाने के अंदाज़ में कहा। 'उन्हें मरीज़ को ठीक करने से ज़्यादा अपनी प्रतिष्ठा की परवाह है।'

इसके बाद वह लापता हो गए। दो महीने बाद, एक बार फिर उन्होंने परामर्श के लिए फ़ोन किया। मैंने पूछा कि वह इतने दिनों तक ग़ायब क्यों थे। उन्होंने कहा, 'डॉक्टरों की ज़रूरत मरीज़ों को पड़ती है, उन्हें नहीं जो तंदुरुस्त हैं।' एक हफ़्ते के इलाज के बाद उनकी माँ की हालत में काफ़ी सुधार आया था। हर तरह के चक्कर, मिचली और संतुलन की समस्या समाप्त हो चुकी थी। अचानक उनकी माँ उनके पास लौट आईं। इसलिए अब उनके पास किसी और के लिए समय नहीं था। उनकी माँ की एक इच्छा थी - वह स्वर्ण मंदिर जाना चाहती थीं लेकिन विमान से। इसलिए, माँ-बेटे और देखभाल करने वाले एक व्यक्ति को लेकर चार्टर्ड विमान अमृतसर पहुँचा, और उन्होंने एक साथ एक सुकून भरी छुट्टी मनाई। लौटने के तुरंत बाद, फिर बीच-बीच में चक्कर आने लगे थे, और कारण ही उन्होंने मुझे फ़ोन किया।

मैं मरीज़ में आए सुधार से काफ़ी ख़ुश थी और मैंने उन्हें कारण बताया कि *वात* का बढ़ना सामान्य-सी बात है। विमान से की गई यात्रा और घूमने-फिरने के कारण उनकी माँ का *वात* एक बार फिर बढ़ गया था। तत्काल, हमने एक बार फिर से *कर्णपूरण* का दूसरा दौर शुरू किया, और बीमारी के लक्षण एक बार फिर दूर हो गए। *वात* को कम करने के लिए आहार, जीवनशैली और आयुर्वेदिक जड़ी-बूटियों के लंबे कोर्स पर चर्चा हुई, साथ ही मुंबई के एक औषधालय के बारे में बताया जहाँ से ड्राइवर दवाइयाँ लेकर आ सकता था। बरसों बाद, उनकी माँ आज भी भली-चंगी हैं।

कान सिर के अंदर की जटिल संरचनाओं का द्वार होता है जो इस प्रकार स्थित होता है कि आवाज़ को पकड़ सके और उसे समझ सके। इससे शरीर को संतुलन हासिल करने और शरीर को गुरुत्वाकर्षण के मुताबिक़ रखने में

सहायता मिलती है। फ़्लैप के अंदर, जिसे पिन्न (बाह्यकर्ण) कहते हैं, एक लंबी सुरंग होती है, जिसके अंत में कान का पर्दा होता है। कान का पर्दा कंपनों और हवा की गतिविधियों के प्रति बेहद संवेदनशील होता है।

यह पर्दे के पीछे की तीन हड्डियों से जुड़ा होता है, जिसे मध्यम कान कहते हैं। ज़्यादातर इंफ़ेक्शन यहीं होते हैं क्योंकि एक छोटी-सी पतली नहर इस हिस्से को कंठ के पिछले हिस्से से जोड़ती है।

इन तीन हड्डियों के आगे अंदरूनी कान का सुरक्षित क्षेत्र होता है। यह शरीर के सबसे महत्त्वपूर्ण हिस्सों में से एक होता है क्योंकि यहाँ अर्धवृत्ताकार नहरें व संवेदी अंग होते हैं जो गुरुत्वाकर्षण की तुलना में शरीर के संतुलन को तय करते हैं और शरीर के आसपास की गतिविधि को पहचानते हैं। इसमें सुनने के काम आने वाला अंग भी होता है, जिसे कर्णावत कहा जाता है, जिसका आकार घोंघे जैसा होता है।

सुनने की शक्ति की जाँच कई प्रकार से की जाती है, जिनमें ध्वनि की जाँच और खोपड़ी की हड्डियों का कंपन शामिल है। कई बीमारियाँ धीरे-धीरे किसी व्यक्ति की सुनने की क्षमता को कम देती हैं और उसके साथ ही वह आसपास होने वाली हलचल को भी उतनी अच्छी तरह देख-समझ नहीं पाता। आयुर्वेद शरीर में बनने वाले विषैले तत्वों, *वात* की चर्चा करता है, जो कान के तंत्रिका तंत्र को पहले नुक़सान पहुँचाते हैं और फिर उसे पूरी तरह नष्ट कर देते हैं जिसके साथ-साथ भावनाओं और ध्वनि के रूपक भी नष्ट हो जाते हैं, जिसमें लोगों को धीरे-धीरे सुनाई पड़ना बंद हो जाता है क्योंकि वे उसे नहीं सुनना चाहते जिसे स्वीकार नहीं कर सकते।

कहा जाता है कि मन की मौलिक भाषा और चेतना व आत्मा के साथ उसके संबंध संस्कृत है, जिसे मौखिक रूप से बचाकर रखा गया ताकि उसके प्रमुख प्रभाव को कानों से दिमाग़ तक पहुँचाया जा सके। हम प्रार्थनाओं, मंत्रों और संस्कारों की शुरुआत ॐ की ध्वनि से करते हैं, जिसे अंतरिक्ष में घूमती पृथ्वी की गुनगुनाहट की आवाज़ कहा जाता है।

पिछले तीन दशकों में, आयुर्वेद ने संस्कृत की गूँज को धीरे-धीरे अनसुना किया है, जो प्रकृति और उसकी ताक़तों के साथ निहित संबंधों का

दर्शन सामने रखती है। आधुनिक वैज्ञानिकों व सरकारी/नियामक निकायों के इस दबाव में कि बायोमेडिकल साइंस की भाषा के उपयोग से इसके सिद्धांतों की पुष्टि की जा सके, इसलिए संस्कृत, और उसके आसपास की *संस्कृति*, ब्रह्मांड को समझने के लिए चेतना के संबंध में विज्ञान को प्रतिबिंबित करने की क्षमता खोती जा रही हैं।

प्राचीन आयुर्वेदिक सूत्रों में गूढ़तम अर्थ को समझने के लिए संस्कृत और बायोमेडिकल साइंस के अलावा कई भाषाओं की आवश्यकता होती है। आयुर्वेद का मौलिक संस्कृत से अनुवाद करने में कई तरह की बाधाएँ हैं, जिनमें सबसे आसान व्याकरण या संरचना है। वास्तव में, इसका व्याकरण जर्मन भाषा जैसा है और संरचना कंप्यूटर की भाषाओं जैसी है। एक ही शब्द के अनेक अर्थों की गहराई और प्रासंगिक संदर्भ के कारण, संस्कृत भाषा सूक्ष्म संबंधों की समझ पर ज़ोर देती है।

दुनिया के प्रमुख विश्वविद्यालयों में, आम तौर पर यह माना जाता है कि संस्कृत 'एक मृत भाषा' है। यह ख़बर अब तक नहीं फैली है कि लगभग 7,00,000 आयुर्वेदिक चिकित्सक, योगी और संस्कृत के विद्वान हैं जिन्हें संस्कृत भाषा में कामकाज की जानकारी है और वे नैदानिक कार्यों के लिए वे नियमित रूप से इन ग्रंथों को पढ़ते हैं।

इसके पीछे व्यापक स्तर पर ग़लत सूचना को फैलाने की रणनीति और पश्चिमी श्रेष्ठता की पुष्टि करना है। कलकत्ता (कोलकाता) में वर्ष 1833 में मैकाले की ओर से पेश 'शिक्षा सुधार मिनट' जैसी रिपोर्ट के कारण पूरे भारत के सभी राज्यों में संस्कृत को अंग्रेज़ी माध्यम की शिक्षा के अधीन कर दिया गया। ग्रीक दवाइयों की उत्पत्ति भारत से होने की बात को नहीं बताया गया। जब भारत का गठन हुआ, तब चिकित्सा नियामकों से जुड़े अधिकांश स्वास्थ्य संबंधी क़ानून को ब्रिटिश क़ानून की क़िताबों से सीधे आयातित किया गया। ये अंग्रेज़ी दवाइयों के विकसित होते क्षेत्र का भारी समर्थन करते थे और देसी विज्ञान से दूर ले जाते थे, जो नए देश की रीढ़ था। ऐसी रुकावटों के कारण ऐतिहासिक समय से ही आयुर्वेद के प्रति सामाजिक-राजनीतिक जागरूकता या सकारात्मक दृष्टिकोण बनाने तथा संस्कृत को सुनने के महत्त्व को कम किया गया। इसके साथ ही, आज कई आयुर्वेदिक चिकित्सकों को संस्कृत भाषा के कौशल को लेकर आत्मविश्वास नहीं है क्योंकि आयुर्वेदिक चिकित्सा स्कूलों में यह आवश्यक नहीं कि इसमें नामांकन कराने वाले छात्रों

ने एक साल संस्कृत की पढ़ाई औपचारिक रूप से की हो। ऐसा कहा जाता है कि संस्कृत को समझने का मतलब है जीवन के विज्ञान को समझना।

❧

पारिवारिक चिकित्सा में, सबसे आम शिकायतें छोटे बच्चों या तैराकों में कान के संक्रमण की होती हैं। एंटीबायोटिक्स के अत्यधिक इस्तेमाल के बारे में सीखने तथा इस आँकड़े के बाद कि ज़्यादातर कान के संक्रमण वायरल होते हैं और इस कारण उनका इलाज एंटीबायोटिक्स से नहीं किया जाता है, मैंने लहसुन के तेल के इस्तेमाल का परामर्श देना शुरू किया। अपने एंटीबैक्टीरियल और एंटीवायरल प्रभावों के लिए विख्यात, साथ ही वाष्पशीलता के चलते शरीर को भेदने की इसकी क्षमता को देखते हुए, मैं माता-पिता को ख़ास तौर पर परामर्श देती हूँ कि वे ताज़ा लहसुन का तेल तैयार करें और बच्चे के कान के शुरुआती एक सेंटीमीटर के हिस्से में उसे लगाएँ और फिर अपने बच्चों को तैराकी के लिए जाने दें। लहसुन की एक कली को छीला जाता है, फिर बिना छिद्र वाली सतह, जैसे संगमरमर या सेरामिक पर कूटा जाता है, ताकि तेल बाहर निकल आए। सतह से तेल इकट्ठा करने के लिए एक रुई का इस्तेमाल किया जाता है और फिर कान में लगाया जाता है। *कर्णपूरण* के दौरान, लहसुन के एक लौंग को तिल के तेल वाले पात्र में गर्म किया जा सकता है, जिससे लहसुन का थोड़ा-सा तेल तिल के तेल के नीचे तक चला जाए, और फिर उसका इस्तेमाल संक्रमणग्रस्त कान को भरने के लिए किया जाता है।

कान के संक्रमण का इलाज करने के लिए, ख़ास तौर पर जो सार्वजनिक पूल में तैराकी के कारण होता है, निम्नलिखित चरण हैं :

- लहसुन की एक कली को लें और उसे छीलें।
- किसी बिना छिद्र वाली सतह पर उसे कूटें ताकि ताज़ा तेल बाहर निकल आए।
- इसे इकट्ठा करने के लिए साफ़ रुई का इस्तेमाल करें और फिर उसे कान में लगाएँ।

- छोटे बच्चों के लिए, माता-पिता ताज़ा लहसुन का तेल तैयार कर सकते हैं और फिर तैराकी से पहले कान के शुरुआती एक सेंटीमीटर के हिस्से में लगा सकते हैं।

यहाँ तक कि *कर्णपूरण* के दौरान, लहसुन की एक कली को तिल के तेल के साथ गर्म किया जा सकता है जिससे कि लहसुन का तेल तिल के तेल के नीचे चला जाए। अब इसे प्रभावित कान के इलाज के लिए इस्तेमाल करें।

# ~ 14 ~

# इंद्रियों की स्वच्छता : नाक

अक्सर जब सर्दियों का मौसम चरम पर होता था, तब मेरी माँ मेरे पिता के सिर को अपनी गोद में लेकर उनके चेहरे पर तेल मला करती थीं, और फिर उस पर नम व भाप वाले कपड़े को रखती थीं। यह देखकर हम सभी खिलखिला उठते थे। फिर वे उनके सिर को पीछे की तरफ़ ले जाती थीं और उनके दाहिने नथुने में धीरे-धीरे सफ़ेद व भूरे रंग की बोतल से हरे रंग की दो बूँदें डालती थीं। वे उसे ज़ोर से सूँघकर अपने सिर में गहराई तक ले जाते थे। उनके बाएँ नथुने में उसी विधि को दोहराती थीं। फिर उनके ललाट और कनपटी के साथ ही आँख के निचले हिस्से की कई मिनट तक तेल से रगड़कर मालिश करती थीं।

अचानक, वे उनकी गोद से उठ बैठते, नाक से कुछ अंदर खींचते और फिर उसे मुँह से बाहर लाने का प्रयास करते हुए बाथरूम में थूकने के लिए दौड़ पड़ते थे। हम यह सब देखकर खिलखिलाने लगते और खुशी से उछलने लगते थे। मेरी बहन का पसंदीदा रंग हरा था और वह भी पन्नी वाली उस दवा को लेना चाहती थी, लेकिन मेरी माँ मना कर दिया करती थीं। वह कहती थीं कि ऐसा नहीं है कि वह दवा केवल लड़कों के लिए थी, लेकिन उसकी बूँदें सिर की गहराई तक चली जाएँगी और बच्चों के साइनस में तकलीफ़ पैदा करेगी। इस तरह हमने जाना कि मेरे पिता के साज-सँवार वाली अलमारी में छोटे-से बरतन के साथ रखी शीशी को हमें नहीं छूना है।

*नस्य* को आयुर्वेद की पाँच सबसे अच्छी सफ़ाई, पंचकर्म में से एक माना जाता है। *नस्य* का उपयोग म्यूकस और उस गंदगी की सफ़ाई के लिए किया जाता है जो सिर और गले में जमा हो जाती है, जहाँ साइनस, नथुनों, नाक के गड्ढे, मुँह तथा कंठ का अपशिष्ट इकट्ठा होता है।

वैसे तो कई विकल्प हैं, लेकिन *नस्य* की सही विधि के लिए *अनु तैलम* और *ब्राह्मी तेल* को सबसे आम व सबसे ज़्यादा उपलब्ध घोल के रूप में जाना जाता है। एक प्रणालीबद्ध प्रक्रिया को 5000 वर्ष पहले विकसित किया गया था और वैज्ञानिकों ने उसे विस्तार से बताया था। इसमें सिर और गले को गर्म कर, रक्त के प्रवाह को बढ़ाया जाता है, जिससे शरीर के अंदर अटके हुए दूषित पदार्थों को बाहर निकाला जा सके। गर्म तेल त्वचा के छिद्रों को भर देता है जिससे गर्मी नहीं निकल पाती है। सफ़ाई के एक गर्म कपड़े से भाप दी जाती है ताकि साइनस और ललाट, गालों तथा चेहरे के खोखले ढाँचों को गर्मी दी जा सके।

सिर को झुका देने से प्रक्षालक जड़ी-बूटियाँ बूँद का रूप लेकर नाक के गड्ढे में चली जाती हैं। इससे सारी गंदगी और विषैले तत्व इकट्ठा होने लगते हैं। नाक के गलियारों के ठंडा होने के साथ ही जब वे एक जगह इकट्ठा हो जाते हैं, तब मरीज़ उठता है और इकट्ठा हुए खखार को पूरी ताक़त के साथ नाक और मुँह के रास्ते बाहर निकाल देता है।

नियमित रूप से *नस्य* करने से उन लोगों की नाक के रास्ते साफ़ रहते हैं, जो स्वस्थ हैं और धीरे-धीरे उन लोगों के साइनस व खोखली जगह का उपचार हो जाता है जो किसी बीमारी से पीड़ित हैं। इसका उपयोग सिर में विभिन्न प्रकार की बीमारियों को ठीक करने के लिए किया जाता है क्योंकि तेल-आधारित विषैले पदार्थ समय के साथ धीरे-धीरे बाहर आ जाते हैं। सूँघने की शक्ति को नया जीवन मिलता है, और बैक्टीरिया के अनचाहे आक्रमणों से बचाने वाले नाक के बाल स्वस्थ हो जाते हैं। इसके साथ ही, खुले रास्तों से शरीर में ऑक्सीजन ग्रहण करने की क्षमता स्पष्ट रूप से बढ़ जाती है।

अमेरिका में हाल ही में नाक में चिकित्सकों के अलावा किसी अन्य द्वारा कुछ भी डाले जाने को ग़ैरक़ानूनी घोषित कर दिया गया है। ऐसा इसलिए किया गया क्योंकि इसे शरीर में एक प्रकार का प्रवेश स्थल माना जाता है और उसके लिए सर्जरी करनी पड़ती है। लेकिन उसके मार्ग हवा के बहाव के साथ जारी रहते हैं, इसलिए वे भले ही घुमावदार होते हैं लेकिन

खुले रहते हैं। वास्तव में, किसी का भी मार्गदर्शन किया जाए तो वह *नस्य* कर सकता है।

*नस्य* कई प्रकार का होता है, और यह व्यक्ति की आवश्यकता पर निर्भर करता है कि वह किसे अपनाए। हज़ारों साल पहले के प्राचीन ग्रंथों में इसे सुरक्षित अभ्यास कहा गया है। एक आयुर्वेदिक चिकित्सक उस व्यक्ति के लिए विशेष *नस्य* का परामर्श दे सकता है, जो माहौल, मौसम, जलवायु, जीवनशैली, कार्यस्थल और संसाधनों पर निर्भर करता है।

कभी-कभी, तेल की बजाय *ब्राह्मी* जैसे सूखे पाउडरों का इस्तेमाल किया जाता है। उन्हें नाक में सूँघकर खींचा जाता है, जिस तरह वर्ष 1700 में जेनर ने यूरोप में चेचक के लिए टीके के रूप में पहली बार छोटी माता का इस्तेमाल किया गया था। इसे *प्रधमन नस्य* कहा जाता है, जिसमें सूखे पाउडर का उपयोग *कफ़* के कारण भारीपन की बीमारियों, चिपचिपाहट और निष्क्रियता, जैसे सिरदर्द, ज़ुकाम, सिर में भारीपन, नाक बंद होने, आँखों और साइनसाइटिस के पास पस के जमाव को दूर करने के लिए किया जाता है। गले में लिम्फ़ नोड्स (लसिका पर्व) में सूजन की बढ़ी हुई बीमारियों या त्वचा की प्रतिरक्षा संबंधी बीमारियों, घबराहट, चिंता, भय, चक्कर और ख़ालीपन की समस्या का उपचार भी *प्रधमन नस्य* से किसी आयुर्वेदिक चिकित्सक द्वारा सावधानी से किया जाता है। पाउडर धीरे-धीरे शरीर के अंदर जाता है, वसा भरी प्रतिरक्षा प्रणाली में घुल जाता है और धीरे-धीरे अपने रासायनिक पदार्थों तथा *पित्त* को शांत करने वाले तत्वों को सिर व गले में पर्याप्त मात्रा में इकट्ठा प्रतिरक्षा कोशिकाओं में छोड़ देता है। न्यूरोलॉजिकल बीमारियों जैसे मिर्गी, असाध्य उनींदापन और पार्किंसंस का इलाज *नस्य* की सहायता से सक्षम आयुर्वेदिक चिकित्सकों द्वारा इसीलिए किया जाता है; तंत्रिका कोशिकाओं को वसा एक गुच्छे में बाँध देता है और उनकी अपनी ही परिवहन प्रणाली होती है जो शरीर में ख़ून के महामार्गों से अलग होती है।

घी *नस्य* एक पोषक (संस्कृत में *बृहन*) *नस्य* है। यह उन लोगों को अच्छा लगता है जो नियमित रूप से घी का उपयोग करते हैं। चूँकि सिर न सिर्फ़ तेलयुक्त होता है और मार्गों में बलगम भरने की आशंका रहती है, बल्कि निरंतर अंदर आने-जाने वाली हवा के कारण रूखा और सूखा हो जाता है, इसलिए *वात* और रूखेपन की प्रवृत्तियों के लिए घी प्राकृतिक उपाय

है। *बृहन नस्य* में सिर में रूखेपन और *वात* की समस्या को दूर करने के लिए *शतावरी* घी, *अश्वगंधा* घी और औषधीय दूध का प्रयोग किया जाता है। इसके साथ ही तेलों, लवणों और सादे घी का इस्तेमाल भी किया जाता है। अध्ययनों से पता चलता है कि इनसे *वात* - जैसे सिरदर्द, माइग्रेन, कर्कश ध्वनि, सूखी नाक और साइनस, सूँघने की क्षमता में कमी, पलकों का भारीपन, गले में बर्सिटिस और कठोरता, अत्यधिक रूखेपन से जुड़ी सारी समस्याएँ व ऊतकों के रूखेपन को दूर करने में सहायता मिलती है। लोग कम नकारात्मक, रूखे विचारों की शिकायत भी करते हैं जिनके कारण घबराहट, चिंता, भय, चक्कर और ख़ालीपन की समस्या होती है क्योंकि ये भी दिमाग़ में *वात* के ही लक्षण हैं। चूँकि आयुर्वेद मन और शरीर के बीच आधुनिक चिकित्सा की तुलना में इतना भेद नहीं करता, इसलिए सभी प्रकार की *वात* संबंधी समस्याएँ नम, गर्म और पीस कर निकाले गए तेल के योगों से दूर की जा सकती हैं।

आज के समाज में नींद न आने की समस्या किसी महामारी का रूप ले चुकी है। प्राचीन काल में लोग अच्छी नींद से शुद्धिकरण के महत्त्व को समझते थे और इसी कारण *नस्य* का उपयोग किसी शांत या स्थिर करने वाले उपचार के रूप में किया करते थे ताकि स्वस्थ व आरामदेह नींद मिल सके। *शमन नस्य* को प्रत्येक व्यक्ति के मुताबिक़ बनाया गया है, जिसमें इस बात का ध्यान रखा गया है कि कहीं असंतुलित या अत्यधिक *वात, पित्त,* या *कफ़* अनिद्रा का कारण तो नहीं हैं। आम तौर पर, सिर और गले में प्रदाह के साथ व्यग्रता और *पित्त* बढ़ जाने की भी इसमें भूमिका होती है। इसलिए, उपशामक *नस्य* में ऐसे गुण होते हैं, जो *पित्त* के विपरीत होते हैं। इसमें *पित्त*-कम करने वाले और प्रदाह कम करने वाली जड़ी-बूटियों का उपयोग गाढ़ा घोल (*नावन नस्य* कहा जाता है), काढ़ा और हल्का तेल बनाने के लिए किया जाता है। घी अत्यधिक भारी होते हैं और प्रदाह की गर्मी को जमा देते हैं। तरल पदार्थ स्वभाव से अधिक शीतल होते हैं, जिनसे *पित्त*-विरोधी स्थिति उत्पन्न होती है। दो हफ़्ते के भीतर, लोग गहरी नींद आने, कम खर्राटे, कम नींद अश्वसन और ऐसी अन्य, अक्सर रात के मधुर वैवाहिक संबंधों की बातें बताते हैं।

सिर और गले में वसा व वहाँ मौजूद तेल के कारण *कफ़* एक प्रभावी *दोष* होता है। वास्तव में, शरीर के 25 प्रतिशत कोलेस्ट्रॉल का उपयोग मस्तिष्क की झिल्लियों के लिए होता है, जिन्हें हमारी तंत्रिका के आवेगों को लाने-ले जाने के लिए अत्यंत सुगम और अत्यधिक तेज़ होना पड़ता है।

आयुर्वेद के अनुसार, *कफ़* धरती व जल की मात्रा को प्रतिबिंबित करता है, और इसमें स्थायित्व तथा स्नेहन का विषय संलग्न रहता है।

पृथ्वी व जल पाँच तत्वों में सबसे भारी होते हैं, और वे शीतल, स्थिर, गाढ़े, धुँधले तथा कोमल होते हैं। पानी के गुण *पित्त* और *कफ़* दोनों में ही प्रतिबिंबित होते हैं। स्थायित्व और स्नेहन के विषय मस्तिष्क और सिर दोनों के ही मूल में हैं, जो महत्त्वपूर्ण कार्यों की देख-रेख करते हैं। *वात* के कार्यों से *कफ़* प्रभावित संरचनाएँ ठंडे, वायु से प्रभावित, सूखे प्रवाह को संतुलित करती हैं - जो इन रास्तों को चिकना बनाती हैं ताकि शरीर चिकना और कोमलता से शक्तिवान रहे।

वैसे कफ़ के सिद्धांत से प्रभावित क्षेत्रों में शामिल हैं छाती के हिस्से में फेफड़ों और उनके आसपास की संरचना जिनका सुचारू रूप से काम करना आवश्यक होता है, सायनोवायल द्रव और बुर्सा तरल (स्नेह-पुटी) पदार्थ युक्त संयुक्त संपुट (कैप्सूल), तंत्रिका कोशिकाओं और मस्तिष्क के ऊतकों के आसपास की परत, तथा पाचन तंत्र (मुँह के अंदर और ऊपरी पेट) के ऊपरी हिस्से।

अत्यधिक चिकनाई चिपचिपी हो जाती है और जम जाती है। यही असामान्य *कफ़* होता है। ऐसी बीमारियाँ जिनमें चिकनाई या स्थिरता असंतुलित हो जाती है, उन्हें *कफ़* की बीमारियाँ कहते हैं। सिर जब बलगम व म्यूकस, अत्यधिक नमी और अत्यधिक चिपचिपाहट से भर जाता है, तो वह हिस्सा *कफ़*-असंतुलित हो जाता है। जब भारीपन बढ़ जाता है और सामान्य प्रवाह तथा कार्य को रोक देता है, तो *कफ़* की समस्या गंभीर हो जाती है। इसका परिणाम ऊतकों की शक्ति में कमी के रूप में सामने आता है। शरीर में सामान्य अग्नि की गर्मी *कफ़* को क़ाबू में रखती है। *वात* की क्रिया से कफ़ का भारीपन पूरे शरीर में फैल जाता है। आयुर्वेद ने इन संकेतों और लक्षणों को कुल मिलाकर *कफ़* का नाम दिया है।

नाक के अंग का मुख्य कार्य सूँघना है। यह साँस को छाती और फेफड़ों तक ले जाने से पहले गर्म करने का भी काम करती है, क्योंकि वहाँ ज़्यादा ठंडी हवा जाने से संकुचन पैदा हो सकता है। नाक सूखी हवा के रूखेपन को भी फेफड़ों में जाने से पहले कम करती है। नाक के बाल हवा के अनचाहे कणों को रोक लेते हैं, ताकि फेफड़ों में अनावश्यक संदूषण और संक्रमण न फैले।

हवा जब नाक और आँखों के पीछे मौजूद साइनस के पास घ्राण संबंधी उपकला से लगती परत के साथ मौजूद विशेष कोशिकाओं के ऊपर से गुज़रती है, तो अभिग्राहक साथ आए रासायनिक पदार्थों का पता लगाते हैं, मस्तिष्क को संकेत देते हैं, जो ज्ञात व बाहरी गंध की पहचान करता है। मनुष्यों में गंध की पहचान करने वाले 350 से भी अधिक क़िस्म के अभिग्राहक होते हैं, जो घ्राणसंबंधी बल्ब से तंत्रिका कोशिकाओं के माध्यम से मस्तिष्क के सबसे पुराने हिस्से, पालेओएन्सेफ़लोन से जुड़े रहते हैं। वहाँ से, इस प्रकार के संकेत मस्तिष्क के अनेकानेक हिस्सों में जाते हैं जो उस गंध से जुड़ी भावनात्मक और मनोवैज्ञानिक प्रतिक्रियाओं से संबंधित होते हैं। यही कारण है कि किसी ख़ास ख़ुशबू को सूँघने के बरसों बाद भी, एक गंध पुरानी तसवीरों, सुनी हुई बातों और स्थान से जुड़ी यादों को ताज़ा कर देती है।

कॉलेज के दिनों का मेरा सबसे अच्छा साथी आख़िरकार एनेस्थिसियोलॉजिस्ट बन गया। बरसों तक उसने प्रशिक्षण प्राप्त किया, और इस दौरान मैंने ग़ौर किया कि जब भी मौसम बदलता, या किसी तरह का धुआँ या प्रदूषण बढ़ता, किसी पराग या अत्यधिक गर्मी के कारण उसकी नाक लाल हो जाती और आँखों में खुजली के साथ पानी आने लगता था। एक दशक तक असाध्य साइनसाइटिस के कारण वह ठीक से न तो साँस ले पाता था, न ही बोल पाता था। आख़िर में उसने यह स्वीकार किया कि उसे हर आधे घंटे पर नोज़ ड्रॉप्स डालने की आदत पड़ गई थी, और अब प्रायोगिक थेरेपी समेत, कोई भी एंटीहिस्टामाइन और साइनस की दवा कारगर नहीं होती थी। वह एक टीचर के रूप में एक घंटे की क्लास भी नहीं ले पाता था, और नींद के लिए तरसता रहता था। उसे यह बात कभी समझ नहीं आई कि एक दशक तक एनेस्थीसिया की गैसों को तक़रीबन हर दिन 15 घंटे तक सूँघते रहने का उसके लंबे समय से चले आ रहे साइनसाइटिस से कोई संबंध है।

आख़िर में जब वह पूरी तरह निराश हो गया, तब मुझसे 'उस प्राचीन आयुर्वेद जैसी चीज़' के बारे में पूछा। आम तौर पर सभी लोग ऐसा करते हैं कि जब तक अंग्रेज़ी दवा फ़ेल न हो जाए तब तक इंतज़ार करते हैं, जबकि उस असंतुलन के स्रोत पर ग़ौर नहीं करते जिसके कारण उनकी बीमारी लंबी हो जाती है। सबसे पहले, मैंने तय किया कि साँस लेने में उसकी मदद करूँगी और वह भी जल्द से जल्द, जबकि गहन उपचारात्मक चिकित्सा बाद में करूँगी, बशर्ते वह आयुर्वेद को आगे भी जारी रखना चाहे। *स्रोतशोधन* विधि के ज़रिये मैंने उसे दिखाया कि कैसे एक नासिका छिद्र में धीरे-धीरे गर्म पानी को खींचना है, जबकि दूसरी नासिका छिद्र को बंद रखना है।

कुछ देर बाद, ज़ोर से बाहर निकालने की प्रक्रिया से सारा पानी बाहर निकल जाता है, साथ ही नासिका छिद्र में किसी प्रकार का गीला बलगम या म्यूकस भी हो तो वह भी बाहर आ जाता है। दाहिनी तरफ़ दो बार पानी खींचने के बाद, मैंने उसे वही प्रक्रिया दूसरी नासिका छिद्र में करने को कहा। बेशक, एक नासिका छिद्र हमेशा भरी रहती थी और शुरुआत में वह पूरी तरह न तो साँस खींच पाता था न ही छोड़ पाता था। लेकिन 2 दिनों के बाद उसने बताया कि वह दोनों तरफ़ से पानी खींच पा रहा है। इससे उसकी दिलचस्पी बढ़ गई और उसने बताया, 'मैं जानता था कि मैं नाक में पानी भर सकता हूँ क्योंकि मैं तब तैराकी किया करता था, लेकिन वह सीधे मेरे सिर में चला जाता था और मुझे चिड़चिड़ापन होने लगता था। इसलिए मुझे लगता था कि यह ख़तरनाक है।' एक बार उसे समझ आ गया कि वह क्या कर रहा है, वह भी नियंत्रित तरीक़े से, तो उसका डर दूर हो गया।

इसके बाद हम *जलनेति* की ओर बढ़े और *नेति* पात्र ले लिया। संस्कृत में जल का अर्थ होता है पानी, और *नेति* का अर्थ होता है धोना।

वह तिलिस्मी बोतल और केतली की तरह चिकने सुरुचिपूर्ण आयताकार पात्र को देखकर हँसने लगा जिसके एक सिरे पर टोंटी-सी निकली थी और ऊपर की तरफ़ छेद था। मैंने उससे चौथाई गुनगुना पानी लेकर और उसमें एक छोटा चम्मच समुद्री नमक व चौथाई चम्मच पिसी हल्दी मिलाने को कहा। इन सबको मिलाने के बाद, सिर को किनारे की तरफ़ नीचे झुकाना था। मैंने अपनी नाक के किनारे पर एक अँगुली रखकर उसे दिखाया और बताया कि इसे तब तक झुकाए तब तक कि अँगुली के आधार का तीसरा मोड़ उस

अँगुली के नाख़ून से ऊपर न हो जाए। इसका मतलब हुआ कि सिर इतना नीचे हो जाए कि पानी का बहाव मुक्त रूप से हो सके।

इस स्थिति में, *नेति* के पात्र की टोंटी को अच्छी तरह से नासिका छिद्र में घुसा लेना था और पात्र के पानी को धीरे-धीरे उस नासिका छिद्र में उड़ेलना था। आख़िर में, यह दूसरे नासिका छिद्र से बाहर निकल जाता है। मेरे दोस्त ने इस प्रक्रिया पर ध्यानपूर्वक विचार किया। बेशक उसके मन में कई तरह के सवाल थे। क्या पानी डिस्टिल्ड होना चाहिए या सामान्य? कितने तापमान को गुनगुना मानें? क्या होगा अगर उसके तौलिए या सिंक में हल्दी का दाग़ रह जाएगा? क्या होगा अगर पानी दूसरी तरफ़ से बाहर नहीं निकला और सीधे सिर में चला जाए? क्या होगा अगर धुँधला दिखाई देने लगे? क्या होगा अगर उलटी होने लगे? नमक और हल्दी की मात्रा कितनी सटीक होनी चाहिए?

सारे सवालों के जवाब जब उसे मिल गए, तब वह पीछे की तरफ़ झुक गया, अपनी नाक की ढलान पर अपनी अँगुली लगाई, अपनी आँख की अश्रु ग्रंथि के पास नाख़ून को रखा, और मेरी तरफ़ शंका से देखने लगा। हमने टोंटी को अंदर घुसाया और गर्म पानी उड़ेलना शुरू किया। उसकी चिंता और हैरानी के बीच, लगभग 10 सेकेंड बाद, पानी उसके बाएँ नासिका छिद्र से बेसिन में गिरने लगा। पात्र ज़ब ख़ाली हो गया, तब नमकीन हल्दी वाला पानी फिर से उसमें भरा और टोंटी को बाएँ नासिका छिद्र में घुसाया, और उसके बाद पानी बड़े मज़े से दाएँ नासिका छिद्र से बाहर आने लगा।

यह प्रक्रिया दिनभर में दो बार करनी थी, सुबह जागने पर और शाम को सोने से पहले, या कम से कम पूरे दिन रसायनों के बीच बिताने के बाद घर लौटने पर तो करनी ही थी। इस रूटीन में लगभग एक सप्ताह में ढल जाने के बाद, मैंने हल्दी की मात्रा बढ़ाने की सलाह दी क्योंकि उसमें प्राकृतिक रूप से एंटीबायोटिक और प्रदाह-रोधी गुण होता है। हर बार आधा चम्मच हल्दी बढ़ाने की सलाह दी। तीन सप्ताह बाद, मैंने सुझाव दिया कि वह अपनी अँगुली पर एक बूँद सरसों का तेल ले और सोने से पहले उसे नासिका छिद्रों के भीतर लगा दें ताकि उसे आराम मिल सके।

कई हफ़्तों तक उसे बहुत अच्छा लगता रहा, और फिर एक दिन जानी-पहचानी-सी आवाज़ फ़ोन पर गूँजी। मेरा वही कॉलेज वाला दोस्त था, जिसकी भरी नाक या सूँघने जैसी आवाज़ ग़ायब हो चुकी थी। उसने हमारी

अंग्रेज़ी चिकित्सा पर अपना गुस्सा निकाला, जो चिकित्सकों को यह नहीं सिखाती कि अलग-अलग शरीरों की देखभाल किस प्रकार की जाए। उसने मुझसे जानना चाहा कि मैं गंभीर व पुरानी साइनसाइटिस को किस दृष्टिकोण से देखती हूँ और अपने छात्रों व सहयोगियों की मदद किस प्रकार की जा सकती है जिन्हें इसी तरह की बीमारी है।

ऐसे किसी भी व्यक्ति के लिए जो दुनिया में हो रही घटनाओं को देखता-समझता है, आयुर्वेदिक *दोष* एकदम स्पष्ट हैं। शरीर के तीन *दोष* बाहरी विषैले तत्वों और अस्पताल के ख़ास माहौल में अप्राकृतिक जीवनशैली के कारण एक-दूसरे में मिल जाते हैं, जिससे साइनसाइटिस की समस्या हो जाती है। चिकित्सकीय रूप से बताएँ तो ऑपरेशन के कमरे की सूखी हवा समय के साथ नासिकाओं को सूखा देती है, जिससे नाक के भीतर, म्यूकस की परत के अंदर सूक्ष्म-दरार पैदा हो जाती हैं। केमिकल, मरीज़ों और ऑपरेशन रूम में इस्तेमाल किए जाने वाले सफ़ाई के तत्वों के कारण हवा के साथ फैले विष उन अतिसूक्ष्म दरारों में घुस जाते हैं और वहीं जम जाते हैं, जिससे शरीर के लिए ख़तरे की घंटी बज जाती है और वह इन विदेशी तत्वों से लड़ने के लिए प्रतिरक्षा प्रणाली के सैनिकों को रवाना कर देता है। प्रतिरक्षा प्रणाली की ऐसी कोशिकाएँ अपना प्रहार करती हैं, जिनमें हिस्टामाइन समेत कुछ और सैनिक बुलाए जाते हैं, जो बैक्टीरिया को मार सकें लेकिन इसके साथ ही मानव कोशिकाओं की भी क्षति होती है, और अपना काम करने के दौरान वे नासिकाओं में कुछ तरल पदार्थ भी छोड़ते हैं। इस कारण नाक से पानी आने लगता है, जो हिस्टामाइन के कारण खुजली, प्रदाहकारी रसायनों के कारण लालपन और सारे तरल पदार्थों के कारण नाक बंद हो जाती है।

आयुर्वेद के लिहाज से देखें, तो साइनसाइटिस चूँकि एक प्रदाह के साथ ही म्यूकस का स्थायी निर्माण होता है, इस कारण यह *पित्त-कफ़* की एक गड़बड़ी है। आयुर्वेद ने कोशिकाओं और प्रतिरक्षा विज्ञान की जैव-रासायनिक भाषा का इस्तेमाल नहीं किया। यह प्रकृति की शक्तियों के पैटर्न की बात करता है : विषैले तत्व नाक में फँस जाते हैं, वे सूख जाते हैं और ऐसे अप्राकृतिक तत्वों के कारण सूखने, जुकाम, रूखेपन और इस वजह से चिड़चिड़ाहट महसूस होती है। इस चिड़चिड़ेपन के प्रति हमारा शरीर गर्मी, तीखापन और उस क्षेत्र में रक्त के प्रवाह को तेज़ कर प्रतिक्रिया करता है, जिससे *पित्त* बढ़ जाता है। सूखेपन और रूखेपन से लड़ने के लिए

प्रतिक्रियास्वरूप म्यूकस *(क्लेद)* पैदा होता है, जो नाक को बंद कर देता है। साथ ही अत्यधिक बलगम और बहती नाक तथा *कफ़* को बढ़ाने का कारण बनता है।

आयुर्वेद में *पित्त* और *कफ़* को कम करने के लिए जड़ी-बूटियों और ऐसे तत्वों के माध्यम से संतुलन स्थापित करने का समाधान सुझाया जाता है जो नाक और मुँह के अंदर के ऊतकों के अनुरूप हों। *जलनेति* को एक साफ़ और आसानी से धुलाई का माध्यम माना जाता है जो साइनस को ठीक करने की दिशा में धीरे-धीरे व नियमित रूप से बढ़ती है, और नासिकाओं पर लगातार पानी की परत जमाता रहता है ताकि दरारें भर जाएँ। सरसों का तेल *कफ़* में राहत देता है और उसे कम करता है। हल्दी सभी *दोषों* को संतुलित करती है, और नमक *कफ़-क्लेद* बलगम पर प्रहार करता है। रात के समय तेल की बूँद, ख़ास तौर पर सूखी सर्दियों में, और *जलनेति* का नियमित अभ्यास ऑपरेशन रूम में या किसी में सूखे माहौल में काम करने की विवशता के बावजूद, शरीर में संतुलन बनाए रखने में सहायता करता है।

❧

आयुर्वेद में नाक को नियमित रूप से चिकना बनाए रखने को *प्रतिमर्श्य नस्य* कहा गया है। यह तेज़ और सरल है, तथा यह एकमात्र परामर्श है जिसे मेरे कई व्यस्त, ध्यान न लगाने वाले मरीज़ अपनाएँगे। आम तौर पर इसे रात के समय किया जाता है ताकि नासिका नीचे की तरफ़ न झुकी रहे, *प्रतिमर्श्य नस्य* को यात्रा के दौरान नियमित रूप से किया जा सकता है। साफ़ छोटी अँगुली (कनिष्ठा) को उस घी या तेल की छोटी शीशी में डुबाया जाता है जो विशेष रूप से इसी काम के लिए रखी गई हो और फिर एक-एक कर अँगुली को दोनों नासिकाओं में डाला जाता है। अँगुली घुसाने के बाद, नाक के रास्ते चिकनाई-युक्त हो जाते हैं। बाहर से, नासिका की मालिश धीरे-धीरे की जाती है ताकि गहराई तक नाक के ऊतकों को खोला जा सके।

❧

~ 15 ~

# इंद्रियों की स्वच्छता : त्वचा

किशोरावस्था में, मैंने अपनी माँ के बिना बाहरी दुनिया में अधिकांश समय बिताना शुरू कर दिया। फ्रेंच फ्राई और चॉकलेट खाने, किशोरावस्था की शुरुआत के साथ ही दिनभर धूप में घूमने का असर मेरे साँवले होते चेहरे पर सफ़ेद फुंसियों, मवाद से भरी फुंसियों या काले मुँहासे के रूप में स्पष्ट नज़र आने लगा था। मैं रोज़ सुबह उठती और आईने में अपनी ही शक्ल को देखकर पछताती रहती थी। समझ नहीं पाती थी कि इनका मेरी आदतों से क्या संबंध है और मेरे चेहरे पर ऐसा हमला क्यों हो रहा है। बाबी और मेरी बड़ी बहन के चेहरे पर कील-मुँहासों के ख़िलाफ़ हारी गई लड़ाई के निशान अब भी बाक़ी थे, और जब मैं अपनी माँ को देखती थी, तो उनका चेहरा हमेशा दमकता दिखता था। उनकी त्वचा चिकनी थी और झुर्रियों का दूर-दूर तक नामोनिशान नहीं था।

उन्होंने मुझे चंदन की लकड़ी दिखाई और बताया कि कैसे किसी सपाट पत्थर पर उसे घिसना है। उन्होंने बताया कि कैसे वे दशकों से इसके इस्तेमाल से एक सफ़ेद-पीला पेस्ट तैयार करती थीं और फिर अपने चेहरे पर लगाया करती थीं। उन्होंने कहा कि वह लकड़ी कितनी क़ीमती होती है और इसलिए मैं इसे तभी इस्तेमाल करूँ, जब हर रात ऐसा कर पाऊँ। मैंने स्वयं को अच्छा बनाने के लिए इस चुनौती को स्वीकार किया, जो एक प्रकार की *साधना* ही थी। मैंने अपने धुले चेहरे पर हर रात सोने से पहले उस पेस्ट को लगाना शुरू कर दिया। सुबह, मेरे चेहरे में थोड़ी कसावट रहती थी और समय के साथ इसका रंग थोड़ा हल्का, त्वचा थोड़ी कोमल और हर तरह के दाग़-गड्ढों से मुक्त हो गई। एक महीने तक इस समर्पण और सफलता के बाद, मेरी माँ ने मुझे

चंदन की लकड़ी और घिसने वाला पत्थर दिया जिसका इस्तेमाल सिर्फ़ मैं कर सकती थी। यही रूटीन मेरे बीसवें साल में प्रवेश तक चलता रहा, और फिर कभी-कभी कुछ हफ़्तों के लिए करने लगी, जब तनाव के कारण कुछ समस्या खड़ी हो जाती थी। चंदन की वही लकड़ी आज भी मेरे पास है, जो पहले की तुलना में और मूल्यवान हो गई है क्योंकि सफ़ेद चंदन अब लुप्तप्राय: है और इसके व्यापार पर सख़्त नियंत्रण है। ख़ुशबूदार तेल वाली असली लकड़ी की खेती उपयुक्त मिट्टी में की जानी चाहिए। यह लकड़ी बिरले ही मिलती है और इस कारण सबसे अधिक महँगी लकड़ियों में शामिल है।

धूप सेंकने के फ़ायदों को लेकर दिए जाने वाले आँकड़े जितनी तेज़ी से बढ़ रहे हैं, उतनी ही तेज़ी से मेलानोमा व सूरज से बचाव के लिए सनस्क्रीन और सुरक्षा के आँकड़े भी उससे बराबरी कर रहे हैं। भारतीय दर्शन के प्राचीन ग्रंथों में से एक, *मत्स्य पुराण* का एक संस्कृत श्लोक हमें बताता है कि *आरोग्यम भास्कर-दिच्छेत* (सुबह की प्रारंभिक किरणें) हमें स्वस्थ बनाती हैं।

जिन वेदों को सबसे प्राचीन व्यवस्थित दर्शन और विज्ञान माना जाता है, जिनकी अवधारणा मनुष्य ने की और बरसों से लेकर आज तक उनका पालन करता आ रहा है, वे वेद धर्म नहीं बल्कि प्रकृति की सूक्ष्म शक्तियों के साथ मिलकर जीवन जीने की वैश्विक दृष्टि हैं। लगभग 10,000 साल ईसा पूर्व लिखित वेदों में ऐसी शक्तियों का वर्णन है जिनकी खोज भौतिकी और रसायन शास्त्र ने हाल के वर्षों में की है। अनेक विधि-विधानों ने सुबह उगने वाले सूरज के महत्त्व पर ज़ोर दिया है। इसमें सूर्य नमस्कार शामिल है, जो सुबह के सूरज की ओर रुख़ कर किए जाने वाले योग की अनेक गतिविधियाँ हैं, जिनमें मंत्र भी पढ़े जाते हैं। हर सुबह मेरी माँ भी ठीक ऐसा ही करती हैं।

इसमें संदेह नहीं कि जीवमंडल का प्राण सूर्य है, और सूर्य के चारों ओर पृथ्वी की परिक्रमा तथा अपनी धुरी पर घूमने के कारण ही गर्मी और सर्दी के आने-जाने से मौसम में पर्याप्त बदलाव आते हैं। लेकिन सुबह के सूरज की किरणों में कुछ विशेष बात थी और इस कारण वह दिन के दूसरे समय की तुलना में अधिक लाभप्रद होता है। *अथर्ववेद* का नौवाँ अध्याय

ऐसी बाईस बीमारियों की चर्चा करता है जो उगते सूरज की किरणों से ठीक हो सकती हैं।

वेदों का दावा है कि सूरज हृदय की समस्याओं, पीलिया और एनीमिया को ठीक कर सकता है। लंबे समय तक इस दावे का मज़ाक़ उड़ाया जाता रहा, लेकिन अब विज्ञान ने भी विटामिन डी के महत्त्व का पता लगाया है, जो त्वचा के सूरज के संपर्क में आने से बनता है। साथ ही ऐसे हॉर्मोन और एंजाइम में फ़ेरबदल करता है जो हृदय व रक्त को प्रभावित करते हैं। निश्चित रूप से समय से पूर्व जन्म लेने वाले शिशुओं को ऐसे इनक्यूबेटर में रखा जाता है जिनमें यूवी प्रकाश की सहायता से जन्म के साथ होने वाले पीलिया का उपचार किया जाता है। लगभग एक हज़ार से अधिक अलग-अलग जीन हैं जो शरीर के लगभग प्रत्येक ऊतक पर नियंत्रण रखते हैं। ऐसा माना जाता है कि वे विटामिन डी3 से सक्रिय रूप से नियंत्रित होते हैं, जिनमें से कई कैल्शियम चयापचय, एंडोर्फ़िन और दर्द पर क़ाबू पाने, गुर्दे में रेनिन के मॉड्यूलेशन के माध्यम से ब्लड प्रेशर और स्नायविक व प्रतिरक्षा प्रणाली के श्रेष्ठ रूप से कार्य करने में शामिल रहते हैं। विटामिन डी की कमी और डायबिटीज तथा चयापचय सिंड्रोम के बीच भी संबंध होता है। विटामिन डी में कैथेलिकिडिन भी शामिल होता है। यह ऐसा पॉलीपेप्टाइड है जो बैक्टीरिया और वायरल संक्रमण से लड़ता है।

जो लोग सुबह जल्द सूरज के या अत्यधिक चमकदार कृत्रिम प्रकाश के संपर्क में आते हैं, तो ऐसे लोगों में रात्रि में मेलाटोनिन तुरंत बनना शुरू हो जाता है, और तब वे आसानी से नींद में चले जाते हैं। पीनियल ग्रंथि का यह हॉर्मोन भी संक्रमण, प्रदाह, कैंसर से लड़ने और स्व प्रतिरक्षा क्षमता में महत्त्वपूर्ण भूमिका निभाता है।

मेलानोमा के ख़तरे के कारण सूरज के असुरक्षित संपर्क से बचने की सलाह दी जाती है। हालाँकि, रिपोर्ट यह भी बताती हैं कि 0.1 प्रतिशत मानव आबादी पर यूवी-प्रकाश संबंधी बीमारियों का ख़तरा है, जबकि 50 प्रतिशत मानव आबादी पर सूरज की रोशनी के अभाव में अन्य बीमारियों का संकट है। सबसे सुरक्षित स्थिति यही है कि सूरज की रोशनी तब ली जाए, जब यूवी इंडेक्स कम होता है। सामान्य रूप से कहें तो शाम के समय यूवी किरणों का तीखापन सुबह की तुलना में अधिक होता है।

~ 16 ~

# इंद्रियों की स्वच्छता : मुँह

हम जब संतोषपुर में रहते थे, तब बचपन में हर सुबह मैं अपने आस-पड़ोस के घरों की खिड़कियों से लगातार गरारा करने की आवाज़ें सुना करती थी। उनकी गहनता, दीर्घता और स्वर अलग-अलग हुआ करते थे। लेकिन वे एक संकेत थे कि लोग जाग गए हैं और नए दिन के लिए अपनी साफ़-सफ़ाई कर रहे हैं। हम जब प्रिंसटन चले आए, तब मेरे पिता अपने रूटीन को उसी जोश में ऊँची आवाज़ और पूरी ताक़त के साथ गरारा करते हुए जारी रख रहे थे। उनका प्रयास रहता था कि वह पानी को जब तक संभव हो अपने मुँह में रखें।

एक दिन एक पड़ोसी, जो शरीर की क्रियाओं और उनसे निकलने वाली आवाज़ों को लेकर संकुचित व शालीन विचार रखता था, हमारे अपार्टमेंट में आया और विनम्रता के साथ मेरी माँ से बोला कि अमेरिका के सभ्य समाज में इस प्रकार का व्यवहार नहीं होता है। अपने शरीर के किसी भी द्वार से निकलने वाली आवाज़ को लोग इस तरह ज़ाहिर नहीं करते हैं। मेरी माँ ने विनम्र भाव से उनकी बात सुनी, अपने यूरोपीय तौर-तरीक़ों को श्रेष्ठ रूप से एक कप चाय तथा केक के साथ प्रस्तुत किया और आगंतुक को विदा कर दिया। अब उनके सामने यह समस्या थी कि वे मेरे पिता को किस तरह समझाएँ कि पड़ोसी उनके गरारों की आवाज़ सुनना नहीं चाहते। अगले कुछ हफ़्तों तक, मेरे माता-पिता ने कई तरीक़े आज़माए। कभी वे बाथरूम और उसके साथ लगते बेडरूम की खिड़कियाँ बंद कर दिया करते तो कभी नल चलाकर छोड़ते ताकि उसकी आवाज़ ही ऊँची हो जाए। आख़िर में, मेरे पिता ने एक लाउडस्पीकर

रेडियो लगवाया, जिस पर सुबह के समाचार का चैनल लगा दिया करते थे, और गरारे करने के दौरान 2 मिनट तक उसकी आवाज़ तेज़ कर देते थे। इसी समय में मेरे माता-पिता एक साथ गरारे कर लिया करते थे। वे जब आवाज़ को धीमा करते, तब मेरे छोटे कानों को जिज्ञासास्वरूप यह आश्चर्य होता कि फिर ऐसे सभ्य लोग अपने मरोड़ उठते पेट, सिगरेट की खाँसी, पति या पत्नी तथा परिवार के लोगों पर चीख़ने-चिल्लाने और शरीर के फूटने वाली चीज़ों की आवाज़ क्यों सुनते हैं।

पिछले पचास वर्षों में पेशेवर दंत चिकित्सकों ने माउथवॉश को एक ऐसी विधि के रूप में लोकप्रिय बना दिया है, जिसकी सहायता से दाँतों और मुँह की उन दरारों तक पहुँचा जा सकता है जहाँ टूथब्रश व झाग वाला टूथपेस्ट नहीं पहुँच पाता, और इससे मुख्य रूप से दाँतों में जमी गंदगी को साफ़ करने के साथ ही मुँह को तरोताज़ा किया जाता है। इन पतले तरल पदार्थों में स्वीटनर, अल्कोहल और डिटर्जेंट होते हैं, साथ ही ऐसे रसायन होते हैं जो मुँह में एक ठंडा और मीठा स्वाद छोड़ जाते हैं।

*मुखावैरास्यदौर्गंधस्योफजाद्याहरम् सुखम् ।*
*दंत-दर्ध्यकारम् रुच्यम् स्नेह-गंडूष-धारणम् ।। 14।।*

तेल से गरारा करने पर मुँह का ख़राब स्वाद, साँस की बदबू, प्रदाह तथा सुन्नपन का एहसास समाप्त हो जाता है और वह अच्छा हो जाता है, दाँतों को मज़बूती मिलती है और खाने का प्राकृतिक स्वाद बढ़ जाता है।

सुश्रुत संहिता,
चिकित्सा स्थान; अध्याय 24, श्लोक 14

चिकित्सा की पढ़ाई के दौरान, मेरे एक मित्र ने दाँत भींचना शुरू कर दिया। वह अक्सर अपने कान के नीचे बाएँ जबड़े में दर्द की शिकायत करता रहता

था। वह अब च्यूइंगम नहीं खा पाता था, कड़ी चीज़ों को काट नहीं पाता था या गाने के लिए अपना मुँह भी पूरी तरह नहीं खोल पाता था। उसे इतना तेज़ दर्द होता था कि कभी-कभी वह क्लास में बैठे-बैठे अपने गाल या कान के पीछे के हिस्से को सहलाने लग जाता था। आख़िर में, जब मुँह खोलने पर क्लिक की आवाज़ आने लगी, तब वह एक दाँतों के डॉक्टर के पास गया। डॉक्टर ने उससे कहा कि उसके पीछे के दाँत ख़राब हो रहे हैं और डर है कि उन सभी को बदलना न पड़ जाए।

उसे बताया गया कि उसे टेंपोरल मैंडिबुलर जंक्शन (टीएमजे) बीमारी है, और दाँत पीसने के कारण उसकी जीभ को भी नुक़सान पहुँचने का ख़तरा है क्योंकि वह नींद में भी अनजाने में अपने जबड़ों को भींचता है। उसके मुँह के लिए एक टीथ गार्ड बनाया गया, और उससे कहा गया कि हर रात वह उसे पहनकर ही सोए। डरते-डरते, उसने पूछा कि उसे यह कब तक पहनना होगा। डॉक्टर ने उसे बताया कि जब तक वह दाँत पीसना बंद न कर दे, जो शायद जीवनभर जारी रह सकता है। टीएमजे की बीमारी का कोई इलाज नहीं है।

टीएमजे वह जोड़ है जो खोपड़ी के सामने के हिस्से में निचले किनारे पर होता है। यह ठीक कान के नीचे और अर्धचंद्र आकार की हड्डी होती है। यह निचले दाँतों को थामे रखती है और जबड़े को आकार देती है। हर व्यक्ति में दो टीएमजे होते हैं, जो जबड़े के दोनों तरफ़ होते हैं। इस जोड़ की बनावट ऊपर-नीचे की गतिविधि के लिए होती है, और अन्य कोणों के लिए कुछ लचीलेपन के साथ ही, इससे चबाना, काटना और बात करना संभव होता है।

आधुनिक चिकित्सा का अनुमान है कि लाखों लोग टीएमजे से पीड़ित हैं। इसके कारणों और संभावित इलाज को समझने के लिए होने वाले अनुसंधान पर वर्षों तक पैसा ख़र्च किया गया है। सर्जरी, प्रत्यारोपण, बोटुलिनम टॉक्सिन ए और बाइट गार्ड पर अनुसंधान किया गया। साथ ही, एक्यूपंक्चर, ऑस्टियोपैथिक उपचार, काइरोप्रैक्टिक चिकित्सा पद्धति और मालिश चिकित्सा पर भी शोध हुए हैं।

आयुर्वेद के समय से ही, बुद्धिमान पुरुषों ने ब्रश करने से पहले और बाद में हर दिन कुल्ला करने का सुझाव दिया, ताकि मुँह के अंदर और बाहर की मांसपेशियाँ सामान्य स्थिति में आ सकें। अधिक गंभीर समस्याओं के लिए, उन्होंने मुँह की जाँची-परखी विधि *गंडूषा* का परामर्श दिया।

*गंडूषा* में मुँह के भीतर विधिपूर्वक औषधियुक्त तेलों को भरकर रखा जाता है ताकि दीर्घकालीन समस्याओं को ठीक करने के साथ ही मुँह का कोटर सागान्य रूप से कार्य कर सके। मुँह की संरचना और कार्यों का विश्लेषण करने के बाद, आयुर्वेद चिकित्सकों ने एक रेसिपी और प्रारूप तैयार किया जो सतहों के चिकनेपन को ठीक करता है, दाँतों को ताक़त देता है और मांसपेशियों को लचीलापन प्रदान करता है।

दंत चिकित्सक के पास जाने के बाद डॉक्टरी की मेरी एक छात्रा मुझसे मिलने आई। उसने बताया कि उसे टीएमजे रोग हो गया है। उसके ब्वॉयफ्रेंड ने बताया कि वह रात में दांतो को पीसने लगती थी और किटकिटाती थी। उसने इस बात पर भी ग़ौर किया कि मेडिकल कॉलेज में दूसरे साल से ही उसके दाहिने जबड़े में दर्द रहने लगा था। उसने यह भी पाया कि परीक्षा के दौरान वह जबड़ा भींच लिया करती थी। समग्र चिकित्सा में दिलचस्पी होने के चलते वह बाइट गार्ड लगाने के बजाय प्राकृतिक समाधान चाहती थी। जबकि दंत चिकित्सक यही चाहता था, लेकिन उससे इलाज नहीं हो सकता था। वह समस्या की जड़ को मिटाना चाहती थी।

*गंडूषा* करने का सबसे आसान तरीक़ा तिल के तेल का इस्तेमाल करना है, जो पश्चिमी जगत में तेल खींचने के नाम से जाना जाता है। सबसे पहले, उसने आधे मिनट तक गुनगुने पानी से कुल्ला किया, फिर अपने मुँह के अंदरूनी हिस्से में तिल के तेल की एक मोटी परत लगाई, गाल के अंदरूनी हिस्से से लेकर होंठ तक को तेल से भिगो दिया। फिर अपने मुँह में गुनगुना पानी भरा और तब तक रखा, जब तक कि आँखों और नाक में पानी नहीं आ गया। यह आम तौर पर 2-3 मिनट तक चला। फिर उसने मुँह में भरे पानी को बाथरूम के सिंक में छोड़ दिया और उसका रंग देखा। उसे अगले दो हफ़्ते तक दिन में दो बार इसे करना था, और फिर अगले चरण के लिए मेरे पास आना था।

गाल के अंदरूनी हिस्से में लगाया गया तेल श्लेष्म अस्तर से होता हुआ उन रास्तों में जाता है जहाँ तंत्रिका कोशिकाएँ होती हैं। यह उनमें फिर

से नमी पैदा करता है और तंत्रिका में उचित प्रवाह को बढ़ाता है, जिससे दर्द कम हो जाता है। आयुर्वेद के अनुसार, जोड़ों में दर्द *वात* की गड़बड़ी है, जो शरीर के सूक्ष्म मार्गों में बेहद सूक्ष्म सूखेपन, रूखेपन और सही प्रवाह के कारण होता है। यह पेरोटिड ग्रंथियों और लिम्फ़ नोड्स को उत्तेजित करता है, जो मुँह की दरारों में बहुतायत में होते हैं।

दो सप्ताह बाद, वह छात्रा चहकती हुई मेरे पास आई और दूसरा चरण शुरू करने के लिए उत्सुक थी। उसने शुरुआत करने के कुछ ही दिनों में बड़ी राहत महसूस की, भले ही उसने स्वीकार किया कि तेल के साथ मुँह में पानी रोके रखने के दौरान मुँह को बाँधे रखना मुश्किल था। रात को वह अब भी अपने दाँत पीसती थी, लेकिन दर्द काफ़ी हद तक कम हो गया था। वह जब मुँह में भरे पानी को बाहर फेंकती, तब पीला तेल सफ़ेद होने लगा, और वह इस बात से हैरान थी कि ऐसा क्यों हो रहा है। मैंने उसे बताया कि तिल का तेल विषैले पदार्थों को बाहर निकालता है जिसके कारण तेल सफ़ेद हो जाता है। यह *वात* को कम करता है, और तेज़ी तथा मज़बूती से दर्द, अति सूक्ष्म सूखेपन और रूखेपन को कम करता है। कुल्ला को संस्कृत में कावला कहते हैं जो हानिकारक तत्वों को बाहर निकालता है, जबकि *गंडूषा* के दौरान पानी को रोककर रखने से वह अंदर तक जाता है और चिकनाई पैदा करता है।

अब चूँकि उसने अपने मुँह के अंदर गाढ़े तेल को दिमाग़ी तौर पर स्वीकार कर लिया था, इस कारण दूसरे चरण के लिए, उसने तिल के तेल के साथ कुल्ला और फिर गरारा करना शुरू किया, जिसमें वह मुँह को दो मिनट के लिए भरती और फिर कुल्ला करती थी। इसके बाद गहरी साँस भरकर जब तक गरारा कर सकती थी, करती थी ताकि तेल कंठ के निचले हिस्से और ग्रंथियों तक जा सके। वह जब अपने मुँह को ख़ाली करती, तब एक बार फिर रंग पर ग़ौर करती थी।

एक महीना और बीत जाने पर उसने मुझे बताया कि उसने दाँत पीसना बंद कर दिया था। उसका ब्वॉयफ्रेंड खुश था कि नींद में वह शांत रहती थी और पिछले दिनों चल रही परीक्षा के दौरान भी अपने जबड़ों को नहीं भींचा था। इस बात को सुनिश्चित करने के लिए कि जबड़े को भींचने की समस्या फिर से न उभरे, उसने हर दिन थोड़ा-थोड़ा फ़ेस योग और सूर्य नमस्कार करना शुरू कर दिया। वह टहलने के दौरान और सोने से

पहले थोड़ी स्ट्रेचिंग भी करने लगी। मैंने उसे सुझाव दिया कि वह अपने ब्वॉयफ्रेंड व प्रिय लोगों के साथ ज़्यादा से ज़्यादा भावनात्मक पल बिताए, और हर दिन खुलकर जिए ताकि मेडिकल कॉलेज का तनाव उसके बंद मुँह के भीतर न फटे।

आयुर्वेद के अनुसार, *गंडूषा* नियमित रूप से किया जाए तो दाँत मज़बूत होते हैं। यह जबड़े की ताक़त और आवाज़ की गूँज को बढ़ाता है। चेहरे की तंत्रिकाओं को पोषण और चिकनाई मिलती है। इससे स्वाद संवेदना में सुधार होता है और तेल में घुलने वाले हानिकारक तत्वों के बाहर निकल आने से स्वाद कलिकाएँ बेहतर काम करने लगती हैं तथा मुँह के असंतुलित *दोष* भी दूर हो जाते हैं। जानकार आयुर्वेदिक चिकित्सकों द्वारा ज़रूरत के अनुसार जड़ी-बूटियों को तेल में उबालकर औषधीय तेल के रूप में काढ़ा तैयार किया जा सकता है, जिसमें हल्दी, शहद, *त्रिफला* और *खदिरा* का उपयोग होता है। *गंडूषा* के नियमित अभ्यास से, कंठ का रूखापन, होंठों का फटना और दाँतों का ख़राब होना कम होता है क्योंकि तेल के मुँह के अतिसूक्ष्म स्तरों में जाने से नमी और चिकनाई बढ़ जाती है।

आयुर्वेद यह भी मशविरा देता है कि अच्छी चीज़ों का कुछ अधिक होना भी उपचारात्मक नहीं है। अत्यधिक *गंडूषा* से मुँह में छाले पड़ सकते हैं, अत्यधिक *कफ़* के कारण मुँह की बीमारियाँ हो सकती हैं और स्वाद की कलिकाओं पर ज़्यादा परतें चढ़ाए जाने से बहुत अधिक प्यास लगने और स्वाद का अनुभव समाप्त हो जाने की समस्या हो सकती है। इस कारण, जो लोग *गंडूषा* का प्रयोग एक रसायन (पुनर्जीवन उपचार) के रूप में करना चाहते हैं, उनके लिए गर्मी के तैलीय महीनों में हफ़्ते में एक बार और खुश्क तथा सर्द महीनों में हफ़्ते में दो बार देखभाल की योजना पर्याप्त है।

आयुर्वेद के प्राचीन ग्रंथों में, मुँह की देखभाल के आख़िरी खंड *तांबूल* में औषधीय पान के पत्ते चबाने और मुँह में सुगंधित चीज़ों को रखने की सलाह दी गई है। सोकर उठने पर, भोजन के बाद, यौन संबंध से पहले और बाद, तथा उलटी करने के बाद, हल्के सुगंधित, तीक्ष्ण और/या कसैली जड़ी-बूटियों को पान के पत्ते पर रख दिया जाता है। इसे सफ़ाई से मोड़ा जाता है और

मुँह के किनारे रखकर धीरे-धीरे चबाया जाता है। *तांबूल* या पान, धीरे-धीरे साँस की बदबू को साफ़ और दूर कर देता है तथा आवाज़ को दमदार बनाता है। *पान* तैयार करने के लिए आम तौर पर *सुपारी*, लौंग, जायफल, काली मिर्च और कत्था का इस्तेमाल किया जाता है। *तांबूल* का उपयोग त्योहारों के एक व्यंजन के रूप में किया जाता है लेकिन सदियों से मीठे और कसैले स्वादों के आकर्षक मेल से भारतीयों को इसकी लत पड़ गई है और उन्हें इससे एक ज़बरदस्त ऊर्जा मिलती है। ऐसे किसी भी शहर की गलियों में जहाँ भारतीय रहते हैं, *पान* बेचने वालों का धंधा खूब फलता-फूलता है।

इसका एक विकल्प पान के पत्ते के बगैर सुगंधित जड़ी-बूटियों का इस्तेमाल भी है। बचपन से ही, मेरे पिता के सभी शानदार सूटों की किसी न किसी पॉकेट में 2-3 लौंग या इलायची ज़रूर मिल जाती थी। मैं जब उनके पुराने कोट गुपचुप तरीक़े से पहनने लगी, जिन्हें वह शायद ही कभी पहनते थे, तब मैंने उन्हें चबाना शुरू किया और जब कम पड़ जाते तो किचन में रखे माँ के स्टॉक से उनकी कमी पूरी कर लिया करती थी। जवानी में मेरे सभी हैंडबैग और बैकपैक में कुछ लौंग के दाने, दालचीनी की छाल या इलायची रहती ही थी। मेडिकल कॉलेज में बिताए दिनों और रेज़िडेंसी करते हुए, ड्रेसकोड के कारण च्यूइंगम चबाने की इजाज़त नहीं थी क्योंकि उसे पेशे के अनुरूप नहीं माना जाता था। पचास घंटे की नॉन-स्टॉप शिफ़्ट के बाद, जो अपने आपमें मार डालने वाला काम था, मेरी साँस और भी ग़ैर-पेशेवर हो जाती थी। ख़ास तौर पर इस कारण क्योंकि मैं मरीज़ों, उनके परिवारों, नर्सों और तकनीकी लोगों के बीच नियमित रूप से आती-जाती रहती थी। इसलिए मैंने लौंग या इलायची के दानों को चबाना शुरू कर दिया, जिन्हें आसानी से छिपाया जा सकता था और किसी को पता भी नहीं चलता था।

आयुर्वेद सुझाव देता है कि अपने विचारों को प्रेरित करने के लिए हमें मीठी और कामुक चीज़ों की शक्ति को अपने अंदर जाने देना चाहिए। इन जड़ी-बूटियों के इस्तेमाल से हमारे लिए दिन की शुरुआत शरीर और मुँह से फैलती सुगंध के साथ करने में भी मदद मिलती है।

# आवाज़

मेरे पिता जैसे ही सड़क पर सुरक्षित रूप से आगे बढ़ते, मेरी माँ गुनगुनाने लगती थीं, सरगम से शुरू करते हुए वे तीन ताल के क्रम पर चली जाती थीं। धीरे-धीरे, हमें समझ आने लगा और हम अपने *'सा'* को पहचानने लगे। ऐसा नहीं कि मेरे पिता को संगीत पसंद नहीं था, लेकिन विविधता और विस्तार वाली आवाज़ के कारण चूँकि मेरी माँ की नियुक्ति आकाशवाणी में हुई थी, इसलिए उनकी आवाज़ सुनकर उन्हें पुरानी बातें याद आती थीं कि वह जो चाहती थीं उसे उन्होंने करने नहीं दिया और जब मेरी माँ को खुलकर बोलना चाहिए था तब उन्होंने मौन रहने का फ़ैसला किया।

वे हमें *सा रे ग म प ध नि* से *सा* तक ले जाती थीं, और हमारे नन्हें सुर जब मिल जाते, तब हारमोनियम अपने महोगनी बॉक्स से बाहर निकलता था, और फिर मेरी माँ हमें अपने पसंदीदा रवींद्र संगीत के एक गीत का रियाज कराती थीं। उन्होंने हमें दिखाया कि हमें अपने स्वरतंत्री या डायफ्राम से नहीं गाना चाहिए, जैसा कि हमारे भजन गाने वाले शिक्षक सिखाते थे। वे हमारी नाभि की तरफ़ संकेत करते हुए कहती थीं कि आवाज़ एकदम अंदर, *नाभि* व दूसरे चक्र की गहराई से निकलनी चाहिए और फिर एक गुप्त मार्ग से हृदय, तथा कंठ से होते हुए मुँह से बाहर आनी चाहिए।

संगीत को अक्सर एक भाषा माना जाता है और ध्वनि की प्रत्येक आवृत्ति में एक कूटबद्ध अर्थ होता है। आवाज़ तरंगों के माध्यम से आगे बढ़ती है, और उन तरंगों के हवा में समन्वित कंपन से मधुर आवाज़ पैदा होती है।

प्राचीन शास्त्रों, अर्थात ज्ञान के जिन ग्रंथों की रचना मनुष्य ने की, उनमें ध्वनि के उपचारात्मक उपयोग से संबंधित तीन विज्ञानों की चर्चा है। संस्कृत और उसके शब्दों के हेतुविज्ञान को समझने के लिए यह आवश्यक है कि हम ध्वनि के विज्ञान और ध्वनि ऊर्जा से उसके संबंधों को गूढ़तम क्षेत्र में जाकर जानें, जिनकी उत्पत्ति कंपनों, ऊर्जा-वस्तु संबंधों और मन के योग को लेकर वैदिक ज्ञान से हुई है। *नाद* योग की प्राचीन भारतीय प्रणाली ने मानव शरीर पर ध्वनि के उतार-चढ़ाव के प्रभावों का अध्ययन किया, और मन पर अपेक्षित प्रभाव के लिए विशेष ध्वनियों का परामर्श दिया। ऐसा कहा जाता है कि संस्कृत के स्वनिम/*शब्द* स्वयं ही प्रकृति की वास्तविकता को बता देते हैं।

पिछली सदी में गंधर्व वेद को काफ़ी लोकप्रिय बनाया गया, जिसमें साम वेद के परिशिष्ट में 36,000 श्लोक हैं। इन्हीं से भरत नाट्य शास्त्र के आधार की रूपरेखा तैयार की गई, जो संगीत विज्ञान के सबसे प्राचीन ग्रंथों में से एक है। कुछ लोगों का कहना है कि *भरत* तीन अक्षरों का संक्षिप्त नाम है : *भाव* के लिए *भ*, राग के लिए *र* और *ताल* के लिए त। इस प्रकार वे इस महाद्वीप में ध्वनि और संगीत के महत्त्व पर बल देते हैं। गंधर्व वेद इसे उन स्पंदनों से जोड़ता है जो चेतना को हमारे शरीर की रचना के चक्रों और लयों के साथ ही हमारे हृदय की लयों, हमारे रोज़ाना जागने-सोने की सर्कैडियन लय व हमारे एड्रेनालाइन, कॉर्टिसोल तथा मेलाटोनिन की चक्रीय हॉर्मोनल लय के साथ सहसंबद्ध करता है।

*नाद* योग ध्वनि तरंगों का उपयोग चेतन मन को आत्मा और गहन ध्यान से जोड़ने के प्रभाव को उत्पन्न करने के लिए करता है। उपचार का यह दार्शनिक दृष्टिकोण सभी भौतिक पदार्थ और कणों को बहुत ही धीमी गति में ऊर्जा के रूप में देखता है। *नाद* योग ध्वनि के कंपनों और गूँज का उपयोग शरीर पर इस प्रकार करता है कि मन को संतुलित किया जा सके। यह आंतरिक संगीत की शक्ति पर ज़ोर देता है। इसे *अनाहत* कहा जाता है, जो ऊर्जा के सूक्ष्म स्तरों के माध्यम से आगे बढ़ता है। योगी गहन आंतरिक सतर्कता का अभ्यास करते हैं जहाँ से वे ऐसे मौन की प्राप्ति कर सकें जो सूक्ष्म स्पंदनों से संदेश देता है।

राग *चिकित्सा* संगीत की पद्धतियों के पैटर्न का उपचारात्मक उपयोग है जिसमें संरचनात्मक तरानों का उपयोग शरीर क्रिया विज्ञान को प्रभावित

करने के लिए किया जाता है। भारतीय शास्त्रीय संगीत के रागों का उपयोग निर्धारित *प्रहरों* में संगीतमय धुनों के माध्यम से चिकित्सकीय स्पंदनों को शरीर तथा तंत्रिका तंत्र में भेजने के लिए किया जाता है। भारतीय शास्त्रीय संगीत के पुरोधाओं - जैसे तानसेन, और संगीत की दुनिया के माहिर - जैसे बाबा अलाउद्दीन खान - ने मनुष्य की स्थिति को प्रभावित करने वाले रागों को सीखा और विशेष मनोभावों या स्वास्थ्य की विशेष स्थिति के अनुसार अपनी समझ से इन्हें छेड़ा। उदाहरण के लिए, उनके पुत्र अली अकबर खान ने दुःखियारों का दुःख हरने के लिए राग मारवा छेड़ा तथा सिरदर्द के लिए राग सोहनी गाया। राग बागेश्वरी का उपयोग अनिद्रा के लिए, राग दीपक का जठरीय अतिसक्रियता तथा राग भैरवी का गायन सुबह-सुबह किया गया ताकि उच्च रक्तचाप को कम किया जा सके। मैं जब छोटी थी, तब मेरे पिता देर शाम के समय उस्ताद बिस्मिल्लाह खान की शहनाई की धुन को सुना करते थे। हम जब अपना होमवर्क कर रहे होते थे, तब पूरे घर में राग शिवरंजनी गूँज रहा होता था। इसका उपयोग बुद्धिमत्ता को बढ़ाने के लिए किया गया।

आज के चिकित्सक शरीर को चंगा करने के लिए संगीत के इस प्रकार के वैदिक उपयोग का मज़ाक़ उड़ाएँगे क्योंकि उन्हें इसमें कहीं विज्ञान नज़र नहीं आता। हालाँकि, भारतीय शास्त्रीय संगीत के नियमित उपयोग का न साइड इफ़ेक्ट होता है, न बटुआ ख़ाली होता है और न ही दवाइयों की आपस में शरीर के अंदर जाकर लड़ाई होती है। किसी दिन अगर ध्वनि की भौतिकी संगीत को लेकर वैदिक समझ से मेल खा गई, तो वैज्ञानिक यह कहने लग जाएँगे कि इन ध्वनियों से मस्तिष्क या हॉर्मोन के स्तरों या फिर न्यूरोट्रांसमीटर्स में परिवर्तन आता है और वे उनका संबंध स्वास्थ्य की स्थितियों से भी जोड़ देंगे।

सिर्फ़ संस्कृत ही एकमात्र ऐसी भाषा है जिसने मुख की दरारों की संरचना को भाषा विज्ञान से जोड़ा है। संस्कृत के सबक़ अक्सर दस जोड़ पाँच स्वरों के उच्च स्वर में उच्चारण से शुरू होते हैं जिनके कारण मुँह की मांसपेशियों को खींचना पड़ता है। फिर वर्णाक्षरों को मुँह के अंदर से होंठों तक आने के क्रम में उत्पन्न होने वाली ध्वनि के अनुसार सजाया जाता है।

मेरी माँ चटख गुलाबी क़िताबों के साथ बैठती थीं, जिन्हें *प्रथम भाग, द्वितीय भाग* और *तृतीय भाग* कहा जाता था। साथ ही उनके हाथ में लकड़ी का एक चम्मच भी होता था। उस चम्मच से वह सही समय पर आने वाले बीट्स को चिन्हित करती थीं, जिन्हें *लय* कहते हैं, और कभी-कभी जब हमारा ध्यान भटक जाता या हम उनके कहे शब्द का उच्चारण सही नहीं कर पाते थे तब वही चम्मच हथेली पर भी पड़ जाती थी। वह जीभ के पिछले हिस्से से उत्पन्न होने वाली ध्वनियों से शुरुआत करती थीं। इन्हें कंठस्थ ध्वनि कहा जाता था, ये स्वर ग्रंथियों को सिकोड़ने तथा जीभ को गोल घुमाने से पैदा होते हैं, जैसे *क* और *ग* की आवाज़। स्वरतंत्री से थोड़ा बल लगाने के साथ ही ऐसी ध्वनियाँ *ख* और *घ* बन जाती हैं। यह चार संस्कृत की वर्णमाला की पहली पंक्ति के रूप में हैं।

संस्कृत की वर्णमाला में इनके बाद की हर एक पंक्ति धीरे-धीरे मुँह के आगे के हिस्सों से उत्पन्न होने वाली ध्वनियों से बनी हैं। दूसरी पंक्ति में तालु क्षेत्र से निकलने वाली ध्वनियाँ च और झ हैं। तीसरी पंक्ति को मस्तिष्क या रेट्रोफ़्लैक्स स्थान के नाम से जाना जाता है। दाँत की स्थिति से संस्कृत वर्णमाला की चौथी पंक्ति की ध्वनियाँ उत्पन्न होती हैं। पाँचवीं पंक्ति जीभ की नोंक के हल्के से होंठ को छूने से उत्पन्न प और ब की ओष्ठ ध्वनि से बनती है। इसी पर थोड़ा बल लगा देने से, यह ध्वनियाँ फ और भ बन जाती हैं। पहली पाँच पंक्तियों के दाहिनी ओर संबंधित नासिका ध्वनियाँ, ञ, न, ण और म होती हैं इनके अतिरिक्त तीन और ध्वनियाँ होती हैं जिन्हें ऊष्म वर्ण, तालु का, पीछे झुका हुआ और निचले दंत का कहा जाता है। फिर चार अर्ध-स्वर य, र, ल, व और एक खाली ध्वनि अः होती है। चौदह स्वर सबसे कठिन थे। क्षेत्रीय स्तर पर स्वर जिस प्रकार मुँह से निकलते हैं, उससे उच्चारण, व्याख्या और सूक्ष्म अर्थों में अंतर आ जाता है। मूल रूप से, मेरी माँ ने हर दिन के उपयोग के लिए बंगाली तरीक़ा सिखाया और फिर सबको संस्कृत के उच्चारण में बदला, जिसकी एक ऐसी गूँज होती थी जिसे बताया नहीं जा सकता है।

ऐसा कहा जाता है कि जब संस्कृत का उच्चारण सही रूप से किया जाए तो ध्यान लगाने की शक्तियाँ जागृत हो उठती हैं। लेकिन हमारे पास क्षेत्रीय उच्चारण, या किसी भाषा की अभिव्यक्तियों की विविधताओं का क्या इलाज है? संस्कृत ने ध्वनि की मौखिक सटीकता को बनाए रखने के लिए

इसे उस भौतिक संसार से जोड़े रखा, जहाँ से इसकी उत्पत्ति हुई थी। सही उच्चारण करने पर, इन अक्षरों से जीभ की पूरी कसरत होती है और मन ध्वनि की बारीकियों को सुनता है जिन्हें अक्सर एक ही भाषा बोलने वाले नहीं सुन पाते हैं।

अपनी मेडिकल रेज़िडेंसी के दौरान, शिशु रोग से जुड़ी ज़िम्मेदारी के चलते मुझे बेहद बीमार बच्चों के साथ काम करने का मौक़ा मिला था। उनमें से कुछ की मानसिक क्रिया उनकी बीमारियों के कारण उन्हें दी जाने वाली दवाइयों के साइड इफ़ेक्ट के कारण थी या फिर कीमोथेरेपी दिए जाने के कारण उनके सिर के बाल पूरी तरह गिर गए थे और वे थके-मांदे व मूर्च्छा की स्थिति में रहते थे।

दूसरों के दु:ख में आनंद लेने वाले रेजिडेंटों और शिशुओं की देखभाल करने वाले चिकित्सकों ने जो काम मुझे सौंपा था, उसके मुताबिक़ मुझे हर दिन बच्चों के शरीर से ख़ून निकालना पड़ता। यह ऐसा लगता था मानो इससे वे भले-चंगे हो जाएँगे। मुझे उन्हें अँगुली से दबाकर और हिला-डुलाकर जीवित रहने के लक्षणों की भी जाँच करनी पड़ती थी। एक दिन मैं जब उनकी नन्ही बाँहों, हाथों और पैरों में सुई चुभाने के कष्टदायी काम से खुद को थोड़ा सुकून देना चाह रही थी, तब मैं उन बच्चों के पास खड़े-खड़े गुनगुनाने लगी। एक खुशियों भरा गीत सुनकर, बच्चे मुस्कराने लगे और फिर मेरी तरफ़ ध्यान से देखने लगे। अचानक उनके मौन और नीरस जीवन में एक गीत गूँजने लगा था।

उस पूरे महीने, मैंने उस कमरे में संगीत को बनाए रखा, लेकिन वह लोकप्रिय अमेरिकी रॉक-ऐंड-रोल नहीं, बल्कि शास्त्रीय भारतीय गायन, वाद्य संगीत, सुकून देने वाले सुर थे, नए युग के संगीत और वैसे अंश थे जिनका उपयोग संगीत थेरेपी में किया जाता है। मैं उन गीतों को गाती थी, जिन्हें अपने बचपन में सीखा था। बच्चे अब अधिक शांत, कुछ पलों की तकलीफ़ से थोड़ी राहत महसूस करने लगे थे।

जैसे-जैसे साल बीतते गए, चिकित्सा के क्षेत्र में संगीत थेरेपी के प्रमाण बढने लगे। आखिर इसका क्या कारण है कि उस स्वर की ध्वनि प्रसन्न कर

देती है? आयुर्वेद हमें बताता है कि यह स्वर संगीत का सबसे सही यंत्र है और उस स्वर में हमें दैवी शक्ति से जोड़ने की क्षमता होती है।

आवाज़ को स्वस्थ बनाए रखने की ख़ातिर समय-समय पर गले के लिए औषधीय जड़ी-बूटियाँ ज़रूरी थीं। लॉज़िन्जेस, चाय और गरारा करने की ज़रूरत थी, लेकिन यह ज़रूरी था कि कुछ पलों के लिए वे अंदर जाकर कंठ का स्पर्श करें। आयुर्वेद ने इस संबंध में काफ़ी समय व्यतीत किया कि उसकी दवाइयों को किस रूप में लिया जाए। उपयोग के प्रत्येक तरीक़े के प्रश्नों का उत्तर दिया, दवाइयों का स्वाद अच्छा बनाने, अंतिम रूप में वह सही आकार में रहे, लाने-ले जाने में सुविधा, कब-कब उसे लेना है, शरीर के किस हिस्से तक उसे पहुँचना चाहिए और मरीज़ के लिए उसे लेते रहना कितना ज़रूरी है।

जड़ी-बूटियों को कंठ की गहराई तक ले जाने के लिए आयुर्वेद के जानकारों ने एक ऐसे तरीक़े को बताया जो कणों को जन्म से लेकर मृत्यु तक वायु के आवागमन के मार्ग पर लाता और ले जाता रहेगा, जहाँ अँगुलियाँ आसानी से नहीं पहुँच पाती हैं। उन्होंने प्रकृति को ध्यान से देखा और ग़ौर किया कि प्रकृति किस प्रकार चीज़ों के एक से दूसरे स्थान पर ले जाती है।

यह माना जा सकता है कि किसी जानकार व्यक्ति ने किसी को खाना बनाने के लिए जलाई गई आग से उठते धुएँ और राख के साँस में भरे जाने के बाद खाँसते देखा होगा। यहीं से, *धूमपान* के ज़रिये दवाइयों को चिकित्सा की दृष्टि से ले जाने की शुरुआत हुई। चिकित्सा धूमपान इंसान के लिए कोई नई बात नहीं है। कई संस्कृतियों में रस्म के तौर पर पौधों, जलती पत्तियों, जड़ी-बूटियों और आग पर रखे चूर्ण के धुएँ को सूँघा जाता है। *धूमपान* कुछ विशेष प्रकार के तत्वों का व्यवस्थित परामर्श है जो गले को नमी देता है और स्वर ग्रंथियों को साफ़ करता है, उसकी खुश्की और खराश को कम करता है, तथा गले में नई ऊर्जा भरने वाले तंत्र से *कफ़* स्वच्छ श्लेष्म का रूप ले लेता है। प्राचीन शास्त्र कहते हैं कि सिर में जमा विकारी कफ़ *धूमपान,* धुएँ के सेवन से सबसे तेज़ी से समाप्त होता है।

*धूमपान* कई प्रकार का होता है : कफ़ को कम करने, विषैले तत्वों को खींच कर बाहर निकालने, सूखे कंठ को नम करने और अनावश्यक तत्वों को समाप्त करने के लिए किया जाने वाला धूमपान। आयुर्वेद का एक ख़ास तरीक़ा है सर्दियों के महीने में गले की खराश और पिघले श्लेष्म से राहत देने के लिए लौंग का *धूमपान।*

चिकित्सकीय धूम्रपान का तरीक़ा भी सही है। धुएँ को पहले नाक से खींचा जाता है और फिर वह मुँह में जाता है, लेकिन उसे बाहर हमेशा मुँह से ही निकाला जाता है क्योंकि हानिकारक तत्व कभी नाक से बाहर नहीं आने चाहिए, जहाँ से वह आँखों के पास के स्थान तक जा सकता है। आख़िरी छोर पर थोड़ा घी या तेल लगा देना चाहिए और फिर उसे सुलगाना चाहिए ताकि धूमपान पूरी तरह सूखा और राख से भरा न हो, और आपके पास जड़ी-बूटी को रखने के लिए कोई उपकरण होना चाहिए। कभी-कभी *धूमपान* पानी के बर्तन से किया जाता है, जिसे *हुक्का* कहते हैं, ताकि धुएँ में नमी हो। कभी-कभी, जड़ी-बूटियों को पीसा जाता है और हर्बल सिगरेट बनाई जाती है ताकि उसे लाना ले जाना और रखना आसान हो।

*धूमपान* का सबसे अच्छा समय है स्नान, खाने, जीभ को साफ़ करने, दाँतों को ब्रश करने, छींकने के बाद और चेहरे पर तेल लगाने (उदाहरण के लिए *नस्य* के बाद) और सोकर उठने के ठीक बाद। कुछ आम जड़ी-बूटियों में शामिल हैं *काँचनार गुग्गुल,* जो किसी भी तरह के *कफ़,* विशेष रूप से गले और कंठ के *कफ़* के लिए काफ़ी लाभदायक होता है। साथ ही थायरायड की समस्याओं, गले और कंठ में बढ़े हुए लिम्फ़ नोड्स जिसका उपयोग मैं सामान्य सर्दी के अंत में गले और कंठ के लिए, साथ ही गले और कंठ में गाँठ बन जाने पर करती हूँ। लिकोराइस *(यष्टिमधु)* ब्रोंकाइटिस या गंभीर सर्दी-जुकाम के बाद गाढ़े चिपचिपे बलगम में शांतिदायक का काम करता है। इसका धूमपान किया जा सकता है या चाय और काढ़े के साथ लिया जा सकता है। लौंग और इलायची जैसी जड़ी-बूटियाँ भी आवाज़ को राहत देती हैं।

आयुर्वेद चेहरे, सिर और गले में कई बीमारियों व परेशानियों की चर्चा करता है जिनमें *धूमपान* से काफ़ी लाभ मिलता है। यह कंधे के ऊपर के हिस्से में होने वाले *वात-कफ़* के रोगों की रोकथाम करता है। लेकिन इसे करते समय इस बात का ध्यान रखना चाहिए कि यह दिनचर्या में सही

समय पर किया जाए, और इसकी अति न हो, ताकि उस दिन और शरीर में *वात-पित्त-कफ़* के प्रवाह को संतुलित रखने वाले तत्वों को ही ग्रहण किया जाए। *धूमपान* आम तौर सिगरेट के धूम्रपान जैसा नहीं होता है। यह आयुर्वेद के *दोष* और गुण के सिद्धांतों का उपयोग करते हुए असंतुलनों को संतुलित करने के लिए धुएँ को सुनियोजित चिकित्सकीय पद्धति से दिया जाता है। यदि इसे किसी ऐसे व्यक्ति के मार्गदर्शन के बिना सही ढंग से नहीं किया गया जो *दोष* और *गुण* की जाँच न कर सके, तो *धूमपान* ख़ून बहने, इंद्रियों और मानसिक भटकाव की समस्या पैदा कर सकता है। लेकिन सही तरीक़े से, सही समय पर किया जाए, तो धूमपान छाती, कंठ और सिर में जमे *कफ़* को उसे सूखने दिए बिना, प्यास पैदा किए बिना या किसी अन्य परिवर्तन के ही पिघला देता है।

यदि यह सही तरीक़े से किया जाए, तो *धूमपान* का उपयोग कफ़ को शांत करने, हानिकारक तत्वों को खींचकर बाहर निकालने, सूखे कंठ को नम करने और अनावश्यक तत्व को हटाने के लिए किया जा सकता है। लेकिन इसे दिन के रूटीन में सही समय पर किए जाने, तथा अति न करने का ध्यान रखना चाहिए। यदि इसे ग़लत तरीक़े से किया गया, किसी ऐसे व्यक्ति के मार्गदर्शन के बिना जो *दोषों* और *गुणों* की जाँच न कर सके, तो *धूमपान* से ख़ून बहने, इंद्रियों में गड़बड़ी तथा मानसिक भटकाव की समस्या खड़ी हो सकती है।

*धूमपान* को तैयार करने के लिए,

- जड़ी-बूटी को सुलगाने से पहले आख़िरी छोर पर घी या तेल लगा दें।
- उसे पकड़े रखने के लिए उपकरण का इस्तेमाल करें।
- किसी पानी के बर्तन (हुक्का) का इस्तेमाल किया जा सकता है, और हर्बल सिगरेट के रूप में कुछ जड़ी-बूटियों को मोड़कर गोल किया जा सकता है।

*धूमपान* का धुआँ लेने के लिए,

- पहले नाक और फिर मुँह से धुआँ खींचें, लेकिन उसे बाहर हमेशा मुँह से ही निकालें।

*धूमपान* का सबसे अच्छा समय स्नान, भोजन, जीभ की सफ़ाई के बाद, दाँत को ब्रश करने के बाद, छींकने के बाद और चेहरे पर तेल लगाने तथा सोकर उठने के ठीक बाद है।

- *काँचनार गुग्गुल* सर्दी-जुकाम, थायरायड की समस्याओं, गले और कंठ में बढ़े हुए लिम्फ़ नोड्स के साथ ही गले और कंठ की गाँठों में बेहद लाभदायक होता है।
- लिकोराइस *(यष्टिमधु)* ब्रोंकाइटिस या गंभीर सर्दी-ज़ुकाम के बाद गाढे बलगम के ख़िलाफ़ कारगर होता है। इसका धूम्रपान किया जा सकता है या चाय और काढ़े के साथ लिया जा सकता है।
- लौंग और इलायची जैसी जड़ी-बूटियाँ आवाज़ को राहत देती हैं।

# इंद्रियों की स्वच्छता : व्यावहारिक

दिन की शुरुआत हर व्यक्ति के लिए अलग-अलग होती है, जो उसकी दिनचर्या, परिवार, मौसम और स्थान पर निर्भर करती है। आयुर्वेद ने इन व्यक्तिगत अंतरों को पहचाना और सिर्फ़ एक बात कही - जहाँ भी असंतुलन हो, वहाँ *दोष* और *गुण* को फिर से संतुलित करना। आँखों, कानों, नाक, गले और मुँह की सफ़ाई की क्रिया का उपयोग प्रतिदिन जीवनभर नहीं किया जाना था; वे पर्यावरण के कारण उत्पन्न होने वाले असंतुलनों पर निर्भर विकल्प थे। कायाकल्प की दिनचर्या अक्सर इन क्रियाओं का उपयोग *रसायन* उपचारों में करती है, जिसका आधार यह सिद्धांत है कि शरीर *शीत, स्निग्ध* व *आग्नेय* है, और गतिविधि, परिवर्तन, स्नेहन और स्थिरता के स्वास्थ्यवर्धक विषयों को सुचारू रखने के लिए इन *गुणों* को फिर नियमित रूप से पूर्ण करते रहने की आवश्यकता पड़ती है।

चूँकि हर व्यक्ति के लिए एक निश्चित परामर्श नहीं दिया जा सकता है, इसलिए आयुर्वेद को अक्सर अवैज्ञानिक करार देकर खारिज कर दिया जाता है। हालाँकि, इसका उचित उपयोग किसी भी व्यक्ति को इसकी क्रियाओं का आनंद देता है क्योंकि ये व्यक्ति को इस प्रकार व्यवस्थित, ऊर्जावान और फिर से प्रेरित करते हैं कि वह अपने शरीर, मन, इंद्रियों और आत्मा पर नियंत्रण कर पाता है।

इन क्रियाओं को अपने जीवन में शामिल करने का सबसे अच्छा तरीक़ा उनसे परिचित हो जाना है क्योंकि उनकी आवश्यकता पड़ती है, और फिर मन में एक सूची-सी बन जाती है, जो हर दिन एकदम सुबह की दिनचर्या

को पूरा करते समय आपकी इंद्रियों से होकर गुज़रती है। कोई भी क्षेत्र जिस पर ध्यान दिए जाने की आवश्यकता होती है, उसके लिए कुछ दिनों, एक सप्ताह या एक महीने के लिए योजनाबद्ध कोर्स की ज़रूरत पड़ती है।

एक आयुर्वेदिक घरेलू औषधालय जो समय-समय पर आसानी से सफ़ाई को बढ़ावा देने के साथ ही, तत्काल ज़रूरतों को भी पूरा करता है, आमतौर पर रसोईघर के क़रीब होना चाहिए। इसमें आँखों के लिए ज़रूरी चीज़ें शामिल रहती हैं, जैसे गुलाब जल, घी, शहद, *महात्रिफला घृत, अंजन, एक मोमबत्ती,* एक खीरा, गाढ़ा क्रीम और हो सके तो एक आईना। किसी भी चीज़ में प्रिज़र्वेटिव नहीं होना चाहिए क्योंकि उनका मक़सद जीवन को मारना होता है। केवल नई ऊर्जा देने वाली चीज़ों को आँख में डालना चाहिए, वह भी स्वच्छ हाथों से। कानों के लिए, तिल के तेल की एक शीशी, थोड़ी रुई, एक छोटा कटोरा, कुछ ईयर बड्स और कूचा गया लहसुन रखिए। नाक के लिए, एक *नेति* पात्र का इंतजाम कीजिए, हल्दी पाउडर की शीशी, थोड़ा समुद्री नमक और *धूमपान* के लिए लौंग। गले और मुँह के लिए, लिकोराइस को सीलबंद काँच के जार में रखिए, साथ ही *काँचनार गुग्गुल,* इलायची, लौंग और दालचीनी रखिए। आप जब इस औषधालय को बनाएँ, तब अपने व्यक्तिगत नोट बनाएँ और उसमें अपने जीवन व अपनी जीवनशैली को असंतुलित बनाने वाले *दोषों* को लिखें।

## भाग - III

# स्नान

सुबह की चाय, सूर्योदय को निहारने और हल्की-फुल्की बातचीत के बाद, अब काफ़ी वृद्ध हो चूके मेरे पिता ने आज का एजेंडा जानना चाहा। यह भॉपते हुए कि मेरी माँ जाग चुकी हैं, वे ऊपरी मंज़िल पर दैनिक स्नान की दिनचर्या शुरू करने के लिए चले गए। इसके बावजूद कि आघात से उनके दाहिने हिस्से को लक़वा मार गया था, वे सुबह-सुबह स्नान की क्रिया को नहीं छोड़ सकते थे।

हम जब छोटे थे, तब तैयारी में उनकी मदद कर सकते थे, लेकिन चूँकि हम अब महिलाओं के रूप में परिपक्व हो चुकी हैं, इस कारण बाबी चुपचाप उठते हैं और अकेले ही अपने बाथरूम की ओर बढ़ जाते हैं। ध्यान के साथ-साथ वे इस संपूर्ण प्रक्रिया को पूरा करने में एक या दो घंटे का समय लेते हैं, जिसमें वे एक हाथ से खुद को संतुलित करते हुए टब के अंदर जाते हैं और फिर बाहर आते हैं। वे जब अपनी नित्यक्रिया कर रहे होते हैं, तब हम बाहर से ध्यान लगाकर सुनते रहते हैं ताकि किसी मुसीबत के संकेत को भाँप सकें। वैसे हम जानते हैं कि वे रोज़ाना की तरह बाहर निकल आएँगे जैसा कि दशकों से करते आए हैं। हालाँकि, उन्हें अकेले स्नान करने देना बहुत ख़तरनाक है, लेकिन हम जानते हैं कि यह क्रिया उनमें यह विश्वास जगाने के लिए ज़रूरी है ताकि वे साबित कर सकें कि वह अपनी देखभाल खुद कर सकते हैं।

आयुर्वेद स्नान के लिए दिन के किसी ख़ास समय को नहीं बताता है, लेकिन इस दौरान किए जाने वाले कार्यों की एक सूची अवश्य दी गई है। सबसे सही समय व्यक्ति, मौसम, कार्य, गर्म पानी की उपलब्धता तथा स्नान, भोजन, यात्रा, पूजा, आगंतुकों और पानी के स्रोत से दूरी पर निर्भर करता है।

यदि वह व्यक्ति स्वस्थ है और उसे दिन में लंबे समय तक काम करना है, तो आयुर्वेद सुबह होने से पहले उठने और जागने के फ़ौरन बाद नहाने व निकल पड़ने की सलाह देता है। स्नान की प्रक्रिया को पूरा करने के बाद, व्यक्ति स्वच्छ और दिन के लिए तैयार हो जाता है। आम तौर पर योगी सुबह नदी में स्नान करते हैं क्योंकि इससे उन्हें सुबह देर तक ध्यान और पूजा का समय मिल जाता है। ऑफ़िस के कर्मचारी व पेशेवर लोग जो घर से ज़्यादा समय बाहर बिताते हैं, वे सुबह-सुबह ही स्नान कर लेते हैं क्योंकि उन्हें अजनबियों के बीच काम करना पड़ता है और इस कारण स्वच्छ तथा अच्छा महकना होता है। दूसरी तरफ़, फ़ैक्ट्री के मज़दूरों और किसानों को अक्सर सुबह तो स्वच्छ दिखने की ज़रूरत नहीं पड़ती, लेकिन दिनभर ग़र्द-गुबार में काम करने के बाद उन्हें दिन ढलने पर स्नान करने और रात को चैन की नींद सोने की आवश्यकता पड़ती है। डॉक्टरों और रसोइयों को अपने काम की शुरुआत स्वच्छ शरीर के साथ करनी चाहिए। उन्हें हर समय दूषित चीज़ों का सामना करना पड़ता है और दिन में दो बार - काम से पहले और काम के बाद, स्नान करने की ज़रूरत पड़ती है।

वैसे घर पर काम करने वाले लोगों के पास ज़्यादा विकल्प हैं। सर्दियों में, कई लोग दोपहर होने का इंतज़ार करते हैं जब हवा का तापमान बढ़ जाता है और स्नान करना सुविधाजनक हो जाता है। दुनिया के अधिकांश हिस्सों, जहाँ गर्म पानी आसानी से उपलब्ध नहीं होता, वहाँ अक्सर लोग इस बात का इंतज़ार करते हैं कि सूरज की गर्मी से कब उनकी बाल्टी या टंकी गर्म होगी। पश्चिमी देशों में, जहाँ गर्म पानी हर समय उपलब्ध रहता है, किसी भी समय स्नान किया जा सकता है, और बाथटब का लुत्फ़ उठाने के लिए कई तरीक़े अपनाए जाते हैं, जिनमें हॉट टब, बबल बाथ, बाथहाउस, पूल पार्टी और टब में रोमांटिक डिनर जैसी चीज़ें शामिल हैं।

आयुर्वेद का पालन करना जहाँ कठिन लग सकता है क्योंकि हर निर्देश के साथ कई अलग-अलग तरह की बातें शामिल रहती हैं, वहीं कई निश्चित बातें इसके सिद्धांतों को सभी पर लागू किए जाने के लायक़ भी बनाती हैं।

आयुर्वेद की निरंतरता इसके परामर्शों पर निर्भर करती है जिसमें किसी व्यक्ति का तालमेल प्रकृति के नियमों के साथ बैठाया जाता है जैसा कि *वात, पित्त, कफ़, आम* और *अग्नि* के सिद्धांतों में संक्षेप में बताया जा सकता है। प्रत्येक परामर्श को इस प्रकार तैयार किया जाता है कि सबसे पहले किसी मरीज़ की प्रकृति का विश्लेषण किया जाता है और फिर बताए गए तत्व, क्रिया या दवा के *गुणों* पर आधारित *वात, पित्त* और *कफ़* को कम किया जाता है।

भाग - III

# स्नान

~ 17 ~

# तेल मालिश

हम जब नन्हीं बच्चियाँ थीं, तब मेरी बहन और मैं हर दोपहर आँगन में बिना कपड़ों के ही दौड़ती-भागती रहती थीं। स्नान के समय, हमारे घर की कोई बड़ी सदस्य या हमारे लिए रखी गई नैनी हमें खींचकर किचन तक ले जाती थी। हमारे कपड़े पूरी तरह उतार दिए जाते थे, फिर वह हमें संगमरमर के फ़र्श पर बैठा देती थी, जहाँ पास में ही सरसों तेल और हल्दी से भरा पीतल का कटोरा रखा रहता था। स्नान का पहला चरण था शरीर पर तेल लगाना। यह तेल सबसे पहले हमारे सिर, फिर चेहरे, कानों, बाल, गले पर लगाया जाता था और फिर हाथ, पैर, कमर और पीठ पर मला जाता था। मालिश के दौरान हर अंग को ध्यान से देखा जाता था। फिर हमें ऊँची दीवार वाले संगमरमर के बरामदे में सूरज के सामने तपने के लिए भेज दिया जाता था। ऐसा ख़ास तौर पर सर्दियों में किया जाता था, जब सर्दी के मौसम में गाढ़े *कफ़* और बलगम से जुड़ी बीमारियाँ परेशान करती हैं।

हमारी त्वचा जब गर्म हो जाती थी, और जब बरामदे में तेल से सनी छोटी-छोटी पीली हथेलियों व तलवों की छाप दिखने लगती थी, तब हमें अंदर ले जाया जाता था। अगर हमें कहीं खुजली होती थी, तो उसे सूखे हर्बल पाउडर से रगड़ कर पोंछ दिया जाता था। हर्बल पाउडर आम तौर पर तेज़ गंध वाला नीम या बबूल का हुआ करता था। रविवार को, हमारी मौसी हमारे नाख़ूनों की जाँच करती थीं और छोटी सर्जिकल कैंची से उन्हें काट देती थीं।

आख़िर में, फिसलन भरे शरीर को ध्यान से बाथरूम तक ले जाया जाता था। लोहे की बाल्टी में धूप में गर्म किया गया पानी रहता था जिससे हमारे छोटे कुलबुलाते शरीर को धोया जाता था। ज़्यादा तेल हटाने के लिए पीसी गई *मूँग* दाल के पेस्ट को लगाया जाता था और उसे हमारे बालों में गूँथा जाता था जबकि गूँथने वाले के साथ हमारी कुश्ती चलती रहती थी। हमारे सिर को दूसरी बाल्टी में रखे ठंडे पानी से तब तक धोया जाता था जब तक कि हम स्वच्छ, गंदगी से मुक्त होकर काँपने नहीं लग जाते थे। आख़िर में, धूप में सुखाया गया तौलिया एक मुस्कान के साथ हमारे चारों ओर लपेट दिया जाता था।

आयुर्वेद में तेल का काफ़ी महत्त्व है। तेल पश्चिम में जहाँ तबाही मचाने, बड़ी-बड़ी बीमारियाँ पैदा करने और मार डालने वाले के रूप में कुख्यात है, वहीं आयुर्वेद के जानकारों ने इसे एक महत्त्वपूर्ण औषधीय तत्व के रूप में कहीं अच्छी तरह समझा है। वे तेल को ऐसे औषधीय पदार्थ के रूप में देखते हैं जिसे हर हाल में ख़रीदना, रखना और सही तरीक़े से इस्तेमाल करना चाहिए।

*स्नेह* के रूप में जाना जाने वाला यह संस्कृत शब्द तैलीय, चिकना, बहने वाला और तेलों, वसा तथा घी के भारी गुणों को बताता है, जो उसे स्थिरता और स्नेहक के गुण प्रदान करते हैं। आयुर्वेद विभिन्न प्रकार के तेलों के बारे में बताता है। उनमें तिल के तेल, घी, नारियल तेल और सरसों तेल को सबसे महत्त्वपूर्ण माना गया है। सामान्य रूप से तिल का तेल असंतुलित *वात* और *पित्त* की रूखी प्रकृति को शांत करता है। शरीर में स्वस्थ अग्नि के अनुसार यदि घी का उपयोग सही मात्रा में किया जाए तो वह सभी तीन *दोषों* को फिर से संतुलित कर देता है क्योंकि यह किसी भी आग को बुझा सकता है और उसके द्वारा पचाया जा सकता है।

नारियल तेल सामान्य रूप से शीतलकारी होता है और *पित्त* की विकारी प्रवृत्ति को कम करने का शानदार माध्यम होता है। आम तौर पर यह गर्म जलवायु में इस्तेमाल किया जाता है, जैसे कि दक्षिण भारत में। यह शरीर के उन हिस्सों पर लगाया जाता है जो तेल से भरपूर होते हैं और ठंडे तापमान में काम करते हैं। अपनी तीखे और गर्म स्वभाव के कारण सरसों का तेल *कफ़* को फिर से संतुलित करता है और उसकी जिस प्रचंड दशा को *क्लेद*

कहा जाता है वह निष्क्रिय, ठंडी और बलगम वाली स्थिति को छिन्न-भिन्न कर देती है। सरसों का तेल बच्चों के लिए उनके जीवन के *कफ़* वाले चरण में काफ़ी लाभदायक होता है जब उनके शरीर के वसा और बलगम के कारण उन्हें फफूँद के संक्रमण हो जाते हैं।

आधुनिक रसायन शास्त्र ने हाल ही में अत्यधिक गर्म किए गए तेल की नुक़सानदेह प्रकृति का खुलासा किया है। इसमें लंबी सूक्ष्म कार्बन शृंखला होती है जो वसा को सीधी शृंखलाओं (सिस-वसा) से चर्बी वाले वसा (ट्रांस-फ़ैट) में बदलने को परिभाषित करती है। प्राचीन भारतीय रसायन शास्त्र ने तेलों को इस प्रकार वर्गीकृत किया था कि उन्हें कितना गर्म किया जा सकता है और कितनी देर तक गर्म किया जा सकता है। धीमी आँच पर कम समय तक गर्म किए जा सकने वाले तेलों को *मृदु पाक* कहा जाता था और उन्हें छोटी-छोटी मात्रा में भोजन, दवा या *नस्य* के लिए उपयुक्त रूप से उपयोग में लाया जाता था। ऐसे तेल जिन्हें ठीक से पकाया नहीं गया था, जिनमें पानी की मात्रा थी या जो अलग-अलग तत्वों से मिलकर बने थे, उन्हें *आम-पाक* कहा जाता था, क्योंकि उनसे शरीर में हानिकारक तत्व पैदा हो सकते थे और उन्हें इतना पकाया नहीं जाता था कि वे औषधीय बन सकें। अत्यधिक गर्म किए गए तेल को *दृढ़-पाक* नाम से जाना जाता था, जो अपचनीय होता था और उसमें किसी भी प्रकार की औषधीय क्षमता नहीं होती थी। इसे *अग्निमांद्य* नाम से जाना जाता था क्योंकि यह शरीर की पाचन अग्नि और क्षमता को कम कर देता था; ऐसा माना जाता था कि अत्यधिक ताप से परस्पर प्रभावित करने वाली और औषधीय क्षमता कम हो जाती है। केवल मध्यम समय तक या एकदम उपयुक्त आँच पर पकाए गए तेल, *मध्य-पाक* और *खरा-पाक* का उपयोग शरीर की मालिश तथा कुछ विशेष औषधीय उपयोगों के लिए किया जाता था।

प्राचीन आयुर्वेद विशेष रूप से यह भी बताता था कि मिट्टी से तेल कैसे प्राप्त किया जाना चाहिए। यह बताता था कि कौन-सी मिट्टी और किस जलवायु में सर्वोत्तम बीज पैदा किए जा सकते हैं जिनसे तेल को निकाला जा सकता है, और उन्हें किसी मौसम में उगाना व तोड़ा जाना चाहिए। कितने दिनों तक उन्हें रखा जा सकता है, और तेल में डाले जाने से पहले काढ़े में जड़ी-बूटियों को किस प्रकार मिलाया जाना चाहिए। साथ ही, यह भी बताता था कि तेल को कैसे पकाया जाए और यह कैसे पता चले कि इस्तेमाल

किए जाने से पहले यह सही आँच पर पक गया है। इसी कारण आयुर्वेद के जानकारों को तेल और उसके शरीर की रक्त वाहिकाओं, यकृत या ऊतकों से चिपकने का डर नहीं रहता था।

*स्नेहाभ्यानगाद्याथ–कुंभाष्कर्म–स्नेहविमर्दनात।*
*भावात्युपांगादक्षाष्का–द्रदाह–क्लेशासहो–यथा ॥85॥*
*तथा–शरीरमअभ्यंगाअर्द्धा–सुत्वाक–का–जायते।*
*प्रशांतामृतबाधम्–क्लेशाव्यायामासंशाहम् ॥86॥*

चरक संहिता
सूत्र-स्थान; अध्याय 5, श्लोक 85-86

किसी घड़े के समान ही, शरीर की रूखी त्वचा, और किसी गाड़ी की धुरी नियमित रूप से तेल लगाने से मज़बूत व चिकनी हो जाती है, उसी प्रकार तेल की मालिश किए जाने से पूरा मानव शरीर मज़बूत हो जाता है और त्वचा चिकनी हो जाती है। यह *वात* की बीमारियों का मुक़ाबला कर पाती है और थकान को दूर कर श्रम की ताक़त देती है।

प्राचीन पद्धति के अनुसार स्नान की प्रक्रिया की शुरुआत तेल का लेप लगाकर किए जाने के तीन मुख्य उद्देश्य थे। तेल त्वचा की एक ऐसी परत से अंदर जाता है, जो तैलीय गंदगी को उसी प्रकार छुड़ाता है जैसे साबुन। यह त्वचा को एक चिकने, तैलीय खोल से ढँक देता है, जो पानी को रोकता है, जो सूखता हुआ और नुकीला हो जाता है। साथ ही, त्वचा और ऊतकों की टिकाऊ प्रकृति को भी सुदृढ़ करता है, जो मज़बूत और लचीली होने पर स्वभाव से नम और तैलीय प्रकृति की होती है। यह अतिरिक्त *वात* के रूखा बनाने वाले गुण को कम करता है और दर्द देने वाले *वात* को शांत करता है। यह बालों को जड़ से मज़बूत और ताक़तवर बनाता है। यह घावों, त्वचा के जलने और उस पर दाने निकलने के बाद फिर से तेज़ी से स्वस्थ होने में भी मदद करता है क्योंकि यह त्वचा के ऊतकों को ठीक करने वाले तत्वों के लिए सहायक होता है।

- तैलीय गंदगी को हटाने, रूखेपन को दूर कर त्वचा और ऊतकों को मज़बूत करने के लिए एकदम उपयुक्त तापमान व सही समय तक गर्म किए गए तेल का उपयोग करें।
- तेलों का राजा कहा जाने वाला तिल का तेल बुज़ुर्गों के लिए, *वात* के रोगों, तथा सर्दियों के आने से ठीक पहले की ठंडी हवा के मौसम के लिए बेहतरीन होता है।
- नारियल का तेल शीतलता प्रदान करता है और *पित्त* को कम करता है।
- सरसों का तेल स्वभाव से तीखा और गर्म होता है तथा *कफ़* को फिर से संतुलित करता है। यह *कफ़* वाले दौर से गुज़रते बच्चों के लिए लाभकारी होता है जब उनके शैशवकाल की चर्बी और बलगम उनके लिए फफूँद के संक्रमण का ख़तरा पैदा करते हैं।

जैसे-जैसे पश्चिमी, शहरी और आधुनिक जीवनशैली अपनी उत्पादकता, सनक में की जाने वाली ख़रीदारी और आसानी से टूट जाने वाले संबंधों (*वात* की सोचें) की दिशा में तेज़ी से घूम रही है, वैसे-वैसे लोग अपने हाथों और पैरों में रूखेपन पर गौर करते हैं। वे तुरंत हैंड सैनिटाइज़र का इस्तेमाल करते हैं, और जब 62 प्रतिशत इथाइल अल्कोहल सूख जाता है, तब उन्हें फिर से अपने हाथों में रूखापन महसूस होने लगता है, इसलिए वे लोशन की मोटी परत लगा लेते हैं। वे स्नान के बाद लोशन लगाते हैं। वे क्रीम, लोशन, जेल, फ़ोम, मरहम और ग्लिसरीन लगाते हैं लेकिन शुद्ध तेल लगाने से डरते हैं 'क्योंकि उससे कपड़ों पर दाग़ लग जाता है।'

लोशन तेल को रोक देते हैं लेकिन उसके अंदर लोशन के रसायन भी छिपे रह जाते हैं। जल्द ही त्वचा सूखती है या उसमें दरार पड़ने, लाल होने या दाने निकलने की समस्या पैदा हो जाती है। इसका इलाज अक्सर एक गाढ़ी क्रीम या औषधीय मरहम होता है, जिसमें प्रेडनिसोन, शक्तिशाली सूजन-रोधी रसायन या एंटीबायोटिक दवाइयाँ होती हैं। बैक्टीरिया पहले ही प्रवेश कर चुका था क्योंकि अल्कोहल के सूखने के कारण त्वचा में दरार पड़ गई थी। फिर एंटीबायोटिक क्रीम सभी स्थानीय बैक्टीरिया का सफ़ाया

कर देती है जो सामान्य तौर पर त्वचा के ऊपर रहते हैं ताकि वातावरण के नुक़सान पहुँचाने वाले बैक्टीरिया वहाँ शरण न ले सकें। यह एक चक्र है जिसके कारण लंबे समय तक त्वचा में खुजली या संक्रमण पैदा हो जाता है। और यह एक ऐसा चक्र होता है जो शायद ही औषधीय तेलों के उपयोग से ठीक किया जा सकता है।

- ऐसे लोशनों और सैनिटाइज़रों से बचिए जिनमें अल्कोहल होता है और जो त्वचा में तेल व रसायन को जकड़ देते हैं।

लिपिड रसायनशास्त्र का शब्द है जिसका प्रयोग वसा के लिए किया जाता है। इसमें तरल या ठोस रूप में सारी फिसलन वाली चीज़ें शामिल रहती हैं। डिटर्जेंट, साबुन तथा क्लीनर्स इन्हीं लिपिड वसा के कारण फिसलन वाले होते हैं और उनका इस्तेमाल चर्बी के गोलों (जैसे बबल) में रसायन को पकड़ने तथा उस जगह से बाहर निकालने के लिए किया जाता है जहाँ वे छिपे रहते हैं, जैसे कि त्वचा, कपड़ों या ग़ैर-फिसलन वाली सतहों पर। सफ़ाई के लिए वे आदर्श होते हैं। पेट्रोल में जिन तेलों का इस्तेमाल नहीं किया जा सकता, उनके बचे-खुचे हिस्से से पेट्रोलियम-आधारित क्लीनर्स की एक पूरी इंडस्ट्री खड़ी हो गई है। इसका इस्तेमाल प्लास्टिक, क्लीन्ज़र और कुछ दवाओं के निर्माण में किया जाता है।

आयुर्वेद वनस्पति और जीवित पशुओं से मिलने वाले वसा के इस्तेमाल को तरजीह देता है क्योंकि यह ऐसी जैविक ताक़तों की हिमायत करता है जो वसा के साथ अलग तरीक़े से क्रिया करते हैं जब वे किसी सजीव, जैविक माहौल में रहते हैं। यह पौधों, बोन मैरो के जूस और पशुओं के दूध से बने घी को बेहतर मानता है। इसका कारण यह है कि इस प्रकार का वसा जीवित प्राणियों में एंजाइमों द्वारा संश्लेषित होता है, और उन्हें मानव शरीर पूरी तरह से पचाने में सक्षम होता है। आयुर्वेद ने इसी तर्क का परीक्षण किया, भोजन में पौधों, दवा और औषधीय चीज़ों के तेल के साथ प्रयोग किया, और उन मरीज़ों का गहन अध्ययन किया जब वे *वात, पित्त* और *कफ़* को

लेकर अपने सिद्धांतों को लागू कर रहे थे। इस अध्ययन की जाँच हुई और ग्रंथों में दर्ज किए जाने से पहले उन पर चिकित्सकों के समूहों में चर्चा हुई।

यही कारण है कि आयुर्वेदिक चिकित्सक तेलों पर सिंथेटिक वसा और नए वनस्पति तेलों, जैसे कैनोला (जो असल में अलसी का तेल होता है), कुसुम, मिश्रित वनस्पति या आनुवंशिक रूप से परिवर्तित मक्का के तेल या मूँगफली के तेल की तुलना में अधिक भरोसा करते हैं।

- पेट्रोल या गैसोलीन के सह-उत्पादों से बने तेल की तुलना में पौधों से निकाले गए प्राकृतिक तेल का चुनाव करें।

योग स्टूडियो में एक छात्रा ने कक्षा के दौरान अपने सूखे हाथों पर झाग वाला लोशन लगा लिया। वैद्य ने उसे ऐसा करते देखा और मज़ाक़ के अंदाज़ में पूछा, 'इसके बाद तुम उस लोशन को खा भी जाओगी?' वह भौं सिकोड़ते हुए बोली, 'बिलकुल नहीं। मैं बीमार पड़ जाऊँगी। शायद यह ज़हरीला है।' यह सुनकर वैद्य ने पलट कर कहा, 'तो फिर तुमने इसे अपनी त्वचा पर क्यों लगाया। क्या तुम्हारी त्वचा नहीं खाती है?'

इसके बाद ट्रांसडर्मल दवाओं जैसे नाइट्रोग्लिसरीन पैच, निकोटीन पैच, जन्म नियंत्रण पैच और दर्द की दवा पर आँखें खोल देने वाली चर्चा हुई। हम सभी ने ट्रांसडर्मल दवाओं के त्वरित असर की बात सुन रखी थी और यह भी जानते थे कि कैसे अपने तेल आधारित फ़ॉर्मूले के कारण रसायन हमारी त्वचा की वसा की परतों को भेद सकते थे।

हाल के वर्षों में, विज्ञान ने हमारे शरीर में प्रवेश का रक्त के अलावा एक और रास्ता - हमारी त्वचा के ज़रिये दिखाया है। लिम्फ़ और नसों की मौजूदगी के बारे में तो सब जानते थे और यह भी कि प्रत्येक कोशिका झिल्ली लिपिड द्विपरत से मिलकर बनी होती है। हाल ही में वाहिकाओं के एक नेटवर्क की खोज की गई है जो तंत्रिका कोशिकाओं को इन्सुलेट करने वाले मुख्य मार्गों के साथ-साथ चलता है। रसायन सिग्नल, और इसके साथ चर्बी के बुलबुलों में जमा हुई दवाइयाँ इन मुख्य मार्गों से तुरंत ले जाई जाती हैं।

परीक्षणों ने दिखाया है कि तेल में उबाली गई ऐसी दवाइयाँ जो रेडियोधर्मी तत्वों से जुड़ी होती हैं और त्वचा, ख़ासकर सिर व पीठ पर, लगाई जाती हैं, उनकी मौजूदगी तेल लगाए जाने के कई दिनों बाद मस्तिष्क और रीढ़ के सबसे गहरे तरल हिस्सों में पाई गई। इससे तेल आधारित आयुर्वेदिक मालिश की थेरेपी पर पूरी तरह से मुहर लग गई और आयुर्वेदिक *पंचकर्म* करने वाले अस्पतालों से भी नैदानिक प्रमाण मिले, जहाँ रीढ़ और नसों से जुड़ी समस्याओं का इलाज आत्मविश्वास और पूर्णता के साथ किया जाता है। वहाँ लोशन और साबुन पर तब तक पाबंदी होती है जब तक कि उन्हें औषधीय रूप से तैयार न किया गया हो। अलग से मिलाए गए सिंथेटिक रसायन के विषैले तत्वों के बिना, शरीर अपना काम करता है, और जैविक रूप से उपयुक्त तेल की स्वस्थ करने वाली शक्तियों का लाभ उठाता है।

❧ याद रखिए, हम अपनी त्वचा के माध्यम से भी भोजन करते हैं। यदि आप इसे अपने मुँह में नहीं डालते, तो त्वचा पर भी मत डालिए।

❧

पहली बार मैंने जब केरल में *अभ्यंग* का आनंद उठाया तो थेरेपी करने वालों की प्रेमपूर्ण दयालुता से मैं भावविभोर हो गई। *अभ्यंग* में तेल से शरीर की मालिश होती है जिसमें आयुर्वेद के सिद्धांतों का पालन किया जाता है। चार स्त्रियाँ मेरे कमरे में आईं, हौले से मेरे कपड़ों को उतारा और फिर मुझे नीम की टेबल पर लिटा दिया। मेरे सिर पर, फिर चेहरे, गर्दन, पीठ और तलवों के नीचे गर्म तेल डाला। फिर उन्होंने मुझे पीठ के बल लिटाया और उनमें से हर एक मेरे एक-एक हाथ और पैर के बग़ल में खड़ी हो गई। समान रूप से गर्म तेल लेकर उसे लयबद्ध रूप से लगाते हुए, वे मेरे धड़ से नाख़ूनों की तरफ़ बाहर की ओर मांसपेशियों की मालिश कर रही थीं। बीच-बीच में वे मुझे नई मुद्रा में घुमा-फिरा रही थीं, और इस दौरान अपनी लयबद्ध लेकिन अच्छी पकड़ से मालिश करती जा रही थीं। इस प्रकार कई दिनों तक क्रमवार, उन्होंने मेरी मालिश जारी रखी और हर बार लयबद्ध लेकिन इस प्रकार का स्पर्श दिया जिससे कुछ बिंदुओं को वे सक्रिय कर रही थीं।

*गात्र मर्दन,* या तेल से हाथ-पैर की मालिश स्नान की प्रक्रिया का एक अनिवार्य हिस्सा होता है। तेल को त्वचा में प्रवेश कराने के साथ ही, यह ऊतकों को दबाता है जिससे पुराने तेलों और रसायन में फँसा लैक्टिक एसिड जैसा विषैला पदार्थ निकल जाता है जो पहले प्रवेश कर गया होगा। आयुर्वेद कहता है कि किसी छड़ी को तेल में डुबाकर छोड़ दिया जाए और प्रतिदिन उसकी मालिश की जाए तो वह इतनी सुडौल व मज़बूत हो जाती है कि उसे भले ही मोड़ दिया जाए लेकिन तोड़ा नहीं जा सकता। यह कहता है शरीर पर प्रहार करने या कठोर परिश्रम करने से वह घायल नहीं होगा, और त्वचा के रंग तथा मांसपेशियों में उम्र के थपेड़ों से आने वाले अंतर को रोका जा सकता है।

कई मरीज़ मुझसे कहते हैं कि उनके पास मालिश के लिए समय या पैसा नहीं है। आयुर्वेद में एक महत्त्वपूर्ण कला के रूप में खुद से मालिश की बात भी बताई गई है। इससे हाथ मज़बूत रहते हैं और हमें अपने शरीर के बारे में पूरी जानकारी भी रहती है। यह हमें सिखाता है कि गर्म तेल के तापमान का पता कैसे लगाया जाए और उसी प्रकार अपने शरीर की देखभाल उसी प्रकार करें 'जिस प्रकार एक सारथी अपने रथ की देखभाल करता है।' हमें तीन प्रकार की मालिश सीख लेनी चाहिए, *अनुलोम,* जो बालों के घुमाव की दिशा में होती है, आम तौर पर बाहर की ओर। *प्रतिलोम,* जो बालों की विपरीत दिशा में होती है, आम तौर पर शरीर के अंदर की ओर, तथा *गोलाकार,* जिसे कोहनी, कंधों, घुटनों और एड़ियों के चारों ओर किया जाना चाहिए।

- मालिश से तेल त्वचा के अंदर जाता है, ऊतकों को दबाता है जिससे लैक्टिक एसिड जैसे हानिकारक तत्व बाहर निकल आते हैं जो पुराने तेल और रसायन के साथ पहले प्रवेश कर गए होंगे।
- स्वयं अपनी मालिश करना भी उतना ही प्रभावी होता है और उससे हाथ मज़बूत होते हैं।
- तीन मुख्य मालिशें होती है, *अनुलोम,* जो बालों की दिशा में की जाती है; *प्रतिलोम,* जो बालों की उल्टी दिशा में की जाती है; और *गोलाकार,* जो कोहनी, कंधों, घुटनों व एड़ियों के चारों ओर की जाती है।

समय-समय पर, मेरी मौसियाँ साथ मिलकर तेल मालिश किया करती थीं। वे बिना बाजू वाली पुरानी नाइटियाँ पहन लेती थीं और सरसों या नारियल तेल से एक-दूसरे की मालिश किया करती थीं। फिर, खुशबूदार पाउडर निकाला जाता था। उसे एक कटोरे में रखा जाता था, और मेरी मौसियाँ बारी-बारी से एक-दूसरे के हाथों पर उस पाउडर को रगड़ती थीं। ऐसा करते समय उन थुलथुले हिस्सों का ख़ास ख़याल रखा जाता था जो मालिश के दौरान बाहर निकलता रहता था। जब इतनी गर्मी लगने लगती थी कि ताप को बर्दाश्त नहीं किया जा सके, तो वे दूसरी बाँह को रगड़ना शुरू कर देती थीं, जिसमें हर एक की मालिश कई दौर की होती थी, जब तक कि तेल पूरी तरह से सूख न जाए और हाथ-पैर गर्म न हो जाएँ। फिर वे एक-एक कर स्नान के लिए चली जाती थीं।

*उद्वर्तनम* चर्बी हटाने के लिए खुरदरे पाउडरों का इस्तेमाल करना है। अपने सूखे, रूखे रूप के साथ ही सुगंधित हर्बल तेलों के कारण, वे त्वचा पर लगाए जाने वाले तेल के माध्यम से *कफ़* की प्रकृति वाली चर्बी में प्रवेश कर जाते हैं, उसे खंडित करते हैं और समय के साथ धीरे-धीरे उसे समाप्त कर देते हैं। *उद्वर्तनम* के कई प्रकार होते हैं, जो उसकी सामग्रियों और दोषों पर उनके प्रभाव पर निर्भर करते हैं। *उत्सादन* तेल और पाउडर पेस्ट का एक मिश्रण होता है जिसे शरीर के मैल को छुड़ाने और उसकी चमक को बढ़ाने के लिए शरीर पर रगड़ा जाता है। यह सामान्य रूप से विवाह या किसी शुभ और भव्य अवसर से पहले किया जाता है। *उद्घर्षण* भी इसी प्रकार का है लेकिन इसमें एक पाउडर का उपयोग किया जाता है जो शरीर से अतिरिक्त जल हो दूर करने के लिए उसे सुखा देता है। इसका उपयोग त्वचा में अपने साथ पानी को बनाए रखने वाले अनावश्यक तत्वों और दूषित पदार्थों के कारण पैदा होने वाली समस्या को दूर करने के लिए दवा के रूप में कहीं अधिक किया जाता है। अक्सर, रूखेपन के कारण पैदा होने वाले विद्युत आवेश के माध्यम से इस क्रिया को तेज़ करने के लिए स्किन क्लॉथ का उपयोग भी किया जाता है।

शरीर पर तेल मलने में कुछ विरोधाभास भी हैं। आयुर्वेद की सलाह है कि जब पाचन अग्नि, या *अग्नि* संतुलित न हो तब इस पर तेल लगाना

ख़तरनाक होता है। इसका कारण यह है कि लंबे समय के दौरान तेल रास्तों को बंद कर देता है और पहले से असंतुलित अग्नि को बुझा देता है। तेल की *कफ़* की प्रकृति, धीमी, निष्क्रिय और शीतल करने वाली प्रवृत्तियों के कारण शरीर की अग्नि को और भी मंद कर देती है, जिससे कोई भी व्यक्ति आलसी हो जाता है और शायद उसकी भूख भी मर जाती है। इसलिए तेल लगाने के बाद व्यायाम करने की सलाह दी जाती है। व्यायाम से पसीने के लिए रोम छिद्र खुल जाते हैं, *अग्नि* केंद्रीकृत हो जाती है और नुक़सानदेह तत्वों को बाहर निकालने में मदद मिलती है, जिससे शरीर अपने हल्के, ऊर्जावान, पुराने जोश और पूर्ण क्षमता की स्थिति में लौट आता है।

~ 18 ~

# *व्यायाम* : कसरत

संतोषपुर में बाबी बाथरूम से पुराने नेवी टेनिस के शॉर्ट्स पहनकर बाहर निकला करते थे, जिन्हें भारत में कभी सार्वजनिक तौर पर नहीं पहना जा सकता था। चेहरे पर मुस्कान और चमकदार पीली-भूरी खुली छाती वाले शरीर के साथ, वह पूरी ताक़त से 4000 वर्ग-फुट के फ़्लैट के चारों ओर तेज़ी से पैदल चलना शुरू कर देते थे। कुछ देर बाद, वे किसी बेडरूम में खड़े हो जाते और फिर दंड-बैठक, झुकने-मुड़ने के साथ ही वार्म अप शुरू कर देते, जैसा कि खेल के मैदान में अक्सर देखने को मिलता है। इसके बाद, वे अपनी गर्दन के चारों ओर एक सूती तौलिया लपेट लेते और उसे लपेटे हुए ही छत के चारों ओर तेज़ी से चक्कर लगाते। लौटते ही, अपने माथे पर पसीने को छूकर देखते थे और इस बार बाथरूम में स्नान के लिए चले जाते थे।

मेरी माँ के दादाजी भी नियमित रूप से *व्यायाम* किया करते थे। वे वाराणसी के देवनाथपुरा लेन स्थित अपने घर में शरीर पर तेल लगाया करते थे। धोती पहनने के साथ ही एक सूती तौलिया और साफ़ धोती लेकर वे प्रसिद्ध प्राचीन नगरी की गलियों में तेज़ी से निकल पड़ते और उसी रफ़्तार में गंगा के घाटों की तरफ़ बढ़ जाते थे। वहाँ पहुँचकर, वे 50-60 सीढ़ियाँ नीचे उतरते और फिर अपनी स्ट्रेचिंग पूरी करते थे, जिसके बाद रोज़ाना के स्नान के लिए नदी में प्रवेश कर जाते थे।

मालिश से जहाँ तेल त्वचा के अंदर प्रवेश करता है और तेल में घुलनशील कुछ हानिकारक तत्वों को बाहर निकलता है जो सतह के भीतर मौजूद रहते हैं, वहीं ऐसे तत्वों को शरीर के बाहर निकालने का सबसे अच्छा तरीक़ा शरीर से व्यायाम करना है। व्यायाम से शरीर में गर्मी उत्पन्न होती है, जिससे तैलीय हानिकारक तत्व घुल जाते हैं और बाहर निकल आते हैं। व्यायाम से शरीर में ख़ून का प्रवाह भी तेज़ होता है। इससे शरीर की सतह के पास की सूक्ष्म कोशिकाएँ खुल जाती हैं, जो दूर के स्थानों से त्वचा में और उससे बाहर तक रक्त लेकर आती हैं। व्यायाम से रोम छिद्र और ऐसे मार्ग भी खुल जाते हैं जिनसे पसीने के माध्यम से त्वचा तक जाने वाले हानिकारक तत्व को बाहर निकाला जा सकता है।

व्यायाम तीन प्रकार के होते हैं, जिनमें एरोबिक प्रमुख है। यह वैसे लोगों के लिए उपयोगी है जो कि प्रतिरोधक क्षमता विकसित करना चाहते हैं और जो लचीलापन पाना चाहते हैं। तीनों ही प्रकार *पित्त* और *कफ़* को संतुलित करते हैं। ये *वात* को भी फिर से संतुलित करते हैं, हालाँकि अत्यधिक व्यायाम से वह बढ़ भी सकता है। व्यायाम से हिप्पोकैंपस का आकार बढ़ जाता है। यह स्मृति के लिए ज़िम्मेदार मस्तिष्क की संरचना होती है। मनोवैज्ञानिक परीक्षण बताते हैं कि व्यायाम के बाद स्मृति में काफ़ी सुधार होता है। संभवतः इसका कारण बढ़ा हुआ रक्त संचरण, मस्तिष्क तक ऑक्सीजन का पहुँचना और बेहतर मूड हो सकता है। व्यायाम से न्यूरोप्लास्टिसिटी, यानी मस्तिष्क की कोशिकाओं की फिर से उत्पन्न होने और शरीर की आवश्यकताओं के अनुसार कोशिका के कार्यों में फेरबदल की क्षमता भी बढ़ जाती है।

एरोबिक व्यायाम ऐसी गतिविधि है जो ऑक्सीजन तथा फेफड़े की शक्ति का उपयोग करती है। यह कार्डियोपल्मोनरी (हृदय और फेफड़े से जुड़े) तंत्र को सक्रिय कर देता है। इसे कैलोरी व वसा कम करने के लिए भी जाना जाता है। प्रतिरोधकता का प्रशिक्षण ऐसा व्यायाम है जो मांसपेशियों पर ज़ोर डालता है, वज़न की तुलना में माँसपेशियों, रंध्र, स्नायुबंधन को सुगठित बनाने पर काम करता है, जिससे शरीर की क्रिया काफ़ी हद तक बढ़ जाती है, और वह सुडौल हो जाता है। इस प्रकार, वह टूट-फूट और फ्रैक्चर का

सामना कर सकता है। सभी प्रकार के व्यायाम स्नान से पहले के *व्यायाम* के लिए लाभप्रद होते हैं।

*लाघवम्-कर्मसामर्थ्यम्-दीप्तो-अग्निर्मेदसः-क्षयः।*
*विभक्तघनगात्रत्वम्-व्यायामादुपजायते।।*

शारीरिक व्यायाम की आदत शरीर को हल्का और काम में फुर्तीला बनाती है। पाचन शक्ति को बढ़ाती है, मोटापा कम करती है, शरीर हृष्ट-पुष्ट बनाने के साथ ही उसके सौष्ठव में भी सुधार करती है।

अष्टांग हृदयम्
सूत्र-स्थान; अध्याय 2, श्लोक 11

इसलिए तेल लगाने के बाद व्यायाम की सलाह दी जाती है क्योंकि यह पसीने के लिए मार्गों और छिद्रों को खोल देता है, *अग्नि* को केंद्रीकृत करता है तथा हानिकारक तत्वों को बाहर निकाल कर, शरीर को हल्के, ऊर्जावान और नए जोश तथा सर्वोत्तम स्थिति में लाने में सहायता करता है।

- तेल लगाने के बाद व्यायाम अनिवार्य है क्योंकि यह पसीने के लिए मार्गों और छिद्रों को खोल देता है, *अग्नि* को केंद्रीकृत करता है और हानिकारक तत्वों को बाहर निकाल देता है।

~ 19 ~

# प्राणायाम : सचेत श्वसन

आघात के कारण लक़वे का शिकार होने के बावजूद, मेरे बाबी के फेफड़े एकदम ठीक थे। वे अपने प्रिंसटन स्थित घर में रह रहे थे। उनका शरीर जब यह सब नहीं कर पाता, जो वे करना चाहते हैं, तब हताश और काफ़ी हद तक गुस्से से लाल भी हो जाते हैं। उनके फेफड़े में इतनी ताक़त है कि उनकी चीख़ पड़ोसियों के कानों तक भी पहुँच जाती है। उस आवाज़ से आप कह नहीं सकते कि उनका शरीर उस हद तक क्षतिग्रस्त हो चुका है।

हर दिन स्नान के रूटीन के अनुसार, वे अपने बाथरूम में चले जाते हैं, एक हाथ से कपड़े उतारते हैं, संतुलन बनाते हुए कुर्सी पर बैठ जाते हैं। फिर गर्म किए गए तेल को हाथ में लेते हैं, जो संतोषपुर वाले पीतल के कटोरे में मेरी माँ रख दिया करती हैं, और धीरे-धीरे बाएँ हाथ, दोनों पैरों, शरीर व गर्दन पर मलते हैं। इसके बाद पीठ तथा दाहिने हाथ की मालिश के लिए माँ को आवाज़ लगाते हैं। मेरी माँ उनके फिसलन भरे शरीर को जहाँ तक वह सहन कर सकता है, व्यायाम कराती हैं, फिर वे *प्राणायाम* की शुरुआत, *भस्त्रिका* और *कपालभाति* के कई दौर के साथ करते हैं। आख़िर में *नाड़ी-शोधन* के लिए कई बार *अनुलोम-विलोम* करते हैं। अगर मैं बाथरूम के दरवाज़े के बाहर खड़ी रहती थी, तो मुझे उनके साँस के व्यायाम की आवाज़ साफ़ सुनाई देती थी, जिस तरह मैं भारत में दशकों पहले सुना करती थी। तब मैं एक उत्सुक बच्चे की तरह उनकी सारी रूटीन को देखती थी। अपने व्यायामों को पूरा करने के बाद ही वे आहिस्ता से उठते और फिर स्नान करते थे।

मैं बरसों यही सोचती रही कि जब सही ढंग से स्नान करने में ही उन्हें इतनी मशक्कत करनी पड़ती थी, तो फिर वे योग करने में इतना समय क्यों लगाते हैं जबकि उनका शरीर भी साथ नहीं देता। मेरी माँ ने बताया कि वे *प्राणायाम* इस कारण करते हैं क्योंकि फेफड़ों को साफ़ करना स्नान से पूरे शरीर की स्वच्छता का अनिवार्य हिस्सा है। वे बोलीं, 'पश्चिमी जगत के लोग सिर्फ़ साबुन-पानी से बाहरी त्वचा को कीटाणुओं से मुक्त कर लेते हैं, और यह सोच लेते हैं कि वे स्वच्छ हो गए।' एक स्नान से दूसरे स्नान के बीच उनके शरीर के छिद्रों से बदबू निकलती रहती है। उन्हें त्वचा और फेफड़ों की भीतर से सफ़ाई का ख़याल ही नहीं आता। वे त्वचा को सुडौल और रोगमुक्त कर मज़बूत बनाने के प्रयास भी नहीं करते। शायद इसी वजह से उनके शरीर में विटामिन डी इतनी आसानी से नहीं बन पाता है। वे स्नान से पहले व्यायाम नहीं करते, जिससे उनके छिद्र भी नहीं खुल पाते हैं। वे फेफड़ों को साफ़ नहीं करते या अन्य सारी चीज़ों के साथ-साथ शरीर के छिद्रों को ठीक से नहीं रगड़ते। पसीने के ज़रिये तैलीय हानिकारक तत्वों को खुले रोम छिद्रों से बाहर निकालने के साथ-साथ फेफड़ों को स्वच्छ करने का सबसे अच्छा तरीक़ा *प्राणायाम* ही है। बाबी स्नान से पहले साँस का व्यायाम करते हैं ताकि ख़ुद को *प्राण* की शक्ति का स्मरण दिला सकें।

❧

किसी अच्छी योग क्लास में *प्राणायाम* के रूपों को सीखा जा सकता है। *भस्त्रिका*, या साँस की धौंकनी चेतन मन से निरंतर साँस को खींचने की मौलिक प्राणायाम क्रिया है, जिसका समापन उसे रोकने से होता है जिसे *कुंभ* कहते हैं। इसमें चेतन मन से साँस को छोड़ा जाता है। *भस्त्रिका* फेफड़े में रोककर रखी जाने वाली वायु की मात्रा को अधिकतम करती है और फिर पूरी ताक़त के साथ उसे बाहर निकालती है, जिससे डायफ्राम और फेफड़ों के आसपास फुफ्फुस थैली को व्यायाम मिलता है।

*कपालभाति* का शाब्दिक अर्थ है माथे *(कपाल)* के साथ-साथ चमक *(भाति)*, जो पसीने की उन छोटी-छोटी बूँदों को बताता है जो *कपालभाति* में साँस की तेज़ क्रिया से उत्पन्न होती हैं। *नाड़ी-शोधन* का मतलब है मार्गों की स्वच्छता और यह नाक के रास्तों को बताता है। *अनुलोम-विलोम* एक नासिका छिद्र से वायु को खींचने और दूसरे से छोड़ने की क्रिया है, जिसमें

एक के बाद दूसरी नासिका को बंद करने और खोलने के लिए एक अँगुली का उपयोग किया जाता है। *उज्जया* स्वर ग्रंथियों को एक *बंध* या बंधन में जकड़ लेती है, और पूरी ताक़त से हवा को उसके माध्यम से छोड़ती है, जिससे गले की मांसपेशियाँ पुष्ट होती हैं। शीतली और शीतकारी साँस को ठंडा करती हैं जिसमें तालू पर मुँह के पीछे, ठीक पीयूष ग्रंथि के नीचे हवा के प्रवाह को खींचा जाता है। *भ्रामरी* भँवरों के समान *प्राणायाम* है जिसमें नासिका के सिवाय सिर के सभी छिद्रों को बंद कर साँस को नियंत्रित किया जाता है, जिससे कपाल के भीतर अल्ट्रासाउंड जैसा प्रभाव उत्पन्न होता है। इससे कफ़ और बलगम बाहर निकल जाता है। नियमित रूप से इसका अभ्यास करने से, *प्राणायाम* संचरण और सहनशक्ति को बढ़ाता है।

- शॉवर लेने या स्नान करने से पहले, *कपालभाति* जैसी साँस की ताक़त लगने वाली व्यायाम करें। बाहरी हानिकारक तत्वों की सफ़ाई से पहले अंदर के अनावश्यक तत्वों को बाहर निकाल फेंकें।

~ 20 ~

# वेग : शरीर की तीव्र इच्छा

आस-पड़ोस के सभी घरों की दिनचर्या का पता हम महज उनके वहाँ से आ रही शरीर से जुड़ी आवाज़ों से लगा लिया करते थे। अपने बचपन में, जीभ साफ़ करते समय गले से निकलने वाली आवाज़ और गरारे की आवाज़ बाथरूम से बाहर तक अपने ही अंदाज़ में गूँजती रहती थी। उसके बाद पानी के बहाव की आवाज़ सुनाई देती थी। सुबह-सुबह स्कूल के लिए भाग-दौड़ से पहले हम बाल्टियों में पानी भरने की आवाज़ सुन सकते थे। बीच-बीच में, किसी बच्चे के रोने की आवाज़, किसी के बेक़ाबू होकर छींकने, और खाने के बाद बर्तन हटाए जाते समय पेट की गड़गड़ या ज़ोर से ली गई डकार हवा में गूँज जाया करती थी।

इस प्रकार के संकेत बताते थे कि लोग जीवित हैं और बिना संकोच जीवन जी रहे हैं। इसके विपरीत, स्वतंत्र देश में जीवन बंधनों में अधिक बँधा हुआ था। हम जब अमेरिका चले आए, तब बाबी ने शुरुआत में अपना रूटीन नई संस्कृति के अनुसार बदल लिया। वे जब कभी गरारे या जीभ साफ़ करते समय ज़ोर की आवाज़ किया करते या फिर खाने के बाद डकार लिया करते, तो मेरी माँ उन्हें टोक दिया करती थी। दो वर्षों बाद, हम अपार्टमेंट से एक घर में शिफ़्ट हो गए जिसका एक बड़ा आँगन था और घरों के बीच अच्छी-ख़ासी दूरी भी थी। उसके बाद से ही, हमने पड़ोसियों से कुछ दूरी बना ली ताकि बिना रोक-टोक बाथरूम में 'नहाते समय गाने' और अपने शरीर के प्रवाह को

खुलकर जारी रखने की अपनी स्वतंत्रता की रक्षा कर सकें।

आयुर्वेद शरीर के माध्यम से होने वाले प्रवाहों की व्याख्या करता है जिनका सीधा संबंध मन में उठने वाले सूक्ष्म आवेगों से होता है, जिन्हें वेग कहते हैं। *वात* के इन रूपों को दबाने से असंतुलन और फिर बीमारियाँ पैदा होती हैं।

*शारीरिक* या शरीर के वेग, जिनकी शुरुआत मुख्य रूप से शरीर के बाहर की ओर निर्देशित *वात* से होती है, उन्हें *अधारणीय* (अ - नहीं; *धारण* - रखना) *वेग* कहते हैं क्योंकि उन्हें आसानी से रोका नहीं जा सकता है। आध्यात्मिक विकास और सामाजिक भलाई की ख़ातिर *मानसिक* या मनोवैज्ञानिक वेगों पर स्वैच्छिक नियंत्रण *(धारणीय)* कर स्वयं ही जाँच-परख की जानी चाहिए न कि उन्हें जगज़ाहिर करना चाहिए।

विशेष कारणों से तेरह शारीरिक *वेगों* को रोका नहीं जाना चाहिए। इस प्रकार के *वेग* अनायास ही शरीर से बाहर निकल जाते हैं और शरीर के चयापचय का हिस्सा होते हैं। शरीर से गंदगी या *मलों* को साफ़ करने के लिए ऐसा करना ज़रूरी होता है। इनके प्रवाह के बिना, हानिकारक तत्व विकसित होने लगते हैं।

| | | | |
|---|---|---|---|
| मूत्र त्याग | वमन | उबासी | आँसू |
| पेट की गतिविधियाँ | छींक | भूख | नींद |
| यौन राहत | डकार/हिचकी | प्यास | हाँफना |
| गैस छोड़ना | | | |

चरक संहिता
सूत्र-स्थान; अध्याय 7, श्लोक 3-4

शरीर के इस प्रकार के वेगों का संबंध तंत्रिकाओं से होता है और वे तब पैदा होते हैं जब शरीर के मार्गों पर वायु, तरल या ठोस तत्वों का दबाव बढ़ जाता है। उदाहरण के लिए, जब बैक्टीरिया या आँतों में रासायनिक क्रिया

से गैसें बनती हैं, तब वे पहले आँतों को फुला देती हैं और ऊपर या नीचे की ओर धकेलते हुए बाहर निकलती हैं।

शरीर के प्रवाह इस बात के संकेत देते हैं कि कुछ चीज़ों, मुख्य रूप से *अपान वायु* (पेडू के माध्यम से शरीर में नीचे और बाहर की तरफ़ प्रवाह) और *उदान वायु* (कंठ के माध्यम से शरीर में ऊपर और बाहर की तरफ़ प्रवाह) को बाहर निकालने जाने की आवश्यकता है। किसी वेग को रोकने या वेग को ज़बरन पैदा करने से *वात* बढ़ जाता है। इन वेगों के बारे में जानकारी होने से कोई व्यक्ति ऐसी चीज़ों के असामान्य प्रकटीकरण से बच सकता है। योग की कक्षा में, हम अपने हाथों और शरीर के प्रयोग से *प्राण* वायु व *अपान वायु* को सही और सौहार्दपूर्ण दिशा में फिर से संगठित करना सीखते हैं।

*वेगों* को मन के सूक्ष्म आवेगों से नियंत्रित किया जाता है। ये शरीर के सभी हिस्सों से संकेतों का एक संग्रह होते हैं जो साथ मिलकर अवचेतन मन को सावधान करते हैं कि शरीर को कुछ अनैच्छिक गतिविधियों की आवश्यकता है। नाक की गुहा, साइनस और कंठ में रसायनों का जमाव जब शरीर के अंगों को उत्तेजित करता है, तब ऐसे संकेत आने लगते हैं जिनसे चेहरे की अनेक मांसपेशियों में सिकुड़न, जीभ पर दबाव, नासिका के डायफ्राम में सिकुड़न तथा नासिकाओं का हवा को तेज़ी से बाहर निकालने के लिए फैलाव होता है... और उसके बाद छींक आती है। इस प्रकार का *वेग* एक स्वाभाविक इच्छा होती है जो पराग, दूषित आहार, या मिर्च के कारण पैदा होने वाली परेशानी को दूर करने के लिए हवा को तेज़ी से बाहर निकालने की आवश्यकता की पूर्ति करता है। लोग जब छींक को दबा लेते हैं, तब वे बंद मुँह व नाक पर दबाव को बढ़ा देते हैं, और उन कणों को फिर से बाहर निकलने के रास्ते में फँसा देते हैं। समय के साथ-साथ, उस प्रकार के कण दरार की दीवार में माँद बना लेते हैं और सूजन पैदा कर देते हैं।

पेडू के सबसे निचले हिस्से में तीन महत्त्वपूर्ण रस्सी जैसी मांसपेशियाँ होती हैं, जो उत्सर्जन को दबाए जाने को नियंत्रित करती हैं। निचली आँत जब भर जाती है या बड़ी आँत में सरसराहट पैदा होती है, जो गैस्ट्रोकल रिफ़्लेक्स का मिला-जुला रूप होती है, तब गुदा में दबाव, नसों में बेचैनी और दबाने वाले हिस्सों में टॉयलेट जाने की इच्छा पैदा हो जाती है। इसी प्रकार की उत्तेजना हमें मूत्राशय को ख़ाली करने के लिए प्रेरित करती है।

आयुर्वेद यह चेतावनी देता कि यदि *वेगों* को आदतन दबाया गया या लंबे समय तक ज़बरन बढ़ाने की कोशिश की गई तो उसका परिणाम बीमारियों के रूप में सामने आ सकता है। इस प्रकार की बीमारियों का उन अंगों पर कोई सीधा प्रतिकूल प्रभाव नहीं दिखता, जो सीधे तौर पर इसमें शामिल रहते हैं, लेकिन आगे चलकर यह पता चल जाएगा कि *वेग* ने किस अंग की मुश्किल को किसी अन्य वक्त पर बढ़ाया था।

मेरे ऐसे कई मरीज़ हैं, जो अपने जीवन की शुरुआत में शिफ़्ट में नौकरी करते थे और उन्हें इच्छा होने पर भी टॉयलेट जाने की इजाज़त नहीं थी। वे आधिकारिक ब्रेक तक अपनी तीव्र इच्छा को रोककर रखते थे, ताकि उनके काम में रुकावट न आए। बरसों बाद, उनमें से कई ने असंयम या क़ब्ज़ की शिकायत की। वे एडल्ट डायपर पहनते हैं और मजबूरी में नौकरी छोड़ देते हैं, या फिर कम दबाव वाले काम के समय को चुनते हैं। आधुनिक चिकित्सा में स्वैच्छिक गांरापेशियों द्वारा पेट या मूत्राशय को नियंत्रित न कर पाने को 'यह वैसे ही हो जाता है' कहकर न्यूरोलॉजिकल समस्या बता दिया जाता है।

आयुर्वेदिक दिशा-निर्देश अनेक *वेगों* के लिए उपयुक्त समय को बताते हैं। यह संकेत देते हैं कि हम उपयुक्त प्रवाह की स्थिति में हैं या नहीं। प्रातःकाल का समय पेट और मूत्राशय को ख़ाली करने का होता है क्योंकि रातभर में हानिकारक तत्व और अपशिष्ट जमा हो जाते हैं। भूख के *वेग* के लिए सुबह 8-9 बजे के *कफ़* की अवधि उपयुक्त होती है, और दोपहर की भूख के वेग के लिए 11:30 बजे से 1:30 बजे का समय सबसे उपयुक्त होता है। यदि हम सोच-समझकर शरीर के प्रवाह को जब वे होते हैं, होने दें तो शरीर में अपने निर्धारत समय पर उन *वेगों* का अनुभव होगा।

लेकिन हमारा शरीर जब संपूर्ण स्वास्थ्य की स्थिति में नहीं होता है, तब हमारे पेट में दिन के अलग-अलग समय पर इच्छा जागृत होगी। इसे अनदेखा नहीं किया जाना चाहिए, भले ही यह हमारी समय सारणी के लिए सुविधाजनक न हो। हम जब अपने शरीर का ख़याल रखते हैं और उसके संदेशों को प्रवाह के पैटर्न के मुताबिक़ समझते हैं, तब हम यह जान लेते हैं कि किस प्रकार सामंजस्य बैठाया जाए ताकि संपूर्ण स्वास्थ्य की स्थिति प्राप्त हो।

आयुर्वेद का तर्क बताता है कि शरीर के प्रवाह में कई प्रकार की मांसपेशियाँ और हॉर्मोन संबंधी गतिविधियाँ एक सामंजस्य के साथ काम करती हैं। लंबे समय तक जानबूझकर वेगों को दबाने से ये स्वचालित और व्यवस्थित प्रतिक्रियाएँ अस्त-व्यस्त हो जाती हैं। आयुर्वेद इनका इलाज बस प्रवाह को फिर से ठीक करने, शरीर के प्रभावित अंग में *वात* की वृद्धि को जड़ी-बूटियों, योग, भोजन और *वात* को शांत करने वाले तत्वों के प्रयोग से कम करके करता है, तथा *वात* के नियम के अनुसार सही क्रिया को लागू करता है। निर्बाध प्रवाह की सूक्ष्म धाराओं को जब रोका जाता है, तो उनकी स्थिति वैसी ही होती है जैसी किसी गली में हवा फँसकर रह जाती है। उस प्रवाह को फिर से धीरे-धीरे और निर्बाध तरीक़े से सुचारू बनाया जा सकता है।

ऋषियों द्वारा जंगलों में हवा के प्रवाह का ध्यान रखा जाता था। वे देखते थे कि कहीं कोई रुकावट तो नहीं है। वे नदी किनारे बैठते थे और मुख्य धारा में बहती चीज़ों को देखा करते थे। पहाड़ की तलहटी में बैठकर चोटी को छूते बादलों को देखते थे। इस प्रकार वे ब्रह्मांड में धाराओं के प्रवाह का अर्थ निकाला करते थे। प्रकृति के प्रवाह को समझने के लिए अंदाज़ लेना (संस्कृत में *अनुमान*) और सादृश्य (संस्कृत में *उपमान*) का उपयोग वैसा ही है, जैसे कि शरीर के प्रवाह को समझा जाता है। वे तर्क देते हैं और आयुर्वेद में प्रमाण आधारित दवा के स्तंभों में से एक हैं। जैसा इस ब्रह्मांड में है, वैसा ही सूक्ष्म रूप में है।

इन वेगों को अनदेखा न करें, न ही दमन करें :

- मूत्र त्याग, पेट की गतिविधियाँ, उबासी, यौन राहत, गैस छोड़ना, वमन, छींक, डकार/हिचकी, भूख, प्यास, आँसू, नींद और हाँफना।

~ 21 ~

# त्वचा और नाख़ून

हर रविवार, जब माँ मुझे और मेरी बहन को नहलाने का उपक्रम कर रही होती थीं, उस बीच बाबी मुझे अपने पास बुलाया करते थे। वे मुझे एक बड़ा सा नेल कटर थमाते और कहते थे कि मैं उनके पैरों के नाख़ून काटूँ व उन्हें बराबर कर दूँ। मुझे उनके नाख़ूनों का ग़ौर से मुआयना करना, हर नाख़ून को अच्छी तरह देखकर काटना और फिर इस तरह आकार देना अच्छा लगता था कि वे उनकी जुराबें न फाड़ दें। उसके बाद मैं बाबी के नाख़ूनों और पैरों की अँगुलियों में तेल लगाकर, एक-एक की मालिश करती थी ताकि रक्त का प्रवाह बेहतर हो सके। पैर के बाद मैं उनके हाथों पर आती थी, उसी एहतियात से उनकी भी देखभाल करती थी और मुझे उनके इतना क़रीब आने व वक्त बिताने पर एक गर्व का एहसास भी होता था। मैंने एक बार उनसे पूछा था कि इस काम के लिए रविवार सुबह का वक्त ही क्यों तय किया जाता है : मैंने देखा था कि मेरी टीचर हमें पढ़ाने के दौरान भी अपनी जगह बैठे-बैठे नाख़ूनों को अक्सर काटती रहती थीं। मेरी माँ ने मुझे बताया कि रविवार की सुबहें धूप और शांति तथा अपनी देखभाल के लिए समय देने की होती हैं।

अब, बाबी की उम्र ढल चुकी है लेकिन उनके नाख़ून कमज़ोर नहीं हुए हैं। अब भी हर रविवार वे मेरी राह देखते हैं, लेकिन कुछ शर्माई नज़र से। मैं उन्हीं हाथों को थामती हूँ जो मुझे एक बार में ही गोद में उठा लिया करते थे और फिर कंधे पर बैठाते थे। मैं उनके मज़बूत कठोर नाख़ूनों को देखती हूँ; जो उनके संकल्प की तरह ही दृढ़ और कठोर थे। मैं अक्सर डबडबाई आँखों से उन पुरानी यादों में खो जाती हूँ जब एक ऐसे व्यक्ति की बुद्धिमत्ता

के बारे में सोचती हूँ जो अपने सुंदर मज़बूत शरीर के मोह में फँस जाता है, और महत्त्वाकांक्षा के कारण उत्पन्न अपनी अनदेखी पर रुला देने वाले क्रोध को एक तरफ़ रख देता है, जिनके कारण लोग अक्सर लक़वे का शिकार हो जाते हैं। बीच-बीच में अक्सर मेरे हाथ अपने आप ही उस बड़े नेल कटर को उठा लेते हैं जो उन्हें कैंब्रिज में तोहफ़े के रूप में मिला था, और उनके पैरों के नाख़ूनों की देखभाल, उनकी जाँच, उन्हें काटना व आकार देना, तेल लगाना और हाथों की ओर बढ़ने से पहले उनकी मालिश करना शुरू कर देती हूँ। मेरा काम ख़त्म होते ही, वे आहिस्ता से उठते हैं और स्नान करने के लिए बाथरूम की तरफ़ बढ़ जाते हैं।

आयुर्वेद की *धातुएँ* शरीर के विज्ञान और ऊतकों के निर्माण को बताती हैं। आधुनिक विज्ञान ने जिस प्रकार भ्रूणों को विकसित होते देखा, सी प्रकार प्राचीन *ऋषियों* ने भी देखा था, लेकिन उन्होंने भिन्न वैश्विक दृष्टि के चलते उन्हीं आँकड़ों की अलग तरीक़े से व्याख्या की। यही आधुनिक चिकित्सा और आयुर्वेद के बीच अंतर का मूल है। आयुर्वेदिक विश्व दृष्टिकोण के अनुसार, तेज़ी से बहने वाली ऊर्जा के कारण कण या तत्व भारी वेग से पिंड का आकार ग्रहण कर लेते हैं। ऊर्जा की भौतिक अभिव्यक्ति शरीर के रूप में होती है। यदि ऊर्जा का जीव *दोषों* का नक्षत्र है, तो उस नक्षत्र का भौतिक रूप *धातुओं* के वेग, यानी शरीर के ऊतकों का स्वरूप ले लेता है।

*धातु* सिद्धांत के अनुसार, शरीर सात ऊतक प्रकारों से बना होता है, जो सभी आपस में जुड़े हुए और एक-दूसरे पर निर्भर रहते हैं। जब एक ऊतक सही रूप से आकार नहीं लेता, तो अगले ऊतक भी शक्ति खो देते हैं। *मांस धातु* जो मांसपेशियों का निर्माण करती है, उसे *रक्त धातु*, यानी उस ऊर्जा से बनी माना जाता है जो रक्त में घूमने वाली तरल ऊर्जा को हृष्ट-पुष्ट बनाती है। जब मांस के ऊतक बनते हैं, तब बचे हुए निर्माण खंडों का उपयोग मांसपेशियों की परत, यानी त्वचा के निर्माण में किया जाता है। किसी बड़े होते चिड़िया के बच्चे को ही देख लीजिए। जब उसकी मांसपेशियाँ पूरी तरह से बन जाती हैं तभी उसकी त्वचा एक निर्मल और स्वच्छ होकर मज़बूती प्राप्त करती है।

आयुर्वेद का कहना है कि त्वचा ही विकसित होकर *(उपधातु)* मांसपेशियों के ऊतक का रूप लेती है, और त्वचा की सारी बीमारियों की जड़ *मांस धातु* में छिपी होती है। सरल शब्दों में कहें, तो आयुर्वेद बाहरी त्वचा की सारी बीमारियों को रक्त और मांसपेशियों से जोड़ता है, जिन्हें पेट से भोजन प्राप्त होता है। आधुनिक शरीर रचना में भी, त्वचा का *मूल* भ्रूण मेसोडर्म होता है। यह शरीर में ऊतक के बीच की लेयर होती है, जो पेट का रूप लेती है। आयुर्वेद अपने सिद्धांत को पुष्ट करने के लिए उन मरीज़ों का उदाहरण देता है जिनकी त्वचा पेट के निरोगी होने पर निरोगी हो जाती है। जब पेट अस्वस्थ हो जाता है, तब उसके लक्षण त्वचा पर दिखाई देते हैं। लंबे समय में, छालरोग, विटिलिगो, रासैसिया और एक्ज़िमा जैसी त्वचा की पुरानी समस्याओं को पेट के प्रवाह और क्रिया में परिवर्तन कर निरोगी किया जाता है, जिसमें सामयिक उपचार की बजाय मुँह से खाई जाने वाली दवा पर ज़ोर दिया जाता है। इसी आधार पर, आयुर्वेद इस निष्कर्ष पर पहुँचा कि बाहर की त्वचा अंदर की त्वचा से जुड़ी होती है। आज किसी भी अच्छे आयुर्वेदिक चिकित्सक के पास त्वचा की समस्या को लेकर जाएँ, और वह आपसे आपके भोजन, आपके पेट की क्रिया और आपकी भूख के विषय में ही प्रश्न पूछेगा/पूछेगी।

❧

इसके विपरीत, *धातु* का सिद्धांत नाख़ूनों को *अस्थि-धातु* का परिणाम बताता है। ये हड्डी के ऊतक के क़रीब होते हैं, जिनका बचा हुआ निर्माण खंड *मलस* कहा जाता है और ये सख़्त खोल बनाते हैं। आयुर्वेद के अनुसार, जब *अस्थि-धातु* स्वस्थ नहीं होती है, तो बाल व नाख़ूनों में समस्याएँ और कमज़ोरी दिखाई देने लगती हैं।

नेल पॉलिश को लेकर मेरे संबंधों पर इसका एक बड़ा प्रभाव है। बच्चे के रूप में, मेरी माँ महीने में एक बार या ख़ास मौक़ों पर हमें नेल पॉलिश लगाती थीं, जिसमें पहले एक हल्की परत लगाती थीं। वे किसी प्रकार की सील या फ़िक्स करने वाली चीज़ का इस्तेमाल नहीं करती थीं। वे हमें अपनी छल्लियों को काटने नहीं देती थीं। उनका कहना था कि नेल पॉलिश से अंदर के शरीर को नुक़सान नहीं पहुँचना चाहिए। एक हफ़्ते में, छोटी-छोटी लड़कियों के जीवन में खेल-कूद के चलते, नेल पॉलिश उखड़ जाया करती

थी। हमें अगली परत चढ़ाए जाने तक इंतज़ार करना पड़ता था। इस बीच, वे हम सभी से नाख़ूनों पर तेल और घी लगाने को कहती थीं। कॉलेज के दिनों में, मैं एक लेबोरेट्री में काम करती थी, जहाँ यूनिवर्सिटी के नियम लैब में काम करने वालों को नेल पॉलिश लगाने की इजाज़त नहीं देते थे। मेडिकल कॉलेज में भी यही नियम लागू रहा, जहाँ सर्जरी में शामिल होने के कारण नेल पॉलिश लगाने की मनाही थी।

पूरी तरह से डॉक्टर बन जाने के बाद ही मुझे कॉस्मेटिक्स के इस्तेमाल की छूट मिली, और मैंने एक बार गर्मियों के दौरान अपने पैर के नाख़ूनों पर पॉलिश लगा ली। उसके कुछ ही समय बाद, मैंने देखा कि मेरे बाल गिरने लगे और मेरे नाख़ून कमज़ोर हो गए। मुझे लगा इसका कारण तनाव हो सकता है और बचपन की बातों को अनदेखा कर दिया। आख़िर में, मैंने नेल पॉलिश का इस्तेमाल करना बंद कर दिया, और देखा कि पुरानी पॉलिश उतारने और नई को लगाने के बीच नाख़ून बुझे-बुझे दिखते थे। मैं कुछ दिनों तक नाख़ूनों को बिना पॉलिश के छोड़ दिया करती थी और हाथ-पैर के नाख़ूनों पर घी लगाया करती थी। उनकी जड़ों की मालिश करती थी। एक हफ़्ते के भीतर, मैंने देखा कि मेरे सिर पर नए बाल निकल आए थे। शायद यह एक इत्तेफ़ाक था, ऐसा वैज्ञानिक कह सकते थे। लेकिन कुछ महीनों बाद, मैंने अपने नाख़ूनों में कुदरती चमक लौटते देखी और मेरे सिर पर माँग के बीच फ़ासला भी कम हो गया।

एक दिन, एक सफल और आत्मनिर्भर सहयोगी ने बताया कि वह एक उद्यमी बनने जा रही है और खुद का कुदरती कॉस्मेटिक्स ब्रांड शुरू करने वाली है। उसकी पृष्ठभूमि के बारे में जानकारी होने से मैं समझ सकती थी कि वह सफल होगी क्योंकि वह निजी उत्पादों पर काम कर चुकी थी और अपनी देखभाल के कई उत्पादों को बाज़ार में उतारना जानती थी। उसने मुझे अपनी सबसे मुश्किल चुनौती के बारे में मुझे बताया : सारे उपलब्ध आँकड़े बताते थे कि एक भी नेल पॉलिश ग़ैर-विषैली नहीं थी। कई महीनों तक, वह ऐसे तत्वों की खोज करती रही जो नाख़ून से स्थायी रूप से चिपक जाए, लेकिन उसे हटाया भी जा सके। एक दिन उसने मुझे फ़ोन किया और बताया कि वह अब नेल पॉलिश नहीं लगाएगी। उसने बताया कि उसे ऐसे आँकड़े मिले हैं जो बताते हैं कि इसका बालों के टूटने से संबंध होता है, साथ ही इसमें टेराटोजेनेसिटी, यानी अजन्मे बच्चे को नुक़सान पहुँचाने की क्षमता

होती है। टालुइन, मेथैक्रीलेट्स और फ़थालेट्स उस सूची में सबसे ऊपर थे जिन्हें टेराटोजेन्स के नाम से जाना जाता है, और जो साँस से छोटे वाष्पीकृत कणों के माध्यम से शरीर पर गिर जाते थे या नाख़ून की जड़ को छू लेते थे, लेकिन आँकड़े बताते थे कि उनसे नुक़सान हो सकता था।

आयुर्वेद का अनुमान है कि अगर नेल पॉलिश का इस्तेमाल नियमित रूप से किया जाए तो हड्डियाँ और बाल कमज़ोर हो जाते हैं। नेल पॉलिश में रासायनिक सिंथेटिक तत्व होते हैं जो उसे कड़ा करने में मदद करते हैं। वे रंग को बनाए रखने और लचीलापन के साथ ही चमक को बरकरार रखते हैं। वे अगर साँस से अंदर गए या त्वचा से सोखे जाने पर शरीर में पहुँचे तो ख़तरनाक हो सकते हैं। अगर नाख़ून तेल सोख सकते हैं, तो लंबे समय में रसायन भी सोख सकते हैं।

- तेल-मालिश से नाख़ून मज़बूत हो जाते हैं।
- नेल पॉलिश लगाने से बचें, क्योंकि नाख़ून अगर तेल सोख सकते हैं, तो रसायन भी सोख सकते हैं।

मुद्राएँ हाथ की अवस्थाएँ होती हैं, जिनमें अर्थ छिपा रहता है। सांकेतिक भाषा के समान ही, मुद्राओं को विकसित किया गया और नृत्य, ध्यान, योग व *जप* यानी मंत्रों को बार-बार जपना, जुड़ गए। नृत्य में अट्ठाइस मुख्य मुद्राएँ होती हैं, जैसा कि नाट्य शास्त्र के *हस्त-बिन-या,* या हाथों के हाव-भाव में बताया गया है, जो 800 ईसवी सन् में नृत्य पर लिखा गया प्रामाणिक ग्रंथ है। कुल मिलाकर चौबीस *असंयुत* (अलग-अलग, यानी एक हाथ वाले हाव-भाव) और तेरह *संयुत* (जुड़े हुए, दोनों हाथों वाले हाव-भाव) मुद्राएँ हैं। पंडित नंदीकेश्वर द्वारा 5वीं सदी में लिखा गया अभिनय दर्पण, रंगशाला और नृत्य के अनेकानेक पहलुओं की चर्चा करता है। इसमें नृत्य के दौरान चेहरे के हिलने और हाथों के हाव-भाव शामिल हैं, और वह अट्ठाइस मूल मुद्राओं को बताता है।

इसे जब सही तरीक़े से किया जाए, तो ऐसा माना जाता है कि हाथ के *हाव-भाव* के संकेत मस्तिष्क से जुड़ जाते हैं और ध्यान में सहायता करते हैं। उदाहरण के लिए, ज्ञान के चित्तीय संपर्क में सहायता करने वाली *ज्ञान मुद्रा*, अँगूठे के किनारे को इशारा करने वाली अँगुली के किनारे से छूकर एक गोला बनाकर बनाई जाती है, जिसमें बाक़ी की तीन अँगुलियाँ बाहर की तरफ़ निकली रहती हैं और हथेली सपाट रहती है। ऐसा माना जाता है कि इससे उस व्यक्ति के मन के चारों तरफ़ हवा की गुणवत्ता या साफ़ *वायु* उच्च कोटि की हो जाती है, जिससे मन शांत होता है और वह ध्यान पर केंद्रित हो जाता है।

कई मुद्राएँ ध्यान लगाने से पहले योग की मुद्राओं के साथ की जाती हैं, जैसे *वायु मुद्रा*, ठुड्डी मुद्रा, *प्राण मुद्रा* और *सूर्य मुद्रा*। उनके विशेष संकेत और प्रभाव होते हैं जिनकी पुष्टि हज़ारों लोगों द्वारा इस प्रकार की गई है कि वे प्राचीन ग्रंथों में आज भी स्वास्थ्य और स्फूर्ति के लिए प्रासंगिक हैं।

~ 22 ~

# बाल

मेरे पिता चोटी (पोनीटैल) रखते हैं। पचहत्तर साल की उम्र में भी उनका सिर बालों से भरा है और क़रीब आधे बाल ही सफ़ेद हुए हैं। उनकी हड्डियाँ और नाख़ून मज़बूत हैं। जब भी मेरे कई सारे उपद्रवों से वे नाराज़ हो जाते हैं, तब मेरा पसंदीदा काम उन्हें कुर्सी पर बैठाकर अपनी अँगुलियाँ उनके बालों में फेरना होता है। मैं उनके सिर पर मालिश करती हूँ और कुछ पलों के लिए उनके बालों की लटों को पकड़कर ज़ोर से खींचती हूँ। इस उम्र में इस तरह की अंतरंगता अस्वाभाविक लग सकती है, लेकिन हम लोग बंगाली व भारतीय हैं और हम अपने बुज़ुर्गों से लाड़ जताने में संकोच नहीं करते। बाबी सिर की मालिश कराने को हमेशा तैयार रहते थे।

बाल खींचने की हमारे परिवार में पुरानी परंपरा है। मेरी छोटी बहन जब दो साल की थी, तब मेरे ऊपर चढ़ जाती थी और मेरे सिर की मालिश करने लगती। मुझे जगाने के लिए वह धीरे-से मेरे बाल खींचने लगती थी। मैं भी उसे सुलाने के लिए यही तरीक़ा अपनाती थी। मेरी माँ हर रात मुझे अपने घुटनों के बीच बैठा लेतीं, मेरे बालों में तेल लगाकर चोटियाँ बना देतीं और उन्हें धीरे-से खींचा करती थीं। इसके बाद, जब वे थकी या चिंतित होतीं या मुझसे कुछ ख़ास बात कहना चाहतीं तो मुझसे उनके बाल खींचने और गर्दन की मालिश करने को कहतीं। हमारे परिवार में मेरी स्मृतियाँ उन्हें कंघा लिए, सोने व स्कूल जाने से पहले तथा स्कूल पिक्चर डे पर हम सबकी चोटियाँ बनाने को लेकर हैं। बाल सँवारना और उनकी देखभाल करना मौसियों, भाई और बहनों के बीच पारिवारिक मसला होता था। मुझे आश्चर्य होता है कि

इस दुनिया में केवल हमारा कुटुम्ब ही तो ऐसा है, जिनका बालों के साथ इतना घनिष्ठ संबंध है।

चूँकि बाल *अस्थि-धातु* के स्वास्थ्य से संबंधित हैं, इसलिए हड्डियों को स्वस्थ बनाए रखने के लिए इनमें तेल डाला जाता है और उनका पोषण किया जाता है। इनकी देखभाल अपशिष्ट या गलका या बलगम जैसी नहीं की जानी है। बाल सूर्य से सुरक्षा उपलब्ध कराते हैं, शरीर को गर्म रखते हैं, उड़ते कणों से सुरक्षा करते हैं और उन सारी चीज़ों के लिए मुलायम गद्दी का काम करते हैं, जो सिर के नज़दीक आ सकती हैं।

आयुर्वेद में कुछ ऐसी स्थितियों का ज़िक्र है, जब सिर में तेल लगाने की अनुशंसा नहीं की जाती है। यदि कोई व्यक्ति *कफ़ के* गंभीर असंतुलन से जूझ रहा है, तो उसे सिर में तेल लगाने से बचना चाहिए। इसमें बलगम और तेल के गुण शरीर में अशांत रहते हैं। इसके अतिरिक्त गंभीर या बलगम वाले जुकाम, संक्रमण, साइनसाइटिस और सिर व गले में प्रदाह संबंधी समस्याओं, फेफड़ों संबंधी गंभीर समस्याओं, अत्यधिक तैलीय त्वचा, लिपिड असंतुलनों, मोटापा, बुखार व अपचन की प्रारंभिक अवस्थाओं में भी सिर में तेल नहीं लगाना चाहिए। *पंचकर्म* शुद्धिकरण और रेचक ले रहे लोगों को भी सिर में तेल नहीं लगाना चाहिए। इन निषेधों के पीछे तर्क यह है कि तेल, जो *कफ़* प्रकृति का होता है, अस्वास्थ्यकर *कफ़* में परिवर्तित हो जाता है और शरीर में पहले से मौजूद *कफ़* के साथ जुड़कर स्थिति और ख़राब कर देता है।

- यदि आपको गंभीर या बलगम वाला जुकाम, सिर व गले में संक्रमण, साइनसाइटिस या फेफड़ों संबंधी गंभीर समस्याएँ, अत्यधिक तैलीय त्वचा, लिपिड असंतुलन, मोटापा, बुखार व अपचन की प्रारंभिक अवस्थाएँ हैं तो सिर में तेल न लगाएँ। इससे स्थिति और बिगड़ सकती है।

1990 के दशक में हिलेरी क्लिंटन ने अमेरिका की प्रथम महिला के रूप में, जो तब सीनेटर या विदेश मंत्री नहीं बनी थीं, बालों से संबंधित विषय पर हल्के-फुल्के अंदाज़ में एक भाषण दिया था। रोज़मर्रा की बालों की स्टाइल के साथ प्रयोगों की कहानी से शुरुआत करते हुए उन्होंने कहा था कि जिस तरह लोग रोज़ कपड़े और जूते बदलते हैं, उसी तरह वे हेयरस्टाइल बदलती हैं। उन्होंने खुलासा किया कि कि उनकी भाँति-भाँति की हेयर स्टाइल देखकर उनके आस-पास के लोग असहज हो उठते थे। मूड, गंभीरता और आत्मविश्वास की नाटकीय बदलावों की झलक के कारण उसी सुनहरे रंग के बावजूद, अलग-अलग तरह से बाल कटाने पर उनका रूप एकदम ही बदल जाता था।

वे निरंतरता की चर्चा करती थीं। जब हम बार-बार अपने स्टाइल बदलते हैं, तो लोग तय नहीं कर पाते कि हम कौन हैं, और यह बात उन्हें परेशान कर देती है। उन्होंने चेहरे का रूप निर्धारित करने, ख़ुद को सांस्कृतिक, सेक्सुअली तथा राजनीतिक रूप से पेश करने और यह तय करने में कि हम कैसे दिख रहे हैं बालों को महत्त्व देने पर ज़ोर दिया।

- बालों को स्वस्थ और साफ़ रखिए। इनसे आपकी आंतरिक शक्ति की झलक मिलती है, फिर इस बात से फ़र्क़ नहीं पड़ता कि आप बालों की कैसी शैली चुनते हैं।
- अपने जीवन में एकरूपता और आपके कार्य तथा सांस्कृतिक परिवेश के बारे में आपकी हेयर स्टाइल जो बताती है, उसके महत्त्व को समझिए।

शैंपू की अवधारणा संस्कृत मूल *चपयति* से निकली है, जिसका अर्थ होता है, आराम के लिए दबाना और मालिश करना। इसी तरह हिंदी का एक शब्द *चाँपो, चाँपना* का आज्ञार्थक रूप है। इसका अर्थ शरीर की मांसपेशियों को चुपड़ना, पोतना और सिर तथा बालों की मालिश करना होता है। व्यापारियों के रूप में भारत आने वाले यूरोपीय अपने सिरों को सुगंधित करने और

विग से ढँकने के बजाय, स्नान, बालों में तेल लगाने और जड़ी-बूटियों के मिश्रण से सफ़ाई करने की रस्मों में शामिल होते थे।

1700 के दशक में इंग्लैंड के ब्राइटन में एक बाथहाउस खोलने वाले बंगाली नाई-सर्जन दीन मुहम्मद और उसकी आइरिश पत्नी जैन डैली ने जब यूरोप में बालों की धुलाई का चलन शुरू किया तो वह एक नया क्रैज़ ही बन गया था। कुछ ज़रूरी चीज़ें मिलाकर उन्होंने शैंपू बनाया जो बुनियादी तौर पर एक साबुन-सा चिकना फ़ैट था। इसमें दूसरा फ़ैट मिलाकर चिपचिपा द्रव तैयार किया गया था जो साबुन की टिकिया के विपरीत, पूरे सिर में फैल सकता था। उसकी चिकनाहट को गाढ़ा करने के लिए अक्सर उसमें नमक मिलाया जाता था। शैंपू के आधुनिक रूपों में सुगंध, रंग के साथ-साथ कुछ प्रिज़र्वेटिव भी मिलाए जाते हैं।

आमतौर पर तेल हटाने के लिए इस्तेमाल की जाने वाली जड़ी-बूटियाँ हरे चने का चूर्ण, *आँवला, शिकाकाई* और *गुड़हर* के फूल होती हैं। इनसे बाल मुलायम, चमकदार और सँवारने योग्य बन जाते हैं। घने बालों में पाउडर फैलाने के लिए सेपोनिन और प्राकृतिक आर्द्रक वाले पौधों के फलों की लुगदी मिलाई जाती हैं। झाग या *फेनाक* बनाने वाले पीलू, रीठा अथवा क्षुण कहलाने वाले और भारत भर में होने वाले उष्णकटिबंधीय सेपिंडस को उबालकर निकाला गया रस सफ़ाई करने वाले पाउडर में मिलाया जाता है और तैलीय सिर में लगाया जाता है। प्राचीन काल में ख़ासतौर पर असहनीय *वात* को घटाने, अग्नि को बढ़ाने, पाचक *अग्नि* की मात्रा में सुधार करने, *पित्त* को बदलने या निचले चिपकने वाले *कफ़* को घटाने, खोपड़ी के ज़रिए प्रचुर रक्त आपूर्ति तक पहुँच को इस्तेमाल करने के लिए बहुत सारी जड़ी-बूटियाँ भी मिलाई जाती थीं।

~ 23 ~

# दाढ़ी बनाना और बाल काटना

जब हम सब बहुत छोटे थे और अपने मामाओं व चचेरे भाई-बहनों के साथ संयुक्त परिवार में रहते थे, तब मेरे माता-पिता सभी बच्चों और पुरुषों को माह में एक बार इकट्ठा करते थे और एक क़तार में खड़ा कर देते थे। सब लोग चाय पीते हुए अपनी बारी का इंतज़ार करते थे। मेरी माँ कैंची लेतीं, मेरे पिता इलेक्ट्रिक रेज़र लाते और हर व्यक्ति के गर्दन के बाल ट्रिम करने लगते। महीने की दूसरी पूर्णिमा को सबका सिर गंजा कर दिया जाता। मेरे माता-पिता सामानवाही नौकर शैली की कटिंग, लटें बनाने और बाल काटने को लेकर बहुत आश्वस्त रहते थे। हर व्यक्ति के बाल कटने के बाद सब तेल लगाने और नहाने के लिए बाथरूम की ओर भागते थे।

बारह की उम्र में, मेरी बहन ने मुझे बताया कि चूँकि हम अमेरिका में रह रहे हैं, इसलिए हमसे नियमित रूप से शेविंग की अपेक्षा की जाती है, चाहे महिला ही क्यों न हों। वह मेरे लिए एक गुलाबी रेज़र लाई और बताया कि शॉवर लेने से पहले पैरों और बग़लों पर किस तरह से इसे चलाना होता है। जब पुरुषों को दाढ़ी बनाते समय ख़ून निकल आता था, तो मैं डर जाती थी। मेरे पैर और बग़ल की त्वचा बहुत मुलायम थी और पुरुषों के चेहरों की तुलना में वहाँ बहुत कम बाल थे। जब बहन ने मेरे पैरों पर रेज़र चलाया और बालों का गुच्छा निकाला तो मैं रोने लगी। जब मैंने माँ को बताया तो उन्होंने इसके बजाय पैरों पर सरसों का तेल लगाने को कहा। सरसों के तेल की गर्मी बालों

की जड़ों को नष्ट कर देती है और बाल कम हो जाते हैं। मैंने कई महीनों तक नियमित रूप से अपने पैरों पर सरसों का तेल लगाना शुरू किया। आज तक मुझे यह नहीं पता कि उससे फ़र्क़ पड़ा या नहीं, लेकिन मैं इतना जानती हूँ कि वहाँ बहुत कम बाल हैं।

1960 के दशक में शेविंग करने वाले पुरुषों को टेलीविज़न के आगमन के कारण शेविंग पाउडर, फ़ोम, जेल व क्रीम का अंतर पता चल चुका था और ढेर सारे प्रोडक्ट अचानक बाज़ार में आ गए थे। वे शेविंग ब्रश के बारे में भी जानने लगे थे। इलेक्ट्रिक रेज़र, सेफ़्टी रेज़र के आने से और अपनी देखभाल करने वाले शेविंग के सामानों की भारी मार्केटिंग के कारण अनेक युवाओं को दशकों पूर्व उपलब्ध कई तरह के विकल्पों के बारे में पता ही नहीं है क्योंकि उनकी पसंद फ़ोम और रेज़र तक सीमित हो गई है।

ताँबे के रेज़र का 3000 ईसवी पूर्व में आविष्कार हुआ और अनेक धारदार औज़ार, कैंची, कतरनी शेव करने वालों की धार्मिक, सांस्कृतिक और सैन्य ज़रूरतों के लिए विकसित हुईं। त्वचा और बालों को ब्लेड के लिए तैयार करने के लिए प्राकृतिक उत्पाद इस्तेमाल होने लगे और चालीस वर्ष पूर्व तक यही परंपरा थी। गर्म पानी कई मिनटों तक बालों और रोमकूपों के आसपास की त्वचा को नर्म करने के लिए इस्तेमाल होता था, और अक्सर साबुन-सा, चिकनाहट भरा पदार्थ लगाया जाता था। शेविंग के बाद ख़ून के रिसाव या जलन को रोकने के लिए फ़िटकरी, पोटेशियम, एल्युमिनियम और सल्फ़ेट आदि का टुकड़ा इस्तेमाल किया जा सकता था। ऐलो जैसे सिकुड़न पैदा करने वाले पदार्थ त्वचा को राहत देते थे और कटने या ख़ून के बहाव को रोकते थे। नमी पैदा करने वाला तेल या वसा भी जलन वाली त्वचा पर लगाया जाता था।

सफ़ाई रखने और उम्र के असर को कम करने के लिए सप्ताह में एक बार *क्षौर कर्म* - यानी बाल काटने, शेविंग करने और नाख़ून काटने की सलाह दी जाती थी। शेविंग सफ़ाई के दैनिक कार्य और सौंदर्यीकरण का हिस्सा तो

माना ही जाता था, मन और आत्मा से भी इसका गहरा संबंध माना जाता था। 1000 ईसवी पूर्व वाराणसी में शरीर विज्ञान के रूप में मानव शरीर की संरचना और कार्य के बारे में लिखने वाले तथा प्राचीन शल्य क्रिया व भ्रूणविज्ञान के जनक, और प्राचीन स्पष्टवादी विद्वानों में से एक सुश्रुत ने सलाह दी थी कि शेविंग से मन की बुरी प्रवृत्तियाँ कम होती हैं, तनाव और भारीपन घटता है, और मिज़ाज ख़ुशनुमा होता है। उनका मानना था कि हर दिन शेविंग करने से मनुष्य ऊर्जावान रहता है। अगर दाढ़ी रखनी है तो उसे सही आकार में रखकर सँवारा जाना चाहिए। उस समय भी बालों और नाख़ूनों को काटने के लिए ब्रश व रेज़र साफ़ रखने चाहिए और अपना सामान किसी दूसरे को इस्तेमाल नहीं करने देना चाहिए। सौंदर्य प्रसाधनों की दुकानों पर जाने की सलाह नहीं दी जाती थी, क्योंकि इससे सार्वजनिक स्थानों पर गंदगी के अवसर बढ़ते हैं।

## ~ 24 ~

# पैरों और मूलाधार की सफ़ाई

जब भी बाबी किसी लंबी यात्रा से लौटते, तो मेरा काम उनके पैरों के पास बैठकर, उनके पंखे-नुमा जूते और मोजे उतारना, उनके पैरों को साफ़ करना तथा जूतों को पॉलिश करके उन्हें फिर से दिखाना होता था। उनकी थकावट के अनुसार मैं या तो कपड़ों से उनके पैर साफ़ करती और अँगूठे व एड़ियों को देखती, ताकि वे तुरंत बाथरूम जा सकें, या फिर उनसे पूछती कि क्या वे पूरी सफ़ाई कराना चाहते हैं। अगर वे हाँ कर देते, तो मैं खुशी-खुशी एक बड़े बर्तन में गर्म पानी लेकर आती, उनकी पतलून को मोड़कर ऊँचा करती और पैरों को पानी में डालती। ब्रश, तुरई, नेल फ़ाइल और थोड़ा तेल लेकर मैं सबसे पहले उनकी एड़ियों को ब्रश करती, धीरे-धीरे घिसकर उनके तलवों को चिकना करती और फिर उनके अँगूठों की सफ़ाई करती।

उनके पैर हमेशा कड़े रहते थे, जिससे पता लगता था कि 1930 के दशक में वे कोलकाता की सड़कों पर अनाथ रूप में नंगे पैर फिरते थे, जहाँ वे अकाल के दौरान किसी तरह बचे रहे और उनके कई भाई-बहनों की मौत उन्हीं के सामने होती रही। वहाँ से मेरे पिता कई मील पैदल चलकर सियालदाह रेलवे स्टेशन पहुँचे और ट्रेन उन्हें उनकी क़िस्मत की ओर ले गई। उनके पैरों में बैठना सम्मान की बात थी। मैं उन्हें रगड़कर चिकना बनाती, उनके गीले और साफ़ पैरों को सूखे व मुलायम तौलिये पर रखकर धीरे-धीरे पोंछती थी। इसके बाद मैं सरसों के गर्म तेल से उनके पैरों, अँगुलियों, तलवों और हमेशा

कड़ी रहने वाली एड़ियों पर मालिश करती। इस दौरान वे अपने आसपास खड़े बड़े लोगों से बातें करते रहते, अपनी ताज़ा यात्राओं की कहानियाँ सुनाते रहते, वापस लौटने पर उनके ध्यान में लाने वाली बातें या अपने बच्चों और रिश्तेदारों के कारनामों के बारे में सुनते रहते। कभी-कभी वे सनसनी होने या मेरी लापरवाही पर अपने पैरों को वापस खींच लेते। उन्हें गुदगुदी बहुत कम होती थी और उन्हें आज़माने की हिम्मत मुझमें थी भी नहीं। जब पूरा तेल सोख लिया जाता, तो वे मेरी ओर देखते, अपने पैर खींच लेते और बाथरूम की ओर चल देते, जहाँ तेल की कटोरी व स्नान उनका इंतज़ार कर रहा होता था।

***मेध्यम पवित्रम् आयुष–यम–लक्ष्मी–कली नाशनम्।***
***पादायोर्मालमार्गानाम् शौचाधनाम्भिक्षणषः।।***

आयुर्वेद की सलाह है कि हमें पैरों और मलमार्ग को पानी व मिट्टी से बने प्राकृतिक पदार्थों से बार-बार साफ़ करना चाहिए। हमारे शरीर की निचली सतहों के इन अंगों को स्वच्छ रखने से बुद्धिमत्ता, पवित्रता व दीर्घायु प्राप्त होती है, और स्वच्छता के प्रति अच्छी जागरूकता आती है। इससे दरिद्रता और क्षार के बुरे प्रभाव का नाश होता है।

चरक संहिता
सूत्र-स्थान; अध्याय 5, श्लोक 98

हमारे पैरों का इस ग्रह से दोनों तरह से वास्तविक संपर्क है, शाब्दिक रूप से भी और आकार रूप से भी। जब हम पैदल चलते हैं, या पैरों के बल ज़मीन पर खड़े होते हैं, तो हम पृथ्वी के सूक्ष्म ऊर्जा क्षेत्रों के संपर्क में होते हैं। हालाँकि ये बहुत सूक्ष्म होते हैं और मुश्किल से ध्यान में आते हैं, लेकिन वे वास्तव में होते तो हैं, और सिस्मोमीटर तथा अन्य चुंबकीय मापकों से पहचाने जाते हैं। इस संपर्क को यथासंभव तीव्र और संवेदनशील बनाए रखने के लिए पैरों को स्वच्छ होना चाहिए तथा दबाव, तापमान और ऊष्मा महसूस करने के योग्य होना चाहिए।

व्यस्त लोग अक्सर अपनी एड़ियों और पंजों की अनदेखी करते हैं। एड़ियों पर दरारें गहरे *पित्त-वात* असंतुलन और शुष्कता को दर्शाती हैं, जो आमतौर पर इस बात का संकेत होती हैं कि मन बहुत तेज़ी से गति कर रहा है और शरीर में कुछ न कुछ उथल-पुथल पैदा कर रहा है। इसका मतलब यह भी होता है कि पाचक अग्नि पूरी तरह रूपांतरकारी प्रकृति की नहीं है, और आँतों का कार्य या मन संतुलन से बाहर है। इसका समाधान ध्यान, विवाद सुलझाने और नज़रिया बदलने में समय बिताकर, आहार, जीवनशैली और दृष्टिकोण में *वात*-शामक उपाय शामिल करना है, ताकि व्यक्ति के वजूद में शांति व्याप्त हो जाए। अनेक लोगों के लिए यह करना कठिन है, कहना आसान है, लेकिन आयुर्वेद में कहा गया है कि एड़ियों में दरारों का मतलब आंतरिक सामंजस्य की ज़रूरत है।

पंजों का ऊपरी मध्य भाग तन व मन में लोच और लचक का संकेत है। जब हम ज़िंदगी में कठिनाइयाँ झेलते हैं और चिड़चिड़े हो जाते हैं, तो हमें पता लगता है कि हमारे पैरों का ऊपर का हिस्सा सपाट-सा हो जाता है। मज़े की बात यह है कि आधुनिक चिकित्सा में फ़्लैट फ़ीट या प्लांटर फ़ैशियाइटिस का कोई निश्चित इलाज नहीं है, जबकि आयुर्वेद में छह सप्ताह के दिन में दो बार करने वाले योगासन हैं जो पंजों में दोबारा लचक और मज़बूती ला देते हैं। इनमें से एक *उत्कटासन* है जिसमें पंजों के अगले हिस्से पर तीस सेकेंड के लिए खड़े होते हैं, और एड़ियों को उठाए हुए ही धीरे-धीरे शरीर को झुकाते हैं। कुछ दिनों बाद पैर मज़बूत हो जाते हैं। प्लांटर फ़ैशियाइटिस से पीड़ित रहे रोगी इस आसान और नॉनसर्जिकल उपाय से फ़ायदा ले चुके हैं।

- अपने पैर स्वच्छ रखिए और एड़ी व पंजे के ऊपरी हिस्से पर विशेष ध्यान देते हुए, तेल लगाकर बाहरी कड़ी त्वचा को मुलायम रखिए।
- *उत्कटासन* सपाट तलवों के प्रभावों को ख़त्म करता है। इसके अभ्यास के लिए पंजों के अगले हिस्सों पर तीस सेकेंड तक खड़े रहिए और एड़ियों को उठाए हुए ही, धीरे-धीरे शरीर को आगे झुकाइए।

बचपन में हम अपने पत्रों की शुरुआत अभिवादन के रूप में *श्री-चरणेष्यु* लिखकर करते थे, जिसका अर्थ होता है, 'आदरणीय, जिनके मैं चरण स्पर्श

करती हूँ और याद करती हूँ...' भारत में बड़ों के पैर छूने की परंपरा के कई मायने हैं, लेकिन देश के अलग-अलग इलाक़ों और संस्कृतियों में अंतर के बावजूद, सभी जगह इसका अर्थ आदर जताना और *प्रणाम* करना होता है।

धर्म से अपरिचित व्यक्ति को *प्रणाम* की जटिल अवधारणा समझाना कठिन होता है। इसके ज़रिये बड़ों, बुद्धिमानों और सराहनीयों के प्रति आदर जताया जाता है। एक अन्य दार्शनिक व्याख्या के अनुसार, पैर और फिर खुद को छूकर हम यह संदेश प्रेषित करते हैं कि दूसरे व्यक्ति का सबसे निचला हिस्सा हमेशा हमसे ऊँचा रहता है। कुछ अन्य लोगों का मानना है कि जब हम किसी बड़े के पैर छूते हैं तो उसकी कुछ ऊर्जा हमारे हाथों में स्थानांतरित हो जाती है, जिसे हम अपने में स्थानांतरित कर लेते हैं। बदले में, जब बड़े लोग आशीर्वादस्वरूप हमारे सिर पर हाथ रखते हैं, तब भी ऊर्जा का स्थानांतरण होता है और आशीर्वाद लेने वाले व्यक्ति की मानसिक शक्ति, प्रेरणा और ताक़त हमें मिलती है।

चरण स्पर्श करने के कई तरीक़े हैं। कुछ जगह विद्यार्थी शिक्षक के पास जाते हैं और अपने दाहिने हाथ से शिक्षक का दाहिना पैर छूते हैं, फिर बाएँ हाथ से बायाँ पैर छूते हैं। कुछ जगह, लोग जूता छूने से बचने और व्यक्ति को छूने के लिए पैर नहीं, बल्कि पिंडलियाँ छूते हैं। कुछ अन्य संस्कृतियों में हमेशा दाहिना हाथ इस्तेमाल किया जाता है और बाएँ हाथ से दाहिनी भुजा को छुआ जाता है जो कि दोनों हाथ इस्तेमाल करना माना जाता है। पैर छूने के बाद हाथों को अपने माथे और हृदय से लगाया जाता है, या केवल हृदय से लगाया जाता है, जो सम्माननीय व्यक्ति से *पैर छूने* वाले के मन के संबंध का दर्शाया जाता है।

कई बार, पैर छूने की जगह, हम *ब्रह्मांजलि* देते हैं और इसके लिए दोनों ख़ाली हाथों को मिलाकर, सम्माननीय व्यक्ति की ओर देखा जाता है। इसके ज़रिये अभिवादन करने वाले व्यक्ति के चरित्र की झलक मिलती है। कहा जाता है कि अभिवादन कभी एक हाथ से नहीं किया जाना चाहिए, क्योंकि *अंजलि* विनम्रता और समर्पण का प्रतीक होती है।

कई लोग सबसे पहले माता-पिता को *प्रणाम* करते हैं और इस तरह याद किया जाता है कि हम कभी उनके ऋण से मुक्त नहीं हो सकते।

हॉर्वर्ड क्लब में बैठी हुई मैं सहज रूप में अपनी सैंडल उतारती हूँ और उस बड़े हॉल में लोगो लगी महोगनी की कुर्सी पर पैर सिकोड़कर रख लेती हूँ। तुरंत ही सफ़ेद दस्ताने पहने एक व्यक्ति मेरे पास आता है और मुझे जूते न उतारने व पैर फ़र्नीचर पर न रखने के नियम की याद दिलाता है। यह उन क्षणों में से एक था जब मेरे मन में दो संस्कृतियों का टकराव होता है। मैं धीरे से मुस्कराती हूँ और अपने साफ़ पैर को अपनी गंदी सैंडल में डाल लेती हूँ, जबकि उसे लग रहा होता है कि उसका साफ़ फ़र्श मेरे गंदे पैर के जूते में जाने से गंदा होने से बच गया। पैर और जूते ऐसी चीज़ हैं जिनके बारे में हम संस्कृतियों को आश्वस्त करने की कोशिश नहीं कर सकते। यह तब हमेशा कठिनाई पैदा करता है जब मैं भारत से लौटती हूँ, जहाँ मैं किसी सम्माननीय व्यक्ति के किसी कमरे, मकान या ऑफ़िस में घुसने से पहले स्वयं अपने जूते उतार लेती हूँ। अमेरिका में मुझसे जूते न उतारने का अनुरोध किया जाता है। यहाँ लोग कहते हैं, 'जब हम किसी का अपने घर में स्वागत कर रहे होते हैं, तब दरवाज़े के बाहर गंदे जूते देखना कितनी चिढ़ पैदा करता है,' या, 'हम नहीं चाहते कि आपके बदबूदार मोजे हमारे साफ़ कालीन को गंदा करें।' उनके फ़र्शों को अमेरिका की सड़कें समझकर मैं चुपचाप अपने जूते पहन लेती हूँ।

आयुर्वेद का विचार भिन्न है। पूरे दिन सैंडल में या पैदल चलने के बाद उनकी धूल, मैल और पसीने को साफ़ करने की ज़रूरत होती है। अगर ये धूल आपके पैरों पर जमी रहती है तो यह धीरे-धीरे बाहरी परत में दरार पैदा कर देती है और तेज़ी से बिवाइयाँ तथा दरारें पड़ने लगती हैं। ऐसे में त्वचा को उन्हें नियमित रूप से अपने आप ठीक करने का समय नहीं मिल पाता। आयुर्वेद में हमें दैनिक काम और रिवाज के तौर पर सुबह जागने के बाद पूजा की वेदी पर जाने से पहले, नहाते समय, हर भोजन से पहले, शाम की पूजा से पहले, और सोने से पहले अपने पैर धोने की सलाह दी जाती है। इसके अतिरिक्त, यौन संबंध बनाने से पहले और बाद में, मंदिरों में जाने से पहले, और मांगलिक समारोहों में जाने से पहले भी पैर धोने चाहिए। परंपरागत भारतीय व्यवस्था में, स्वाभाविक तौर पर अधिकतर मौक़ों पर नंगे पैर रहा जाता है और जहाँ लोग बैठते हैं, उस फ़र्श को साफ़ रखा जाता है, मसलन, पूजाघर, मंदिर, बिस्तर और भोजन कक्ष। हालाँकि, पश्चिमी देशों में, लोग आमतौर पर अपने जूते नहीं उतारते, इसलिए पैर धोना चिढ़ पैदा करता है।

- सुबह उठने के बाद, सुबह की पूजा से पहले, नहाते समय, हर भोजन से पहले, शाम की पूजा से पहले, सोने से पहले, यौन संबंध बनाने से पहले व बाद में, मंदिरों में घुसते समय और मांगलिक कार्यों में जाते समय अपने पैर धोइए।

मेरी दादी, उनसे पहले उनकी सास और उनसे पहले उनकी सास व ऐसी ही कई पीढ़ियाँ हर सुबह आंतरिक रस्में निभाती रही हैं। मेरी माँ ने मुझे बताया कि यह परंपरा हमारे घर में बरसों से चली आ रही है और अब तक इसे क़ायम रखा गया है। दिन की शुरुआत में, भोजन कराने से पहले पत्नी अपने हाथ से अंजुरी बनाकर उसमें पानी भरकर अपने पति के दाहिने पैर के अँगूठे पर रखती थी। आमतौर पर पत्नी के प्रति सम्मान प्रकट करने के लिए पति अपने पैर धोता था। इसके बाद वह अपने अँगूठे को धीरे-से उस पानी में डुबोता था। इसके बाद पत्नी इस हाथ को अपने होंठों से लगाती थी व उस पानी को पीती थी, और बचे पानी को पवित्र मानकर अपने सिर पर मल लेती थी।

परिवार में यह समर्पण का सबसे पवित्र प्रतीक माना जाता था। अगर पति अपनी ठीक से सफ़ाई नहीं करता होता और उसका पैर गंदा रहता तो वह पानी पत्नी के लिए ज़हर बन सकता था, और उसके बच्चों की माँ की मौत हो सकती थी। अगर वह अँगूठा डुबोने में स्नेह से काम न लेता, तो पत्नी को बुरा लग सकता था और उसका टूटा या उपेक्षित हृदय उसे सहारा नहीं दे सकता था। कई दशक बीत जाने पर भी विवाह संस्था पर जारी बहस के बीच मेरी माँ ने अपनी चारों बेटियों को यह परंपरा याद कराई।

सेमेस्टर के दौरान जब मैं पढ़ा रही थी, तब एक उत्तेजना की लहर कक्षा में फैल गई, और लोगों ने अपने पैर ज़मीन से ऊपर उठा लिए। बच्चे अपॉइंटमेंट, कमिटमेंट और डेडलाइन में ही व्यस्त रहते थे। मैंने कई सालों से शिक्षा के इस स्वरूप को त्याग दिया था, लेकिन यह बात हर तरह के पेशे के लिए सही थी, और आज भी स्कूली बच्चों में देखी जा सकती है।

आयुर्वेद ने मौसम विज्ञान के कार्यों और ऋतुओं के बीच सहसंबंध स्थापित किया : जब गर्म मौसम ठंडा होने लगता है, तो *वात* बिगड़ने लगता है। सूरज की गर्मी से गर्म हुई हवा के ऊपर उठने से उसकी जगह ठंडी हवा आ जाती है और पेड़ों से पत्ते झड़ने लगते हैं। ठंडा, शुष्क और हवादार मौसम तेज़ रफ़्तार, बहुत काम करने वाले, शुष्क त्वचा वाले अतिसफल लोगों के समान माना जाता है।

*वात* शमन व्यग्रता, चिंता और उन्माद पैदा करने वाली तथा अनिद्रा और दुःस्वप्न को बढ़ावा देने वाली मन की बेचैनी का इलाज है। मन को शांत करने का नियमित अभ्यास करने की सलाह दी जाती है। पहली बार हताशा के शिकार लोगों की सहायता के लिए ध्यान और योग आमतौर पर उपयोगी नहीं होते। जो लोग हर दिन अभ्यास करते हैं, और शरद ऋतु के महीनों में साधनों का विकास करना जारी रखते हैं, उनके पास उत्कृष्ट ग्राउंडिंग और बेहतरीन आंतरिक बल होता है। योग से ग्राउंडिंग की ओर जाने से कम मुश्किल आसन बेक़ाबू *वात* शांत करता है। शांति आवश्यक है। *वात*-शमनकारी भोजन अपनाने का मतलब है जो कम ठंडा, हल्का और रूखा भोजन। यानी - कम सैंडविच, सूखे मेवे, कोल्ड कॉफ़ी, और अधिक सूप, गर्म सलाद, सब्ज़ियों का मिश्रण, चावल के व्यंजन और चाय में गर्म मसाले।

आयुर्वेद में तिल के गर्म तेल की सलाह दी जाती है। लोशन इसका विकल्प नहीं है क्योंकि त्वचा तेल सोख सकती है, लेकिन लोशन में कई कृत्रिम घटक होते हैं जो शरीर अवशोषित नहीं कर पाता। सोने से ठीक पहले, तिल के गुनगुने तेल की पैरों के तलवों पर रगड़कर मालिश कीजिए, फिर पैरों के ऊपर, कानों के पीछे, और सिर के ऊपरी हिस्से पर मालिश कीजिए। तेल को सोखने दीजिए, और इसमें लगने वाले समय को नोट कीजिए। उच्च *वात*-असंतुलन वाले बहुत शुष्क शरीर आमतौर पर तिल के तेल को 5 मिनट में सोख लेता है। कम *वात*-असंतुलन वाले लोगों को अधिक समय लगता है।

चादर या कालीन पर दाग़ लगने से बचाने के लिए आप कॉटन के मोजे पहन सकते हैं। सुबह देखिए आप कैसा महसूस करते हैं। अनेक लोगों ने बताया कि उन्हें गहरी नींद आई, रात में कम बार नींद टूटी, डरावने सपने नहीं आए, और सुबह ताज़गी महसूस हुई। आयुर्वेद का मानना है

कि जब *वात* शांत हो जाता है, तो शरीर के सभी कार्य सर्वोत्कृष्ट स्तर पर लौटने शुरू हो जाते हैं।

सर्दी के मौसम में,

- मन को शांत करने के लिए धीमे ग्राउंडिंग आसन और ध्यान कीजिए।
- कम ठंडा, शुष्क, हल्का और रूखा भोजन कीजिए - मसलन, कम सैंडविच, सूखे मेवे, कोल्ड कॉफ़ी, और अधिक सूप, गर्म सलाद, सब्ज़ियों का मिश्रण, चावल के व्यंजन और चाय में गर्म मसाले।
- तलुओं में तिल का तेल लगाइए, फिर पैरों के ऊपर, कानों के पीछे, और सिर के ऊपरी हिस्से में लगाइए। तेल को सोखने दीजिए, और इसमें लगने वाले समय को नोट कीजिए।

मूलाधार वस्ति प्रदेश के नीचे का सबसे महत्त्वपूर्ण क्षेत्र होता है, जहाँ तीन मांसपेशियाँ आँतों को क़ाबू में रखती हैं, और हर चीज़ को बाहर गिरने से रोकती हैं। आयुर्वेद पुरज़ोर तरीक़े से सलाह देता है कि हमने दिनभर में शौच के बाद कुछ भी किया हो, लेकिन इस क्षेत्र को प्रतिदिन पानी से साफ़ अवश्य करें। आयुर्वेद की सलाह है कि स्नानगृह में प्रवेश करते ही हम अपने पैर धोएँ, नीचे उकड़ूँ बैठें और मलोत्सर्ग क्षेत्र को पानी से साफ़ करें और उस पानी को बाहर फेंक दें, इसके बाद स्वच्छ जल से स्नान करें।

## ~ 25 ~

# स्नान

अपने कमरे से लड़खड़ाते हुए बाहर निकले बाबी के चेहरे पर मुस्कान थी। कालीमिर्च जैसे भूरे उनके बाल गीले हैं, और उनकी दाढ़ी का पानी उनकी शर्ट के कॉलर को गीला कर रहा है। मैं उनके स्वेटर को ठीक करने के साथ ही उनकी बाँह के बटन लगाने और बेल्ट को व्यवस्थित करने के लिए उनके पास जाती हूँ। मुझे लगा कि उन्हें मेरी ज़रूरत होनी चाहिए। मेरे पिता आत्मनिर्भर होने को लेकर ज़िद्दी हैं। जैसे-जैसे वे कमज़ोर और दूसरों पर अपनी देखभाल के लिए निर्भर होते जा रहे हैं, वैसे-वैसे उनकी यह ज़िद बढ़ती जा रही है। जब तक उनकी दिनचर्या के सारे काम पूरे नहीं हो जाते, तब तक वे बाहर के कमरे में नहीं जा सकते थे, जहाँ कभी भी कोई भी आ सकता था। अपनी छड़ी की मदद से वे आदमक़द आईने के सामने आते हैं और ख़ुद को ऊपर से नीचे तक निहारते हैं। वे अपनी जुराबें ठीक करने को कहते हैं और फिर एक-एक सीढ़ी को पार करते हुए नीचे उतर जाते हैं। वे इस बात से संतुष्ट हैं कि एक नए दिन की शुरुआत के लिए वे पूरी तरह तैयार हैं।

*पवित्रम्-व्रश्यमायुष्यम् -श्रम स्वेदामलापाहम् ।*
*शरीर-बलसाधनम्-स्नानामोजसकारम् -परम ।।*

स्नान करने से शरीर शुद्ध हो जाता है। स्नान से कामेच्छा बढ़ती है, और यह जीवनदायक होता है। यह थकान, पसीने और गंदगी को दूर करता है। यह जीवंतता और शरीर के बल को बढ़ाता है, उसे शक्ति देता है और *ओजस* को बढ़ाने का सबसे अच्छा तरीक़ा है।

चरक संहिता
सूत्र-स्थान; अध्याय 5, श्लोक 94

चिकित्सा की दृष्टि से, शरीर पर अगर पानी डाला जाता है, ख़ास तौर पर वह ठंडा रहा, तो त्वचा में रोम छिद्रों और केशिकाओं को बंद कर देता है, जिससे रक्त का प्रवाह शरीर के घेरे से दूर चला जाता है और बड़ी धमनियों में लौट जाता है। *कोष्ठ* या मध्य क्षेत्र के नाम से जाना जाने वाला धड़ गर्म हो जाता है, और आँत के चारों तरफ़ शरीर के बीच का हीटर ऊर्जा को पाचन प्रणाली पर केंद्रित करने लगता है - जिससे व्यक्ति की भूख तेज़ हो जाती है। यही कारण है कि भोजन से पहले स्नान करने पर ज़ोर दिया जाता है, और जब आँतों के पास ख़ून तेज़ी से दौड़ेगा तो खाना ज़्यादा अच्छी तरह पचेगा।

हालाँकि, इस बात पर आँखें मूँद कर विश्वास नहीं करना चाहिए। आयुर्वेद हमें *प्रत्यक्ष*, या निजी व्यावहारिक अनुभव और अपनी सलाह को प्रमाणित करने के लिए निगरानी करने को लेकर प्रोत्साहित करता है। अपने शरीर पर प्रयोग कीजिए। दो अलग-अलग दिनों में, दिन के उसी समय पर स्नान कीजिए। एक दिन, स्नान करने से पहले भोजन कीजिए, और दूसरे दिन स्नान के बाद। आप ख़ुद तय कीजिए कि आपका पेट कैसा महसूस करता है और क्या आपकी भूख में कोई अंतर आता है।

- पहले दिन, स्नान करने से पहले खाना खाइए। दूसरे दिन, स्नान के बाद खाइए। यह देखिए कि आप किसे तरजीह देते हैं, आपको भूख और पाचन के संबंध में क्या अंतर महसूस होता है।

यूरोप में मध्य युग के दौरान कई बार आए प्लेग ने 1100 ईसवी से 1400 ईसवी के बीच आबादी के लगभग आधे हिस्से को मिटा दिया। लोगों को पानी से डर लगने लगा, वे इसकी प्रकृति से ही डरने लगे। यूरोप के लोगों ने तो नहाना ही बंद कर दिया था। ऐसे लोग पौराणिक भारत की खोज करने आए क्योंकि 400 ईसा पूर्व टेसियास द्वारा भारतीय चिकित्सा पर लिखी यूनानी पुस्तक *इंडिका* से उन्होंने गुप्त औषधि, चिकित्सा गुणों वाले मसालों और पारस पत्थर के बारे में सुन रखा था। यूरोप में भारतीय लोगों को लेकर सिर्फ़ एक मिथक रह गया था कि वे तेल से स्नान करते थे, निरोगी

करने वाले अस्पतालों का उपयोग करते थे और विश्वविद्यालय चलाते थे। इन विश्वविद्यालयों के पास निरोग करने वाले अचूक ज्ञान का भंडार था। आगे चलकर यह बस इस्लामी और ईसाई विजय अभियानों ने तबाह कर दिया।

लेकिन पुनर्जागरण के बाद भारत आगमन के बावजूद, खोजकर्ता आयुर्वेद के ज्ञान को समझ नहीं सके और बस स्वच्छता व ऐशो-आराम की चीज़ें ही यूरोप तक ले गए। उन्होंने पानी में स्नान करते लोगों को देखा और खुद भी स्नान किया, लेकिन उन्हें यह विश्वास नहीं था कि यूरोप का पानी उतना ही सुरक्षित होगा। वे जब यूरोप लौटे तो तेल के संस्कार को लागू नहीं किया, क्योंकि इससे शायद उनके कपड़े गंदे हो जाते थे। उन्होंने पानी से भरे विशाल टब में स्नान करने की विधि को अपनाया जिसमें एक व्यक्ति आसानी से बैठ सकता था। शुरुआत में लकड़ी से बना टब, बाद में चीनी मिट्टी का हो गया और उसका आकार अंडाकार हो गया। यह बाथ टब एक ज़बर्दस्त चीज़ बन गया जो सौंदर्य और कामुकता का प्रतीक था।

❧

पानी कुदरती रूप से सूखा और धारदार होता है। यह धीरे-धीरे त्वचा से कुदरती तेल को खींच लेता है, जो अपनी स्वस्थ दशा में स्वाभाविक रूप से लेप जैसा होता है। यही कारण है कि आयुर्वेद हमें अपने शरीर को पानी से धोने से पहले तेल लगाने की सलाह देता है। ठंडी हवा उन रोम छिद्रों को बंदकर त्वचा को और भी सूखा बना देती है, जिनसे धीरे-धीरे तेल रिसता रहता है। हल्के व्यायाम से जब पसीना निकलता है तब स्वच्छ तेल बाहरी त्वचा को भेदता है और तेलयुक्त गंदगी को बाहर निकालता है। फिर पानी धूल-मैल को साफ़ कर देता है।

❧

*भिषग्यो- भिषक्तारा-अपाह।*

सभी औषधियों में पानी सर्वोत्तम है।

❧

# स्नान : व्यावहारिक क्रिया

पारंपरिक स्नान का आरंभ पानी से नहीं होता है; उससे तो इसका समापन होता है। शरीर की स्वच्छता के लिए ज़रूरी है कि अतिरिक्त और असंतुलित *दोष* बाहरी त्वचा में मिलकर इकट्ठा हो जाएँ ताकि साबुन, डिटर्जेंट, तेल या राख उन्हें शरीर से बाहर निकाल कर दूर कर दें। ऐसा करने के लिए, स्नान की शुरुआत तेल मालिश से होती है, अगर ज़रूरी हो तो हर्बल पाउडर भी रगड़ा जाए, रोम छिद्रों को खोलने तथा प्रवाह को बढ़ाने के लिए व्यायाम किया जाए, साँस और प्रवाह को निर्बाध करने के लिए *प्राणायाम,* शरीर के वेगों की गतिविधि, बालों और नाख़ूनों की कटाई-छँटाई और पैरों तथा शरीर में उत्सर्जन स्थान के सतहों की सफ़ाई की जाए।

उसके बाद शरीर की सफ़ाई पानी से की जा सकती है। ठंडा या शीतल पानी सर्वोत्तम होता है, ख़ास तौर पर कंधे से ऊपर क्योंकि सिर और गर्दन में चर्बी से भरे ढाँचे होते हैं जो गर्मी से अपना आकार खो देंगे। रोज़ाना के स्नान के लिए कभी भी बहुत गर्म पानी का उपयोग नहीं किया जाना चाहिए। शरीर जब पानी से धुल जाए, तो एक सूखा साफ़ तौलिया पानी को सोखने के लिए न कि त्वचा, बाल और शरीर को रगड़ कर पोंछने के काम में लाया जाना चाहिए। शुरुआत सिर से और अंत पैर पर होना चाहिए। शरीर जब साफ़ हो जाए, तब एक नया दिन शुरू होता है।

भाग - IV

# दिन की गतिविधियाँ : चटाई के बिना योग

सुबह-सुबह जैसे ही सूरज उगता है, मेरी माँ विशाल खिड़की वाले कमरे में, बक्सों को किनारे कर बिछाई गई चटाई पर *शवासन* कर रही होती हैं। वे अपने योग के प्रति पहले से कहीं अधिक समर्पित हैं क्योंकि इसने उनके गठिया का इलाज कर दिया और सीढ़ियाँ उतरते समय अब उनके घुटनों व शरीर से आवाज़ नहीं आती। बग़ल के कमरे में चाय की चुस्कियाँ लेते हुए मैं और बाबी उनके समर्पण की दाद दे रहे होते हैं।

मैं जब मैट पर आती हूँ, तब मुझे बाबी का वह समर्पण याद आता है जिससे उन्होंने मेरे छुटपन में मुझे मुश्किल आसन सिखाए थे। अब वास्तविकता यह है कि अपने आघात के बाद वे दोबारा उन मुद्राओं में कभी नहीं बैठ सकेंगे। मेरी कमर संकेत दे रही है कि मुझे जड़ता की गुप्त बीमारी हो गई है, जो व्यायाम से बचना चाहता है और बेलगाम भावनाओं व तनाव को प्रश्रय दे रहा है।

मेरी माँ जब ज़ोर-ज़ोर से ॐ के उच्चारण का समापन करती हैं, तब वे हमारे बीच, ताज़ा अदरक तथा काली मिर्च के साथ एक गिलास गर्म पानी लेकर आती हैं। मैं उन्हें इस बात के लिए राज़ी करने की कोशिश करती हूँ कि वे मुझे भी योग चटाई पर बैठने के लिए प्रेरित करें क्योंकि मेरे अंदर कुछ है जो बिलकुल भी नहीं चाहता कि मैं व्यायाम करूँ। वे मुझे याद दिलाती हैं कि योग सिर्फ़ चटाई पर ही नहीं किया जा सकता। वे कहती हैं, 'सच्चा योग

चटाई के बिना होता है। यह मन को शरीर से बाँधकर जीने वाला जीवन है। चटाई पर योग तो सिर्फ़ योग का अभ्यास है। चटाई के बिना योग ही बताता है कि आप अपना जीवन किस प्रकार जी रहे हैं।'

भाग - IV

# दिन की गतिविधियाँ: चटाई के बिना योग

~ 26 ~

# सद्वृत्ति और धर्म

विस्तृत जनगणना को लेकर जो नया फ़ॉर्म आया है, उससे जुड़े कई जनसांख्यिकीय प्रश्नों को पूरा कर मेरे निःशक्त पिता को सरकार के पास भेजना है। धर्म को लेकर सवाल पर वे कहते हैं, 'किसी धर्मनिरपेक्ष समाज में वे यह प्रश्न नहीं पूछ सकते। लिख दो *सनातन धर्म* और अन्य बॉक्स को मार्क कर दो!'

मैंने फ़ॉर्म में दिए बबल को भरने से पहले सोच-विचार किया क्योंकि मैं समझ रही थी कि वे हिंदू शब्द से बच रहे हैं। इस कारण नहीं कि वे हिंदुओं को पसंद नहीं करते, बल्कि इसलिए क्योंकि उन्हें यह अच्छा नहीं लगता था कि पश्चिमी जगत के लोग इसे मूर्तिपूजक धर्म बताते हैं जिसमें हाथियों और बंदरों को भी पूजा जाता है।

*सनातन धर्म* सनातनता का वह वैश्विक दृष्टिकोण है, जो किसी व्यक्ति के जीवन मूल्यों को प्रकृति के कालातीत सिद्धांतों के निकट ले जाता है। यह अब लोकप्रिय हो चुके हिंदुत्व का असली नाम है। यह प्रकृति की शक्तियों के सिद्धांतों और विज्ञान के सिद्धांतों की पड़ताल करता है, जिन्हें आधुनिक समाज में भौतिक विज्ञान और प्राकृतिक विज्ञान जैसे भूविज्ञान, भौतिकी, खगोल विज्ञान, रसायन विज्ञान, मौसम विज्ञान, धातु विज्ञान और जीव विज्ञान कहा जाता है। *सनातन धर्म* प्रकृति और इसके नियमों को सच्चाई की रीढ़ मानता है। सच वह है जिस प्रकार बादल, पर्वत, वृक्ष और पशु व्यवहार

करते हैं। यह दर्शन उस मानव में डाला जाता है, जो अहंकार से उलझनों में घिर जाता है और मैला हो जाता है।

सच क्या है और सही क्या है, इस पर पश्चिमी दर्शन में ज्ञान-मीमांसा और सत्ता-मीमांसा के अंतर्गत चर्चा की गई है। ज्ञान-मीमांसा प्रकृति का अध्ययन और ज्ञान का दायरा है, जिसे संस्कृत में *वेद* कहा जाता है। सत्ता-मीमांसा वास्तविकता और जीवित रहने की प्रकृति का अध्ययन है, जिसे धर्म कहा जाता है, जो यह गूढ़ प्रश्न करता है, 'वास्तविक क्या है?' और 'जीवित रहने का अर्थ क्या है?'

*सनातन धर्म* शब्द का प्रयोग और इस विचार पर पहली बार गहराई से ऋग्वेद में चर्चा की गई है कि सही क्या है और वास्तविकता क्या है, इसका पता मस्तिष्क को चल जाता है। ऋग्वेद चार वैदिक ग्रंथों में पहला ग्रंथ है, जो सबसे प्राचीन है और उसकी रचना मनुष्य द्वारा विश्व और स्वयं को समझने के लिए 10,000 ईसा पूर्व में की गई थी। *सनातन* का अर्थ है शाश्वत और यह उसका ज्ञान देता है जिसका न आरंभ है न अंत, न सीमा है न दायरा।

यह सत्य और लौकिक व्यवस्था के कार्य करने का ऐसा तरीक़ा है जिसमें नैतिकता के संकेत हैं। ये संकेत प्रत्यक्ष हैं और इनके उपयोगकर्ताओं को तब तक न तो इसके नाम का पता था, न ही वे इसे पहचान सकते थे जब तक कि मध्य एशिया के आक्रमणकारियों ने इसे उन लोगों के जीवन की शैली के रूप में नहीं बताया जो सिंधु नदी के पूर्व में रहते हैं, या जो हिंदू हैं। इसके बाद पश्चिमी एशिया के ग्रंथों में हिंदुत्व शब्द ज़्यादा से ज़्यादा इस्तेमाल किया जाने लगा और 1700 ईसवी के काले भद्रजनों ने भी इसका इस्तेमाल करना शुरू कर दिया। आज भी, पश्चिमी विचारधारा में पढ़े-लिखे लोग खुद को हिंदू कहते हैं। भारत को स्वतंत्र कराने के प्रयास में, फ़ारसी और यूरोपीय आक्रमणकारियों से त्रस्त हो जाने के बाद, एक पुनर्जागरण का आंदोलन शुरू किया गया ताकि हिंदू शब्द से बचा जाए क्योंकि इसका मूल ग़ैर-देसी, फ़ारसी था।

आयुर्वेद *सनातन धर्म* के दर्शन को मानता है, जिसका चिकित्सकीय वैश्विक दृष्टिकोण कहता है कि यदि शरीर सत्य के साथ नहीं रहता तो उसका तेज़ी से क्षय होगा क्योंकि यह प्रकृति से तालमेल खो देता है। इसलिए प्रकृति

के साथ आना होगा या फिर वह उन सभी को तबाह कर देगी जो उसके सामंजस्य में नहीं है ताकि सकल संतुलन बना रहे।

मैंने जब अपनी माँ से पूछा कि आख़िर कैसे जानें कि सही क्या है तो उन्होंने इसकी व्याख्या की। 'अगर कहीं मुझे कोई पेन पड़ा मिल जाए, तो क्या मुझे उसे उठा लेना चाहिए? वह मेरा नहीं है, फिर भी किसी ने उसे खो दिया है तो वह किसके पास जाना चाहिए?' सही और ग़लत में भेद करने को लेकर मेरी माँ का विवेक त्रुटिहीन है। दशकों से भगवद् गीता को रोज़ाना पढ़ने और टैगोर की कविताओं का अनुवाद करने से उन्हें इतना ज्ञान मिल गया है कि वे बड़ी आसानी से प्रश्नों के उत्तर दे देती हैं।

वे कहती हैं कि जब आप उस पेन को देखते हैं, तब तुरंत जो विचार आपके मन में उठता है, वही सही रास्ता है। अगर आपने हर दिन अपने मन को साफ़ रखने के लिए ध्यान और योग में समय बिताया है, तो आप सही राह पर चलेंगे। अगर आपका सही राह पर चल रहा मन कहता है कि आप उस पेन को रख लीजिए, तो आपको कर्म के मार्ग पर चलना चाहिए और उसे ही अपना सही मार्ग बनाना चाहिए, और जो भी होगा उसके फल को स्वीकार करने के लिए तैयार रहना चाहिए चाहे वह आपके पेन उठाने के कारण नए स्वामित्व का फल होगा या न उठाने के कारण होगा। यह सारे कर्मों के साथ आपके जीवन में प्रवेश कर जाएगा।

किंतु, पेन को देखते ही, आपका मन तुरंत आप से कहता है कि यह पेन आपका नहीं है और किसी ने इसे गिरा दिया है और इसे ढूँढ़ता हुआ आएगा, भले ही उसकी संभावना कितनी भी कम क्यों न हो, यह आपका कर्तव्य है कि आप अपने मन के मूल आदेश का पालन करें। आप इसी तरह जीवन को जिएँ और किसी प्रकार का कोई पछतावा नहीं होगा, सारे दंडों को स्वीकार करें और बिना इस अपराध बोध के सारे सुखों का आनंद उठाएँ कि आपको उसका हक़ नहीं था।

*सत्यम–वद्प्रियम–वद मां–वद सत्यं अप्रियम्।*
*प्रियमपि न अनृतम्–वद ईश–धर्म–सनातन ॥*

सत्य बोलो, इसे प्रेम से बोलो, अप्रिय या अप्रेमी प्रकार से सत्य मत बोलो; प्रिय हो तब भी असत्य मत बोलो, यही *सनातन धर्म* है।

तैत्तिरीय उपनिषद; पत्र 5, खंड 11;
मनुस्मृति (4.138) से रूपांतरित, सन् 1250 ई.पू.

> भ्रम की स्थिति में, अपनी अंतरात्मा की पहली आवाज़ को सुनो।

भारत जहाँ आधुनिक हो गया है, वहीं यह इस वक्त एक घनघोर युद्ध में रत है, जो भौतिक नहीं बल्कि मानसिक पटल पर लड़ा जा रहा है। सबसे नई चुनौती और आयुर्वेद को दमित करने वाला उपमहाद्वीप पर हुआ आक्रमण पश्चिमी विचारधारा द्वारा पेश किया गया है, जो बंदूक नहीं, बल्कि प्रचार, शिक्षा और दर्शन के दम पर किया जा रहा है जो *सनातन धर्म* को रोक रहा है।

*सत्यमेव जयते,* जो आधुनिक भारत में अब एक आम नारा बन गया है, एक प्राचीन लोकोक्ति से लिया गया है। इसका अर्थ है *सत्य* की *सदा विजय* होती है। प्राचीन भारतीय ग्रंथ मुंडक उपनिषद, 3.1.6 से लिया गया यह जाना-माना मंत्र है। स्वतंत्रता के समय भारत द्वारा इसे राष्ट्रीय ध्येय के रूप में अपनाया गया, जो देवनागरी लिपि में राष्ट्रीय प्रतीक के नीचे अंकित किया गया है, और भारतीय मुद्रा के सभी नोटों के बाईं ओर सबसे निचले कोने में पाया जाता है। प्रतीक चिह्न अशोक के शेर वाले चिह्न से लिया गया है, जिसे काशी से उत्तर दिशा में स्थित सारनाथ में 250 ईसा पूर्व में बने स्तंभ में देखा जा सकता है। पंडित मदन मोहन मालवीय 1918 में इसे राष्ट्रीय शब्दावली में लाए थे। भारतीय राष्ट्रीय कॉंग्रेस के अध्यक्ष के रूप में अपने चार में से दूसरे कार्यकाल के दौरान, उन्होंने सत्य के प्रति समर्पित विद्वानों की नई पीढ़ी को आगे बढ़ाने के लिए बनारस हिंदू विश्वविद्यालय की स्थापना की थी।

आयुर्वेद में आत्म-नियंत्रण और उचित कर्म के सिद्धांतों को अंतःकरण के साथ लाए जाने को ही *सद्वृत्त* कहा जाता है। संस्कृत शब्द *सद्* या *सत्* का

अर्थ है सत्य, शुद्ध या अच्छा, जो संदर्भ पर निर्भर करता है। संस्कृत शब्द *वृत्त* का अर्थ सूचना के व्यवस्थित संग्रह से है जिसे व्यवहार में लाया जाता है। *सद्वृत्त* में अच्छे आचरण पर व्यक्तिगत चर्चा के साथ ही यह भी शामिल रहता है कि हम जैसा व्यवहार करते हैं उसके पीछे का कारण क्या होता है।

हम जब ईमानदारी के सिद्धांत पर जीते हैं, तो *सद्वृत्त* (हमारी आंतरिक शक्ति) बढ़ जाता है। *सद्वृत्त* व्यक्तिगत, सामाजिक और भौतिक होता है। हमें ईमानदार लेकिन शांत रहना चाहिए क्योंकि हम समाज में कार्य करते व सद्भाव के साथ जीते हैं, और जब हम अकेले होते हैं तब हमारा सामना ऐसे सत्य से होता है जो अनारक्षित होता है। समाज में व्यवहार को लेकर आयुर्वेद तीन प्रकार के विशेष दिशा-निर्देशों का प्रावधान करता है : वे जो शारीरिक और मानसिक स्वास्थ्य को बेहतर करते हैं, वे जो समाज की व्यवस्था को सुचारू रखते हैं तथा वे जो उचित कार्य होते हैं और हमें मोक्ष की प्राप्ति या आत्मा की पूर्ण रूप से मुक्ति के पथ पर ले जाते हैं। *सद्वृत्त* के समान ही, आयुर्वेदिक सिद्धांत ब्रह्मांड और विश्व व्यवस्था के साथ सद्भाव के दर्शन पर आधारित हैं, और इस प्रकार धर्म के रूप में अक्सर उनकी ग़लत व्याख्या होती है।

*सांख्य* दर्शन कहता है कि अंगों की इंद्रिय (कर्म और शरीर की इंद्रिय) मन से विकसित होती है, जो शरीर का सृजन और नियंत्रण करती है। इस प्रकार, शरीर केवल मन के द्वारा ही अंतिम रूप से संतुलित किया जाता है। केवल शारीरिक चिकित्सा ही पर्याप्त नहीं होती है। हमें मन के तीन *गुणों* या महान गुणों, जिन्हें *महागुण* कहते हैं, उनके विषय में भी जानकारी होनी चाहिए। ये हैं *सत्व, रजस* और *तमस*। *सत्व* संतुलन और सद्भाव को दर्शाता है, जबकि *रजस* और *तमस* असंतुलन पैदा करते हैं। *रजस* व्यग्रता और तेज़ी, *तमस* शिथिलता, भारीपन और अज्ञानता को बढ़ाते हैं। इच्छा, क्रोध, लालच, अभिमान, व्यसन, भय, चिंता, ईर्ष्या और नकारात्मक मानसिक वेग *रजस* और *तमस* के कारण होते हैं, जो *वात,* पित्त और *कफ़* को बढ़ाते हैं, जिनसे शारीरिक बीमारियाँ होती हैं। सद्वृत्ति से सत्व बढ़ता है, जो स्वास्थ्य, सुख और शांति को फिर से स्थापित करता है, जिससे मानसिक और शारीरिक बीमारियाँ नहीं होती हैं।

आयुर्वेद जहाँ शारीरिक वेगों की अभिव्यक्ति में छूट देता है और मानसिक वेगों के दमन के लिए प्रोत्साहित करता है, वहीं आधुनिक समाज अक्सर इसके उलट ही कहता है! विनम्रता के लिए आवश्यक है कि हम अपने शरीर से निकलने वाली आवाज़ों को दबा दें। फिर भी, ऐसे मानसिक वेग जो किसी न किसी प्रकार से सात भयंकर पाप से जुड़े हैं उन पर पाबंदी नहीं है। वे पूँजीवादी समाज को बल देते हैं और कुछ मानसिक वेगों का ही मौखिक विरोध होता है क्योंकि कुछ क़ानून ही उन पर पाबंदी लगाते हैं। आज अधिकांश समाज वास्तव में इन भावनात्मक *वेगों* को अभिव्यक्त करने के लिए प्रोत्साहित करता है।

संस्कृत में *मानसिक वेग* के नाम से ज्ञात इन *रिपुओं* (या मन के शत्रुओं) को मन पर नियंत्रण में कमज़ोरी का संकेत माना जाता है। संस्कृत शब्द हैं, *लोभ, ईर्ष्या, द्वेष, काम, क्रोध, मद, मोह, मत्सर, राग, शोक, भय* और *निर्लज्ज।* इनका कोई सीधा अंग्रेज़ी अनुवाद नहीं है। यहाँ तक कि भारतीय भाषाओं में इन्हीं शब्दों के अर्थ अलग-अलग होते हैं। कुछ हद तक, उन्हें इस प्रकार बताया जा सकता है।

| रिपु | अर्थ |
|---|---|
| *लोभ* | लालच या आकर्षण |
| *ईर्ष्या* | दूसरे की सफलता/संपत्ति से जलन |
| *द्वेष* | किसी व्यक्ति से दुश्मनी, नफ़रत या क्रोध से चिढ़ जो कभी-कभी भय के रूप में भी प्रकट होता है |
| *काम* | यौन सुखों में अत्यधिक लिप्तता, कभी-कभी काम या वासना के रूप में देखा जाता है |
| *क्रोध* | कटुता जो अशांति और गुस्से का रूप ले लेती है। इसकी जड़ असुरक्षा के कारण पैदा खोखलेपन और अपने मूल्य का एहसास न हो पाने में होती है |
| *मद* | अहम की अत्यधिक अभिव्यक्ति, जिसे *अहंकार* कहा जाता है |
| *मोह* | अनियंत्रित इच्छा और काम वासना से अत्यधिक लगाव, जो हवरा या लत के रूप में भी सामने आता है |

| | |
|---|---|
| *मत्सर* | स्पर्धात्मकता, जलन, जो बहस के रूप में सामने आती है जिसमें देखने-समझने, शांत रहने और ख़ामोशी से प्रतिबद्ध रहने की बजाय विवादों की गुंजाइश अधिक रहती है। |
| *राग* | भौतिक संसार में माया से जुड़े मुद्दों के प्रति अत्यधिक आकर्षण और अनुराग, जो कभी-कभी क्रोध में प्रकट होता है |
| *शोक* | अनियंत्रित दुःख |
| *भय* | वर्तमान में न जीते हुए भयभीत रहना या आसपास की चीज़ों की पूरी जानकारी न होना |
| *निर्लज्ज* | जिस समाज में रहते हों उसकी समझ न होने के कारण बेशर्मी |

आयुर्वेद मन, शरीर या इंद्रियों की अन्य अभिव्यक्तियों के आवश्यकता से अधिक प्रकटीकरण को भी ठीक नहीं मानता है। यह कहता है कि अपनी क्षमता से अधिक कार्य न करें, और बताता है कि इससे हताशा व मन तथा शरीर के बीच सामंजस्य में खलल पड़ेगी। यह अपने या दूसरों के विषय में ग़लत सोच, ग़लत वाणी और ग़लत कर्मों से बचने की भी सलाह देता है। ग़लत को अंतःकरण और स्वाभाविक प्रवृत्ति के विरुद्ध जाने के रूप में परिभाषित किया गया है। यदि हम सहज प्रवृत्ति को अनदेखा करेंगे, तो शरीर और मन के बीच का संबंध अस्त-व्यस्त हो जाएगा।

भय, चिंता व ईर्ष्या जैसी नकारात्मक भावनाएँ मन की शांति को भंग कर देती हैं और आत्मा के उद्देश्य तथा शरीर के कार्य के बीच स्वच्छ प्रवाह में बाधा डालती हैं। नकारात्मक वाणी का प्रयोग करने की इच्छा दूसरों को कष्ट पहुँचाती है और प्रेम तथा सामंजस्य की जिस जन्मजात प्रवृत्ति के साथ हम जन्मे हैं उसमें बाधा डालती है। हमारी प्रवृत्ति अगर हमें ग़लत कार्य करने के लिए प्रेरित करती है, जैसे चोरी, लूट और हत्या, तो हमारे मन में उथल-पुथल मच जाती है। ऐसी सारी इच्छाओं को सक्रिय विष माना जाता है जो सकारात्मकताओं और रचनात्मक जीव बनने के मुख्य मार्ग में रुकावट डालती हैं। यह सुनने में भले ही दार्शनिक लगे लेकिन आयुर्वेद सारी मानसिक प्रक्रियाओं को आख़िरकार उस रूप में ही देखता है जिस रूप में वे धरातल पर सामने आती हैं।

लेकिन हम उस संकट से कैसे निपटें जब हमारे मन में ऐसी ही भावनाएँ प्रस्फुटित होती रहती हैं? पश्चिमी जगत में अक्सर हम उन्हें दबाने पर मजबूर हो जाते हैं, क्योंकि हम जो चाहते हैं उसे बोलने या करने की आज़ादी नहीं मिलती, चाहे वे क़दम, विचार और कर्म सकारात्मक ही क्यों न हों।

आयुर्वेद तीन बिंदुओं में सलाह देता है : प्रकृति के बीच समय बिताएँ, विश्वास व प्रेम के क़रीबी संबंध बनाएँ, और अंदर की तरफ़ झाँकें व हर दिन उसके संपर्क में जाएँ : अपने मन के साँचे में निर्माण और मरम्मत का कार्य करें।

यह कहना आसान है, लेकिन करना मुश्किल। ख़ास तौर पर किसी नौसिखिए के लिए तो असंभव-सा है। हम मनोवैज्ञानिकों और मनोचिकित्सकों की सहायता लेते हैं जो हमें संबंधों के जटिल संसार में आगे बढ़ने की शिक्षा देते हैं, जहाँ हम दूसरों के साथ ही स्वयं से भी जुडते हैं। हालाँकि, आयुर्वेद हमें निर्देश देता है कि हम अपने हृदय को प्रकृति के साथ जोड़कर रखें। प्रकृति में नियंत्रण के कई बेहतरीन साधन हैं, जो ग़लती होने नहीं देते और बताते हैं कि किसी भी चीज़ के होने के पीछे एक कारण होता है। इसलिए, हम यदि प्रकृति पर नज़र डालें, तो हम सीख सकते हैं कि कैसे विचारों, कर्मों और शब्दों के प्रवाहों को इस प्रकार मोड़ा जा सकता है कि हम एक बार फिर सुख-शांति के साथ जी सकें।

- भय, चिंता और ईर्ष्या जैसी नकारात्मक भावनाएँ मन की शांति, आत्मा के उद्देश्य और शरीर के कार्य को अस्त-व्यस्त कर देती हैं।
- शारीरिक वेगों को अभिव्यक्त करना सीखें और मनोवैज्ञानिक वेगों की अति-अभिव्यक्ति को दबाएँ।
- नकारात्मक भावनाओं को रोकने और मन में सुधार के लिए,
  - प्रकृति के बीच समय बिताएँ
  - विश्वास और प्रेम के गहरे संबंध बनाएँ
  - अपने अंदर झाँकें और हर दिन स्वयं से जुड़ें

अधिकांश देशों में, विशेष रूप से पश्चिम में, शरीर से दुर्गंध निकलने पर किसी व्यक्ति को धिक्कारा जाता है। कार्यस्थल पर, उस व्यक्ति से आग्रह किया जाएगा कि वह जाकर स्नान कर ले क्योंकि उसकी दुर्गंध से उसके क़रीब के लोगों की शांति भंग हो रही है। लोगों से डिओडोरेंट, पसीने को रोकने वाली चीज़ों, इत्र, बॉडी स्प्रे, सुगंधित पाउडर, कस्तूरी का तेल और सुगंधित लोशन इस्तेमाल करने की सलाह दी जाती है। अच्छा महकना अच्छी देखभाल का हिस्सा होता है।

लेकिन कितनी जगहों पर मानसिक शरीर की दुर्गंध को मापा जाता है? एक व्यक्ति मानसिक दुर्गंध फैला सकता है, जैसे क्रोध की सड़न और बदमिज़ाजी की गर्मी। कोई उस व्यक्ति से नहीं कहेगा कि वह अपने मन, मूड और मुँह को साफ़ कर ले। आयुर्वेद मन को साफ़ करने, मानसिक शरीर को नहलाने की बात करता है। इसके लिए स्नान और उससे जुड़े स्वच्छता के सभी संकेतों की ओर ध्यान देने की आवश्यकता है।

न दबाई जा सकने वाली इच्छाओं, जो शरीर के सुचारू काम करने व स्वास्थ्य के लिए वात को अभिव्यक्त करती हैं, और दबाई जा सकने वाली इच्छाओं, जो अविकसित व अपरिपक्व मन की मानसिक इच्छाएँ होती हैं, के अतिरिक्त वाचिका धारणीय वेग होते हैं, जिन्हें दबाई जा सकने वाली मौखिक अभिव्यक्ति कहते हैं। इनमें बहुत अधिक बोलना, ज़ोर-ज़ोर से बोलना, झगड़ने के अंदाज़ में दूसरों से बात करना, कठोर शब्दों का इस्तेमाल, पीठ पीछे बातें करना, झूठ बोलना और असमय शब्दों का प्रयोग या फ़िज़ूल की बातचीत शामिल रहती है। उन पर नियंत्रण पाने से मन को शक्तिशाली उपकरण मिल जाते हैं।

*गुरुकुल* में, मेरे टीचर जीभ पर व्याख्यान देते थे। उनका कहना था कि आधुनिक, पश्चिमी शहरी समाज में जीभ पर नियंत्रण सबसे कठिन कार्य है। एक तरफ़, जीभ को स्वाद दिलाने के लिए हम खाने के पीछे भागते हैं। हम भूख को बर्दाश्त नहीं कर पाते, और यह सीख जाते हैं कि जब भूख लगे तब ग़ुस्सा करना चाहिए। हम दूसरी चीज़ों के पीछे भागना भूल जाते हैं क्योंकि हम स्वादिष्ट चीज़ों को मुँह में महज एक मिनट के आनंद के लिए ठूँस लेते हैं। हम 'फ़ूडी' मानसिकता के ग़ुलाम बन जाते हैं, बिना यह

सोचे-समझे कि यह बाज़ारीकरण की चाल है। हम *उपवास* (उपवास करने का विज्ञान) या *अपथ्य* (भोजन और विकल्प जो हमारे लिए सही नहीं हैं) पर नियंत्रण से भूख पर शिक्षा को ग्रहण नहीं करते।

वहीं दूसरी तरफ़, यह जीभ ख़तरनाक हो सकती है, जो चोट पहुँचाने वाले शब्दों से संबंधों को बिगाड़ सकती है। बहुत बोलने की आदत हमें यह भी देखने नहीं देती कि ख़ामोश रहने पर हम किस प्रकार के व्यक्ति रहते हैं। ख़ामोशी में अपनी ही शक्ति होती है। ख़ामोशी में मैं जो हूँ उसे समझने का मतलब है, जब कुछ भी न कहा जाए। अतिवादी बातचीत ड्रामा खड़ा करती है और लोगों को आसानी से आगे नहीं बढ़ने देती। आम तौर पर ऐसा लोगों का ध्यान खींचने के लिए किया जाता है लेकिन उनकी नफ़रत भी सामने आती है। सत्ता और नियंत्रण के लिए अक्सर आक्रामक बातचीत को औजार बनाया जाता है। चिकित्सा के क्षेत्र में अक्सर यह सिखाया जाता है कि जीवन बचाने के लिए इमरजेंसी के समय इसका इस्तेमाल करना चाहिए। मैंने इमरजेंसी रूम में मेडिकल की पढ़ाई करते समय यह सीखा कि जब तत्काल नेतृत्व और नियंत्रण की आवश्यकता हो तब ऐसा करना चाहिए। इसके सिवाय इसका इस्तेमाल अनुचित है और यह अंदरूनी कमज़ोरी की ओर इशारा करती है।

कड़े शब्दों का प्रयोग लोगों को सदमा पहुँचाने के लिए भी किया जाता है; वे विवाद में पड़ने से पीछे हट जाते हैं क्योंकि वे लड़ना नहीं चाहते। पीठ पीछे शिकायत करना *मत्सर्य* को बताता है। झूठ बोलना *सनातन* के प्रतिकूल व्यवहार है; जो किसी भी शक्ति को क्षीण कर देता है। कई लोग ऐसा कह सकते हैं कि आज के समाज में जीने के लिए ऐसा करना ज़रूरी है, लेकिन यह याद रखना चाहिए कि झूठ बोलकर आप संभावित ख़तरे या झगड़े को कुछ समय के लिए तो टाल सकते हैं लेकिन आप अंदरूनी शक्ति का विकास नहीं कर सकते।

असमय शब्दों का प्रयोग या फ़िज़ूल की बातचीत से आपकी अंदरूनी शक्ति कमज़ोर पड़ जाती है क्योंकि ऐसी ऊर्जा ख़र्च हो जाती है जिससे किसी सार्थक उद्देश्य को पूरा नहीं किया जा सकता। इन अवधारणाओं को मन में रखने से शक्ति और जागरूकता बढ़ती है।

यदि कोई सचमुच सत्ता की तलाश में है, तो आयुर्वेद की सलाह है कि उसे प्रतिदिन कुछ समय *सद्वृत्त* के विषय में सीखने के लिए निकालना चाहिए। शक्ति अंदर से उत्पन्न होती है, न कि दौलत, परिवार के नाम, आयु, ख़्याति या हमारे पेशे के संहिताबद्ध क़ानूनों से ज़बरन हासिल किए गए सम्मान से। सच्ची शक्ति नैतिक दृढ़ता और आध्यात्मिक महारत से प्राप्त होती है, जिससे हम मन, कर्म, विचार और वचनों पर नियंत्रण वाला जीवन जीते हैं।

- शरीर को स्वच्छ रखने जितना ही महत्त्व मन को साफ़ रखने का है।
- कोई भी अपनी जीभ पर नियंत्रण कर नकारात्मक ऊर्जा के सामने आने से बच सकता है, उसकी बातचीत अच्छी हो सकती है और भोजन पर भी नियंत्रण रहता है।

## ~ 27 ~

# पूजा : प्रार्थना की क्रिया

मेरे जन्म के भी पहले से प्रतिदिन प्रातःकाल और रात को *संध्या* में, मेरी माँ वेदी पर दीप जलाती आ रही हैं। वे कुछ पल वहाँ बिताती हैं, कोई दीप, *अगरबत्ती* जलाती हैं, अपने अंदर शक्ति के विभिन्न स्रोतों के लिए कुछ मंत्रों के जाप करती हैं, जिन्हें ऐसी ऊर्जा के रूप में दर्शाने के लिए प्रतिष्ठित नाम दिए गए हैं जो उन्हें देवता बनाते हैं।

❧

वास्तव में प्रतिदिन तीन *संध्याएँ* (संस्कृत में अर्थ होता है जोड़) होती हैं : रात और दिन के बीच, दिन और रात के बीच तथा दोपहर के समय, जब सूर्य उदय होने के बाद अस्त होने की दिशा में बढ़ता है।

सूर्य उदय होने के समय, पेड़ लंबी शर्करा बनाने की प्रक्रिया की बजाय सूर्य से मिलने वाले प्रकाश की सहायता से कार्बन डाइऑक्साइड में से कार्बन तथा पानी में से हाइड्रोजन को खींचकर शर्करा से पहले की चीज़ बनाते हैं और अपने अनुपयोगी पदार्थ (ऑक्सीजन) को पत्तियों के माध्यम से निकाल देते हैं। इस प्रक्रिया को प्रकाश संश्लेषण कहते हैं। पहली किरण से लेकर सुबह होने तक, जब प्रकाश की बैंगनी और लाल तरंगदैर्घ्य आकाश के आसपास के क्षेत्र को न्यून कोण से भेदती हैं, तब पौधे सबसे अधिक ऑक्सीजन बनाते हैं। दिन के समय, दृश्य के अनेक रंगों के साथ पराबैंगनी प्रकाश भी भेदते हैं, जिनसे कम उपयोगी प्रकाश संश्लेषण पैदा होता है।

शाम के समय, पेड़-पौधे अपनी प्रकाश संश्लेषण की मशीनरी को बंद कर देते हैं और पूरे दिन कार्य के बाद उत्पन्न शर्करा से पहले के उत्पादों को कार्बोहाइड्रेट के भंडार में बदल देते हैं, जो पत्तियों, कलियों, जड़ों और फलों के निर्माण खंड का कार्य करते हैं। दोपहर की *संध्या* के समय, उन्हें अपने कोण को थोड़ा बदलने के संकेत मिलते हैं, जो सूर्य द्वारा उदय से अस्त होने की दिशा में बढ़ते समय दिए जाते हैं।

इन तीन समयों की प्रार्थना इस कारण की जाती है क्योंकि वे उस क्षेत्र में व्यापक परिवर्तन को दर्शाती हैं जहाँ सूर्य उदय या अस्त हो रहा होता है। जिस प्रकार श्रमिक किसी फ़ैक्ट्री से बाहर निकलते समय व्यापक गतिविधि और आवाजाही के साथ शोर उत्पन्न करते हैं, उसी प्रकार पेड़ों के बीच एक साथ ऊर्जा की एक व्यापक लेकिन शांत गतिविधि होती है, जिसमें कार्य की ऊर्जाओं का परिवर्तन होता है। यह व्यापक गतिविधि एक सूक्ष्म *वात* होती है, जो मानव शरीर में भी शरीर विज्ञान की सूक्ष्म धाराओं और प्रवाह के रूप में विद्यमान रहती हैं।

*वात* की व्यापक मात्रा जब उस समय क्षेत्र में पृथ्वी पर सैकड़ों मील तक आगे बढ़ती है, तब मन भी उस *वात* के प्रभाव में आ जाता है, और अचानक होने वाले परिवर्तनों के प्रति संवेदनशील हो जाता है। यदि मन में उथल-पुथल है, तो वह पेड़-पौधों में ऊर्जा के सूक्ष्म परिवर्तन पर शायद ग़ौर भी न करे। लेकिन पौ फटने के दौरान किसी जंगल से गुज़रिए तो आपको अंतर एकदम साफ़ नज़र आ जाएगा। लोग कहते हैं, 'चीज़ें जाग रही हैं।' यदि परिवर्तन के इस समय मन स्थिर हो जाता है, तो परिवर्तन के उस लयबद्ध प्रवाह में बह सकता है जिसे सारे पेड़-पौधे व पशु मिलकर संभव बनाते हैं और जो प्रकृति की वायु से शक्तिशाली हो जाता है। यह अपनी उथल-पुथल को भी छोड़ सकता है, और कई कड़ियों बाद, उसे तुरंत केंद्रित हो जाने की आदत पड़ जाती है, जैसे किसी गायक को स्वतः पता चल जाता है कि उसे अपने स्वयं के *सा* के सुर में कैसे पाना है।

- सूर्योदय और सूर्यास्त के समय मंत्रों पर कुछ पलों तक ध्यान लगाने, एक दीपक जलाने और मीठी महक से मन स्थिर हो जाता है।

संस्कृत धातु *पुज* का अर्थ है सम्मान, आराधना, समर्पण और संबंध। पूजा के दौरान *अग्नि* की दो आराधनाएँ की जाती हैं : सूर्य में स्थित अग्नि का आदर और *हवनकुंड* या दीप में प्रज्ज्वलित अग्नि की पूजा। दोनों ही हमारे दैनिक जीवन में परिवर्तन की शक्ति के प्रतीक हैं। हम दैनिक पूजा श्रद्धांजलि के रूप में करते हैं और इस आशा के साथ ऊर्जा में परिवर्तन की प्रक्रिया में शामिल होते हैं कि हमें अपनी आत्मा के मार्गदर्शन और विकास में सहायता मिलेगी।

आयुर्वेद के महान ज्ञाता आत्रेय (चरक संहिता, सूत्रस्थान; अध्याय 8, श्लोक 28) ऊर्जाओं को आत्मसात करने के लिए बैठने से पहले हमें अपने होंठ, पैर तथा हाथों को साफ़ करने और अपनी आँखों, कान, नाक, मुँह, हृदय तथा सिर पर पानी का छिड़काव करने के निर्देश देते हैं। ये सभी एक बार शुद्ध हो गए, तो हम अग्नि के उन तत्वों को अर्पण करते हैं जो शक्ति और ऊर्जा के प्रतीक हैं, जैसे घी, चावल के दाने, तिल, *खस,* घास और सरसों।

ध्यान लगाने का सबसे अच्छा समय स्नान के ठीक बाद का होता है, जब आपने बदन को सुखाकर कपड़े पहन लिए हों। फिर चाहे कुछ पलों के लिए ही सही, आयुर्वेद इस बात की वकालत करता है कि शरीर के स्वच्छ हो जाने और पानी के शरीर से सूख जाने के बाद ही प्रार्थना व ध्यान करना चाहिए। उसके बाद *प्राणायाम* का एक और दौर, जैसा कि अध्याय 19 में बताया गया है, मन को शांत कर देगा और शरीर को कुछ समय तक *स्थिर* व *स्थान* पर ध्यान केंद्रित करने के उपयुक्त बनाएगा।

भले ही ध्यान शारीरिक स्नान के बाद मानसिक स्नान है, लेकिन ज़्यादातर आधुनिक, हड़बड़ी में रहने वाले पेशेवर या वैसे लोग इन्हें नहीं अपनाते जिनके घरों में भीड़-भाड़ रहती है। हालाँकि, इसे मन को उसके दुर्गंधों से उसी प्रकार मुक्ति दिलाने के लिए प्राथमिकता देनी चाहिए जैसे शरीर को हर दिन अवांछित गंदगी और विषैले तत्वों से स्वच्छ किया जाता है।

- भले ही आपको ध्यान लगाने के लिए कुछ पल मिल पाएँ, लेकिन अपनी व्यस्त दिनचर्या में से उसके लिए समय अवश्य निकालें।
- ध्यान लगाने के लिए स्नान के बाद का समय सबसे अच्छा होता है।

सूर्यास्त के बाद, हर दिन हम साथ बैठ कर प्रार्थना करते हैं। घर में जो भी मौजूद होता था वह इसमें शामिल हो सकता है। *'ॐ नमो ओखंडो मंडलाकारम'...* हर दिन हमें खेलते रहने के दौरान, होमवर्क के दौरान और घर के कामों को करने के दौरान आवाज़ लगाकर बुलाया जाता था और कहा जाता था कि हम अपने हाथ-पैर और आँखों को धो लें। एक दीप और कुछ अगरबत्तियों को जलाकर प्रार्थना गाएँ जिसकी शुरुआत पवित्र मंत्र, गुरु प्रणाम से हुआ करती थी। हम अपने सभी प्रियजनों, विशेष रूप से अपनी बहनों की मंगल कामना करते थे। ख़ास तौर पर तब जब हमने उस दिन लड़ाई की हो। यह याद रखने के साथ-साथ एक सज़ा भी थी कि भाई-बहन हमारे कुटुंब हैं और इस कारण, सोने जाने से पहले उन्हें क्षमा कर दो। मुझे अपने प्रार्थना गायन पर गर्व था, भले ही मुझे यह पता नहीं था कि उन शब्दों का अर्थ क्या है या उनकी भाषा क्या थी क्योंकि वे बांग्ला जैसे नहीं लगते थे। हमारी माँ अपनी ज़ोरदार, सुरीली आवाज़ में *'हरे कृष्ण, हरे कृष्ण'* गाना शुरू कर देती थीं और हम सब शामिल हो जाते थे।

हर सुबह स्नान करने के बाद, बाबी का इस बात पर ज़ोर रहता था कि मैं उनके प्रार्थना कक्ष में साथ रहूँ। प्रिंसटन में, हमने देवदार की एक छोटी-सी कोठरी को पूजा का कमरा बना रखा था। तीन दीवारों पर हमारे प्रिय कृष्ण, काली, दुर्गा और शिव की तसवीरें थीं। शंख, *सिंदूर,* एक प्राचीन लकड़ी का तांत्रिक कटोरा, ताज़ा फूल और *नारायण शिला* थी, जो अपने अंदर ऊर्जा को समाहित कर लेने वाला पत्थर था।

*नारायण शिला* रखने वाले या उसकी देखभाल करने का सौभाग्य पाने वाले को सही ढंग से पूजा करनी पड़ती थी और अपने घर को एक स्वच्छ, शुद्ध रूप में रखना पड़ता था ताकि इस देवता की ऊर्जाओं का आदर हो सके, जो इस पत्थर और घर में विद्यमान थीं। बाबी को यह *शिला* हरिद्वार में सौंपी गई थी, जो साधु-संतों के संगम की पवित्र नगरी है, जहाँ हर बारह वर्ष पर कुंभ मेला लगता है। यह उस क्षेत्र में तीर्थाटन के चार प्रमुख धाम का प्रवेश द्वार है। वहीं, एक व्यक्ति ने मेरे बाबी की असाधारण ऊर्जा को देखा था और

उन्हें इसकी ज़िम्मेदारी सौंपी थी। किसी ब्राह्मण की पत्नी को वास्तविक *शिला* को पूजने से उसके बच्चों को स्वास्थ्य, संपत्ति और समृद्धि मिलती है। संभवतः इसका यह कारण है कि दैनिक स्नान में विलक्षण खनिज रहते हैं जिनकी आवश्यकता एंजाइम और प्रतिरक्षा प्रणाली के पूर्ण रूप से कार्य करने के लिए पड़ती है। लोग दूर-दूर से हमारे प्रार्थना कक्ष को देखने आते हैं, अपने बच्चों की ओर से भिक्षा देते हैं, अपने बच्चों से कहते हैं कि वे हवन कुंड तक जाएँ और एकाग्रता तथा शक्ति के लिए प्रार्थना करें। ऐसा अक्सर किसी परीक्षा या प्रतियोगिता परीक्षा से पहले होता है।

लेकिन हमारे लिए, *नारायण शिला* परिवार के सदस्य जैसी बन गई है। हम अपनी दिनचर्या को इस ऊर्जा बल के अनुसार ढालते हैं। एक दिन, एक भारतीय भौतिक विज्ञानी अपने नोबेल विजेता साथी के साथ हमारे घर आए। उन्होंने पाया कि *पूर्णिमा* के उपलक्ष्य में विधि-विधान से पूजा चल रही थी। उन्होंने बड़ी दिलचस्पी से उसे देखा और फिर हँसने लगे। मेरे पिता के साथ उनकी धर्मों के बेकार के प्रतीकों पर लंबी चर्चा हुई कि कैसे चंद्रमा के चक्रों और अंधविश्वास के कारण इस तरह के पूजा-पाठ में फँसा भारत विकासशील दुनिया का देश बन कर रह गया है। अपने परिवार का बचाव करने के लिए, मैंने पूरे ज़ोर-शोर से कहा कि द्वितीय विश्वयुद्ध के बाद विकासशील देशों का अंत हो गया था, और प्रथम विश्वयुद्ध में ऐसे लोगों की कमी नहीं थी जो संतों, पवित्र वेफ़र्स और रक्त की शक्ति को शराब के रूप में बदल देने में विश्वास रखते थे।

यह चर्चा इन करोड़ों भारतीयों के इन धार्मिक संस्कारों को वैज्ञानिक महत्त्व दिए जाने की ओर मुड़ गई। उन करोड़ों भारतीयों में कई कुशाग्र बुद्धि वाले प्रोफ़ेसर और वैज्ञानिक भी थे। चूँकि विद्युत चुंबकीय क्षेत्र की सूक्ष्म ऊर्जा मैग्नेटोमीटर द्वारा मापी जा सकती है, इसलिए उन्होंने मेरे पिता को सुझाव दिया कि वह किसी टेस्लामीटर या गॉसमीटर से *नारायण शिला* के मुँह का माप लें।

मेरी माँ ने जब यह सुना, तो उन्होंने इसका ज़बर्दस्त विरोध किया। वे जानना चाहती थीं, 'आप *शिला* के ऊर्जा के क्षेत्र का अतिक्रमण क्यों कर रहे हैं?' उन्होंने दलील दी, 'अगर सचमुच इसमें शक्ति है, तो इसे अपने क्षेत्र के अतिक्रमण पर आपत्ति नहीं होगी।' वह किसी पवित्र स्थान की ऊर्जा को दूषित करने और स्वच्छ वातावरण में हस्तक्षेप करने पर आपत्ति जता रही थीं। उन्होंने उल्लंघन के कई उदाहरण गिना दिए - रेप, बंदूक तानना व मासूमों को डरावनी

आवाज़ से भयभीत करना, और जब इन सभी को हटा दिया जाएगा तब पता चलेगा कि उनकी मौजूदगी हानिकर थी।

बाबी ने वैज्ञानिकों की बात मान ली। वे जानते थे कि प्राचीन काल के लोग प्रमाणों पर ही चलते थे। एक गॉसमीटर हमारे घर की प्रयोगशाला में लाया गया और *नारायण शिला* को वहाँ ले जाया गया। जब निकले हुए सिरे को अंदर डाला गया तब सुई एकदम दूर के सिरे 1000 गॉस पर चली गई और वहीं अटक गई। ज़ीस कस्टमर सर्विस को बुलाया गया। उन्होंने हमसे पूछा कि क्या हम न्यूक्लियर पावर प्लांट के क़रीब रहते हैं। उपकरण को मरम्मत के लिए भेजा गया और प्रयोग चलते रहे। *शिला* से छह इंच दूर, वह क्षेत्र 10 गॉस तक ऊपर उठ जाता था। जैसे ही नोक को *शिला* के एक मिलीमीटर के भीतर लाया जाता था, विद्युत चुंबकीय क्षेत्र में भारी वृद्धि हो जाती थी। उस उपकरण को तीन बार मरम्मत के लिए भेजा गया, और हर बार नोक को प्रवेश कराया गया, और आख़िर में, प्रयोग को छोड़ दिया गया, जिससे मेरी माँ ने राहत की साँस ली। वैज्ञानिक भाग निकले। हमें पता चला कि उनमें से एक कुछ महीनों तक बीमार रहा और दूसरे के साथ अजीबोग़रीब धोखा हुआ व पैसों की तंगी हो गई जिससे वे हमारे घर नहीं आ सके। वे इस बात पर सहमत हुए कि समस्याएँ सुलझ जाने के बाद वे प्रयोगों को पूरा करने के लिए एक बार फिर आएँगे।

हमने जब इस रोमांचक घटना के बारे में अपने भारतीय मित्रों को बताया तो वे स्तब्ध रह गए। ब्राह्मणों ने कहा, 'बेशक ऐसी शक्ति होती है। आप जब उसका स्पर्श करेंगे तब उसका अनुभव होगा। आपका मन जब शांत रहेगा तब भी उसका अनुभव होगा। यही कारण है कि हम इसके क़रीब बैठते हैं, उसकी ऊर्जा को ग्रहण करते हैं और अपने शरीर का तालमेल उसकी तीव्रता के साथ बिठाते हैं।' यही कारण है कि मंदिरों में कई शिलाएँ रखी रहती हैं, जिससे कि लोग वहाँ जाकर ध्यान लगाएँ और पूजा कर सकें, और अपने मन की शक्ति को बढ़ा सकें।

~ 28 ~

# परिधान का चुनाव

अपने बाथरूम में, हमारे पास आम तौर पर विशाल आईने हुआ करते थे जो पूरे बाथरूम की लंबाई को छत से लेकर सिंक तक ढँक देते थे। ख़ाली समय में, हम एक-दूसरे को रंगीन तौलियों से लपेट कर आईने के सामने खड़ी हो जाया करती थीं, और अपने ईवनिंग गाउन, सिर पर पगड़ी तथा लपेट कर पहनी जाने वाले स्कर्ट में एक-दूसरे को नहलाने में मदद किया करती थीं। हम यह दिखाने के लिए दर्जन भर तौलियों का इस्तेमाल करती थीं कि हमने बाथरूम में सफ़ाई के काम में काफ़ी समय दिया है। अलग-अलग रंगों, बुनावट और आकार के उन लंबे सूती कपड़ों से मुझे काफ़ी प्रेरणा मिलती थी, जिससे मुझे यह पता चला कि मैं एकदम अलग दिख सकती हूँ, बशर्ते मैं अलग-अलग तरह के कपड़े पहनूँ। मैंने कुछ ख़ास रंगों के कपड़ों की ज़िद शुरू कर दी, और खेलने के दौरान अपनी माँ की साड़ियाँ लपेट लिया करती थी।

काशी में रहने वाली मेरी नानी के परिवार का संबंध बनारसी सिल्क मिल के मशहूर राजाओं में से एक से था। बचपन से ही, मैंने अपनी माँ को शानदार और आकर्षक साड़ियों में देखा था, जिसमें धातु का बेहद महीन काम किया होता था और छह मीटर की साड़ी को ठोस रूप से बुने गए शुद्ध रेशम से चार चाँद लगाए जाते थे। अधिकांश मौक़ों के लिए बाबी का स्वाभाविक चुनाव बनारसी सिल्क, खादी या बांग्लादेशी कॉटन हुआ करता था। इन कपड़ों से मैंने परिधान के महत्त्व के बारे में जाना।

*काम्यम्–यशस्यमायुष्यमलक्ष्मिघ्नम्–प्रहर्सनम् ।*
*श्रीमत्–परिसादम्–सस्तम्–निर्मालांबरधराम् ।। 95।।*

स्वच्छ पोशाक पहनने से शरीर की चमक बढ़ जाती है, प्रतिष्ठा को बल मिलता है, दीर्घायु प्राप्त होती है और मनहूसियत दूर रहती है। इससे मन प्रफुल्लित रहता है, गरिमा बढ़ती है, सौंदर्य में वृद्धि होती है तथा समारोहों में अच्छा दिखने के साथ शामिल होने का आत्मविश्वास बढ़ता है, और समाज में पहचान बढ़ती है।

चरक संहिता
सूत्र-स्थान; अध्याय 5, श्लोक 95

सार्वजनिक स्वास्थ्य के प्रशिक्षण के दौरान, स्वच्छता का इतिहास हमें सिखाता है कि यूनानी देवी हाइजिया को स्वास्थ्य के व्यक्तित्व के प्रतीक के रूप में माना गया है। महामारी का विज्ञान यह बताता है कि कैसे 18वीं सदी में यूरोपीय लोगों ने हाथ धोने और बीमारी के बीच के संबंध का पता लगाया, और क्यों मरीज़ों की मृत्यु होती है जब डॉक्टर जल्दबाज़ी में उन्हीं कपड़ों में एक मरीज़ से दूसरे मरीज़ का इलाज करने चले जाया करते हैं। हमने प्रयोगशाला के कोट और जीवाणुरहित क्षेत्रों, जीवाणुरहित दस्तानों और स्क्रब तथा संक्रामक बीमारियों के नियंत्रण और दूषित होने के बीच संबंध के विषय में जाना।

हालाँकि, स्वच्छता को लेकर सबसे पहले वेदों में स्पष्ट चर्चा मिलती है। महान ऋषि आत्रेय और उनके शिष्य अग्निवेश (ईसा पूर्व 900 के लगभग) के समय से लेकर, ज्ञान के संशोधक आचार्य चरक तक ने, (200 ईसवी के लगभग) विभिन्न प्रकार के समाजों के लिए नियमों को विस्तार से संहिताबद्ध किया। *कृमि* या रोगाणुओं की अवधारणा की व्याख्या की गई है। वे जानते थे कि गंदे कपड़ों से शरीर हानिकारक तत्वों के संपर्क में रहता है जिसके कारण बीमारी को बढ़ावा मिल सकता है। उन्हें बीमारी को दूर भगाने के लिए नियमित रूप से स्नान करने के विषय में भी जानकारी थी। उन्होंने स्पष्ट रूप से यह बताया कि वैसे कपड़े न पहनें, जिन्हें पहले ही पहना जा चुका है या गंदे कपड़ों में न रहें।

आयुर्वेद हमें सलाह देता है कि वैसे प्राकृतिक कपड़े पहनें जिनमें हवा का आना-जाना हो सके। अलग-अलग मौसम के लिए अलग-अलग कपड़ों का सुझाव दिया गया है : गर्मियों में हल्के रंग के सूती कपड़े जिनसे प्रकाश परावर्तित हो जाए। सर्दियों में ऊनी कपड़े जो हवा को दूर रखें और शरीर में गर्मी को बचाकर रखें। बारिश और हवा से बचाने के लिए सिल्क, जिसे *कौषेय* कहा जाता है, लेकिन उसे गर्माहट के लिए ख़ास तौर पर कई परतों में और शीतलता के लिए एक ही परत में होना चाहिए। इसके अलावा, फूस, बीज और रेशे से बनी खादी, जो गर्मी से राहत दे सके।

आयुर्वेद ने सर्दियों में भी कपड़े पहनने के कुछ ख़ास तरीक़े सुझाए हैं : शरीर से सटे हुए सूती वस्त्र, फिर सिल्क, सिल्क और ऊन से बारी-बारी लट के रूप में बने परिधान - जिन्हें *प्रवेणी* कहा जाता है, और हिरण तथा भेड़ जैसे जानवरों की छाल। यह गर्म, हल्के कंबल के इस्तेमाल की सलाह देता है तथा बाक़ी का बिस्तर *प्रावार* (कपास) का होना चाहिए।

आयुर्वेद संक्षेप में हमें अच्छी पोशाक पहनने की सलाह देता है। महीन और सुंदर बुनाई में साफ़-सुथरी रेखाएँ होती हैं जो आँखों को खुश कर देती हैं। चक्रों के रंगों का इस्तेमाल अक्सर किया जाता था, जिसमें पौधों और खनिजों से बने रंगों से कपड़ों को ऐसा रूप दिया जाता था जो मनचाहा मूड बना देते हैं। कपड़ों में रत्नों और धातुओं को भी बुना जाता था, जिससे न केवल युद्ध के दौरान धारदार हथियारों के वार और ज़ख़्मों से बचने की संभावना रहती थी, बल्कि धातु के संपर्क में आने से शरीर की चमक भी बढ़ जाती थी। माना जाता है कि सोने से प्रतिरक्षा बढ़ जाती है, इसलिए साड़ियों के किनारे पर सोने के धागों का इस्तेमाल किया जाता था जहाँ वे हाथ, सीने, पीठ और पैर को छू सकते थे। माना जाता है कि चाँदी से सूजन में राहत मिलती है, इसलिए चाँदी के धागे बाँहों और गर्दन के आसपास सिले जाते थे। तांबे को एंटीसेप्टिक माना जाता है, इसलिए तांबे की मिश्र धातु के धागे युद्ध के दौरान पहनी जाने वाली सुरक्षात्मक पोशाकों में इस्तेमाल किए जाते थे। रत्नों को कभी-कभी धातु के धागों के साथ जोड़ा जाता था क्योंकि दोनों के मेल की अपनी ही ख्याति है, विशेष रूप से जहाँ ब्लाउज़ और स्कार्फ़ रक्त वाहिकाओं के बिंदुओं को छूते हैं।

आयुर्वेद की सलाह है कि रंगों का चुनाव *ज्योतिष* और उसके मेल के अनुसार करना चाहिए। यह बताता है कि कुछ ख़ास दिनों पर ख़ास क़िस्म

के परिधान पहनने से किस प्रकार उत्पादकता अधिकतम हो सकती है, ख़ास तौर पर जब उसे किसी व्यक्ति के लिए की गई भविष्यवाणी के अनुसार सिला गया हो। इसके लिए कुछ सामान्य दिशा-निर्देश भी हैं।

| दिन | रंग | उद्देश्य |
|---|---|---|
| सोमवार (चंद्रमा का दिन) | सफ़ेद पोशाक और सफ़ेद फूल | सबल बनाने के लिए |
| मंगलवार (मंगल का दिन) | लाल पोशाक और लाल फूल | सफलता के लिए |
| बुधवार (बुध का दिन) | हरी पोशाक | मस्तिष्क की क्षमता बढ़ाना |
| गुरुवार (बृहस्पति का दिन) | पीले या धूमिल सफ़ेद कपड़े | कृतज्ञता प्रकट करने के लिए |
| शुक्रवार (शुक्र का दिन) | एकदम हल्की नीली या नीली-सफ़ेद पोशाक | उस दिन की स्वास्थ्यवर्धक ऊर्जा का आह्वान करने के लिए |
| शनिवार (शनि का दिन) | काले वस्त्र और बैंगनी फूल | विनम्रता और सहज दृढ़ता के लिए |
| रविवार (सूर्य का दिन) | गुलाबी या कत्थई पोशाक तथा घर में उपलब्ध फूल | संबंधों को अच्छा बनाने के लिए |

आयुर्वेद यह परामर्श भी देता है कि अप्रैल से अक्टूबर के बीच गर्मी के महीनों में सिले-सिलाए कपड़े नहीं पहनना चाहिए। धोती, *वेष्टि*, लुंगी, साड़ी, शॉल, *स्टोल* और ढीले-ढाले सारौंग जैसे पूरी तरह से हवादार और हल्की बुनाई वाले कपड़े लपेट लिए जाते थे। सिर्फ़ मुस्लिम और ब्रिटिश विजय के बाद ही महिलाओं ने साड़ी के साथ सिला-सिलाया ब्लाउज़ पहनना शुरू किया। सिले हुए शर्ट व पैंट से पुरुषों और महिलाओं के लिए हिमालय के पहाड़ी वातावरण का सामना कर पाना संभव हुआ।

मेरी एक मरीज़ को बार-बार लाल दाने निकल आने की समस्या थी। वह दिखने में स्वस्थ और साफ़-सफ़ाई रखने वाली थी। उन मस्सों को हटाने के लिए कई बार की गई क्रायोथेरेपी के बाद भी, हर बार वे कुछ महीनों बाद निकल आते थे, चाहे मौसम कोई भी रहा हो। उन्होंने क्रीम, सैल्व और स्टेरॉयड मरहम आज़माया। चूँकि उनकी चर्म रोग विशेषज्ञ ने बताया था कि दाने हानिकारक नहीं होते हैं और उनका सबसे सुरक्षित इलाज सरल व समय-समय पर की जाने वाली क्रायोथेरेपी ही है, उसकी सबसे बड़ी चिंता उसका स्वास्थ्य और अंतर्निहित कारण थे। वह दूसरों की तरह बिकनी, ईवनिंग गाउन और हैल्टर टॉप नहीं पहन पाती थीं। त्वचा की अन्य अहानिकर समस्याओं की तरह ही, वह उसका उपचार तब तक टालती रहीं जब तक कि मर्ज़ साफ़ तौर पर दिखने नहीं लगा।

जैसा कि आजकल आम तौर पर देखा जाता है, वह आख़िरी विकल्प के रूप में आयुर्वेद की शरण में आई। आयुर्वेद त्वचा की समस्याओं को असंतुलित *रक्त* और मांस धातु से जोड़ कर देखता है। *रक्त* पोषण का वह अंग है जो ख़ून से सबसे अभिन्न रूप से जुड़ा रहता है और पेट से उसे भोजन प्राप्त होता है। त्वचा से भी इलाज किया जा सकता है लेकिन उसके सबसे अंदर के ख़ून तक पहुँचना अति आवश्यक है। मांस का मतलब मांसपेशियों से है और वे त्वचा को भी प्रभावित करते हैं। इसलिए, इलाज के लिए ऊतकों की अंदर से सफ़ाई महत्त्वपूर्ण है। उन्होंने ख़ून और लिवर की सफ़ाई *मंजिष्ठा* और *आमलकी* जैसी जड़ी-बूटियों से शुरू की क्योंकि मैंने उनकी जड़ में बैठी समस्या, भूख के स्तर, जीवनशैली और उनके माहौल में मौजूद *दोष* और चुनौतियों के अनुसार मिश्रण तैयार किया था।

मैंने उनके एक पुराने सूती दुपट्टे को नीम की छाल के घोल में डुबोया और छाया में सुखाया ताकि उनमें तुरंत सूख जाने वाले तेल को बचाए रखा जा सके। रात के समय उन्हें उस दुपट्टे को अपने गले में लपेट कर सोना था, फिर 10 दिनों बाद धोकर नीम पाउडर से घोल बनाकर उसमें डुबाना था। दो महीने बाद, वह मेरे क्लीनिक आईं, और न तो त्वचा पर कोई दाना था न ही उनका कोई दाग़ था।

*आयुर्वस्त्र* वस्त्रों का इस्तेमाल चिकित्सकीय रूप से किए जाने का विज्ञान है। आयुर्वेद हल्दी, नीम और तुलसी जैसी जड़ी-बूटियों का इस्तेमाल कपड़ों में लगाकर उन्हें पहनने की सलाह देता है। त्वचा के औषधीय प्रभाव उस व्यक्ति

में लगातार दवा का संचार करते रहते हैं। कई वर्षों तक, अरब के देशों में नीम में डुबाकर सुखाए गए बुर्कों का इस्तेमाल किया जाता था। इनसे शरीर में त्वचा के ऐसे अनेक रोगों का इलाज किया जाता है जो कपड़ों के पीछे छिपे रहते हैं लेकिन धूप न लगने से रोग का रूप ले लेते हैं। कुछ अन्य वस्तुओं की लोकप्रियता बढ़ रही है, जैसे हल्दी में डुबाकर सुखाए गए दुपट्टे या लेगिंग। नीम के दुपट्टों का इस्तेमाल गर्दन के छोटे-छोटे दानों के साथ ही बड़े दानों के लिए भी किया जा सकता है। नीम में डुबाकर सुखाए गए तकिए की खोल से चेहरे पर निकले दानों को ठीक किया जा सकता है। हल्दी लगी बनियान को घर में पुराने स्वेटशर्ट के भीतर पहना जा सकता है। *आयुर्वस्त्र* का मूलमंत्र अच्छे क़िस्म का सूती कपड़ा प्राप्त करना है जो उस जड़ी-बूटी को सहेज सके और फिर उसका संचार कर सके, यानी त्वचा के गर्म होने पर धीरे-धीरे उसके अंदर तक जा सके।

- प्राकृतिक रेशों के वस्त्र पहनने चाहिए, गर्मियों में सूती और खादी, सर्दियों में ऊनी और मानसून में सिल्क वाले।
- त्वचा की समस्याओं को दूर करने के लिए नीम में डुबाकर सुखाई गई तकिए की खोल का इस्तेमाल किया जा सकता है।
- हल्दी में डुबोकर सुखाए गए कपड़ों का भी इस्तेमाल करें।

~ 29 ~

# यात्रा

हमारा परिवार अक्सर यात्रा करता रहता है। शायद इस कारण क्योंकि मेरे माता-पिता एक ऐसे समाज से निकाल दिए गए थे जो अनाथों, अत्यधिक सफल और सच की पूजा करने वालों को हेय दृष्टि से देखता है। इसलिए, उन्होंने अपने समाज की बजाय रहन-सहन के अपने ही तरीक़े को अपनाया। उन दोनों की खिल्ली उड़ाई गई और बहिष्कृत कर दिया गया। उनसे संपत्ति के वाजिब अधिकारों तथा पद को, पहले युद्ध से और फिर अपने ही परिवार व पड़ोस के औसत लोगों द्वारा छीन लिया गया, जो अक्सर ऐसे मामलों को डरा-धमका कर और अधिकारियों से साँठगाँठ कर तय किया करते हैं। आख़िरकार, दोनों ही अपने वतन से दूर चले गए, और अपने साथ अपने ज्ञान और मूल्यों के साथ जीने निकल पड़े, लेकिन किसी नए देश में। ऐसी परंपरा तो कई पीढ़ियों से चली आ रही है, जब परिवार की महिलाएँ शादी के बाद अपने घर को छोड़ नए परिवार के साथ रहने चली जाती हैं।

हमारे कुनबे की वर्तमान पीढ़ियाँ दुनिया भर में फैली हैं, और सात अलग-अलग देशों में रह रही हैं। कभी-कभार उत्सवों, शादी-ब्याह, शैक्षणिक सफलताओं, जन्म और मृत्यु के मौक़े पर हमारा मिलना-जुलना होता है। हमने लगातार सफ़र करते रहना सीख लिया है। यहाँ तक कि बाबी भी आघात के बाद बेटियों की पढ़ाई, शादी-विवाह और उत्सवों को लेकर हज़ारों मील का सफ़र कर चुके हैं। उन्हें विमानों में निःशक्तों के लिए उन्नत सुविधाओं का लाभ मिला है। अनेक देशों और विविध संस्कृतियों में जीवन ने हमें यात्राओं और उसमें आने वाली चुनौतियों का अभ्यस्त बना दिया है।

आयुर्वेद राजनीतिक और सामाजिक दायरों की परवाह नहीं करता है। इसके नियम वृहत, प्राचीन और दुनिया भर पर लागू होने वाले पैमानों पर आधारित होते हैं। जहाँ कहीं भी हवा के बहाव में विषमता होगी, वहाँ *वात* के असंतुलन की समस्याएँ होंगी, फिर वे बढ़ेंगी, उग्र रूप लेंगी और आख़िर में अस्त-व्यस्त हो जाएँगी। शरीर में जब परिवर्तन की अग्नि असंयत हो जाती है, तो उस माहौल में भोजन और सूचना सही तरीक़े से आत्मसात नहीं की जा सकती है। ये *आम,* अपच अपशिष्ट और *पित्त* के असंतुलन के रूप में इकट्ठा हो जाती हैं। जहाँ कहीं भी अनुपयुक्त प्रवाह और पाचन होगा, वहाँ चीज़ें स्थिर नहीं होंगी बल्कि या तो चिपचिपी होंगी या बहुत अधिक बलगमयुक्त और *कफ़* की जैसी प्रकृति वाली होती हैं उससे शरीर को अधिकतम सुरक्षा और रोगों से लड़ने की क्षमता के साथ ही स्नेहन प्राप्त नहीं होगा। हम जब सफ़र करते हैं, तब हम अपने आपको असाधारण के साथ मुक़ाबला करने के बड़े जोखिम में डालते हैं और *दोष* के असंतुलन को बढ़ाते हैं।

आयुर्वेद विशेष रूप से यात्रा को लेकर सलाह देता है क्योंकि यह जानता है कि लोगों को अपने काम के लिए घर से बाहर निकलना पड़ता है। विशेष रूप से, वर्तमान समय में जब कुछ ही घंटे के भीतर यात्रा के दौरान हमारा टाइम ज़ोन, जलवायु, ऊँचाई और गोलार्धों के साथ ही, भोजन, पानी और बुनियादी खान-पान बदल जाता है। इस प्रकार के अचानक होने वाले परिवर्तनों से हमारे शरीर की उस दशा में उथल-पुथल मच जाती है जिसे *सात्म्य* कहते हैं।

पश्चजनन संबंधी विषय की ओर संकेत करते हुए आयुर्वेद ने *सात्म्य* को एक ऐसी स्थिति बताया, जब शरीर को उसके स्वाभाविक माहौल में ढाला जाता है। *सात्म्य* कहता है कि किसी व्यक्ति का स्वास्थ्य और तंदुरुस्ती को लेकर दृष्टिकोण वैसे भोजन, जलवायु और व्यवहार से तय होता है जिनका उपयोग उसके पालन-पोषण में हुआ है। खाने, सोचने और साँस लेने में उनके विकल्पों से जिस प्रकार का संतुलन पैदा होता है उसे प्रत्येक व्यक्ति अपने अंदर एक आदर्श रूप में बनाए रखता है। आयुर्वेद के मुताबिक़, यह भी एक कारण है कि दो अलग-अलग लोगों पर रोग के समान लक्षणों का एक ही जैसा इलाज कारगर नहीं होता है। पश्चजनन संबंधी परिवर्तन किसी

व्यक्ति के रासायनिक माहौल, पोषाहार संबंधी प्रभाव या विषैले खाद्य पदार्थ और प्रिज़र्वेटिव के आधार पर होने वाले परिवर्तनों की डीएनए अभिव्यक्ति होते हैं, जो डीएनए तथा किसी व्यक्ति के पेट के विशेष जैविक स्थिति का हिस्सा बन जाते हैं। आयुर्वेद अस्वस्थ करने वाले पश्चजनन संबंधी परिवर्तनों का इलाज व्यक्ति विशेष के अनुसार करते हैं जो बस शरीर के *वात, पित्त* और *कफ़* के संतुलन को, जैव-रसायन की अपेक्षा 'संपूर्ण-प्रणाली' के अनुसार बनाए रखते हैं।

घर से बाहर दूर के सफ़र पर जाते समय, आयुर्वेद पहले से योजना बना लेने का सुझाव देता है। एक चप्पल, सिर व शरीर को ढँकने के लिए एक छतरी लेकर चलिए, और रास्ता दिखाने तथा रास्ते की रुकावट को दूर करने के लिए एक लंबी छड़ी साथ रखिए। यह जानते हुए कि यात्रा के दौरान शरीर में होने वाली हलचल के कारण स्वाभाविक रूप से *वात* संबंधी असंतुलन हो जाते हैं। इसलिए आयुर्वेद हमें सलाह देता है कि यात्रा पर जाने से पहले हम ध्यान लगाकर, मन को शांत रख कर और अपच न करने वाले भोजन को ग्रहण कर *वात* को कम कर सकते हैं।

मेरे सूटकेस में एक आयुर्वेदिक इमरजेंसी किट हमेशा रहती है जिसमें छोटे प्लास्टिक बैग, यात्रा में काम आने वाली बोतलें और काँच के छोटे जैम के जार होते हैं जिनमें लौंग, इलायची, *दालचीनी, जीरा, अजवायन,* नीम, *गुडुची,* घी, *नस्य* तेल, सरसों तेल, तिल का तेल और *अत्तर* रहते हैं। एक छोटा आईना, एक टूथपिक, अंजन और लपेटने के लिए छोटा सूती तौलिया होता है। लौंग व इलायची माउथफ्रेशनर का काम करते हैं और अगर मौसम अचानक ठंडा हुआ तो उन्हें चाय को गर्म करने के लिए मिलाया जा सकता है। जीरा को गर्म तिल के तेल में उबाल कर नाभि के नीचे लगाया जा सकता है जिससे अचानक पेट में होने वाले दर्द या मासिक धर्म के खिंचाव से राहत मिल सकती है।

अजवायन और नीम आंत्रशोथ, मिचली या अपच में रामबाण का काम करते हैं, ख़ास तौर पर जब फ़ूड प्वाइज़निंग हो गई हो। इनसे भूख जागती है और पेट में अनावश्यक रूप से जो कुछ रहता है वह भस्म हो जाता है। गुडुची से प्रतिरोधी क्षमता बढ़ती है। घी में मॉइश्चराइजर होता है, जो

आँखों में नमी की कमी को पूरा करता है और कटने-छिलने पर भी काफ़ी राहत देता है। सोने से पहले इसे आँखों पर लगाने से *दोष* कम होते हैं और *पित्त-वात* भी घटता है।

*नस्य* तेल नासिकाओं में घुसने वाली धूल-गंदगी को साफ़ कर उन्हें नमी प्रदान करता है। ठंडे मौसम में सरसों तेल स्नान से पहले काफ़ी राहत देता है और तलवों में सर्दी या सिर के भारीपन के पहले संकेत पर ही लगाया जाता है। *अत्तर* शरीर की दुर्गंध या गंदे कार्यों के बाद किसी इमरजेंसी की तरह काम करता है। *अंजन* यात्रा के दौरान बाहरी अवांछित ऊर्जा से आँखों की रक्षा करता है। सफ़र के दौरान सोते समय सामान पर छोटा सूती तौलिया रखा जाना चाहिए ताकि चेहरा सुरक्षित रहे।

आयुर्वेद हमें याद दिलाता है कि अगर हम घर में ही बैठे रहे और दुनिया से कटे रहे, तो वैसे सबक़ नहीं सीख सकते, जो जीवन हमें सिखाना चाहता है। जीवन का एक महत्त्वपूर्ण तत्व मैट से दूर जाकर भी योग को जीना और बाहरी विश्व का अनुभव करना है ताकि हमारा दिमाग़ परिपक्व हो सके। हम जब तक इस संसार की समस्याओं के बीच जाकर परिश्रम नहीं करेंगे, यह कैसे सीखेंगे कि किन चुनौतियों को छोटा या बड़ा मानें और उनके बीच हेर-फेर करें, कैसे हमें जो अच्छी लगती हैं उन्हें चुनें, या हमें जब कुछ चाहिए तो 'न' सुनने की आदत भी डालें? यात्रा करने से हमें दूसरी संस्कृतियों के लोगों से मिलने का अवसर मिलता है, वैसे देशों और स्थानों को देखने का अवसर मिलता है जिन्हें हम बचपन में नहीं देख सके और अपने सपनों को सच करने की कोशिश करते हैं, चाहे वे कुछ भी हों और चाहे वे कैसे जीवन का हिस्सा बने हों। यदि हम अपने आपको, अपने बच्चों, अपने जीवनसाथी, अपने भाई-बहन या अपने माता-पिता को अपनी या उनकी सुविधा के अनुसार, घरों में ही रखेंगे, तो हम उनके विकास में योगदान नहीं करेंगे। हमें उन्हें यात्रा करने के लिए प्रोत्साहित करना चाहिए, पहले उनके दिमाग़ में और फिर इस संसार में।

## ~ 30 ~

# पेशा

अपने बचपन में हमने कभी बाबी को सुबह नौ बजे घर से निकलते और काम ख़त्म होने के बाद शाम को पाँच बजे लौटते नहीं देखा, जैसा कि टेलीविज़न पर कुछ बच्चों के माता-पिता को दिखाया जाता है। कभी-कभी वे हमारे उठते ही चले जाया करते थे, और कभी-कभी जब हम स्कूल के लिए फटाफट तैयार होकर जा रहे होते थे, तब उन्हें चाय की चुस्की लेते या लोगों से मिलते-जुलते देखते थे। कई दशकों तक यही सिलसिला चलता रहा। संतोषपुर में बाबी एक तरह का दरबार लगाया करते थे। दिन भर लोग उनके पास किसी सलाह, मदद, फ़ोन करवाने या परामर्श लेने आते रहते थे। उनका काम दोपहर बाद शुरू होता था और वे आम तौर पर बैठकें लिया करते थे तथा किसी बड़े ज़मींदार जैसा उनका काम हुआ करता था। वे लोगों से मिलते थे और कभी-कभार ही घर से कहीं जाते थे। वे स्थानीय लोगों के साथ गली के नुक्कड़ पर चाय पीते, हुक्का गुड़गुड़ाते और बंगाली मानसिकता से भरपूर बातचीत में घंटों बिता दिया करते थे। कभी-कभी, वे घर का चक्कर लगाते हुए ज़रूरी कामों को करने के निर्देश दिया करते थे।

प्रिंसटन में वे अलग ही इंसान थे। भारतीय परिवारों की डिनर पार्टी के दौरान वे दरबार लगाया करते थे। लोग उनकी कहानियाँ सुनने के लिए जुटते थे, उनसे परामर्श लेते थे। चूँकि वे एक बाँझ रोग विशेषज्ञ थे, इस कारण शानदार कहानियाँ बुनते थे और आधुनिक चिकित्सा प्रौद्योगिकी की कहानी सुनाने वाले की चमत्कारिक कहानियों से दंपतियों को प्रेरित करते थे। नियमित अकादमिक काम की बजाय, उन्होंने घर की निचली मंज़िल पर एक प्रयोगशाला बनाई, जहाँ

उन्होंने अपने अधिकांश दिन बिताए। इसने उन्हें शैक्षणिक जगत की राजनीति, जैव-प्रौद्योगिकी फ़ार्मा के भ्रष्टाचारों वाली दुनिया तथा व्यावसायिक समूहों के बीच होड़ से दूर रखा। कई दशकों तक खाक छानने के बाद उन्होंने यह जाना था कि बेरोज़गार होने पर ही सच्चे विज्ञान को परखा जा सकता है। मानसिक स्वतंत्रता के कारण उनका काम उनके लिए खेल था, उनका जीवन ही उनका काम था और उनके साथी उनकी क़िताबें व उनके उपकरण थे।

बेशक, वे चाहते थे कि उनकी सारी बेटियाँ अपनी उच्च शिक्षा को पूरा करें। इस कारण उन्होंने अमेरिका में अपने पैर जमाने के लिए संघर्ष किया ताकि हमारा करियर आगे बढ़ सके, और सवाल यह नहीं था कि हम कॉलेज जाएँगी या नहीं, बल्कि यह था कि किस एक कॉलेज में जाएँगी और कौन-सा विज्ञान चुनेंगी। घर और बाहर की दुनिया में हमारी कुशाग्रता, टेस्ट के स्कोर, तोल-मोल की शक्ति और इंटरव्यू देने के कौशल से हमारी क़िस्मत तय होने वाली थी।

इस बीच, बरसों की अवधि के दौरान मेरे बेहद योग्य दोस्त जिनमें समर्पण की कोई कमी नहीं थी, वे रोज़गार के लिए 'अनुपयुक्त' हो गए। हमारा दिमाग़ इतना तेज़ चलता है कि किसी एक नौकरी से चिपके नहीं रह सकते हैं। हम इतने रचनात्मक हैं कि किसी बॉक्स में पूरे दिन बैठने के लिए मजबूर नहीं किए जा सकते। हम बेईमान एजेंडा को पसंद नहीं करते। हम ख़ुद अपने बॉस हैं, अनुदान देते हैं, चाहे डॉक्टरी या क़ानून का व्यवसाय ही क्यों न करें, ग़ैर-मुनाफ़ा वाले संगठनों की स्थापना करें या दुनिया में परिवर्तन के लिए उद्यमी बन जाएँ। हम कंसल्टेंट हैं, जो अपने ही समय के अनुसार काम करते हैं। हम जहाँ चाहें, वहाँ जाते हैं। हम इतना कमाते हैं जो हमारे मूल्यों के लिए ज़रूरी हैं। हम योग्यता पर ध्यान केंद्रित करते हैं, महत्त्व पर नहीं।

*भवति कात्र व्रत्तुपायानिसेवेता-ये-स्युरधर्मावीरोधिनाह।*
*समामध्ययानम्-कैवा सुखमेवम्-समष्नुते।।104।।*

आयुर्वेद कहता है कि हमें आजीविका का ऐसा मार्ग चुनना चाहिए जो सद्गुण के विपरीत न हो। वैसे मार्ग को चुना जाता है जो शांति का हो और ऐसा हो जो किसी छात्र या छात्रा की अभिरुचि के अनुसार हो क्योंकि उसी

में मन भी कार्य करने के लिए प्रेरित होगा। धन, सद्गुण और इच्छाओं को तब संतुष्टि से भरपूर जीवन जीने के लिए प्राप्त किया जा सकता है।

चरक संहिता

सूत्र-स्थान; अध्याय 5, श्लोक 104

आयुर्वेद हमसे कहता है कि हम अपनी *प्रकृति* या आधार रेखा के *दोष* संविधान के अनुसार अपने कार्य को चुनें। यह बताता है कि भारी *कफ़* से पीड़ित लोग अपने *दोष* में अच्छे सहयोगियों तथा आरामदेह दफ़्तरों में स्थायी नौकरी करना पसंद करते हैं। वे स्थिरता और स्थायित्व के लिए तरक्की और चुनौतियों को भी हाथ से जाने देते हैं। ऐसे लोग जिनकी *प्रकृति* में *पित्त* बहुत अधिक होता है वे दुनिया को बदलने वाले करियर को चुनते हैं। वे महत्त्वाकांक्षी और मज़बूत इरादे वाले होते हैं। ते काम गें चुनौतियाँ चाहते हैं, सभी से कड़ी मेहनत कराने में विश्वास करते हैं क्योंकि वे काम करना चाहते हैं और इसका कारण यह है कि वे काम करना चाहते हैं और उनमें अपनी कंपनी को काम के मामले में बेहतर बनाने की दृष्टि होती है। उच्च *वात प्रकृति* वाले लोग दिनचर्या, स्थान और लोगों में गतिविधि और बदलाव को पसंद करते हैं। वे सेल्स, कॉन्फ़्रेंस मैनेजर या यात्रा करने वाले कर्मचारियों के आदर्श होते हैं।

आँकड़ों के लिहाज से, हममें से अधिकांश में दो *दोष* होते हैं जो हमारी बनावट पर हावी रहते हैं, भले ही विभिन्न प्रकार की *प्रकृतियाँ* अनेकानेक संयोजन और अनुपात के रूप में सामने आती हैं। उनमें से हर एक के लिए, आदर्श कार्य क्या है, इसे लेकर दुनिया भर के विकल्प हैं। आज के संसार में, धर्म का मुख्य जादुई सबक़ है कि अगर आप वह नहीं कर सके जो चाहते हैं तो जो कर रहे हैं उसी से प्रेम कीजिए। आप जब काम करेंगे, तो आप में परिवर्तन आएगा, और वैसी बातें सीखेंगे ताकि आप उस काम को करते रहें। एक बार आप उन्हें अपने वश में कर लेते हैं, तो यह सृष्टि आपको एक नई दुनिया में ले जाएगी। यदि आप अपने प्रति ईमानदार हैं और एक शांत मन आपकी प्राथमिकता है ताकि आप सच की पहचान कर सकें, तो आप जिसे चाहते हैं वह आपको मिल जाएगा। हम जो काम कर

रहे हैं, उसमें धर्म नहीं दिखाई देता तो उस काम के प्रति हमारे मन में नाख़ुशी भर जाती है। शुरुआत में यह भावनाओं के रूप में प्रकट होता है, फिर विचारों, न्यूरोट्रांसमीटर, हार्मोन, असंतुलन और अंत में, बीमारी का रूप धारण कर लेता है।

*दोष* की प्रबलता से निम्नलिखित व्यवसाय आदर्श हो सकते हैं :

| अधिकांश वात | अधिकांश पित्त | अधिकांश कफ़ |
|---|---|---|
| सेल्स, मार्केटिंग, एक्टिंग, डांस, शिक्षण, लेखन, फ़ोटोग्राफ़ी, डिज़ाइनिंग वगैरह। | प्रबंधन, चिकित्सा, वित्त, राजनीति, नेतृत्व, क़ानून, वकालत वगैरह। | प्रशासन, नर्सिंग, गृहिणी, निर्माण, काउंसलिंग वगैरह। |

आज की अधिकांश आबादी अपना जीवन आरामदेह बिस्तर से दूर, ख़ुशियाँ ख़रीदने के लिए मुख्य रूप से काम करने में बिताती है, न कि प्रेम के साथ शरीर से मन को दूर रखकर, जिससे जीवन में असंतोष रहता है। विशेष रूप से अब, जब नौकरियाँ बदलना, परिवार की हैसियत, घर, कंपनियाँ और संबंधों में परिवर्तन आसान है, जिससे आपके पास अपने सपनों को सच करने के लिए अनगिनत अवसर हैं। आयुर्वेद हमें अपने पेशे का उपयोग करते हुए, दिल से कहीं अधिक जुड़े रहने की सलाह देता है ताकि हमने योग से जिस प्रकार मन और शरीर पर नियंत्रण पाना सीखा था उसकी परीक्षा ली जाए। यदि आप उसी शांति को बनाए रख सके, योग के आसन से दूर रहकर भी उससे जुड़े रहे, तो आप यह सीख चुके होंगे कि सच्ची शक्ति और सच्चे स्वास्थ्य को स्वरूप कैसे दें।

- अपने पेशेवर जीवन में भी योग को चटाई से अलग उपयोग में लाएँ।
- काम करने के दौरान भी अपने दिल और दिमाग़ से जुड़े रहें।

रफ़्तार धीमी कर लीजिए। आज के संसार में, हमें जितनी रफ़्तार से संभव हो आगे बढ़ने के लिए प्रोत्साहित किया जाता है, अनेक प्रकार के कार्य करें,

लिस्ट बना लें ताकि हम ज़्यादा काम कर सकें, ज़्यादा कमा सकें। हमने सीखा है कि समय धन होता है। हमने मानव के कर्मों और मानव के फलों के बारे में जाना है, लेकिन मनुष्य के बारे में नहीं जाना। अधिकांश कंपनियाँ ऐसे काम करने वालों से प्रेम करती हैं जो मानवीय ज़रूरतों को भुलाकर लगातार काम करते रहते हैं। कुछ समय के लिए आपको इसका फ़ायदा भी मिलेगा, लेकिन जल्द ही आपको पता चल जाएगा कि आपकी क्षमता और ताक़त में कमी आ चुकी है। समाज हमें बताता है कि उम्र बढ़ने के साथ ऐसा होना स्वाभाविक है, लेकिन जब आप काम के लायक़ नहीं रह जाते, तब सावधानी से आपकी जगह किसी और को दे दी जाती है। आराम से काम कीजिए और अपने आपको नियमित रूप से नई ऊर्जा दीजिए ताकि आपको अपने काम से प्रेम हो सके।

हम बहुत जल्दी में रहते हैं। हद से अधिक सफलता को समाज में पुरस्कृत किया जाता है। हम काम के प्रेम में और सृजन के प्रेम में डूब जाते हैं। मन जब स्वच्छंद होता है, तब हम मुक्त महसूस करते हैं। लेकिन हम जब बहुत तेज़ी से भागते हैं, तब गिर पड़ते हैं। मूलमंत्र यह है कि हमें बिजली की रफ़्तार से सोचने की क्षमता को धीमा और *स्थिर* रहने के कौशल का विकास कर हासिल करना होगा। हम जब पूरी तरह से शांत, पूर्णतः स्थिर हो जाते हैं, तब हमारे *वात* को संतुलित करने के लिए फिर से स्थापित किया जा सकता है। सिर्फ़ तभी हमारा मन फिर से शरीर, इंद्रियों और आत्मा से जुड़ सकता है, और हमें उससे जोड़ सकता है जिसे हमें सच में करना चाहते हैं। एक बार फिर से जुड़ जाने पर, हम वैसी गति को प्राप्त कर सकते हैं जो कार्यों को कम चूक के साथ ज़्यादा तेज़ी, अधिक ध्यान और तीव्रता से करने के लायक़ बनाता है, जो शरीर को भेदने की बजाय समय को भेदता है।

- अपने आपको बहुत अधिक काम से न थकाएँ। नियमित रूप से खुद को ऊर्जावान बना रहें, ताकि आप अपने काम से प्रेम करते रहें।
- अपनी रफ़्तार बढ़ाएँ। समय-समय पर ख़ुद को तरोताज़ा बनाने के लिए अपनी रफ़्तार को धीमा करें और अपने गियर को चिकनाई दें ताकि आप काम को लगातार तेज़ी और मेहनत से कर सकें।

मेरे पिता का काम उनकी विलक्षणता के कारण नहीं बंद हुआ। वे अपने *दोषों* को संतुलित नहीं कर सके। उनका तेज़ दिमाग़ और घंटों-घंटों काम करने से उनके प्रेरित मन को ऊँची उम्मीदों और छल के प्रति असहिष्णुता के सामने धराशायी कर दिया। उनका काम जैसे-जैसे आगे बढ़ने लगा और लोगों ने उनकी नई-नई खोज को दबाने की कोशिश की, उनका गुस्सा बढ़ता चला गया, जो बचपन में बरसों तक उनकी उपेक्षा के कारण दबा हुआ था।

आख़िर में एक दिन, उनका गुस्सा उन पर भारी पड़ा। मैंने बाबी के बाएँ हाथ व बाएँ पैर को आख़िरी बार काम करते देखा, और उनकी आवाज़ भी चली गई क्योंकि आघात ने उनके मस्तिष्क को पंगु बना दिया था।

रक्त की वाहिकाओं और हृदय को आराम करने और सही ढंग से संयोजन का मौक़ा नहीं मिलता तो ब्लड प्रेशर बढ़ जाता है। इसे हाइपरटेंशन कहा जाता है, जो आघात का सबसे बड़ा कारण है। बरसों तक रक्त वाहिकाओं पर पड़ने वाले दबाव से उनकी हालत जर्जर हो जाती है, जिससे धमनियों में धब्बे और खुरदरे स्थल बन जाते हैं और फिर आख़िर में हमेशा बहती रहने वाली नदियों के किनारे फूट पड़ते हैं। हाईवे पर किसी कार दुर्घटना की तरह ही, पूरी सड़क के लिए इसके नतीजे तबाही लाने वाले होते हैं।

आधुनिक चिकित्सा में ब्लड प्रेशर की अधिकांश समस्याओं को हाइपरटेंशन का नाम दिया जाता है, जो इस बात की स्वीकारोक्ति है कि इसका मूल कारण अब तक ज्ञात नहीं है। आयुर्वेद की जाँच के मुताबिक़ यह धमनियों में पूरी तरह से अव्यवस्थित *वात* है, जिसमें बढ़े हुए *पित्त* व थोड़ी-सी जमी हुई *कफ़* की मात्रा तिहरी मुश्किल बनकर सामने आती है और हाइपरटेंशन का कारण बन जाती है। इस प्रकार की समझ के साथ, मेरे कई मरीज़ों ने खुद को हाइपरटेंशन से चंगा कर लिया है। हम एक अनुकूलित दृष्टिकोण का उपयोग करते हैं, यह पता लगाते हैं कि उनकी *प्रकृति* और जीवनशैली का चुनाव उनके पाचन की अग्नि में किस प्रकार का व्यवधान उत्पन्न करता है। फिर हम ऐसी योजना बनाते हैं कि जिस पर उस व्यक्ति को चलना है, न कि हड़बड़ाहट में एक-तरफ़ा पर्ची लिखकर दे देते हैं। हम खान-पान को संतुलित करते हैं, मानसिक व्यायाम बताते हैं, अधिक शारीरिक गतिविधि को बढ़ावा देते हैं और *दोषों* को संतुलित करने वाली जड़ी-बूटियों

का परामर्श देते हैं। आम तौर पर एक जड़ी-बूटी की बजाय मिले-जुले फ़ॉर्मूले अधिक कारगर होते हैं क्योंकि वे अप्रत्याशित साइड इफ़ेक्ट को रोकते हैं। *भैषज्य सेवन काल* यानी दिन में किस समय पर उन्हें लिया जाता है इससे यह तय होता है कि शरीर उन्हें कितनी अच्छी तरह से स्वीकार करता है। कुल प्रभाव यह होता है कि असंतुलित *वात* कम होता है जिससे शरीर के सूक्ष्म मार्गों में वह अग्नि फिर से प्रज्ज्वलित होती है और सर्वोत्कृष्ट रूप से काम करती है। स्वस्थ अग्नि जमे हुए *कफ़* और *आम* को जला देती है। लोग बताते हैं कि वे अधिक स्थिर, संपूर्ण और संबद्ध महसूस करते हैं। वे जब काम पर जाते हैं, तो वे तीव्रता से अधिक परिपक्वता से निपटते हैं और विकल्पों की बजाय माँग पर ध्यान देते हैं।

- हाइपरटेंशन की समस्या धमनियों में पूरी तरह से अस्त-व्यस्त *वात* के कारण पैदा होती है, जिसमें *पित्त* और जमे हुए *कफ़* की थोड़ी थोड़ी मात्रा मिलकर समस्या को बढ़ाते हैं।
- *दोष* संतुलित करने वाली जड़ी-बूटियों को किस समय लिया गया, यह उनके असरदार होने पर प्रभाव डालता है।

# ~ 31 ~

# संबंध

हम जब छोटे थे, तब मेरे माँ-पापा के बीच ज़बर्दस्त झगड़ा होता था। ऐसा लगता था जैसे पूरा घर गिर जाएगा और परिवार हमेशा के लिए बिखर जाएगा। उसकी अगली सुबह मेरी माँ किसी एक बेडरूम से बाहर आती थीं और मेरे पापा के लिए चाय बनाती थीं। जब तक उनका काम पूरा नहीं हो जाता, तब तक मुझे कहीं और बैठने को कहती थीं। कभी-कभी, बाबी माँ को ढूँढ़ते हुए आते थे और सुबह के समय साथ बैठने को कहते थे। हमेशा के लिए नयापन लिए उन दिनों में मेरे माता-पिता क्षमा करने, अहंकार न करने और अपने संबंध के प्रति समर्पण के सिद्धांत पर चलते थे। सारी असहमतियों, कपटपूर्ण मुद्दों और रिश्तेदारों की कभी ख़त्म न होने वाली मुश्किलों, दुनिया भर की घटनाओं और ज़िम्मेदारियों के बाद भी, मेरे माता-पिता एक-दूसरे का सहारा बने रहे, जिन्हें ईश्वर के चरणों में एक मौन समर्पण ने अप्रैल की उस ख़ामोश दोपहरी में बाँधा था, जब दो अनाथ बच्चे वयस्क शरीर के साथ एक हुए थे।

मैं जब छोटी थी तब इसने मुझे उलझन में डाल दिया था क्योंकि मैंने महाभारत में पढ़ा था कि सत्य ही सर्वोच्च आदर्श होता है। उनकी बहस में उनके अपने सच ही सामने आते थे, और दोनों ही उसे पूरे ज़ोर-शोर से सामने रखते थे। मैं समझ नहीं पाती थी कि रातोंरात इस तरह की ज़ोरदार सोच पिघल कैसे जाती थी। लेकिन जीवन में सद्भाव के साथ जीने के लिए धर्म के सिद्धांत में आंतरिक ऊर्जा और बाहरी वातावरण सारे आदर्शों पर भारी पड़ता प्रतीत होता था।

दशकों बाद, इस बड़े घर में जहाँ खुले बक्से मेरे माता-पिता से कह रहे थे कि उन्हें अपने जीवन के अध्यायों को बंद कर उसे छोटा करने और आगे बढ़ जाना चाहिए, वहीं, मैं देख रही थी कि मेरे पिता एक तरफ़ मेरी माँ का सहारा बनने के लिए संघर्ष कर रहे थे, तो दूसरी तरफ़ उस घर में सुख से जीना चाहते थे जिसके रखरखाव में मदद कर पाना अब उनके वश की बात नहीं रह गया था। आघात के बाद वे बगीचे, मैदानों, दूसरे घर या कारों, मरम्मत और उस प्रयोगशाला की देखभाल नहीं कर पाते थे जो घर के नीचे था। मेरी माँ उनके कमज़ोर होते शरीर की देखभाल नहीं कर पाती थीं क्योंकि इस घर में सीढ़ियाँ ही सीढ़ियाँ थीं, जिनसे गिर कर उन्हें कई बार चोट लग चुकी थी।

इसलिए, बच्चों ने इस प्यारे घर को छोड़ने का फ़ैसला लेने पर मजबूर कर दिया था ताकि बाबी के लिए इस भौतिक संसार का संघर्ष कुछ कम हो, जिनकी आत्मा अपने गिरते स्वास्थ्य वाले शरीर में क़ैद थी। हम सब संघर्ष कर रहे हैं क्योंकि हमें इस घर से प्यार है और इसके कोने-कोने को पहचानते हैं। लेकिन हम यह भी जानते हैं कि मोह करने से हम मानसिक रूप से दुःखी होंगे, और शारीरिक अस्वस्थता का वह मूल कारण होता है। इसलिए हम अब छोड़ना सीख रहे हैं।

आयुर्वेद संबंधों की बात संपूर्ण जीवन के संदर्भ में करता है। सूत्र-स्थान के तीसवें और अंतिम अध्याय में, प्रसिद्ध शिक्षक चरक हृदय के उद्देश्य से आरंभ करते हैं। फिर वे गंभीर हो जाते हैं, और काव्यात्मक कविता के उस छंद को छोड़ देते हैं जो पुस्तक में कई स्थानों पर है और गद्य की शैली में बीस श्लोक के रूप में चली जाती है जिसे *गद्दी* कहा जाता है। वे इस कारण की भी व्याख्या करते हैं कि क्यों मनुष्य को लंबा जीवन जीना चाहिए, स्वास्थ्य को परिभाषित करते हैं और *ओजस* के साथ ही लचीलेपन व जीवन शक्ति के रहस्यों को बताते हैं। फिर वे जीवन के उद्देश्य को बताते हैं और *हित-अहित* पर एक पैराग्राफ़ का उपहार देते हैं, जिसे आयुर्वेद के सारे विद्वान जानते हैं।

***तत्रा–युरुक्तम्–स्व–लक्षणातो–यथावदिहैवा–पूर्वाध्याये च।***
***तत्र–शरीरा–मानसाभ्याम्–रोगाभ्यामनभिद्रुतस्य–विशेषेण***
***–यौवनवतः–समर्थानुगतबलवीर्ययासह पौरुषपराक्रमस्य***
***–ज्ञानविज्ञानेन्द्रीयेनअर्थबलसमुदाये–वर्तमानस्य***
***–परमद्धिरुचिराविविधोपभोगस्य–समृद्धसर्वारंभस्य–यथेष्ठविचारिणः***
***सुखामायुरुष्यते। असुखमतो–विपर्ययेण।***
***हितैसिनः–पुनर्भूतानाम–परस्वदुपारतस्य–सत्यवादिनः–समपरस्या–***
***परीक्षाकरिणो प्रमत्तस्य–त्रिवर्गम–परसपरेनानुपहातामुपासेवमनस्य***
***–पुजार्हसमपुजकास्य–ज्ञानाविज्ञानोपसमशीलस्य–वृद्धोपसेविनः***
***–सुनियातरगरोशीर्स्यामिदम्नवेगस्या–सतताम्– विविधाप्रदानापरास्य***
***–तपोज्ञानप्रसमानित्यस्याध्यात्माविदस्तातपरस्य–लोकामिमाम्–***
***कामुंकावेक्षमानस्य–स्मृतिमतिमतो –हितम् आयुरुच्यते। अहितमातो–***
***विपर्यायेण ।।24।।***

वे जो एक संपूर्ण जीवन जी सकते हैं उन्होंने न सिर्फ़ विभिन्न प्रकार की विविधता अर्जित की है बल्कि उन्हें उसका आशीर्वाद भी मिला है। वे शारीरिक और मानसिक रोगों से पीड़ित नहीं हैं। वे यौवन, जोश, शक्ति, पुरुषत्व, ख्याति, आकर्षण, साहस, कला और विज्ञान के ज्ञान, अच्छी और स्पष्ट सोच, अच्छी चीज़ों को समझने और इंद्रियों में उनकी व्याख्या करने की क्षमता से लैस रहते हैं। उनमें अधिकार के साथ दौलत कमाने और विभिन्न प्रकार के साधनों से सुख प्राप्त करने की क्षमता होती है। ऐसे लोग जिन्होंने वही प्राप्त किया जिसे उन्होंने सोच-विचार कर चाहा और इस संसार में अपनी इच्छा के अनुसार आज़ादी से आगे बढ़े, वही एक सुखद और संपूर्ण जीवन जी सके हैं।

चरक संहिता
सूत्र स्थान; अध्याय 30, श्लोक 24

चरक ने वैसे लोगों के मन को लेकर विस्तार से बताया कि यदि वे उपयोगी जीवन जीते हैं, तो वे उसे *हित*, या संपूर्ण मानते हैं।

~ 32 ~

# दोपहर

जर्मनी आकर बसने के बाद, मेरे माता-पिता ने दोपहर में भरपेट भोजन करने के बाद दोपहर की मीठी नींद लेने की अपनी रूटीन को धीरे-धीरे छोड़ दिया। भले ही भारत के दौरे पर, या जब वे कैंब्रिज में रहते थे, और फिर बर्केले में, तब सहर्ष दोपहर की झपकी ले लिया करते थे, लेकिन यहाँ की मान्यता के मुताबिक़ उन्होंने हर दोपहर काम करना शुरू कर दिया। असल में, एकदम सुबह उठने और सुबह में शरीर से जुड़ी दिनचर्या, तेल-मालिश और स्नान, तथा भोजन करने के बाद, वे काम पर निकल जाते थे और पूरा दिन दूसरों की भलाई में जुटे रहते थे। वे जब नौकरी कर रहे थे, तब सुबह 8 बजे से शाम होने तक काम करते थे, और दोपहर में बैठक व छोटे-मोटे काम निपटाया करते थे।

बाबी के पास अब समय ही समय है। घर में अपनी छड़ी के सहारे वे धीरे-धीरे घूमते रहते हैं और उनके लिए कोई डेडलाइन नहीं है, सिवाय दैनिक दिनचर्या के और कभी-कभार बाथरूम जाने के, जिसे वे दबा नहीं सके। कुछ महीनों तक, मेरे पिता ने नियमित रूप से ओपरा और टेलीविज़न के अन्य कार्यक्रमों को भी देखा। अब चूँकि वे टीवी के रिमोट कंट्रोल के इस्तेमाल में माहिर हो चुके हैं, इसलिए घंटों तक नोवा देखते रहते हैं। वे रोमांच से हिलने-डुलने लगते हैं और मुझे एकदम नए आविष्कारों के बारे में बताते हैं। मैं यह सोचकर हैरान रह जाती हूँ कि वे जिस संसार की रचना अपने तेज़ दिमाग़ में कर रहे हैं, उसका संबंध किस बात से है। वह आनुवंशिकता को

खगोलशास्त्र, संगीत को वनस्पति विज्ञान और रसायनशास्त्र को वास्तुकला से जोड़ते हैं।

यह घर अब हमसे कह रहा है कि हमें कुछ बक्से समेट लेने चाहिए। चाहे हम कितने ही कार्टन पैक कर लें, बंद करें और गैराज में डाल दें, लेकिन हम जब कमरे में लौटते हैं, तो यही लगता है कि पूरे कमरे में पैकिंग के लिए सामान ही सामान बिखरा पड़ा है। बीस वर्षों का जीवन इकट्ठा हो गया था, और एक महीने की दोपहरी में हमारे इकट्ठा किए गए सामानों को समेटना आसान नहीं था। इस हफ़्ते तो दोपहर में सोना भी मुश्किल है।

*धर्मोत्तरभिरर्थ्याभिः–कथाभिस्त्रीगुणात्मभिः ।*
*मध्यं–दिनस्य–गमयेदिष्टशिष्टसहायवान् ॥80॥*

दोपहर में, दोपहर के बाद के समय को समान सोच वाले व्यक्तियों के साथ बिताना चाहिए, जो दिल के अच्छे और सहयोगी स्वभाव के हैं। आप चाहें तो जीवन के सबक़ से जुड़ी कहानियों को पढ़ने में स्वयं को व्यस्त रख सकते हैं, जिनमें अधिकांशतः धर्म की, कुछ *अर्थ* और थोड़ी-सी *काम* की बात हो।

वाग्भट्ट का अष्टांग संग्रह
सूत्र-स्थान; अध्याय 3, श्लोक 80

सुबह-सुबह की दिनचर्या को समाप्त करने, इंद्रियों की सफ़ाई और उन्हें पोषण देने, शारीरिक और मानसिक स्नान के बाद हमारा बाक़ी का दिन अपने जीवन के लिए होता है। हम चाहे बच्चे हों, स्कूल में अकेले हों, घर से बाहर कोई काम कर रहे हों या अपनी ही दुकान पर हों या कंपनी में, हमारा दिन आंतरिक नहीं बाहरी संसार में बीतता है।

लोगों में जब अपने जीवन को बदलने की इच्छा होती है, तब वे सोचते हैं कि कैसे रूटीन को छोटा किया जाए क्योंकि उनका ज़्यादातर समय दूसरे लोगों की प्राथमिकताओं को पूरा करने में ही निकल जाता है। *दिनचर्या* की कुंजी यह है कि शरीर, मन, इंद्रियों और आत्मा की शुद्धि को दिन के

आरंभ में ही एक कर दिया जाए। इंद्रियों की सफ़ाई के बाद उस अग्नि को जलाया जाए, जिससे जो कुछ शरीर में जाए वह मन तथा आत्मा की संतुष्टि के अनुसार हो।

हर व्यक्ति के लिए दोपहर का मतलब अलग-अलग होता है, जो उसकी ज़िम्मेदारियों और व्यस्तताओं पर निर्भर करता है। लेकिन इस धरती पर चारों ओर, दोपहर की शुरुआत दिन के अन्य समय की अपेक्षा अधिक गर्म और *पित्त* प्रभावी होती है, जिसके बाद दोपहर 3 से शाम 7 बजे तक का समय आता है, जब देर शाम से *वात* हावी हो जाता है। धीरे-धीरे अस्त होते सूर्य और वातावरण में ठंडक आने के साथ ही, पौधे दिनभर में प्रकाश संश्लेषण का अपना कार्य पूरा कर चुके होते हैं और अपनी जड़ों की ओर उन्मुख होने लगते हैं, जबकि जीव-जंतु आनन-फ़ानन में रात बिताने की तैयारी करते हैं। शहरों में, लोग अपना काम ख़त्म कर घर लौटते हैं, शाम की योजना बनाते हैं या कुछ दूसरे काम में जुट जाते हैं।

परिवर्तन के ऐसे समय में प्रकृति हमें उकसाती है। आयुर्वेद हमें सलाह देता है कि अपने जीवन के किसी भी अव्यवस्थित प्रवाह को सही करने के लिए हमें इस उकसावे का लाभ उठाना चाहिए। यही समय होता है जब वैसे कार्यों को समाप्त किया जाए जो बाक़ी हैं। यही समय होता है जब उस तरंग पर सवार होकर व्यायाम करें, साइकिल चलाएँ, योग की कक्षा में जाएँ, पार्क में टहलें या गोल्फ़ खेलें। कई रचनात्मक कंपनियाँ इस समय को मंथन के लिए निर्धारित करती हैं, जो अनजाने में ही लेकिन अंतर्ज्ञान से हम इन सूक्ष्म मार्गों पर इस समय में चल पड़ने के लिए प्रेरित होते हैं। रचनात्मक लेख, चित्रकारी और दोपहर बाद के कंसर्ट भी इस लहर की हलचल का लाभ उठाते हैं।

- दोपहर 3 से शाम 7 बजे तक के समय का उपयोग दिन के सारे कामों को सुलझाने, शौक़ के काम और रचनात्मक गतिविधियों के लिए या थोड़ी कसरत करने के लिए करें।

दुनिया भर के उष्णकटिबंधीय देशों में, दोपहर में झपकी लेना एक जानी-मानी सी बात है। यह *सात्म्य* यानी लोगों की आदत में शुमार होने वाली बात है, जिन्हें अपने गर्म वातावरण के कारण इस रूटीन की आदत पड़ जाती है। पूरी दोपहर का तापमान ऐसा नहीं होता कि आप गोल्फ़ खेल सकें, खेती करें, व्यायाम या प्रकृति में समय बिता सकें। अपने वातावरण की गर्मी से निपटने का उनके पास यही इलाज है कि वे सोने चले जाएँ और स्थिर हो जाएँ।

स्वस्थ, युवा और मज़बूत लोगों के लिए, आयुर्वेद दोपहर में लंबी नींद का सुझाव नहीं देता है। यह स्थिरता, आराम, ध्यान, पढ़ने या *रियाज* करने (संगीत, अध्ययन और धूप से दूर कोई छोटा-सा काम करने या छाया में बैठने) को प्रमुखता देता है। अगर नींद आ भी जाती है, तो आयुर्वेद कहता है कि इसे बैठे-बैठे या किसी चीज़ का सहारा लेकर करना चाहिए, कभी इस तरह नहीं लेना चाहिए कि सिर ज़मीन के समानांतर हो। समय के साथ-साथ, दोपहर में सोने से *कफ़* बढ़ जाता है और अधिक वज़न वाले तथा डायबिटीज से पीड़ित लोगों को इससे बचने की सलाह दी जाती है, भले ही उनमें झपकी लेने की इच्छा उनके कम पाचन अग्नि के कारण अधिकतम हो सकती है। छोटे बच्चों, बुज़ुर्गों, गर्भवती महिलाओं, बीमार और कमज़ोरों को आराम करने की इजाज़त है और वे *वात* की अवधि में अपने आपको स्थिर तथा शांत रख सकते हैं।

- दोपहर का समय जब बेहद गर्म हो, तब स्वस्थ और युवाओं को अपना समय स्थिरता लाने, आराम करने, ध्यान लगाने, पढ़ने, अभ्यास करने या किसी छोटे-मोटे काम में बिताना चाहिए।
- लंबी नींद से बचना चाहिए, विशेष रूप से उन्हें जिनका वज़न अधिक है और जो डायबिटीज़ से पीड़ित हैं।
- छोटे-छोटे बच्चे, बुज़ुर्ग, गर्भवती महिलाएँ, बीमार और कमज़ोर लोग *वात* के इन घंटों के दौरान शांति और स्थिरता के लिए झपकी ले सकते हैं।

भाग - V

# पोषण

मैंने जब अपने माता-पिता के घर के किचन की पैकिंग शुरू की, तब मसालों की अलमारी की पैकिंग करना बहुत बड़ी चुनौती थी जो भारतीय तरीक़े से भोजन बनाए जाने के कारण पीले रंग में आ चुकी थी। काँच के लगभग एक सौ जार उस अलमारी में भरे थे, जिन्हें बक्सों में पैक करना आसान नहीं था। सबसे मौन विरोध किचन के उस *डिब्बे* का होता है, जिसने बीस वर्षों तक इस परिवार की ओर से ग्रहण किए गए भोजन में आग की छड़ का काम किया और जो इस किचन के परिवार की परंपरा के केंद्र में रहा। गोल डिब्बे में सात छोटी-छोटी कटोरियों में रखे मसाले एक ढक्कन से बंद कर दिए जाते थे। इनमें सरसों, *जीरा, कलौंजी, अजवायन, हल्दी, पंचपर्ण* और *सौंफ* रखा था। किसी कटोरी में क्या रखा जाता है यह बताता है कि अलग-अलग किचन की संस्कृति थोड़ी अलग है, लेकिन सारे भारतीय जानते हैं कि ऐसे मसाले *दीपन* होते हैं; वे भूख को बढ़ाते हैं। मसाले उस कुनबे के पूर्वजों की बुद्धि की गहराई को बताते हैं जिन्होंने उन लोगों को पाला-पोसा जो अब वहाँ खाना बना रहे हैं। उनका उचित उपयोग शेफ़ में उन लोगों के प्रति प्रेम को दर्शाता है जिन्हें वह भोजन कराता/कराती है और स्वस्थ, सुखी परिवार की दौलत को दिखता है जो केवल स्वस्थ शरीर और केंद्रित, प्रज्ज्वलित मन से ही संभव है। आख़िरकार, उस घर की शक्ति इसी *डिब्बे* में छिपी रहती है।

भाग – V

# पोषण

## ~ 33 ~

# आहार

असल में आयुर्वेद का खेल बड़ा सरल है : यह अग्नि का खेल है। दिनचर्या और सीज़न की योजना सूर्य के ताप के चारों ओर बनाई गई है। भोजन, व्यायाम और काम की योजना शरीर की अग्नि के इर्द-गिर्द बनाई गई है। *दोषों* को जान लेने के बाद, हम यह जान सकते हैं कि किसी भी दिन हमारे विकल्पों के प्रति हमारी अग्नि की प्रतिक्रिया क्या होगी। यदि हम अपनी अग्नि का पोषण सही रूप से करेंगे, तो हम स्वस्थ रहने के लिए आवश्यक सारी चीज़ों को पचा लेंगे।

विभिन्न प्रकार की जलवायु में भिन्न-भिन्न प्रकार के प्राचीन ग्रंथ हैं, जो हमें बताते हैं कि हमें क्या और कब खाना चाहिए। हर भोजन का रसायन, उसे कैसे उपजाया, इकट्ठा और तैयार किया जाता है, इसे विस्तार से बताया गया है, साथ ही हमें बताया गया है कि हम अपने *दोषों* पर किस प्रकार अपने भोजन से प्रभाव डाल सकते हैं। आयुर्वेद हमें बताता है कि प्रत्येक व्यक्ति जहाँ अनोखा होता है, वहीं कुछ मौलिक दिशानिर्देश हैं जो कभी नहीं बदलते और वे शरीर की अग्नि पर निर्भर करते हैं।

आयुर्वेद कहता है कि कोई भी भोजन बुरा नहीं होता, सिर्फ़ वही भोजन अच्छा होता है जो उस *अग्नि* को प्रज्ज्वलित करने और बनाए रखने में सहायक होता है। मैं दो नियमों को मानती हूँ : 1. ताज़ा तैयार भोजन ग्रहण

करें; 2. यह जानें कि वह भोजन कब जीवित और धरती से जुड़ा था। यदि आप सही समय का पता न लगा सकें कि वह किसी पौधे और पशु के रूप में कब जीवित था, तो उस न खाएँ। वह भोजन नहीं है। वह मृत रासायनिक पदार्थ है जिसे जीवंत, सजीव शरीर आसानी से पचा नहीं पाएगा। इन दो नियमों से कई सारी समस्याएँ समाप्त हो जाती हैं क्योंकि लोग यह सीख लेते हैं कि स्टोव का इस्तेमाल कैसे करें, अच्छा खाना कैसे खाएँ और वही खाएँ जिसकी आवश्यकता सच में उनके शरीर को होती है।

भोजन के संबंध में इन दो नियमों का आपको काफ़ी लाभ मिलेगा :

- ताज़ा तैयार खाना खाएँ
- प्रिज़र्वेटिव से भरे और बहुत अधिक प्रोसेस किए गए खाने को न खाएँ।

एक शाम, मेरे किसी प्रिय मित्र ने, जो आयुर्वेदिक चिकित्सक हैं, मुझे डिनर पर बुलाया। वह जब मुझे रिसीव करने आया, तब वह मुझे बाज़ार ले गया, जहाँ से हमने कुछ ताज़ा सब्ज़ियाँ ख़रीदीं और फिर उसके पाँचवें तल के अपार्टमेंट तक पहुँचे। मैं जब उसका सामान निकाल रही थी, तब देखा कि उसके पास रेफ्रिजरेटर है ही नहीं। मेरा दिमाग़ इस दिशा में काम करने लगा कि आख़िर उसने अपने किचन को व्यवस्थित करने के लिए समय, पैसा या प्रयास क्यों नहीं लगाया। उसके पास सभी क़िस्म के मसाले, बर्तन तथा पैन मौजूद थे। पैसों की भी उसके पास कमी नहीं थी।

आख़िरकार, मैंने उससे पूछ ही लिया। वह मेरी तरफ़ मुस्कराते देखने लगा, और फिर उसने बताया कि वह इतना ग़रीब नहीं कि उसे मृत भोजन ग्रहण करना पड़े और उसके पास इतना समय और इतनी ऊर्जा थी कि वह दिन में तीन बार ताज़ा भोजन तैयार कर सकता था। उसे भोजन के भंडारण की और इस बात की भी पूरी जानकारी थी कि किस प्रकार के भोजन को ग्रहण नहीं करना चाहिए। उसने बताया कि जिन लोगों के पास सच्ची दौलत नहीं होती, वे ऐसे लोग होते हैं जिन्हें भोजन तैयार करने के बारे में, पहले

से पके भोजन के भंडारण के बारे में जानकारी नहीं होती, और वे ठंड से भोजन को मारते हैं और अग्नि के महत्त्व को कम आँकते हैं। कुछ लोगों के पास रेफ़्रिजरेटर होता है या वे बाहर का खाना खाते हैं क्योंकि वे घर में बने ताज़ा भोजन का ख़र्च नहीं उठा पाते। उसने चुटकी लेते हुए कहा और मुझे अपने छोटे-से गाँव की याद दिला दी।

छह महीने की अवधि के दौरान, उसने मुझे दिखाया कि दूध का भंडारण रात भर कैसे किया जाए, कैसे रात को बचे चावल को सही ढंग से रखा जाए कि उसका इस्तेमाल सुबह भी हो सके और कैसे सब्ज़ी को इस तरह रखें कि उसमें कीड़े-मकोड़े न लगें। वह सब्ज़ियों के क़रीब नीम के पत्तों को लटका देता था, जिनके तेज़ गंध वाले तेल के कारण कीड़े दूर भागते थे। वह ठंडे पानी के उपयोग से चावल को रात भर रखता था, उसे पानी से धोता था और ताज़ा स्वाद के लिए फिर से पकाता था। वह ताज़ा उबाले गए दूध को लोहे के बरतन में रखता था और सुबह की चाय के लिए उसे फिर से उबालता था। भोजन को प्रिज़र्व करने के मेरे पाश्चात्य विचार बदल गए।

बचे-खुचे भोजन से दूर रहना चाहिए। जबकि आधुनिक जीवनशैली के सलाहकार आपको ऐसा व्यंजन सिखाते हैं जिन्हें आप रविवार को बना लें और पूरे हफ़्ते तक खाते रहें। उसका एक हिस्सा हर रात फ्रिज से निकालें और माइक्रोवेव में रख कर गर्म कर लें, जबकि आयुर्वेद यह सलाह देता है कि किसी जीवित, ताज़ा शरीर को ताज़ा भोजन ही देना चाहिए। सुविधा और समय की बचत के बावजूद, ताज़ा भोजन में किया गया निवेश आपकी सेहत के हित में ही होता है। सिर्फ़ वही लोग इस सच्ची दौलत को समझ सकते हैं जो कच्चे और ताज़ा वस्तुओं से ताज़ा भोजन तैयार करते हैं।

भाग – VI

# रात्रिचर्या : रात के लिए रूटीन

मैं जब इस घर में अपने माता-पिता के जीवन से जुड़ी चीज़ों को पैक करने और समेटने में रातें बिता रही हूँ, तब भावनाओं से भर जाती हूँ। मेरे पिता को इसका एहसास था। उन्होंने हमेशा ही मेरी सशक्त भावनात्मक व भौतिक प्रकृति की सराहना भी की है और उसके साथ ही मुझे फटकार भी लगाई है। मैं किसी एक जगत में नहीं जीती। मैं अंतहीन वर्तमान में जीती हूँ।

दिन और रात के बीच के एक ख़ास समय *संध्या* में होने वाली पूजा के ठीक बाद वह मुझे अपने पास बुलाते हैं। हम जब छोटे थे, तब वे मुझे बैठने और एक घंटे तक बातचीत करने के लिए बुलाते थे और यह तब तक जारी रहती थी, जब तक कि डिनर या फ़ोन कॉल से कोई बाधा न खड़ी हो जाए। अब आघात के उपरांत की उनकी चुप्पी के बाद, वे मुझे इशारे से अपने पास बैठने के लिए बुलाते हैं और एक पुराने फ़ोटो एलबम को खोल लेते हैं।

अगले आधे घंटे तक, वे अलग-अलग पन्ने खोलते हैं और धीरे-धीरे नामों, जगहों और घटनाओं के बारे में बोलते हैं क्योंकि उनकी याद्दाश्त इतनी तेज़ है कि उसकी विरोध रूपी धार से मेरा शरीर छलनी हो जाता है। इसका कारण यह है कि सारे न्यूरोलॉजिस्ट्स ने पाँच साल पहले ही यह घोषित कर दिया था कि उनके दिमाग़ को दुरुस्त नहीं किया जा सकता और वे शारीरिक थेरेपी के क़ाबिल भी नहीं है। वे अपने जीवन के अध्यायों, अपने

रिसर्च करियर, क़ामयाबियों तथा मुश्किलों के सफ़र में उनका साथ देने वाले लोगों, और उनका परिवार कहे जाने वाले लोगों को याद करते जिनसे उन्हें काफ़ी कुछ सीखने को मिला।

शाम का समय ऐसा होता है जब आप कृतज्ञता के साथ पूरे दिन के बारे में विचार करते हैं कि हमने क्या देखा और क्या सीखा। यह ऐसा समय होता है जब आप परिवार के साथ हों और एक मुश्किल तथा आपके जीवन में उठापटक मचा देने वाली ऊर्जा के शांत होने पर सुकून के पल बिता सकें। उन पच्चीस कमरों वाले मकान की दीवारें अब सूनी हो चुकी थीं और पैक किए गए बक्सों की संख्या भी कई गुना बढ़ गई थी, तब हमें इस बात का एहसास हुआ कि इस घर में वह हमारी आख़िरी शाम थी। लेकिन वह ऐसी शाम थी जब मेरे पिता मेरे साथ ही थे, और मैं धन्य हूँ कि इस प्यारे घर की हर शाम मैंने उनके साथ बिताई थी। मैं जानती हूँ कि आने वाला समय उनके बिना बिताना होगा।

भाग – VI

# *रात्रिचर्या* : रात के लिए रूटीन

~ 34 ~

# शाम और डिनर

अपने बचपन और वयस्क होने के शुरुआती दिनों के दौरान, हमें डिनर टेबल पर बातचीत की इजाज़त नहीं थी। कई वर्षों तक, मैं सोचती रही कि इसके पीछे यह कारण है कि लड़कियाँ बस दिखनी चाहिए उनकी ज़ुबान नहीं चलनी चाहिए। हम एक-दूसरे से सांकेतिक भाषा में बात कर काम चलाते थे और गुपचुप तरीक़े से टेबल के नीचे से चीज़ों का लेन-देन किया करते थे।

हमने काफ़ी पहले ही यह जान लिया था कि खाने के समय ब्राह्मण बातचीत नहीं करते क्योंकि उन्हें कृतज्ञता और इस बात पर ध्यान देने में अपना समय व्यतीत करना चाहिए कि कैसे भोजन हमारे शरीर का रूप ले लेता है। और इसका ध्यान होते ही हम टेढ़े-मेढ़े गाजर या मोटे आलू को एक़-दूसरे को दिखाकर खिलखिला उठते थे। बड़े लोगों को कृतज्ञता जताने की बजाय बातचीत करते देखने पर भी हमें यही हिदायत थी कि हम चुप रहें क्योंकि भोजन के साथ हवा हमारे पेट में घुस जाएगी। हमने सीखा था कि चुप्पी के साथ खाना खाने से पाचन अच्छा रहता है और रात को पेट भी शांत रहता है। मेरी माँ वही बता रही थीं जो उन्होंने सीखा था, जबकि सांस्कृतिक आयुर्वेद की उन्हें जानकारी नहीं थी। कई पीढ़ियों तक, उनका परिवार आयुर्वेद को बिना उसे आयुर्वेद कहे ही जीता रहा क्योंकि चिकित्सा प्रणाली के रूप में उसे अवैध करार दिया गया था। पराधीन भारतीयों द्वारा जो कुछ सहेज कर रखा जा सकता वह आयुर्वेद के रूप में सांस्कृतिक धारणाओं की एक कड़ी थी।

बीच-बीच में, मेरी माँ मेरे पापा से बातचीत के दौरान हमारी ओर देखती थीं और पूछती थीं कि क्या हमें कुछ और चाहिए। नहीं तो, डिनर की पूरी बातचीत हमारे पापा की ओर से शुक्राणुओं के बारे में उनके शोध, उनकी गिनती, उनकी मृत्यु की दर, उनकी ज़ीटा क्षमता और गुणसूत्र कैसे दोषयुक्त हो जाते हैं, इन्हीं बातों पर घूमती रहती थी। हमने मौलिक तरल पदार्थ के जैव रसायन के बारे में सीखा, जिसे हमारे पापा ने दोहराया और पेटेंट कराया, और हमने विज्ञान की उन हस्तियों और शख़्सियतों के बारे में जाना जो मेरे पिता से इंस्टीट्यूट फ़ॉर एडवांस्ड स्टडी या प्रिंसटन यूनिवर्सिटी या उच्च शिक्षण संस्थानों में मिलते-जुलते रहे थे, जहाँ-जहाँ वह जा चुके थे।

इस तरह की बातचीत के बाद अक्सर हमें यह निर्देश मिलते थे कि हम किचन के काम में हाथ बँटाएँ और फिर अपना होमवर्क करें। लेकिन हमारी शाम अक्सर बेडरूम, बहनों से बातचीत करने, दिन भर की बातों पर गप लड़ाने और साझा दोस्तों के बारे में ख़बरों के साथ ही स्कूल से लाए गए गैजेट और उपकरण को दिखाने तथा अगले दिन की योजना बनाने में ही निकल जाती थी। हम अकेले में जाकर न बैठें या होमवर्क के लिए अलग न जाएँ तब तक शाम को हम कभी अकेले नहीं होते थे। अक्सर जब कोई आता था, तब उन्हें दिखाने के लिए हम योजना के तहत अलग-अलग हो जाते थे ताकि दिखा सकें कि हम कितने पढ़ाकू हैं।

एक शाम मेरे पिता के दोस्त हरिद्वार से हमारे घर आए। हम जब रात का खाना तैयार कर रहे थे, तब उनसे उनकी पसंद के बारे में पूछा ताकि उनकी आवभगत अच्छी तरह की जा सके। उन्होंने विनम्रता से यह कहते हुए इनकार कर दिया कि वह रात का खाना खाते ही नहीं। मैंने पहली बार किसी ऐसे व्यक्ति को ऐसा कहते सुना था, जो दुबला-पतला नहीं था। हमने दिन में तीन बार खाने की बात हमेशा से ही सुनी थी।

वे हमारे साथ बैठे और योग शास्त्र की कुछ बातें बताईं। बीते बीस वर्षों से उनकी *साधना* एक बलिदान के रूप में थी जिसका उद्देश्य मन को इस प्रकार केंद्रित करना था कि कभी रात का भोजन न करना पड़े। मैं उनके त्याग के बारे में सोचने लगी : कोई मीठी चीज़ नहीं, न टीवी देखते हुए डिनर और न ही शाम को पचाने वाली चीज़ें खाना। उन्होंने कहा, *तीन*

*भोजन रोगी, दो भोजन भोगी, एक भोजन योगी।* इसका अर्थ यह हुआ कि 'दिन में तीन बार भोजन करने से व्यक्ति रोगी हो जाता है, दो बार भोजन करने से जीवन कष्टमय रहता है, और एक भोजन से व्यक्ति योगी बन जाता है। यह ऐसा व्यक्ति होता है जो अपनी आत्मा से जुड़ा रहता है और जिसे अपनी शरीर की गतिविधियों पर पूरा नियंत्रण रहता है।' उस समय तक मैं यही सोचा करती थी कि रात के भोजन का आनंद तो सब लेते हैं, सिवाय उनके जो बीमार होते हैं या जिन्हें सज़ा दी जाती है।

समय के साथ, मैं जहाँ भी जाती रात के खाने से जुड़ी आदतों पर ग़ौर करने लगी। मैंने पाया कि पारंपरिक संस्कृतियों में रात का खाना जल्दी ही हो जाता है, शाम को छह बजे से पहले, और वे रात ढलने पर खाना नहीं खाते। कई खेतिहर संस्कृतियों में सबसे अधिक खाने वाला भोजन शाम 4 बजे होता है, ठीक उस वक्त जब सूरज ढलने वाला होता है, और सुबह का नाश्ता एकदम सुबह खेत पर जाने से पहले। औद्योगिकीकरण से पहले की अधिकतर संस्कृतियों में भोजन की तैयारी और उसे पकाने का काम सूरज की रोशनी रहते-रहते ही कर लिया जाता था। मेरे माता-पिता की उम्र जब अधिक हो गई, तब मैंने उन्हें रात का खाना जल्दी खाते देखा। शाम को मिलने-जुलने के कार्यक्रम में बिना भोजन संगीत का आनंद लेते और सिर्फ़ एक कप चाय, दूध या कभी-कभी मीठी चीज़ ले लिया करते थे। किचन का काम शाम 7.30 बजे तक ख़त्म हो जाता था। बेशक, ऐसा मेहमानों के लिए असुविधाजनक था। लेकिन, मेरी माँ उनके लिए थोड़ी गुंजाइश रखती थी, और उनके लिए चहकते हुए खाना पकाने और परोसने का काम करती थी। हालाँकि, इस बात को लेकर सख़्त रहती थी कि उनके परिवार का कोई सदस्य मेहमानों के साथ बैठकर न खाए क्योंकि हम अपना खाना खा चुके होते थे।

पश्चिमी अफ़्रीका में शाही क़बीलाई परिवार के साथ रहते हुए, मैंने पाया कि घर के सबसे वरिष्ठ पुरुष और वरिष्ठ माताएँ अकेले में खाना खाती थीं। इसकी वजह कुछ और ही थी। वरिष्ठ पुरुष नहीं चाहते थे कि लोग उन्हें खाना खाते देखें, क्योंकि इससे उनके खाने में नकारात्मक ऊर्जा जा सकती थी, वे उनके खाने पर टिप्पणी कर सकते थे, जिससे उनका मूड बदल सकता था या उनका मन उनके खाने से हट सकता था। इसके साथ ही, घर की सात पत्नियों में से सिर्फ़ दो को ही उनका खाना परोसने की इजाज़त थी।

समय के साथ, मैंने यह ग़ौर किया कि दुनिया भर के कई बुद्धिमान बुज़ुर्ग भी अकेले ही खाना खाते हैं, वे मेहमानों को खाना परोसते हैं और उनकी देखभाल करते हैं, फिर अपने ही स्वच्छ वातावरण में समय और ऊर्जा के साथ अपना खाना ध्यानमग्न होकर किए जाने वाले अभ्यास की तरह खाते हैं, विशेष रूप से तब जब वे दिन में सिर्फ़ एक बार ही भोजन करते हैं।

औद्योगिक संस्कृतियों में, जहाँ समय सारणी अक्सर रोज़ाना दफ़्तर या फ़ैक्ट्री में दिन भर के काम के इर्द-गिर्द घूमती है, वहाँ सामान्य रूप से एक परिवार रात के खाने के समय का इस्तेमाल इकट्ठा बैठने के रूप में करता है, और इस कारण रात का खाना वृहत स्तर पर तैयार किया जाता है। दुर्भाग्य से, इसका परिणाम यह होता है कि रात का खाना सबसे भारी खाना बन जाता है और यह दिन के स्वास्थ्य की दृष्टि से सबसे प्रतिकूल भोजन बन जाता है। रात का खाना खाने के बाद टहलने की बजाय अब टीवी रूम की तरफ़ जाने का चलन बढ़ गया है, बशर्ते उस परिवार के पास डिनर के साथ-साथ टीवी देखने की व्यवस्था न हो। अनजाने में ही डिनर से जुड़ी इन आदतों ने जीवनशैली को ऐसी अनेक बीमारियों का कारण बना दिया है जिनसे आज का समाज जूझ रहा है।

अमेरिका में एक बार मेरे एक आयुर्वेद के शिक्षक का टखना टूट गया और अस्पताल में उन्हें अच्छा-ख़ासा समय बिताना पड़ा। उस समय उनकी देखभाल उनके दोस्तों ने तब तक की, जब तक कि वे कहीं आने-जाने के लायक़ नहीं हो गए। यह परिवार आधुनिक जगत में जीने वाले डॉक्टरों और पेशेवरों का परिवार था, जिसकी एकदम ठेठ पश्चिमी, शहरी जीवनशैली थी। लेकिन उनकी मेहमाननवाजी में इतनी गर्मजोशी थी कि उन्होंने अपने स्वस्थ होने तक कुछ महीनों के लिए उनकी दिनचर्या के मुताबिक़ ख़ुद को ढाल लिया।

वे जब घर लौटे, तब फिर से आयुर्वेद के सिद्धांतों को लागू करना शुरू किया। उन्होंने तुरंत ही उसे नहीं अपनाया क्योंकि उनका शरीर एक सीज़न तक पश्चिमी जीवनशैली में ढल चुका था। धीरे-धीरे कुछ रातों के बाद उन्होंने रात का खाना 15 मिनट पहले खाना शुरू किया, जिससे देर

रात लगने वाली भूख का समय स्वस्थ और शाम के डिनर के समय तक ला सकें। शुरुआत में, उन्हें तब तक रात के खाने की भूख नहीं लगती थी जब तक कि रात के 9.30 नहीं बज जाते थे। फिर धीरे-धीरे, दो हफ़्ते बाद उन्होंने दोपहर का खाना हल्का करना शुरू कर दिया, जिससे उन्हें सूर्यास्त के बाद भूख लगनी शुरू हो गई।

उनका शाम का खाना फिर से हल्का हो गया। वे कभी अनाजों को मिक्स नहीं करते थे और चावल, गेहूँ या मक्का को चुनते थे। अगर वे रोटी को चुनते थे, तो चावल नहीं खाते थे। वे ऐसे व्यंजन नहीं खाते थे जिनमें गाय के दूध को सब्ज़ियों के साथ मिलाया गया हो। वे प्याज और लहसुन नहीं खाते थे क्योंकि उनका *कटु विपाक* (तीखापन) शरीर को गर्म कर देता था। वह स्वाभाविक रूप से निरामिष थे, इसलिए लंच में मुलायम ताज़ा सब्ज़ियों को बढ़ा देते थे ताकि भारी प्रकृति की उनकी इच्छा पूरी हो सके। उन्होंने अपनी पाचन अग्नि को बढ़ाने तथा *वात अनुलोमन* के नाम से ज्ञात शरीर की प्रणाली में भोजन के प्रवाह को आगे बढ़ाने के लिए जीरा, हल्दी और पाचन वाले मसालों का उपयोग करना शुरू किया। उन्होंने रात के समय बीन्स और फूलगोभी खाना बंद कर दिया क्योंकि वे गैस उत्पन्न करते हैं और रात में शांति से नींद नहीं आती।

लंच के बाद उन्होंने फिर से एक चम्मच दही लेना शुरू किया, लेकिन बाहर से ख़रीदा हुआ नहीं बल्कि घर में जमाया गया। किसी दिन वे छाछ, यानी पाँच मसालों में पानी के साथ घोला हुआ दही ले लिया करते थे ताकि पाचन ठीक हो सके और *अग्नि* के प्रवाह में सुधार हो सके। वे दही के साथ कभी कोई फल या अन्य डेयरी उत्पादन नहीं लेते थे क्योंकि दही *अभिष्यंदी*, या मार्ग को बंद करने वाला होता है। वे उसे एकदम सुबह-सुबह या देर रात में नहीं लेते थे और केवल दोपहर में लंच के आधे घंटे बाद ही लेते थे जब उनकी *अग्नि* इतनी प्रखर होती थी कि उसके द्वारा मार्गों को बंद करने से पहले ही वे उसे पचा लेते थे।

उन्होंने धीरे-धीरे मीठी चीज़ को भी छोड़ दिया, जो उनके मेजबानों के खाने का अनिवार्य हिस्सा हुआ करती थी। वे जब ब्रांडी की चुस्की लेते थे, तब उन्हें कुछ गाढ़ा और मीठा दिया जाता था जिसका वे लुत्फ़ उठा सकें। कभी केक, कभी आइस्क्रीम और कभी-कभी फल। फल *सात्विक* आधार होते हैं, जिन्हें अलग से खाया जाता है, जब पेट ख़ाली हो। आयुर्वेद कहता

है कि सबसे अधिक लाभ के लिए उनके साथ और कुछ नहीं खाया जाना चाहिए। खाने के अंत में फल खाने से उसे पचाए जा रहे खाने के कड़ाहे में फेंक दिया जाता है, जिससे अपचनीय हिस्से बढ़ जाते हैं। उन्होंने फल खाने के समय को दोपहर बाद कर दिया और खट्टे फल को दूसरे फलों के साथ मिलाना बंद कर दिया।

अपने भोजन के प्रकारों को सरल कर तथा एक बार में एक ही व्यंजन लेना शुरू कर उन्होंने खाने के क्रम को फिर से ठीक किया, और उनके साथ बताई गई आयुर्वेदिक दवाइयाँ भी लेनी शुरू कीं, ख़ास तौर पर इस कारण क्योंकि वे हाल ही में अस्वस्थ थे। उन्होंने हर दिन ताज़ा सब्ज़ियाँ लेनी शुरू कीं, जो उनके सुबह के भोजन के अनुसार थीं, और इसके लिए वे ताज़ा सब्ज़ियाँ लाने किसानों के बाज़ार जाना नहीं भूलते थे। उन्होंने सुस्वादु और अच्छी रेसिपी वाले व्यंजनों को चुना जिनके बारे में सोचकर ही ऐसे विशेष पाचक एंजाइम का स्राव होने लगता है, जो उस भोजन के पाचन को तेज़ कर देते हैं। उन्होंने प्रत्येक सब्ज़ी को पारंपरिक विधि और मिश्रण के साथ बनाना शुरू किया, जिसमें उसके लिए निर्धारित मसाले ही डाले जाते थे। वह बचा खाना कभी नहीं खाते थे और पहले से तैयार सॉस भी नहीं लेते थे, जिनमें आम तौर पर प्रिज़र्वेटिव या पहले से तैयार पीसे गए मसाले होते हैं जिनके पीसे जाने से उनका तेल पहले ही निकल चुका होता है।

हमारे पास हर दिन अपने इलाज के तीन मौक़े होते हैं : ब्रेकफ़ास्ट, लंच और डिनर। हमारे पास दिन में स्वयं को स्वास्थ्य की दिशा में अपने प्रयासों को ज़हर देना और ज़हरीला बनाने के तीन मौक़े होते हैं : ब्रेकफ़ास्ट, लंच और डिनर। अपने भोजन को लेकर हमारे निर्णयों का योग या तो हमारे प्रयासों को इलाज, जड़ी-बूटियों, स्वास्थ्य संबंधी नियमों और आदतों से निष्फल किया जा सकता है या सफल बनाया जा सकता है। आयुर्वेद के अनुभवी वैद्यों ने पाचन अग्नि, दिन की लय तथा प्रकृति और शरीर की तैलीयपन को लेकर अपने विस्तृत दिशानिर्देश में वैज्ञानिक दृष्टिकोण रखा है। इन दिशानिर्देशों में *विरुद्ध आहार* या असंगत भोजन संयोजन की अवधारणा पर चर्चा की गई है जो शरीर की सर्वोत्तम स्थिति के लिए संकट पैदा कर देते हैं।

| असंगत भोजन संयोजन | |
|---|---|
| दूध | मछली |
| | मांस |
| | खट्टे पदार्थ |
| | नमक |
| | फल |
| | मटर |
| | पत्तेदार सब्ज़ियाँ |
| *दही* | घी |
| | *फल, विशेष रूप से केला* |
| *फल* | *सब्ज़ियाँ* |

अधिकांश पारंपरिक भारतीय व्यंजनों में कभी इन *विरुद्ध* संयोजनों का उपयोग नहीं किया जाता है। सिर्फ़ हाल के समय में आने वाले व्यंजनों, आम तौर जो यूरोपीय या फ़ारसी संस्कृति से प्रभावित हैं, उनमें इन संयोजनों को भारतीय व्यंजन के साथ मिलाया गया है। आयुर्वेद के अनुसार इनमें विरुद्ध *वीर्य,* या तापीय शक्ति होती है - एक ऐसी अवधारणा जिसका अध्ययन आधुनिक रसायनशास्त्र में किया जाता है जो किसी स्थान या तत्व में मौजूद ऊर्जा और ताप के इर्द-गिर्द केंद्रित होती है। इस कारण, वे शरीर की अग्नि को लेकर उसी प्रकार भ्रम में पड़ जाते हैं, जैसे कि गर्म तेल और बर्फ़ को मिलाया जाता है, और ऐसा करके उसे असंतुलित कर देते हैं।

कुछ ही हफ़्ते में, रात के भारी खाने ने जिस प्रकार बीमारी का बोझ उन पर बढ़ा दिया था, उससे मुक्ति पाकर मेरे शिक्षक फिर से हल्का महसूस करने लगे। वे अब टहलने लगे और अपने शरीर के मध्य हिस्से की कसरत करने लगे, जिससे अपनी रीढ़, छाती और पेडू के बीच के हिस्से में और कूल्हे में लोच लाने का प्रयास शुरू हो गया। उन्होंने खाने से पहले के अपने *प्राणायाम* के रूटीन को बढ़ा दिया जिससे अपनी *अग्नि* को तेज़ कर सकें और फिर अपनी अग्नि, भूख इच्छाओं, पेट की गतिविधियों, सोने के चक्र, थकान के स्तर और मूड की निगरानी की।

उनकी *अग्नि* जब फिर से सामान्य हो गई, तब उनकी चमक लौट आई, न केवल उनके शारीरिक स्वास्थ्य के कारण बल्कि इस कारण क्योंकि उनका आत्मविश्वास बढ़ गया था। उन्होंने अपनी उस क्षमता को साबित कर दिया था कि वे आघात, अस्पताल में भर्ती कराए जाने और भाग-दौड़ से भरे अस्त-व्यस्त माहौल में रहने के बाद भी अपने शरीर को सर्वोत्तम माहौल में लौटा सकते हैं। फिर से लचीलापन हासिल करना ही उनके लिए एक प्रमाण था।

दिन का अंत तनावमुक्त होने का समय होता है - कोमलता, प्रेम और स्नेह का समय। शाम का *कफ़* का समय, रात 7-11 बजे तक धीमेपन के साथ ही स्थिरता लेकर आता है। इस समय, आयुर्वेद का सुझाव है कि दिन के *कफ़* के समय की स्वाभाविक प्रवृत्तियों का इस्तेमाल किया जाना चाहिए, जब ऊर्जा पर ठंड, नमी, भारीपन, शिथिल पड़ने, स्थिर और कोमल होने की आशंका रहती है। आप दिन का सार उसकी उपलब्धियों पर विचार करने और अगले दिन की तैयारी करने के साथ निकाल सकते हैं। इस समय को अपने प्रिय लोगों के साथ बिताएँ और हृदय की ऊर्जा को बढ़ाने तथा मौलिक संबंधों को मज़बूत करने के लिए ठहाके लगाकर हँसे। गर्मी में बैठें क्योंकि दिन का ताप कम होने लगता है। कहानियाँ पढ़ें ताकि ज्ञान और गहराई को साझा कर सकें। रात के लिए भोजन या व्यंजन को भिगोएँ।

हालाँकि, आज के संसार की वास्तविकता यह है कि शहरों में लोग देर शाम तक काम करते हैं। विश्राम करने की बजाय, वे दूसरी शिफ़्ट में चले जाते हैं, और आवाजाही व सफ़र में ही व्यस्त रहते हैं या उस दिन के काम में फँसे रहते हैं व काम ख़त्म करने की स्थिति में नहीं होते। आयुर्वेद कुछ अवसरों पर इस तरह की वास्तविकता की इजाज़त देता है लेकिन यह इसे किसी आलंब के रूप में देखता है। आवाजाही में बहुत अधिक समय के कारण *वात* बढ़ जाता है या *पित्त* की गतिविधियाँ तेज़ हो जाती हैं, विशेष रूप से *कफ़* के समय के दौरान, जिससे व्यक्ति प्रकृति के प्रवाह से अलग हो जाता है, और ऐसा माहौल उत्पन्न होता है जो आख़िरकार बीमारी की तरफ़ ले जाता है।

यदि कोई रात का हल्का खाना या भारी खाना लेता है, तो ऐसा शाम में जितनी जल्दी संभव हो करना चाहिए, और उसे दोपहर के भोजन से हल्का और सुपाच्य होना चाहिए। अगर शरीर और दिमाग़ को उसके बाद का समय भोजन को पचाने में लगाना होगा, तो वह शरीर की सफ़ाई और दिमाग़ में आने वाले भोजन को पचाने पर अपना ध्यान केंद्रित नहीं कर सकेगा। दिन के विचारों और मानसिक गतिविधियों को रात में ही सुलझा लेना चाहिए और यह तभी संभव है जब शरीर पेट पर ध्यान केंद्रित करने में व्यस्त न हो। इसलिए, आयुर्वेद कहता है कि हम तभी अपनी मानसिक चिंताओं का हल निकाल सकेंगे और अपने बौद्धिक विकास को बढ़ा सकेंगे जब हम रात में हल्का भोजन करें और शाम में प्रेम व प्रकाश की गतिविधियों में शामिल हों।

- शाम के समय का उपयोग दिन की उलझनों को दूर करने में करें।
- दिन भर की घटनाओं का सार निकलें और उन्हें हल करें तथा अगले दिन की योजना बनाएँ।
- प्रियजनों के साथ समय बिताएँ और आनंद लें।
- दिन का ताप जब कम हो रहा हो, तब गर्म जगह पर बैठें।
- पढ़ें ताकि कहानियों, ज्ञान और गहराई को साझा कर सकें।
- रात के लिए भोजन या व्यंजन को भिगोएँ।
- रात का भोजन शाम को जल्दी होना चाहिए। दोपहर के भोजन की तुलना में हल्का और सुपाच्य होना चाहिए।

~ 35 ~

# प्रकृति की ऋतुओं के प्रभाव : ऋतुचर्या

हर कुछ महीने के भीतर, मेरी माँ हमारी अलमारियों, बाथरूम और किचन को खंगालती थी, अलग-अलग टूथपेस्ट व तेलों को आज़माती थी और स्वेटर को निकालने या रखने के साथ बसंत के कपड़े निकाल लिया करती थी। अनाज, तेलों और मसालों को इधर-उधर किया जाता था, गर्मियों के तीखे मसालों को उनके काँच के जार में अलमारी के पीछे कर दिया जाता था और ठंडक देने वाले मसालों, नारियल तेल तथा मुरमुरों को आगे ले आया जाता था।

वे किचन के शेल्फ़ और अलमारियों से लेकर पैंट्री और बेडरूम की सारी अलमारियों तथा बाथरूम के शेल्फ़ में बिछाए गए अख़बारों को बदल देती थीं। वे कहा करती थीं, 'देवत्व के बाद स्वच्छता ही है।' बेशक, वे हमें भी शामिल कर लिया करती थीं। सप्ताह के अंत में, जब वे हमें नाश्ता दे रही होती थीं, तब उस दिन साथ मिलकर की जाने वाली सफ़ाई की घोषणा करती थीं। साथ काम करते हुए, हम बातचीत और सफ़ाई का काम करते थे, जिससे वह मज़ेदार हो जाता था। हम काम का बँटवारा करने के साथ ही अपनी पसंद, अहंकार और विचारों में सामंजस्य बैठाना भी सीख रहे थे।

हममें से जो ज़िद्दी होता था, वह इस बात पर किसी ख़ास सफ़ाई की योजना पर अड़ जाता था और तब तक लड़ता रहता था जब तक कि उसे पूरा करने के सबसे अच्छे तरीक़े पर बहस नहीं छिड़ जाती थी। हमारी माँ हमसे कहा करती थीं कि अपनी बात पर तर्क के साथ क़ायम रहें।

'पहले क्या आता है, चिकनाई को हटाने के लिए अख़बार या पानी लगाने के लिए स्पंज? जीरा गर्म मौसम का मसाला है या ठंडे मौसम का? हम इस चीज़ का इस्तेमाल क्या गर्मियों में कर सकते हैं या यह सिर्फ़ सर्दियों के लिए है?' मेरी माँ हर वाद-विवाद का निपटारा यह बताते हुए करती थीं कि उन्होंने सफ़ाई जिस क्रम में की, उसके पीछे क्या कारण था और क्यों वे चीज़ों को मौसम के अनुसार बदलती हैं।

हर सीज़न का अपना एक फ़्लेवर होता है जो उसकी ऊर्जा और ऊर्जा के *गुणों* पर आधारित होता है। भौतिक वस्तुओं की व्याख्या के लिए आयुर्वेद दस पैमानों के विषय में बताता है। उनमें से तीन प्रमुख हैं तापमान, पचने की क्षमता और तैलीय होना। *वीर्य* (तापमान) किसी वस्तु में शरीर को गर्म या ठंडा करने की क्षमता के बारे में बताता है। यदि शरीर को किसी कंटेनर के रूप में देखा जाए, तो उसमें रखी किसी भी वस्तु से उस कंटेनर को गर्म *(उष्ण)*, ठंडा *(शीतल)* या अपरिवर्तित रखा जा सकता है। हम जब किसी ऐसे भोजन का चुनाव करते हैं जिसमें शीतल बनाने की प्रकृति होती है, और जिसे आयुर्वेद में *शीतल वीर्य* कहा जाता है, तो वह भोजन हमारे शरीर को ठंडा बनाता है। इसके उदाहरण हैं तरबूज, धनिया के बीज, मिश्री, दूध और नारियल तेल।

पचने की क्षमता का अर्थ है शरीर में किसी भी चीज़ को आसानी से पचाने की क्षमता। यह भोजन, विचारों, दवाइयों या शब्दों पर भी लागू होता है। यदि कोई चीज़ आसानी से पच जाती है, तो उसे *लघु* कहते हैं। यदि उसे पचाना कठिन है तो यह *गुरु* है, जिसका अर्थ भारी या वज़नदार भी होता है। इस शब्द का उपयोग अक्सर वैसे लोगों के बारे में बताने तक सीमित होता है जो आदरणीय शिक्षक हैं, लेकिन संस्कृत में इस शब्द का मौलिक अर्थ अंधेरे *(रु)* से दूर *(गु)* जाना है। हम जब सूचना को पचा लेते हैं और संशय नहीं रहता है, तो हम अंधेरे से दूर चले जाते हैं। हम जब कुछ भारी खाते हैं, तो उसे पचाने में समय व ऊर्जा ख़र्च होती है और उससे ऊर्जा उत्पन्न होती है, जहाँ ऊर्जा प्रकाश का काम करती है।

तैलीय *(स्निग्ध)* होने का अर्थ है वैसा गुण जिससे कोई चीज़ तैलीय और कुछ हद तक चिपचिपी होती है, लेकिन उसमें चिकनाई होती है। यह

रूखा और खुरदरा होने के विपरीत होती है, जिसे संस्कृत में *रुक्ष* कहा जाता है। जब कोई चीज़ एकदम सूखी होती है तो उसे पचाना कठिन होता है। वह जब स्वच्छ और ताज़े तेल से बनी होती है, तो शरीर के लिए उसे पचाना आसान होता है क्योंकि शरीर भी चिकनाईयुक्त है। पुराने तेल की तुलना नए तेल से कीजिए और दोनों की गंध से आपको अंतर पता चल जाएगा। एक चिपचिपी होती है; तो दूसरी समान रूप से बहती है। इस तरह के गुण शरीर और मौसम से संबंधित होते हैं।

बादलों और बर्फ़ का भारी *कफ़* सीजन गाढ़ेपन, भारी चिकनाई को बढ़ाता है। शरीर इनका मुक़ाबला ठंड से निपटने के लिए अपनी आंतरिक अग्नि को तेज़ करता है। यदि वह अग्नि अच्छी है, तो वह स्वच्छ, तेज़ भोजन की इच्छा रखेगी जो उस मौसम के भारी बादल को चीर सकता है। *कफ़* का सीजन जब जाता है और *पित्त* के मौसम की गर्मी आती है, तब हवा कुछ गर्म, तेज़ और अम्लीय हो जाती है। शरीर इसके साथ अपनी आंतरिक अग्नि को कम कर तालमेल बैठाता है और ऐसे भोजन की इच्छा रखता है जो ठंडा, मीठा और ऐसा हो जो उस अम्ल व गर्मी के असर को काटता हो। गर्मी का मौसम जब ठंडे हवादार मौसम में बदलने लगता है, तब *वात* का हल्कापन अपने ठंडे, रूखे, सूखे और चंचल प्रकृति के कारण शरीर में ठंड और हलचल उत्पन्न करता है। शरीर इसका सामना गर्म और पानी वाले भोजन, भारी मीठी सब्ज़ियों और तेलों तथा बीजों की इच्छा उत्पन्न कर करता है। इस प्रकार, जैसे-जैसे मौसम अपने चक्र के अनुसार बदलता है, उसी प्रकार हमें भी इससे जुड़े गुणों के मुताबिक़ खुद को ढाल लेना चाहिए।

धार्मिक संस्कारों के अनुसार मेरी माँ अपनी पूजा से जुड़ी हुई हैं, जो चंद्र चक्र के इर्द-गिर्द घूमती है। *नारायण शिला* की दैनिक पूजा के साथ ही वे प्रत्येक गुरुवार को लक्ष्मी पूजा करती हैं। चंद्र चक्र के ग्यारहवें दिन भी पूजन होते हैं, जिन्हें *एकादशी* और *पूर्णिमा पूजन* कहा जाता है जिसमें *पूर्णिमा* के दिन सत्यनारायण पूजा होती है। मैं इन सारे पूजनों के कर्म-कांड से थोड़ा विचलित हो जाती हूँ, इसलिए पूछती हूँ कि एक तार्किक से विवाह करने वाली वैज्ञानिक सार्वजनिक स्वास्थ्य सेवक इन सारे पूजनों को क्यों करती है।

इस बारे में वे एकदम स्पष्ट हैं कि हमारे ज्वार पर चंद्रमा का शासन होता है, उसी प्रकार जैसे कि सागर के ज्वार पर चंद्रमा का नियंत्रण होता है। ज्वार की तरह ही हम अपने जल के भीतर लहरों की हलचल को महसूस करते हैं। इन पर चंद्रमा का प्रभाव रहता है। हमारे अपने ही शरीर में, हम चंद्रमा के घूमने का प्रभाव एक तंत्र पर देखते हैं : वह है हमारा मासिक चक्र।

आयुर्वेद हमें चंद्रमा के लाभ के विषय में बताता है। न केवल इसका प्रकार *पित्त*-शामक होता है, बल्कि यह एक जादुई प्रकाश भी होता है, जिसके कारण शरीर ठंडा और अधिक कोमल तथा भावुक हो जाता है। *पित्त* के कारण प्रमुख रूप से सूजन जैसी बीमारियों का अंतिम इलाज यह है कि चाँदी के कप में दूध लें, उसमें गुलाब की पंखुड़ी डालें और *पूर्णिमा* की रात को चंद्रमा के प्रकाश में रख दें ताकि आप दूध में चंद्रमा की छवि को देख सकें। फिर यह दूध बढ़े हुए पित्त से प्रभावित व्यक्ति को किसी अमृत के समान दे दिया जाता है। चाँदी, दूध और चंद्रमा के प्रकाश का एक शीतलदायी प्रभाव होता है।

रासायनिक रूप से, चंद्रमा का प्रकाश सूर्य के फ़ोटोन के विपरीत अलग ही प्रकृति का होता है। सूर्य के फ़ोटोन लंबे कोणों से शरीर को भेदते हैं जिनसे उनमें पराबैंगनी प्रकाश कम होता है, जैसा कि सूर्योदय और सूर्यास्त के समय देखा जाता है। इसी प्रकार, वह प्रकाश जो चंद्रमा से टकराकर लौटता है और धरती तक पहुँचता है वह भी परिवर्तित हो जाता है क्योंकि उन फ़ोटोनों को पहले चंद्रमा की चट्टान सोख लेती हैं और फिर उसी रूप में परावर्तित करते हैं, सिवाय इसके कि उनकी तरंगदैर्घ्य थोड़ी लंबी होती है। इसका संपूर्ण प्रभाव हमें रंग में परिवर्तन और अन्य परिवर्तनों में दिखाई पड़ता है। आयुर्वेद की व्याख्या है कि इस प्रकार के प्रकाश मानव शरीर को परिवर्तित कर देते हैं। सूर्य का प्रकाश शरीर को गर्म करता है और *पित्त* को बढ़ाता है, जबकि चंद्रमा का प्रकाश शरीर को ठंडा करने के साथ ही *पित्त* और *वात* को कम करता है। चंद्रमा का अध्ययन करने वाले भौतिकविद् अब इस बात की पुष्टि करते हैं कि *पूर्णिमा* के दिन परावर्तित प्रकाश चंद्रमा की अन्य कलाओं के प्रकाश से भिन्न होता है, जिसमें उसकी शक्ति दस गुना तक कम हो जाती है। वातावरण या हवा के अभाव में, चंद्रमा स्थिरता और शांति देता है।

- सामान्य रूप से सूजन संबंधी *पित्त* की बीमारियों को दूर करने के लिए, चाँदी के कप में गुलाब की पंखुड़ी डालकर चाँदनी में रखे दूध को ग्रहण करें।

आयुर्वेद के ग्रंथ बताते हैं कि प्रत्येक मौसम में किस प्रकार के परिवर्तन की आवश्यकता होती है। वे *दोषों* में चक्र के अनुसार वृद्धि, असंतुलन की प्रवृत्तियों और बीमारी के विषय में बताते हैं। साथ ही, यह सलाह भी देते हैं कि इन प्राकृतिक उतार-चढ़ावों का सामना किस प्रकार करें। उदाहरण के लिए, ठिठुराने वाली सर्दी में जब ठंड प्रचंड हो जाती है, जिसे *शिशिर ऋतु* कहते हैं, और रूखापन बढ़ जाता है, जिससे शरीर में संरक्षित ऊर्जा और प्राकृतिक तेल कम हो जाते हैं, तब आयुर्वेद की सलाह है कि हमें प्रतिदिन सिर व शरीर की तेल से मालिश करनी चाहिए और फिर दोपहर में सूर्य की गर्मी में बैठना चाहिए। यह मीट के सूप, घी, गुड़ से बने गर्म पेय, चावल का आटा, दूध उत्पाद तथा तिल के तेल के साथ ही ऐसे सारे गरिष्ठ भोजन की सलाह देता है जिनमें शरीर के भंडार में कम पड़ने वाले वसा और तेल की पूर्ति की क्षमता होती है। यह सुगंधित कस्तूरी और सुगंध के साथ गर्म, कामुक आलिंगनों और काम क्रीड़ा की सलाह देता है।

फिर आयुर्वेद यह चेतावनी देता है कि बेहद ठंडी सर्दियों में बढ़ा और जमा हुआ *कफ़* सूर्य के उत्तर की तरफ़ जाने, यानी *उत्तरायण* होने के साथ ही पिघलना शुरू हो जाएगा। यह शरीर में पाचन अग्नि को क्षीण कर देगा और कफ़ से होने वाली कई बीमारियों को जन्म देगा। इस प्रकार वसंत ऋतु के लिए *कफ़* को शांत करने और पिघलाने वाली अनेक विधियों का परामर्श दिया गया है। इनमें *नस्य,* गर्म पानी वाले सूप के साथ हल्के भोजन, सूखे व्यंजन शामिल हैं। स्नान से पहले *उद्वर्तन* और खेल-कूद तथा व्यायाम में खुलकर भागीदारी की सलाह भी दी जाती है। इस मौसम के दौरान, पुराने जौ और गेहूँ को आग में पकाए जाने से पिघल चुके चर्बी वाले मीट तथा सफ़ाई करने के गुण वाले शहद के साथ लेना चाहिए। साथ ही, प्रेमियों द्वारा *आसवम* और *अरिष्टम* की चुस्कियाँ लेनी चाहिए, जो पुरानी हर्बल औषधीय मदिरा होती हैं। अपरान्ह के समय को मित्रों और प्रेमियों के साथ बिताना

चाहिए, धूप में टहलना चाहिए और ख़ुशी देने वाली योजनाओं पर काम करना चाहिए। दिन के समय सोने से बचना चाहिए, साथ ही मीठे, भारी, तैलीय, खट्टे और नमकीन भोजन से भी परहेज करना चाहिए।

सूर्य की किरणें जैसे-जैसे ताक़तवर होती जाती हैं, शरीर *ग्रीष्म ऋतु* यानी गर्मियों के मौसम में निरंतर ताप से ज़्यादा से ज़्यादा निचुड़ता महसूस होता है। ऐसे समय में शरीर का *कफ़* दिन-ब-दिन कमज़ोर होता जाता है और *वात* तथा गति बढ़ जाती है। दिमाग़ तेज़ हो जाता है, लेकिन शरीर और विशेष रूप से उसके जोड़ों में चिकनाई कम होकर सूखने लग जाती है। इस कारण, आपको सूर्य के सीधे संपर्क, दिन के समय थकाने वाले व्यायाम, तथा नमकीन, खट्टे, अम्लीय, दुर्गंधयुक्त तथा मसालेदार भोजन से बचना चाहिए। आयुर्वेद मीठे फलों, सलाद जैसे हल्के और चिकनाईयुक्त आहारों, छाछ, और हल्के सूप; तथा शीतलकारी खीरा, तरबूज, सेब, अंगूर, अधिकांश हरी सब्ज़ियों, पुराने चावल, मिश्री तथा दूध के हल्के व्यंजन लेने की सलाह देता है। यह ठंडे पानी से प्रतिदिन स्नान करने और चाँदनी में टहलने को बढ़ावा देता है।

यदि आप ऋतुओं के अनुसार जीवन जीते हैं, तो शाम के समय भी प्रकाश, ताप और फ़्लेवर के अनुसार अपने स्वभाव को बदलता रहता है और इसके लिए भी आयुर्वेद की अपनी सलाह है। आधुनिक युग में, हम तापमान के अंतर को अक्सर अनदेखा कर देते हैं क्योंकि हमारे घर गर्म व एयरकंडीशन किए जाने वाले हैं और हम कारों से गैराज और वहाँ से ऑफ़िस और दफ़्तर तथा वापस घर तक आते-जाते हैं। आधुनिक जीवन ने हमें प्रकृति के उन चक्रों से अलग कर दिया है जो हमारे *दोषों* को चुनौती देते हैं कि वे बदलें और फिर से संतुलित होकर हमारे शरीर और दिमाग़ को शक्ति प्रदान करें। प्रकृति के उस चक्र के साथ फिर से जुड़ने के लिए, मौसम के अनुसार प्रतिदिन टहलिए, व्यायाम कीजिए और स्थानीय वातावरण के अनुसार अपने भोजन को बदलिए।

- अपनी दिनचर्या को व्यायाम और भोजन से ऋतुओं के अनुसार तय कीजिए।

सर्दियों के दौरान, अपने रूटीन में इन बातों को शामिल करें :

- स्वस्थ हों तब प्रतिदिन सिर और शरीर की तेल से मालिश करें, दिन में शरीर को धूप की गर्मी ग्रहण करने दें
- मीट सूप, घी, गुड़ के साथ गर्म पेय, चावल का आटा, दूध उत्पाद तथा तिल का तेल
- गर्म, कामुक आलिंगन तथा सुगंधित कस्तूरी और इत्रों के साथ काम क्रीड़ा

वसंत के आरंभ में अपने रूटीन में इन्हें शामिल करें :

- *नस्य*
- गर्म, पानी वाले सूप के साथ हल्का भोजन तथा हल्के और सूखे व्यंजन
- स्नान से पहले *उद्वर्तन*
- खेलकूद और व्यायाम में पूरी भागीदारी
- मीट के ग्रिल किए गए व्यंजनों के साथ पुराना जौ और गेहूँ
- कसैले, पचाने और सुखाने की प्रवृत्ति वाला शहद
- पुरानी औषधीय मदिरा *आसवम* और *अरिष्टम*
- दोपहर का समय मित्रों और प्रेमियों के साथ, धूप में टहलना और खुशी देने वाले काम करना
- स्वस्थ हों तो दिन में न सोएँ
- मीठे, भारी, तैलीय, खट्टे और नमकीन भोजन से बचें

गर्मियों में, इन दिशानिर्देशों को अपनाएँ :

- सुबह के बाद सूर्य के ऊपर चढ़ जाने पर उसकी किरणों के सीधे संपर्क में आने से बचें
- दोपहर में थकाने वाले व्यायाम से बचें

- नमकीन, खट्टे, अम्लीय, दुर्गंधयुक्त और मसालेदार भोजन से बचें
- मीठे फल खाएँ, हल्के और तेल वाले व्यंजनों जैसे सलाद लें, चास और सूप जैसे तरल पेय, तथा खीरा, तरबूज, सेब, अंगूर, अधिकांश हरी सब्ज़ियाँ, पुराना चावल, मिश्री तथा दूध के हल्के व्यंजन लें
- प्रतिदिन ठंडे पानी से नहाएँ, और सिर को गीला करें
- चाँदनी के प्रकाश में टहलें

~ 36 ~

# शराब और धूम्रपान

अपने जीवन के कई वर्षों तक मैं इस बात से अनजान थी कि मैं और मेरी बहन इतनी बड़ी पियक्कड़ थीं - मतलब हम इतनी शराब पी सकती थीं। इसमें मेरी माँ का हाथ था और हम अपनी माँ को इसके लिए चिढ़ाते भी हैं और फिर जब वे अपना बचाव करती हैं तो सब एक साथ ठहाके भी लगाने लग जाते हैं।

सच यह है कि हम जब अमेरिका आए थे, तब ज़बर्दस्त सर्दी पड़ रही थी और हम रात को ठिठुरते रहते थे। हम कुछ ज़्यादा ही दुबले-पतले भी थे। मेरी माँ ने हमारी हड्डियों पर थोड़ी चर्बी चढ़ाने के लिए तब तक सारे तरीक़े आज़माए, जब तक कि एक दयालु पड़ोसी ने एक बड़ी धुँधली-सी बोतल नहीं थमा दी और मेरी माँ को यह सुझाव नहीं दिया कि इसे गर्म दूध में मिलाकर लंबे गिलास में 'ताड़ी' की तरह डाल कर दें।

वह इतनी अंग्रेज़ी नहीं समझ सकीं कि पहले ख़ुद भी स्वाद चख लें, और इसलिए वह इस ताड़ी, रेमी मार्टिन की एक बड़ी मात्रा गर्म दूध में मिला दिया करती थीं। मेरी बहन और मैं लंबे-लंबे गिलास को चुस्कियाँ लेकर पीती थीं, जिससे दूध की मूँछ बन जाती थी, और मुँह में मीठी और कड़वी ताड़ी का स्वाद पैदा होता था। इसके बाद हमें फ़ौरन नींद आ जाती थी। मेरी माँ को यह देखकर ख़ुशी हुई, इसलिए वे मेरे पिता से ज़िद करने लगीं और अगले कई वर्षों तक वे वही बड़ी बोतल लेकर आया करते थे। यह तब तक चला जब तक कि हम इस नए देश में बीमारी का मुक़ाबला करने के लायक़ मोटे नहीं हो गए।

*सौमनस्यक्रतो–हृदन्वयस्योः–सहितः–पिबेत।*
*निर्गदनसवरीशतसीधुम्द्धीक्माधवन् ।।22।।*

कोई भी *आसव* और *अरिस्टस* के पेय, किण्वित पेय और काढ़े का आनंद ले सकता है, जिनसे शराब बनती है। इनमें गन्ना, अंगूर और शहद के साथ जड़ी-बूटियों को मिलाया जाए, तो यह स्वादिष्ट और मज़ेदार होती हैं। इन्हें कई वर्षों तक पुराना होने के लिए रखा जाता है, और फिर आम के फल के साथ मिलाया जाता है; इन्हें मित्रों के साथ, प्रियतमा की चुस्की का रस घोल कर पीना चाहिए, उसके शरीर की सुगंध तथा ख़ूबसूरत नैनों की मस्ती के साथ पेश किया जाना चाहिए, जिससे मन और हृदय दोनों ही तृप्त हो जाएँ। अदरक और *मुस्ट* के साथ उबाले गए पानी या शहद से मिले पानी का उपयोग उन लोगों द्वारा किया जाना चाहिए जिन्हें शराब से बचना है।

अष्टांग हृदयम्
सूत्र-स्थान; अध्याय 3, श्लोक 22

चरक ने अग्निवेश के ज्ञान के पैंतीस (चरक संहिता सूत्र-स्थान; अध्याय 5, श्लोक 20-55) श्लोकों में संशोधन किया है जिनमें धूम्रपान का विस्तार से वर्णन है और उसकी विधि, आकार, रूप तथा औषधीय सिगार को जलाने की पद्धति भी बताई गई है। उन्होंने सिर से अतिरिक्त *कफ़* को कम करने के लिए इसका परामर्श दिया है और *कफ़* कम करने वाली जड़ी-बूटियों के धूम्रपान के फ़ायदे बताए हैं। एक विस्तृत समय-सारणी दी गई है जिसके अनुसार दिन के आठ समय बताए गए हैं जिनमें धूम्रपान से स्वास्थ्य में सुधार संभव है। उन्होंने संभावित जटिलताओं के इलाज पर चर्चा की है, और धूम्रपान के विपरीत संकेतों और नुक़सान तथा धुएँ को अंदर लेने और बाहर निकालने के तरीक़ों के बारे में बताया है। विस्तृत जानकारी में धूम्रपान के पाइप के आकार और रूप तथा इस बारे में भी बताया गया है कि धूम्रपान किस प्रकार करें कि औषधि अधिक न हो जाए और कम भी न पड़े।

हम जब किसी आयुर्वेदिक चिकित्सक की देखरेख में अपने ही सिगार तैयार करते हैं जो उसे तैयार करना जानता है और उसे यह भी मालूम होता है कि स्वस्थ धूम्रपान का अनुभव कैसे कराया जाए, तो हम बिना डर

धूम्रपान का मज़ा ले सकते हैं। इसकी तैयार करने की विधि अस्त-व्यस्त नहीं है। उन्हें 900 ईसवी पूर्व आत्रेय के युग में ही लिखा और जाँचा-परखा गया था। फिर उन्हें रटी-रटाई गई विद्या और ताड़ के पत्तों पर लिख कर अगली पीढ़ियों को सौंपा गया, जिन्हें चरक ने 200 ईसवी में जुटाया, सुधारा, उसका मूल्यांकन किया और अपने पूर्वजों के संग्रह को एक ग्रंथ का रूप दिया, जिसे आज उनकी संहिता कहा जाता है। धूम्रपान समेत, सारे ही परामर्शों के सिद्धांत और व्यवहार को औषधि की परिभाषा पर खरा उतरना होता था - जिसका अर्थ है कि वे स्वस्थ करें, बीमार नहीं।

आज के समाज में, धूम्रपान का मतलब ही तंबाकू सेवन हो गया है, और निकोटिन, क्लोरीन से ब्लीच किए गए काग़ज़ तथा सिंथेटिक केमिकल के इस्तेमाल की बात को पेटेंट के बहाने और मुनाफ़े की प्रक्रिया का हवाला देकर छिपा लिया जाता है। कंपनियाँ इसके उत्पादन में हज़ारों लोगों के इस्तेमाल की नापाक प्रक्रिया को अपनाती हैं, ताकि किसी एक व्यक्ति को इसके हानिकारक प्रभावों के लिए ज़िम्मेदार न ठहराया जा सके। इसका प्रभाव यह हुआ है कि धूम्रपान अब औषधीय उपयोग की चीज़ नहीं रह गई है जिसका उपयोग साइनसों और सिर की अंदरूनी गहराइयों तक धुएँ को पहुँचाने के लिए किया जाए बल्कि यह व्यसन की चीज़ बन गई है।

लोगों को अक्सर यह कहकर गुमराह किया जाता है कि आयुर्वेद में शराब, धूम्रपान और शरीर को सुख देने की बातें निषिद्ध हैं। इस आम धारणा के विपरीत आयुर्वेद यह कहता है कि हर चीज़ का एक समय और स्थान होता है।

हर किसी के लिए सभी प्रकार की गतिविधियाँ और सभी चीज़ों को ग्रहण करना सही नहीं होता है। शराब पीना तभी सबसे अधिक लाभप्रद होता है जब इसका तीखा, स्वाद और प्रभाव शरीर के लिए अच्छा हो : कड़ाके की सर्दी में जब *कफ़* बनना शुरू होता है और एक कठिन दिन के अंत में, शाम के समय, जिसे कफ़ का प्रहर कह सकते हैं। इसका अत्यधिक सेवन नहीं करना चाहिए, जैसा कि किसी भी औषधि पर लागू होता है। तेज़ हवाओं वाले महीनों और गर्मियों में, यह पूरी तरह निषिद्ध है।

शरीर के लिए जो कुछ अच्छा है, उस पैमाने का पालन किया जाता है, तब आयुर्वेद इंद्रियों का सुख बिना उनका दास बने भोगने की इजाज़त देता है।

- मदिरा के सेवन का सबसे अधिक लाभ कड़ाके की सर्दी और कठिन दिन के अंत में मिलता है।
- इसका सेवन कभी हद से अधिक न करें, जो बात किसी भी औषधि पर लागू होती है।
- तेज़ हवाओं या गर्मियों में कड़ी मदिरा का सेवन न करें।

~ 37 ~

# रतिचर्या : सेक्स और अंतरंगता

मेरी बहन का जन्म मेरी माँ के ट्यूब लिगेशन ऑपरेशन यानी महिलाओं के लिए की जाने वाली नसबंदी के बाद भी हो गया था। मेरी माँ जब चिकित्सा की इस विफलता की त्रासद घटना का वर्णन करती हैं तो ठहाके लगाने लगती हैं क्योंकि हमारे जीवन में मेरी बहन का आना शुभ संकेत था। मेरे पिता ने मेरी माँ को अमेरिका में डॉक्टर के पास ले जाने से इनकार कर दिया था क्योंकि उन्हें लगता था कि मेरी माँ फ़िज़ूल में गर्भवती होने की बात कर रही है। आख़िर में, चार महीने बाद वे हार गए जब उन्हें यह चिंता सताने लगी कि उनके बढ़ते पेट में शायद कैंसर ने घर बना लिया है।

उस डॉक्टर ने मेरी माँ को अनचाहे बच्चे का गर्भपात कराने की सलाह दी। यह उस युजनिक्स आंदोलन का एक अवशेष था, जो 1930 के दशक में तेज़ी से फैला, और जिसे अमेरिकी मेडिकल एसोसिएशन ने दो राज्यों में वैध करार दिया। इसमें अश्वेतों के लिए गर्भपात और अनैच्छिक नसबंदी को वैध घोषित किया गया था। मेरी माँ ने ऐसा करने से यह कहते हुए इनकार कर दिया कि वह बच्चा विशेष रूप से ईश्वर की इच्छा है। ट्यूब लिगेशन के बाद गर्भवती होने की संभावना सौ में से एक होती है।

जो बच्ची इस दुनिया में आई, वह एकदम लाल, छोटी-सी और बेहद प्यारी थी। वह फ़ौरन ही पूरे परिवार की आँखों का तारा बन गई और छोटे-छोटे भतीजे-भतीजियों की पैदाइश के बाद भी मेरे पिता की सबसे प्यारी

बनी रही। उसमें जीवित रहने, कठिन दृष्टिकोणों के बीच स्पष्ट निर्णय करने और कमज़ोर लोगों की खुलकर वकालत करने की जन्मजात क्षमता थी। बरसों बाद, उसने एक साथ तीन विषयों में विशेष योग्यता प्राप्त की, जब उसने एक बेहद नामचीन कॉलेज से ऑनर्स और क़ानून के कॉलेज से डिग्री हासिल की। अब वह इस विशाल घर, इस संपत्ति, ट्रस्ट और वसीयतों के क़ानूनी पहलुओं की देखरेख कर रही है।

मुझे इस बात का एहसास कॉलेज के बाद ही हुआ कि क्यों महिलाएँ ट्यूब लिगेशन कराती हैं। मैंने परिवार नियोजन को एक तकनीकी प्रक्रिया के रूप में पढ़ा था, लेकिन किसी संबंध पर इसके असर की दृष्टि से नहीं देखा था। वास्तव में, सेक्स हमारे हर तरफ़ था लेकिन एक वीर्य विशेषज्ञ होने के बाद भी हम कभी यह नहीं जानते थे कि सेक्स का मतलब क्या होता है।

ओपरा के टॉक शो में, 'सेक्स स्पेशल' धारावाहिकों का एक लंबा हफ़्ता है। सेक्स की मौलिक बातों के चौथे सेगमेंट में जाकर ही एक घंटे के एपिसोड के 47वें मिनट पर, 'अंतरंगता' शब्द सुनने को मिलता है। सेक्स से जुड़ा वास्तविक मामला अंतरंगता, आत्मा, मन और शरीर को खोल देने, इंद्रियों का सुख भोगने और दो व्यक्तियों के बीच रासायनिक आकर्षण के आगे हथियार डाल देने का है। लोगों को सच्ची अंतरंगता में शामिल होने से डर लगता है, जिसमें अपने विकास और परिपक्वता के बढ़ने के साथ ही अपनी इच्छाओं और ज़रूरतों के साथ-साथ अपने पार्टनर की आशंकाओं के प्रति वैसा ही समर्पण दिखाने की आवश्यकता होती है। ऐसा करने में समय लगता है।

आज का समाज यह तुरंत मान लेता है कि सेक्स बिकता है। विज्ञापनों में मन मोह लेने के लिए इसका इस्तेमाल होता है, जिसमें उत्पादों के साथ यौन संबंधों से जुड़ी तसवीरों और वासना को दिखाया जाता है। उनसे हमारी इंद्रियाँ उद्वेलित होती हैं, अकेलापन, असुरक्षा दूर करने और चाहे जाने की इच्छा पैदा होती है। वे प्यार किए जाने की इच्छा का लाभ उठाते हैं।

लेकिन लोग उसे किसी करिश्मे के रूप में देखते हैं। सेक्स अपील की सच्ची ताक़त वह है जिसमें किसी के अंदर अंतरंगता में शामिल होने की क्षमता दिखाई देती है। उनकी बाँहें किसी दूसरे व्यक्ति को थामने के लिए

तैयार हैं। वे एक-दूसरे को पा लेना चाहते हैं, जो उनके शरीर की खुली मुद्रा से दिखता है। उनका आत्मविश्वास संकेत देता है कि वे दोनों ही अपने और अपने प्रिय के हृदय को साथ लेकर चल सकते हैं।

आयुर्वेद सेक्स के लिए तड़प को बढ़े हुए *पित्त* की दशा के रूप में देखता है। विशेष रूप से जब वह व्यक्ति उस क्रिया की इच्छा रखता है न कि दूसरा व्यक्ति, जिससे वह जुड़ने वाला है। आयुर्वेद हमें यह स्मरण कराता है कि हम क्रिया को उद्देश्य से अलग कर रहे हैं, बिना यह जाने कार चला रहे हैं कि हमें जाना कहाँ है।

ऐसे मामलों में, हमें *पित्त*-शमन की क्रियाओं की सहायता से असंतुलन को कम करना चाहिए, जिससे हमारी कामुकता की स्वाभाविक दशा का विस्तार हो सके। ऐसे में प्रकृति के बीच समय बिताने, मीठा खाने, ताज़ा और शीतल बनाने वाला भोजन करने तथा ठंडे पानी से स्नान की सलाह दी जाती है। आप अपने ललाट, ब्रह्मरंध्र और नाभि पर चंदन की लकड़ी घिस कर उसका पेस्ट भी लगा सकते हैं। आप पूर्णिमा की रात चाँदनी में रखे जल को या उस जल को भी पी सकते हैं जिसमें किसी काँच के पात्र में धनिया के बीज और मिश्री को मिलाकर रात भर रखा गया हो। शीतलकारी *प्राणायाम* जैसे *शीतली* या *शीतकरी* से भी कुछ लाभ मिल सकता है। *पित्त* संतुलित करने वाली जड़ी-बूटियाँ तभी उपयोग में लाई जाएँ, जब उन्हें किसी व्यक्ति के शरीर और उसकी आवश्यकता के अनुसार तैयार किया गया हो, जिनमें *आमलकी*, जीरा, पुदीना, *शतावरी*, *पलाश*, *ब्राह्मी* और *अलोय* शामिल है। समय के साथ-साथ, इन जड़ी-बूटियों, भोजन तथा नियम से सेक्स की इच्छा संतुलित हो जाती है। इसमें वह समाप्त नहीं होती बल्कि मन और कार्य उसके अधीन नहीं रह जाते हैं।

*हित* यानी सौहार्दपूर्ण और अच्छे जीवन के लिए अंतरंगता को विवेकशील व चयनात्मक रूप से चेतन रहते हुए करना सबसे अच्छा माना जाता है। अक्सर जिस *ब्रह्मचर्य* का उपयोग अंग्रेज़ी के शब्द सेलिबेसी के हिंदी अनुवाद के रूप में किया जाता है, उसका अर्थ यौन संबंध का नहीं होना होता है। शायद इस तरह के अनुवाद को ईसाई, और संस्कृति अनुवादों पर

विशुद्धवादिता का प्रभाव माना जाता है जो 1750 के दशक से ही हावी था। ब्रह्मचर्य वह *चरण,* या *ब्रह्मा,* सर्जक की दिशा में बढ़ता वह क़दम है, जो एकात्मता और मानसिक शुद्धता के प्रति एक दृष्टिकोण का संकेत देता है। जैसा कि गुरुओं की शिक्षा में बताया गया है, *ब्रह्मचर्य* अन्य मनुष्यों के साथ सोद्देश्य और ऐच्छिक संबंध का निर्माण है। विभिन्न स्तरों पर अन्य लोगों के साथ संबंधों में शामिल होने का विकल्प है, चाहे आप मानसिक और भावनात्मक (जैसा कि हम परिजनों और मित्रों के साथ करते हैं) या शारीरिक क़रीबी (जैसा कि घर के सदस्यों और साथ रहने वाले परिवार के सदस्यों के साथ करते हैं) या भावनात्मक, शारीरिक और आध्यात्मिक अंतरंगता के संबंध रखें, जैसा कि अपने यौन-भावनात्मक पार्टनर के साथ रखते हैं।

सच्चे *ब्रह्मचर्य* में ऐसे लोगों को समझने का कार्य चेतन मन से किया जाता है जो हमारे मन के विकास में सहायता न कर उसे नुक़सान पहुँचा सकते हैं। यदि वे हमारे साथ उठते-बैठते नहीं हैं, लेकिन स्वार्थ की भावना से हमसे जुड़ते हैं, तो हमें यह ध्यान देना चाहिए कि हम किस स्तर तक उनसे जुड़ें। साँस के व्यायामों और *प्राण* पर ध्यान दिए बिना, सिर्फ़ भौतिक सुख के लिए यौन संबंध बनाने से शरीर के प्रवाहों में बाधा उत्पन्न हो सकती है। इसलिए इससे बचना चाहिए। यह *दोषों* को बढ़ा देता है। यदि ऊर्जा का लाभ शरीर की नसों और मार्गों में उठाए बिना ही मुक्त कर दिया जाए तो *ओज* कम हो जाता है लेकिन यौन क्रिया के दौरान अधिकांश लोग ऐसा ही करते हैं। इस कारण, ऋषियों ने तब तक इससे बचने की सलाह दी जब तक कि कोई कामोत्तेजना की उस ऊर्जा का उपयोग करना न सीख लें, जो पावन *तंत्र* का एक पहलू होता है। यदि एक बार व्यक्ति यह जान लेता है कि उस ऊर्जा का उपयोग किस प्रकार किया जाए, तो उसे सेक्स के सामान्य दिशानिर्देशों से मुक्त कर दिया जाता है।

अपने शरीर की क्षमताओं के अनुसार, इंद्रियों के सुख को भोगना महत्त्व रखता है। शरीर के सौहार्द को उसकी ऋतु और प्रकृति की ऋतुओं के अनुसार बनाए रखने से वीर्यता बनी रहती है। ऐसे लोगों के साथ जुड़ने के लिए उस भय, अविश्वास और छल-प्रपंचों को मन से निकालना पड़ता है जो अंतरंग हो सकते हैं। इस प्रकार की आशंकाएँ अक्सर अंतरंगता से पूर्व उत्पन्न होती हैं। ऐसा माना जाता है कि चूँकि समाज में प्रत्येक व्यक्ति को इस प्रकार की तैयारी के लिए ज्ञान देने की क्षमता नहीं थी, इस कारण

व्यापक स्तर पर सनक भरी अंतरंगता से बचने की सलाह दिए जाने को आसान मान लिया गया और इस कारण ही *ब्रह्मचर्य* शब्द का ग़लत अनुवाद भी जारी रहा।

अपने साथ सच्ची अंतरंगता से आत्मा, मन और शरीर एक हो जाता है। साथ ही, परिवार, मित्रों व शिक्षकों के साथ भावनात्मक विश्वास और सौहार्दपूर्ण अंतरंगता का संबंध बनता है जिससे हम स्थिति के अनुरूप जीवन जीते हैं। यही नहीं, हम उन असंतुलनों से भी बच जाते हैं जो हमें निहत्था कर बीमारियों का शिकार बनाते हैं। यह सरल है लेकिन अधिकांश वयस्कों के लिए आसान नहीं होता है।

निम्नलिखित से अत्यधिक यौन इच्छा फिर से संतुलित हो जाती है :

- प्रकृति में समय बिताना
- मीठा, ताज़ा पका और शीतलकारी भोजन
- ठंडा स्नान
- ललाट, ब्रह्मरंध्र और नाभि पर चंदन की लकड़ी का पेस्ट
- पूर्णिमा की चाँदनी में रखा जल या वह जल जिसमें रात भर धनिया के बीज को मिश्री के साथ मिलाकर काँच के पात्र में रखा गया हो
- शीतलता देने वाले प्राणायाम, जैसे *शीतली* और *शीतकरी*
- *आमलकी,* जीरा, पुदीना, *शतावरी, पलाश, ब्राह्मी, अलोय* जैसी जड़ी-बूटियाँ

जब सेक्स की क्रिया के साथ अंतरंगता, विश्वास और भावनात्मक जुड़ाव शामिल हो जाता है, तब सेक्स शक्तिशाली और अत्यंत चित्ताकर्षक बन जाता है।

कई वर्षों तक, मैंने महिलाओं पर होने वाली हिंसा के विरुद्ध चलाए जाने वाले आंदोलन के लिए काम किया और शक्ति, हिंसा व सेक्स के उपयोग से चोट को बढ़ाने के बारे में जाना है।

इसकी शुरुआत तब हुई जब कॉलेज में मेरी एक सहेली ने काँपते हुए मुझे बताया कि एक रात कुछ लड़कों ने उसके साथ दुष्कर्म किया, रस्सी से बाँध कर ज़बरन उसके साथ कई तरह के यौन संबंध बनाए जबकि उनका मुखिया, जो वहाँ की बिरादरी का एक वरिष्ठ था, इस वीभत्स घटना को संचालित कर रहा था। वह हमारी यूनिवर्सिटी में नियुक्ति और नए लोगों को चुनने की प्रक्रिया में भी शामिल रहता था। चूँकि कभी सेक्स न करने वाले लोग उनकी बिरादरी का हिस्सा नहीं बन सकते थे, इसलिए उन्हें 'अपना बनाने के लिए' उसने यह कार्य कराया। आप यह जान कर दंग रह जाएँगे कि अमेरिका की यूनिवर्सिटी में पढ़ने वाली 40 प्रतिशत महिलाएँ छेड़छाड़ का शिकार होती हैं।

हैरानी और सदमे के साथ, मैं उसके लगातार गिरते ग्रेड और खोते आत्म-नियंत्रण को देख रही थी। उसने जब अपनी बहन को सबकुछ बताया और जब उसे यह कह कर मुँह बंद रखने के लिए कह दिया गया कि वे परिचित परिवार के लोग थे, तब मैंने उसके अंदर खौलते गुस्से को देखा था। देखते ही देखते, उसने ख़ामोशी अख़्तियार कर ली और इतिहास में अपनी क्षमतावान जगह को छोड़ कहीं गुम हो गई। बाद में उसने किसी दूसरी जगह से मेडिकल की पढ़ाई की और एक सर्जन के रूप में काम करने लगी, जहाँ वह पैसों की ख़ातिर लोगों को काटकर खोलती और फिर उसी तरह बंद कर देती, जैसा कि वह अपनी भावनाओं के साथ कर रही थी। फिर पैसा वैसे भी किसी डॉक्टर की प्रतिष्ठा और सुरक्षा का ज़रिया होता है।

उसकी प्रतिक्रिया से, मैं महिलाओं के ख़िलाफ़ हिंसा को समाप्त करने के लिए एक प्रशिक्षण कार्यक्रम को पूरा करने के लिए विवश महसूस करने लगी, जो अमेरिका में अपनी तरह का पहला ट्रेनिंग प्रोग्राम था। इसका नाम वूमेन ऑर्गनाइज्ड अगेंस्ट रेप था। मैं यह जानना चाहती थी कि उसके साथ क्या हुआ और क्यों दुष्कर्म लूट लिए जाने या कार से टक्कर मारे जाने से अलग था। आख़िर क्यों महिलाओं पर इसका इतना ख़तरा रहता है? ट्रेनिंग में, मैंने जाना कि पुरुषों और बच्चों से भी दुष्कर्म किया जा सकता है और सबसे अधिक संख्या में दुष्कर्म घरों में, पुरुष और पत्नी के बीच होते हैं, और कभी-कभी माता-पिता और बच्चों के बीच। मेरे लिए यह चौंकाने वाली बात थी और मैं सेक्स की प्राइवेसी के बारे में और जानना चाहती थी। साथ ही, यह भी कि क्यों हम उस कार्य के बारे में बात नहीं कर सकते जो

किसी व्यक्ति के मन को उसी प्रकार तबाह कर सकता है, जिस प्रकार उसे आनंद की अनुभूति कराता है।

अधिकांश देशों में, यौन संबंधों की निजता किसी पवित्र क्षेत्र के समान है। दो व्यक्तियों के बीच अंतरंग संबंध के दौरान क्या होता है, इस बारे में कोई बात नहीं करता। इसे जैविक आवश्यकता माना जाता है जिससे पुरुष कमज़ोर स्थिति में आ जाते हैं, और 'जुनून के अपराध' के रूप में इसे देखे जाने के कारण समाज में प्रतिष्ठित पदों से हाथ धोना पड़ता है, जिसमें लोगों को अपने प्रेमी के नाम पर हिंसा करने के लिए मजबूर होने की बात सोचनी पड़ जाती है।

ट्रेनिंग से मैंने जाना कि कैसे उन लोगों की आवाज़ को उठाया जाए जिन्हें डराया और उनकी निजता का हनन किया गया है और वे इतने हताश, निराशा या असुरक्षित महसूस करते हैं कि समाज में उपलब्ध क़ानूनी सहायता को भी नहीं अपनाते। इसके साथ ही, वे उस कलंक और दोहरे मापदंडों से भी लड़ते हैं जिनके मुताबिक़ किसी महिला की योनि इतनी पवित्र मानी जाती है कि किसी राजकुमार से विवाह करने के लिए उसका वर्जिन होना ज़रूरी होता है। फिर भी जब यह अपराध होता है तब किसी व्यक्ति के कार की चोरी के मामले से भी कम सजा दी जाती है। सहमति को लेकर भी कई तरह की समस्याएँ सामने आती हैं क्योंकि सेक्स में प्रभुत्व का भी एक पहलू है। मैंने यह जाना कि दुष्कर्म सेक्स नहीं, बल्कि हिंसा का एक कृत्य है। यह यौन अंगों का उपयोग करता है क्योंकि वे असुरक्षित अंग हैं जिनके माध्यम से हम शक्ति धारण करते हैं। वह शक्ति जिससे एक देश पर बच्चे पैदा कर शासन किया जाता है और जो जन्म देने की शक्ति है। यौन हिंसा को अनदेखा कर, हम अपनी अंदरूनी शक्ति और समाज के रूप में सत्ता को खो देते हैं।

यौन कृत्य के संबंध में गोपनीयता का यह रहस्य अंतरंगता के विकास में उचित शिक्षा की बाधा बन जाता है। किसी के साथ परिपक्व संबंध बनाना एक सीखा गया कौशल होता है, जिसे हम आम तौर अपने घर में और माता-पिता, संबंधियों और पड़ोसियों के बीच संबंध को देख कर प्राप्त करते

हैं। इसे ही हम पैमाने के रूप में अपना लेते हैं, बस बड़े होने पर अपनी धारणाओं को थोड़ा बदल लेते हैं जहाँ एक व्यापक शिक्षा के कारण हमें इस बारे में जानकारी मिल जाती है कि हमें किस तरह का बर्ताव करना चाहिए। लेकिन समाज मिले-जुले संदेशों से भरा है, जो अपनी आत्मा के साथ अंतरंग होने के बारे में कुछ नहीं बताता जिससे कि यह किसी दूसरे के साथ जुड़ सके और उस संबंध को शारीरिक अंतरंगता के साथ जोड़ने का आधार बना सके।

विवाह, प्रेम व यौन संबंधों को लेकर जटिल सांस्कृतिक मान्यताओं के कारण यह भ्रम में डालने वाला घालमेल और बढ़ जाता है, और किसी को भी तब तक यह नहीं बताया जाता कि कैसा बर्ताव रखें जब तक कि सफल परिवार और मित्र उसकी शिक्षा न दे सकें। वहाँ भी एक मुश्किल होती है क्योंकि परिवार और मित्र किसी को यह नहीं बता सकते कि अंतरंगता में कैसा बर्ताव रखें, कैसे रिझाएँ, कहाँ छुएँ, कहाँ किस करें और किस तरह से दबाएँ।

कौटिल्य और वात्स्यायन ने ऐसे समय में इस समस्या का हल निकालने के लिए यूजर मैनुअल की रचना की जब बौद्ध धर्म ने देश पर अपना प्रभाव जमा रखा था और लोग जीवनसाथी से ज़्यादा ईश्वर को प्राप्त करने में जुटे थे। विश्व प्रसिद्ध कामसूत्र ने विस्तार से बताया है कि कामोन्माद के बाद किस प्रकार किसी साथी से संबंध बनाएँ और समाज के नियमों का पालन भी करें। शर्म की स्वाभाविक प्रवृत्ति से इनकार किए बिना, वात्स्यायन ने पाठक को कौशल के साथ उत्तेजित किया और उपदेशात्मक सुर भी बनाए रखा। आज के समाज में जहाँ कुछ व्यवहार ग़ैरक़ानूनी और अवैध हैं, वहीं यह पुस्तक उन दंपतियों के लिए अनेक प्रकार की युक्तियाँ सुझाती है जो यौन क्रिया की पहली दो तसवीरों - लुभाने और उत्तेजना के बारे में और अधिक जानना चाहते हैं। इन पुस्तकों का उद्देश्य संभोग में फिर से शामिल होने और बच्चे पैदा करने, आध्यात्मिकता में अभिरुचि और आपस में समझदारी को बढ़ाने के साथ ही, संबंधों में निवेश और बच्चों के विकास में आने वाली चुनौतियों में सहायता करना तथा उसके परिणामों की जानकारी देना था।

~ 38 ~

# दिन का स्मरण

जब सारे मेहमान चले जाते थे या उन्हें सुला दिया जाता था, और सारे कमरे साफ़ और बंद कर दिए जाते थे, तब मेरी माँ अक्सर देर रात जितनी बार संभव हो हमारे कमरों में आया करती थीं। अंधेरे में, जैसा कि मेरे बिस्तर पर जाने के बाद अक्सर हुआ करता था, या तो वह बिस्तर के किनारे बैठ कर मुझे जगा दिया करती थीं या अंदर आकर मेरा नाम पुकारती थीं। वे जब बिस्तर पर बैठती थीं, तब हम दोनों बातें करते थे और मैं उनकी पीठ खुजाती थी या उनके हाथों या पैरों की मालिश किया करती थी। कभी-कभी, वे कंबल के भीतर घुस जाती थीं और एक घंटे तक बैठ कर मेरे साथ बातें करती रहती थीं। हमारी बातचीत मेरे स्कूल, उनके भाई-बहनों से उनके दुःख और उनकी चालबाज़ी और समस्याओं को लेकर या कभी-कभी मेरे पिता के काम की समस्याओं को लेकर होती थी। वे मेरे निरंतर चुनौतीपूर्ण बने स्कूल के मुद्दों के बारे में पूछती थीं क्योंकि अपने रंग, कम उम्र, ग्रेड्स या अनाकर्षण, सवाल उठाने वाली आदत के चलते मैं लगभग बहिष्कृत कर दी गई थी क्योंकि यह सबकुछ धीरे-धीरे मेरे किशोरावस्था तक ज्वलनशील रूप ले चुके थे।

कुछ ख़ास दिनों में, जैसे छुट्टी के दिनों या जन्मदिन पर, वे पिछले साल को याद करती थीं, मेरे आने वाले भविष्य के लिए आशीर्वाद देती थीं और उसके साथ ही देवताओं का आह्वान करने के लिए संस्कृत के मंत्रों का उच्चारण करती थीं। वे हमारे परिवार के न जाने कितने लोगों, पूर्वजों, मेरे पिता के रंग-बिरंगे काम या अनेक देशों की अपनी अलग-अलग यात्राओं की वर्षगाँठ को याद कर किसी भी दिन को ख़ास बना सकती थीं। वे एक आह भरने के साथ शुरुआत

करती थीं, और फिर अपने पिता या माँ की बातों को याद करती थीं जिनकी मौत तब हुई थी जब वे उन्नीस वर्ष की थीं, और एक कहानी उन दिनों को याद करते हुए शुरू हो जाती थी और मेरे बेडरूम में प्रवेश कर जाती थी, जिसकी सहायता से हम कलकत्ता, काशी या पिछले दशक के जेसोर तक चले जाते थे।

वे उस विशेष दिन का स्मरण करती थीं, और मुझे घटनाओं व ख़बरों के बारे में बताती थीं जिन्हें मैं अपने स्कूल जाने के दिनों में जानती तक नहीं थी। वे आने वाले दिनों के लिए सावधान करती थीं, जब मेरे पिता कहीं जाने वाले होते थे या रिश्तेदारों को हमारे घर 'मेहमान' के तौर पर कुछ महीने के लिए आना होता था। कुछ मेहमानों का आना अच्छा लगता था, और मैं ख़बर सुनकर ही ख़ुश हो जाती थी, हाथ से बने तोहफ़े और उनके आने के लिए खाना तैयार करने की योजना में शामिल रहती थी। मैं और मेरी माँ, मेरी बहनों से जुड़ी समस्याओं को मिल कर सुलझाया करते थे। अक्सर, लक्ष्यों को लेकर मेरी सोच पर हमारी चर्चा हुआ करती थी और मैं उनके साथ यह सपने देखा करती थी कि जीवन में मुझे क्या करना है और कैसे मैं अपनी उड़ान को रोकने वाले समाज से लड़ती हूँ। मेरा कमरा उन्हें पसंद था क्योंकि मैं कभी अस्त-व्यस्त हालातों में नहीं सोती थी। मैं चाहती थी कि मेरी आँख खुले तो एक आदर्श माहौल हो, इसलिए बत्ती बुझाने से पहले मैं सारी चीज़ों को साफ़ और व्यवस्थित कर सोती थी। मेरी माँ कहा करती थी कि मेरा कमरा किसी म्यूज़ियम की तरह था, और हम हँसने लग जाते थे। फिर मेरी मालिश से संतुष्ट होकर वे उठती थीं और मुझे मेरी प्रार्थना व नींद के लिए आशीर्वाद देकर चली जाती थीं।

अगले दिन की गतिविधियों, खाने और दूसरे कामों की योजनाओं को तैयार करने के लिए शाम का समय सबसे अच्छा होता है। बेशक, अगले दिन कुछ अप्रत्याशित चीज़ें घट सकती थीं, लेकिन एक मोटे तौर पर योजनाबद्ध दिन में चीज़ें हो जाती हैं और हम अपने लिए, अपने परिवारों तथा अन्य लोगों के लिए कुछ अच्छा कर पाते हैं।

हमारे जीवन को व्यवस्थित बनाने के लिए कई साधन बनाए गए हैं : डेली प्लानर, बुलेटिन बोर्ड, टू-डू लिस्ट, स्टिकी पैड, ई-कैलेंडर, फ़ोन रिमाइंडर और ई-मेल अलर्ट। लेकिन मुख्य साधन है इच्छाशक्ति। कार्यों

को लेकर जुनूनी और सनकी हुए बिना, अगर अगले नए दिन को थोड़ा व्यवस्थित बनाया जाए तो यह एक अच्छी आदत है।

एक प्रभावी विधि जिसमें व्यवस्था के साथ आभार शामिल रहता है, उसमें थोड़ा समय निकाल कर रोज़ाना डायरी लिखने की आदत शुमार रहती है। उस दिन के पन्ने को देख कर, मैं तीन बातें लिखती हूँ जिन्हें मैंने पूरा किया और तीन बातें जिनके लिए मैं आभारी हूँ। अगले पेज पर, मैं तीन बातों को लिखती हूँ जिन्हें अगले दिन करना है। मैं उन कार्यों को चुनती हूँ जिन्हें बिना परेशानी पूरा किया जा सकता है। अक्सर, मैं किसी बड़े काम के एक चरण को शामिल करती हूँ और उसे अपने लिस्ट के लिए चुनती हूँ। अगले शाम जब मैं यह देखने के लिए बैठती हूँ कि मैंने क्या हासिल किया, तो देखती हूँ कि मैंने उन तीन कार्यों को पूरा किया या नहीं जिन्हें प्रस्तावित किया था। समय के साथ, तीन कार्य मेरे मन के लिए एक गाइड बन जाते हैं जो मेरे शरीर को इसका विश्वास दिलाते हैं कि मैं जिस काम में जुटती हूँ उसे पूरा कर लेती हूँ। बेशक, ऐसे भी दिन होते हैं जब अनहोनी बातें होती हैं और मैं यह शुक्रिया अदा करती हुई घर लौटती हूँ कि उस उथल-पुथल से बच गई। उन दिनों में भी, मेरे आभार की लिस्ट लंबी होती है।

~ 39 ~

# ध्यान और रात के समय का योग

प्रत्येक रात को सोने जाने से पहले, मेरे पिता पूजा कक्ष में जाते हैं। वे बत्ती जलाते हैं, कुछ अजीब से शब्द बोलते हैं और फिर अपने बेडरूम में चले जाते हैं। मेरी माँ भी ऐसा ही करती हैं। इससे कोई फ़र्क़ नहीं पड़ता था कि हम ईसाई माहौल में रह रहे थे, या हम थके-मांदे थे। इससे भी फ़र्क़ नहीं पड़ता था कि अन्य लोग पूजा के कमरे में जाते थे या नहीं, भले ही वे हमें सोने जाने से पहले ऐसा करने को कहते थे। उस कमरे में जाना एक व्यक्तिगत यात्रा जैसी थी और वे ईश्वर के चरणों में सिर झुकाकर आशीर्वाद लिया करते थे।

मेरी माँ कुछ देर तक बैठती थीं, आसन करती थीं और मौन हो जाती थीं। हम जब आने वाले दिनों में उस कमरे को तोड़े जाने पर बात करते थे, तब वे शांत मन से मुझे कहती थीं कि इस कमरे में उन्होंने हममें से हर एक के लिए प्रार्थना की थी कि हम कॉलेज जाकर पढ़ें, जबकि उन्हें अपने पिता की मौत के बाद पहले सेमेस्टर के बाद पढ़ाई छोड़नी पड़ी थी। वे पूरे मन से एक औपचारिक रूप से शिक्षित महिला बनना चाहती थीं, लेकिन चार बच्चों का बोझ, भाई-बहनों और भतीजे-भतीजियों का झुंड तथा मेरे पिता के कारण, अपने सपने को छोड़ दिया और दूसरों की सेवा में जुट गईं। वे क़बूल करती हैं कि वे इस कमरे में प्रार्थना करती हैं कि उनके बच्चे अपनी क्षमता को प्राप्त करें, देवताओं के हाथों में फले-फूलें, और वे उन्हें इस प्रकार स्पर्श करें जिस प्रकार उन्हें नहीं कर सके थे। हम जब आख़िरी के कुछ दिनों में इस पूजा कक्षा

में प्रवेश करते हैं, तब वे मुस्कराती हैं और फिर अपने बेडरूम में चली जाती हैं क्योंकि वे अच्छी तरह जानती हैं कि उनकी हर एक बेटी ने कॉलेज की पढ़ाई पूरी कर ली है और स्वस्थ तथा पैसों के मामले में अपने पैरों पर खड़ी है। एक महिला जिसने बंगाल के बँटवारे और युद्ध के बाद न केवल घरों को टूटते देखा है, वह मेरी माँ है जिसने इस कमरे को अपनी प्रार्थना से शक्तिसंपन्न बना दिया है और अपने परिवार के जीवन के लिए एक जादू पैदा किया है।

अब भी जब मेरे पिता अपनी छड़ी और टूटे शरीर के साथ डगमगाते हुए सीढ़ियाँ चढ़ते हैं, और लगता है मानो ईश्वर ने उनकी सारी इच्छाओं पर पानी फेर दिया है, तब अपने बेडरूम के कोने पर आकर मुड़ते हैं, पूजा कक्ष पर रुकते हैं, दरवाज़े को खोलते हैं और वहीं खड़े रहते हैं। मैं यह कभी नहीं जान पाऊँगी कि क्या वे उन्हीं मंत्रों का जाप करते हैं या वे उसी प्रकार सोच सकते हैं जैसा कि मेरे बचपन के दौरान किया करते थे। मैं नहीं जानती कि क्या यहाँ आकर रुकना महज एक निरर्थक रस्म बन गई है, लेकिन मैं इतना जानती हूँ कि हम कभी भी दीवारों से तसवीरों को उतारेंगे या पूजा कक्ष में बदलाव करेंगे, तो मेरे पिता को पसंद नहीं आएगा। हम जब घर से सामान समेट रहे होंगे तब यह आख़िरी कमरा होगा जिसे ख़ाली किया जाएगा। उनके बनाए घर से इस जगह से सबसे आख़िर में संबंध टूटेगा।

सोने जाने से पहले हर रात, एक मौन अवधि अत्यंत आवश्यक है। टीवी पर रात के डरावने शो देखने या दिन भर क्या हुआ इसकी ख़बर देखने, या फिर पत्रकारिता और विज्ञापन की आधुनिक तिकड़म को देखने की बजाय, किसी को भी यह समय शांत रह कर बिताना चाहिए। कंप्यूटर और रेडियो को बंद कर देना चाहिए। गर्मी के दिनों में चाँदनी में रात के समय तेज़ और मौन चहलक़दमी शांति प्राप्त करने का एक तरीक़ा हो सकता है। ठंडे और गीले मौसम में, हर्बल पुष्टिकर जोशांदा का एक कप और मज़ेदार क़िताब गर्मी को थोड़ा कम कर सकती है, लेकिन शांत श्वसन अभ्यासों, ध्यान और मन को ख़ाली करने के लिए समय होना चाहिए। कोमल, किसी साफ़ फ़र्श या बिस्तर पर हौले-हौले योग की स्ट्रेचिंग करने वाली मुद्राओं के साथ आराम से साँस लेने वाले व्यायाम किए जाने चाहिए। चंद्र नमस्कार एक संपूर्ण क्रम के मुक़ाबले किया जा सकता है, लेकिन प्रत्येक व्यक्ति के अनुसार

किया जाने वाला अभ्यास सबसे अच्छा रहता है। एक शांत दीपक और मंद प्रकाश ध्यान लगाने तथा आंतरिक मन को जगाने के लिए अच्छा रहता है क्योंकि इंद्रियाँ कम उत्तेजित होती हैं। यह अपने लिए भी निकाला गया समय होता है भले ही आप अपने बेडरूम में कुछ दूसरे लोगों के साथ ही क्यों न हों। इन दिनों, इस तरह की शांति कई लोगों को परेशान कर देती है। वे अनजाने में ही टेलीविज़न, रेडियो या कंप्यूटर पर तब तक लगे रहते हैं जब तक कि सो न जाएँ। लेकिन इससे *वात* शांत नहीं होता। मौन की दिशा में जाने की शुरुआत, सारे इलेक्ट्रॉनिक उपकरणों को बंद करने से करें। कोई क़िताब पढ़ें या अपनी पत्रिका के लिए लिखें। यह जब आरामदेह हो जाए, तब एक दीपक जलाएँ और सारी क़िताबों और पढ़ने की चीज़ों को दूर कर दें। इंद्रियों के बंद होने का ध्यान करें। समय के साथ एक शांत अवस्था में जाएँ, जहाँ ध्यान और शांति इतनी प्रिय हो जाती है कि बिस्तर पर जाने से पहले उन्हें करने का मन करता है।

- दिन की थकान को दूर करने के लिए एक दिनचर्या बनाएँ।
- साँस के व्यायामों को करें, योग की मुद्राओं से स्ट्रेचिंग करें, रात को टहलें, पढ़ें, अपनी पत्रिका के लिए लिखें या सोने जाने से पहले ध्यान लगाएँ।
- विचलित करने वाली फ़िल्मों, ख़बरों या उन्हें पढ़ने से बचें।
- इस बात पर अपने बिस्तर के साथी से सहमति बनाएँ कि सारे वाद-विवाद पर दिन में चर्चा होगी, रात में नहीं।

~ 40 ~

# समय पर सोना

हम जब बिलकुल छोटे थे, तब मेरी माँ हमें शाम के 7 बजे सुलाने की तैयारी काफ़ी पहले से करने लग जाती थी। कई वर्षों बाद, पहले दो बच्चों के बाद फिर अमेरिका आना हुआ और बैठक में टेलीविज़न लगा, तब वे थोड़ी नरम पड़ गईं। मेरी सबसे छोटी बहन, अक्सर रात 10 बजे तक जागती रहती थी। मेरे पिता के सीने पर सवार होकर तब तक टेलीविज़न देखती थी, जब तक कि वे उसे गोद में उठा कर सुलाने नहीं ले जाते थे। मुझे और मेरी बड़ी बहन को उस समय तक आदत पड़ चुकी थी और हम अपना होमवर्क ख़त्म कर, नींद के झोंके आते ही ख़ुशी-ख़ुशी सोने चले जाते थे।

कॉलेज के दौरान, किसी भी तरह रात 9 या 10 बजे से पहले सोना संभव नहीं था। आधी रात को ही लाइब्रेरी बंद होती थी। डॉरमिटरी में, पिज्जा एकदम सुबह-सुबह आता था, और रात के 1 बजे पार्टी शुरू हुआ करती थी। पूरे कैंपस में यहाँ-वहाँ रहने वाले दोस्तों से मिलने, आख़िरी समय पर होमवर्क पूरा करने के लिए साथ जुटने और बातचीत करने के लिए हमें रात को भी जागते रहना पड़ता था। कभी-कभी लाइब्रेरी में झपकी या शाम को ही झपकी लेना ज़रूरी हो जाता था, नहीं तो एक कप कॉफ़ी का जोश और क़ॉलेज के हॉल में ऊर्जा भर देने वाला माहौल हमें रोमांचित और जगाए रखता था। शाम के समय माता-पिता और परिवार के लोग मिलने आते थे। एक साल ऐसा हुआ कि मेरी रूममेट एक मंडली में शामिल हुई और उसे हर सुबह 5 बजे अपने वर्कआउट और शुल्किल नदी में होने वाले नौकायन के लिए जाना पड़ता था। उसके कारण, हम कुछ महीने तक रात 11 बजे सोने लगे।

ग्रेजुएट कॉलेज, मेडिकल कॉलेज तथा रेज़िडेंसी में तो रूटीन और भी बदतर थी। हमें नियमित रूप से ऐसा काम दिया जाता था कि वह आधी रात तक खिंच जाता था, जिनमें या तो प्रयोगशाला में जानवरों को ड्रग के डोज़ देने का काम होता था या 4-6 घंटे पर पेट्री डिश बनाने या माइक्रोस्कोप पर काम करने का सुनहरा मौक़ा मिलता था, जो दिन में संभव नहीं था। अस्पताल में कॉल पर जाने के दिनों में, दिन के समय के साथ कोई तालमेल नहीं था। हम एक इमरजेंसी से दूसरी इमरजेंसी तक, एक परीक्षा से दूसरी परीक्षा तक भागते रहते थे। कोई और महत्त्वपूर्ण समय नहीं हुआ करता था।

पुराने घर में जब सोने की तैयारी चल रही होती थी, तब मेरे पिता बत्तियों को बुझाने के लिए बुलाते थे। उन्होंने इस घर में पहली रात की कहानी को शांत मन से याद किया, जब हम यहाँ आए थे और कैसे हम सब सोने को लेकर खुश थे और हम कमरों की भूलभुलैया में दौड़ रहे थे। सितंबर की उस रात कोई फ़र्नीचर नहीं था। आज से बीस साल पहले हम एक कोमल कारपेट पर एक-दूसरे के साथ डाइनिंग रूम में साथ-साथ सोए थे। वे लड़खड़ाती जुबान में कुछ कह रहे थे कि तभी मेरी माँ अंदर आईं। उन्होंने उनके वाक्य को पूरा किया और बिस्तर पर चली गईं जबकि मैं उनके बिस्तर के किनारे बैठी थी। मैं हँसने लगी, और फिर उछल-उछल कर उनसे कहने लगी, *'घूमचो, घूमचो?* आप सो रहे हैं?'

दिन का समापन शाम के संस्कारों के साथ होना चाहिए जिनमें चिंतन, आभार जताने, जानकारी प्राप्त करने और अगले दिन की तैयारी शामिल हो, ताकि हम यदि सफ़र करने वाले हैं तो अपने काम को व्यवस्थित करें, जिससे कि हम रात के समय को लेकर सजग रहें, जब हमारे देखने की क्षमता कम हो जाती है। आयुर्वेद की सलाह है कि सेक्स में तब शराब और जुड़ाव के उपयोग में संयम बरतना चाहिए जब हम थके-मांदे हों या अच्छे-बुरे का निर्णय न ले सकें। यह शाम के समय ध्यान लगाने, चेतन मन से स्मरण करने और दिन की समीक्षा के साथ ही गहन निद्रा के *रसायन*, या *निद्रा योग* की सलाह देता है।

कई लोगों के लिए आधुनिक, शहरी जीवन की वास्तविकता में सुबह जल्दी सोकर उठने की समस्या शामिल रहती है, जबकि दूसरे ऐसा आसानी से कर लेते हैं। क्यों?

आयुर्वेद हमें बतातजला है कि अगर हमारे शरीर अवशेष और विष *(आम)* से लदे रहे, तो इनकी सुबह सूर्योदय के समय उठने की प्राकृतिक योग्यता को नुक़सान पहुँचेगा। जिस तरह से बादलों भरी सुबह के समय सूर्य नहीं देखा जा सकता, उसी तरह से हम अगर विष से लदे रहे तो हम अपनी अग्नि नहीं पा सकेंगे। सुबह 7 बजे के बाद उठना इस बात का संकेत है कि आपके शरीर में विष की अधिकता है। इस संकेत को समझकर अपनी सफ़ाई कर लीजिए।

चार साल से अधिक उम्र के स्वस्थ बच्चे बड़ी सुबह उठकर चिढ़ पैदा करने लगते हैं और ऊर्जावान होकर खोज तथा सीख से भरा दिन शुरू कर देते हैं। अगर वे चमकीली आँखों के साथ न जागें तो ये अभिभावकों के लिए संकेत है कि वे इस पर ध्यान दें। बच्चे को अपनी स्वाभाविक लय से ज़्यादा दूर नहीं होना चाहिए जिसके तहत उसे ज़्यादा सोने की ज़रूरत होती है। आजकल के चलन के अनुसार बच्चों को शैशवावस्था से ही दवाइयाँ दी जाने लगती हैं, जिससे बच्चे देर तक सोने लगते हैं और मदहोश-सा महसूस करते हैं।

आयुर्वेद की सलाह है कि लंबे समय तक इन विषों को शरीर में पालने से बुढ़ापा जल्दी आता है। शरीर हल्का व मुक्त नहीं है, और जब रास्ते समयपूर्वक बंद हो जाते हैं तो यह उन विषों को किनारे करने की कोशिश करता है जिनका वह उत्सर्जन नहीं कर पाता। यह धमनियों की दीवारों में, अंगों के छिद्रों में इन विषों को सहेज कर रख लेता है, लेकिन आख़िरकार, कुंठित होकर यह विषों को कोशिकाओं में धकेलना शुरू कर देता है। यह बूढ़ा होने की कोशिकीय प्रक्रिया है। जब शरीर यह भूल जाता है कि उसने इन विषैले तत्वों को कहाँ सहेज कर रखा था, तो उन्हें साफ़ करना और शोधन करना ज़्यादा कठिन हो जाता है। यही बात आपके मकान और सामान पर भी लागू होती है। अगर आप बहुत ज़्यादा सामान इकट्ठा कर लेते हैं कि आपको याद ही नहीं रह पाता कि आपके पास क्या-क्या है, तो फ़ालतू का सामान इकट्ठा होता रहता है और बोझ बन जाता है। त्यागना जाने देने और बहने देने की योग्यता का नाम है; आपके पास कितना है, यह इस बात से मापा जाता है कि आप इस ब्रह्मांड में कितना छोड़ सकते हैं। जब तक ऊर्जा ताज़ा है, इसका इस्तेमाल कीजिए। इसे वसा और तंतुमयता के रूप में फ़ालतू में जमा मत होने दीजिए।

जल्दी उठने की तैयारी के लिए कई सारी दिनचर्याओं को लागू करना होता है। शुरुआत बड़ी सुबह उठने से कीजिए और सुनिश्चित कीजिए कि रूटीन पूरा करने के सारे घटक बाथरूम या शौचालय में व्यवस्थित हों। इसके बाद, जो काम या प्रोजेक्ट आप पूरा करना चाहते हैं या जिन्हें पूरा करने की ज़रूरत है, उनकी रूपरेखा बनाइए। कुछ चरणों की योजना बनाइए ताकि जब आप उठें तो उन्हें पूरा कर सकें। सर्दियों के मौसम में एक गर्म कंबल रखिए या वसंत ऋतु में सुबह पसंदीदा चाय का कप लीजिए। गर्मियों के मौसम में अपने दिन की शुरुआत के लिए शीतल व स्वच्छकारी स्नान का इंतज़ाम कीजिए और हल्के-ताज़ा कपड़े पहनिए। अगर आपको सुबह जल्दी भूख लगती है तो सुबह के लिए कुछ भोजन की भी तैयारी कीजिए। चाहे सुबह बाज़ार तक जाने की बात हो या रसोई अथवा मेस हॉल में जाने की बात हो, मानसिक रूप से योजना बनाने से आपको सुबह-सुबह की अग्नि को प्रसन्नतापूर्वक शांत करने में मदद मिलेगी। अगर आपको आलस आता है, तो खुद को जगाने के लिए संगीत सुनिए या मोमबत्ती अथवा अगरबत्ती जलाइए। कुछ ऐसा तैयार रखिए जो आपको सुबह जागने के लिए ललचा दे।

- सुबह 7 बजे के बाद जागने का मतलब है कि शरीर के अंदर विषैले पदार्थों की अधिकता है। रात को जल्दी सोने की कोशिश कीजिए।
- सुबह के कार्यों की योजना रात को ही बना लीजिए।
- अल-सुबह की रूटीन शुरू करने के लिए ज़रूरी सारे घटकों को रात को ही सोने से पहले सही जगह पर रख लीजिए।
- गर्मियों में ठंडे पानी से स्नान कीजिए और ताज़ा कपड़े पहनिए।
- सर्दियों में सोने से पहले एक कप गर्म दूध पीजिए, वसंत या शरद ऋतु में कैमोमिल की चाय पीजिए और गर्मियों में एक गिलास ठंडा दूध पीजिए।
- अगर सुबह थकान लगती है तो खुद को जगाने के लिए संगीत सुनिए, या मोमबत्ती अथवा अगरबत्ती जला लीजिए।

आधुनिक चिकित्सा में भी अब सोने के बारे में धारणाएँ काफ़ी बदल रही हैं क्योंकि नए विज्ञान में लगातार नई खोजें हो रही हैं और पुरानी खोजों से अलग जानकारी सामने आ रही है। कई अध्ययनों में पता चला कि सबसे ज़्यादा दीर्घायु वाले लोग हर रात 6-7 घंटे सोते हैं। इन अध्ययनों में से एक में दस लाख वयस्क शामिल थे और दूसरे सर्वेक्षण में केवल महिलाएँ शामिल की गई थीं। अध्ययनों से यह बात लगातार सामने आ रही है कि हर दिन 8 घंटे से ज़्यादा सोने से मौत का ख़तरा बढ़ने का संबंध है। इसका कारण शायद लोगों के ज़्यादा सोने के कारणों से है जो कि अवसाद, कुंठित सामाजिक-आर्थिक स्थिति या पुरानी बीमारी हो सकते हैं।

दूसरी ओर, अध्ययनों से सोने के कम घंटों और मृत्युदर घटने के बीच के सह-संबंध का भी पता चलता है। जो लोग कम सोने के बाद स्वाभाविक रूप से उठ जाते हैं उन्हें अलार्म का इस्तेमाल करने वाले या समयपूर्वक नींद से वंचित रहने वाले लोगों की तुलना में रोग कम होते हैं। आयुर्वेद हमसे कहता है कि ठीक से आराम करो और ज़्यादा सोने की दमित अवस्था से स्वयं को उठाओ और जीने के कारण तलाश करो।

आयुर्वेद हर किसी को 8 घंटे की नींद की सलाह नहीं देता, न कभी दी है। इसके अनुसार हर व्यक्ति को अपनी संरचना, कार्यात्मक पाचन अग्नि, शरीर के तंत्र में मौजूद विष की मात्रा, जीवन की अवस्था, जलवायु और मौसम के अनुसार नींद की अलग-अलग मात्रा की ज़रूरत होती है। ज़्यादा विषैले पदार्थों वाले लोगों को ज़्यादा सोने की ज़रूरत पड़ती है, जैसे कम पाचन अग्नि वाले लोगों तथा जीवन के *कफ़* स्तर में चल रहे बच्चों को पड़ती है।

शुरुआत खुद से प्राकृतिक परिवेश की प्राकृतिक लय के साथ तारतम्य बैठाने के लिए मानसिक रूप से कहने से कीजिए। अपनी दैनिक लय को नोट कीजिए, भूख, मलोत्सर्ग और नींद की निगरानी कीजिए। हर रात कुछ जल्दी सोने का लक्ष्य निर्धारित कीजिए, लेकिन इसका समायोजन धीरे-धीरे कीजिए ताकि आपकी जीवनशैली और परिवार को परेशानी न हो। ध्यान दीजिए कि कितनी सुबह आप अधिक ऊर्जावान रहे और कितनी बार कम ऊर्जावान रहे। अपने दिनों की महत्त्वपूर्ण घटनाओं पर भी ध्यान दीजिए जो

आपके शारीरिक, मानसिक और भावनात्मक ऊर्जा-स्तरों को प्रभावित करती हों। नोट कीजिए हर सुबह आप कितने बजे उठे और कितने बजे सोए। आ पाएँगे कि आप 4-9 घंटों या इसके बीच में सबसे अच्छे रहे। नींद तब पर्याप्त मानी जाती है जब आपको दिन में नींद या आलस्य महसूस न हो, और आप पूरे दिन उतने ही ताज़ा रहें जितने कि आप सुबह उठते समय थे। एक बार आपको अपनी लय मिल जाए तो फिर पूरे माह उस पर डटे रहिए और देखिए कि आप कैसा महसूस करते हैं।

- अपने जागने और सोने के समय का हिसाब रखिए।
- हर किसी को अलग-अलग मात्रा में नींद की ज़रूरत होती है जो कि 4 से 9 घंटे के बीच हो सकती है।

सुबह जल्दी जागने की शक्ति हासिल करने के लिए, सुबह की *वात* अवधि में अपने इलाक़े में सूर्योदय का समय निर्धारित कीजिए। *वात* अवधि और ब्रह्म मुहूर्त के लिए आयुर्वेदिक दिशा-निर्देश का अधिकतम लाभ उठाने की अंतिम चुनौती ये पता करना है कि सुबह जल्दी उठने से आपको मिले अतिरिक्त समय का सदुपयोग आप किन कामों में करेंगे। अनेक लोगों के लिए कई अतिरिक्त कार्य इंतज़ार कर रहे होते हैं। हालाँकि, अपने दिन में अधिक कार्य जोड़ लेने का अभी समय नहीं है। यह समय आत्मा में, स्वयं में और सुरक्षा में निवेश करने का है। हालाँकि भावनात्मक रूप से असंबद्ध या मानसिक रूप से परिपक्व लोगों के लिए यह कठिन होता है, लेकिन यह महत्त्वपूर्ण समय है जो हमें जीवन के वे पाठ सिखाता है जो कोई और नहीं सिखा सकता। इस अतिरिक्त समय में की जाने वाली गतिविधियों के सर्वश्रेष्ठ विकल्प ध्यान, आध्यामिक अध्ययन, योग या प्रकृति से जुड़े काम हो सकते हैं।

शुरुआत आप सुबह जल्दी उठने से कीजिए, और आरंभ में आपके नियमित समय से 15 मिनट पहले जागने से कीजिए और जागने के बाद एक कप गर्म पानी पीजिए। इस तरह जल्दी उठने का सिलसिला तब तक जारी रखिए

जब तक आप सुबह 7 बजे तक न उठने लगें और फिर सुबह का नज़ारा देखने में समय लगाइए और इसकी सराहना कीजिए। पंद्रह मिनट पहले उठना तब तक जारी रखिए जब तक आपके उठने के समय ब्रह्म मुहूर्त में न पहुँच जाए। अब परखिए कि आपका मस्तिष्क और शरीर कैसा महसूस करता है। अगर आपकी दिनचर्या ऐसा कर पाने में बिलकुल ही असमर्थ है और आप हर दिन देरी से उठते हैं, तो कुछ व्यावहारिक लक्ष्य तय कीजिए और सुबह 5 बजे का अलार्म लगाइए, अलार्म बजने पर 20-30 मिनट जागे रहिए, और फिर वापस बिस्तर पर जाकर सो जाइए और अपना पूरा आराम कीजिए या जीवन के दायित्वों के अनुसार जागिए। अधिकतर क्षेत्रों में जागने का आदर्श समय 5:30 से 7 बजे का होता है, जो कि समय और अक्षांश पर निर्भर होता है। देखिए, सुबह जागने और सूर्य का अभिवादन करने पर कैसा महूसस होता है, और कैसे ये आपको प्रकृति की अद्‌भुत शक्तियों से जोड़ता है।

## ~ 41 ~

# रसायन : जीवन शक्ति और अग्नि में वृद्धि

मैं अक्सर इस बारे में सोचती हूँ कि जिस दिन मेरे पिता आघात के शिकार हुए उस दिन से उनकी *अग्नि* किस कारण बुझ गई। जब मुझे आघात की जानकारी मिली, तब मैं मेडिकल की पढ़ाई कर रही थी और मैं 750 मील दूर से भागी-भागी पहुँची थी। उस समय आख़िरी बार उन्होंने अपना बायाँ अंग हिलाया था। मैंने उसके बारे में सबकुछ पता किया और चिकित्सा के विकल्पों की चर्चा की। मैंने उनके सीटी स्कैन को खंगाला जिसमें उनके प्री-फ्रंटल कॉर्टेक्स में कई बड़े छेद दिखे, और मैंने उनके ब्लड टेस्ट की भी समीक्षा की। मैंने जब देखा कि उस वर्ष के जुलाई माह के दूसरे सप्ताह में उस शैक्षणिक अस्पताल में उनका इलाज किस तरह किया जा रहा था, तो आधुनिक चिकित्सा प्रणाली पर मेरा विश्वास हिल गया। आईसीयू का स्टाफ़ उन्हें इंसान की तरह देख ही नहीं रहा था, और उनके लैब टेस्ट को लेकर उनका अड़ियल रवैया डराने वाला था। उनका यह मान लेना कि उनकी भविष्यवाणियों के मुताबिक़ ही उन्हें चलना होगा, दिल तोड़ने वाला था। चूँकि वह अंग्रेज़ी बोलने की क्षमता गँवा चुके थे, इसलिए वे यह मान बैठे थे कि उनकी सारी विदेशी भाषाएँ महज 'बड़बड़ाहट' थीं और उनसे पुनर्वास का मौक़ा भी छीन लिया गया था।

उस हफ़्ते के बाद से ही, मैंने कई रातें न्यूरोसाइंस की क़िताबों को खंगालते हुए बिताई और यह समझने का प्रयास किया कि उनके दिमाग़ में ऐसा क्या हुआ कि वे आघात के शिकार हुए, जिसे डॉक्टरों ने एमसीए (मिडिल

सेरेब्रल आर्टरी) इस्केमिक एपिसोड लिख कर इतिश्री कर ली। मैंने उन अनुमानों के आगे जाकर रास्तों की तलाश की क्योंकि उनकी बातें सच कहूँ तो ग़लत थीं और आधुनिक चिकित्सा के दायरे में सीमित थीं। मेरे पिता अपनी इतनी गतिविधियों से हाथ धो बैठे थे, फिर भी वे छोटे-छोटे वाक्य बोल पाने, चलने, ख़बर को समझने, खाने, खुद कपड़े पहनने और संगीत का मज़ा लेने की शक्ति को फिर से हासिल कर सके थे। वे अपनी *दिनचर्या,* सुबह के रूटीन का पालन इस प्रकार सख़्ती से कर लिया करते थे, मानो वे पहले जैसे थे और स्वस्थ होना उनका अधिकार था।

पता नहीं वे जब खुद को आईने में देखते थे, तो क्या सोचते थे। उनकी याद्दाश्त शानदार थी और मेरे साथ बातचीत में वे टेलीविज़न शो, किसी क़िताब या दराज़ या अलमारी से निकाली किसी पुरानी चीज़ को पहचान लेते थे। क्या उनके अंदर जीने की प्रेरणा और संकल्प है, या आघात में शरीर की क्रियाओं से नियंत्रण खो देने को लेकर वे निराश और सदमे में थे? उनका तेज़ दिमाग़ धीरे-धीरे समय-समय पर गिर पड़ने के कारण, और ख़ून की वैसी जाँच से सुस्त पड़ने लगा था जो नए डॉक्टरों की ओर से दी गई नई आक्रामक दवाओं की विफलता से पहले कराए जाते थे। उनके ऊपर दिव्यांगों के संसार में उलझ जाने का अकेलापन भी हावी होने लगा था।

मुझे यह याद है कि जिस दिन आघात ने उन्हें अपने शिकंजे में लिया था, उससे ठीक पहले एफ़डीए ने हमारे घर और उनकी बेसमेंट की प्रयोगशाला पर छापेमारी की थी। उन्हें शक था कि पिता नापाक गतिविधियों में शामिल थे, विज्ञान की खोज, लेख लिखने और विश्वविद्यालय की स्वीकृति के बिना, एनआईएच ग्रांट या उन व्यक्तियों के साधुवाद के बिना प्रमाण जुटा रहे थे, जो खुद को विज्ञान के हाथों बेच देते हैं। उन्होंने गाय पर खोज करने का फ़ैसला किया था जिसने एक नए क्षेत्र में जाने का अवसर दिया। जिसकी कोई सीमा नहीं थी और वहाँ वे ऐसी नई खोज कर रहे थे जिन्हें दवा कंपनियों के अधिकारियों ने दबाने की धमकी दी थी और अनुदान देने वालों ने हतोत्साहित किया था।

उनका जीवन मेरे लिए सबक़ है। उनके कारण ही, मैं इस घर को समेट रही हूँ और हम सभी यहाँ से जा रहे हैं। चूँकि उन्होंने अपनी *अग्नि* और अपने *दोषों* का ख़याल नहीं रखा, चीज़ें क़ाबू से बाहर चली गईं, और अपनी धुन और महत्त्वाकांक्षा के हाथों उन्होंने अपने आपको खो दिया। हम जब अपने मन और शरीर का ख़याल नहीं रखते तो इसके दोषी हम सब हैं। हम सभी

पर इस शरीर रूपी नाव को स्थिर रखने, उस ज्वाला को जलाए रखने और जीवन की गाड़ी को जीवन पथ पर चलाते रखने की ज़िम्मेदारी है। बार-बार आँसुओं की बहती धारा और गुस्से के फूट पड़ने के बीच, मैं पैकिंग करती जा रही हूँ, बॉक्स को भर रही हूँ, और तब कमल की पंखुड़ी खुलती है जो मेरे हृदय को इस व्यक्ति के लिए करुणा से भर देती है जो कोई और नहीं मेरे पिता हैं। जिस प्रकार मेरे कई मरीज़ अपने शरीर की देखभाल नहीं करते, उसी तरह उनकी भी विफलता मेरे लिए एक सबक़ है जो मुझे सिखाती है कि क्या सही है, क्या स्वस्थ बनाता है, कौन-सी दवा सही है जिसे मैं छात्रों और मरीज़ों को बता सकती हूँ।

*बिभेति–दुर्बलोभिक्षाणम्–ध्यायति–व्यथितेन्द्रियाः।*
*दुश्चयो–दुर्मणा–रुक्षः–क्षामश्चैवायुजसाः–क्षये।। 73।।*
*हृदी–तिष्टति–योक्षुधाम्–रक्तमिसत्सापितकाम्।*
*ओजाः–शरीरे–संख्याताम्–तन्नासन्ना–विनश्यति।। 74।।*

*ओज* (लचीलापन और जीवन शक्ति) की कमी की शुरुआत भय, निरंतर दुर्बलता और भोजन तथा प्रसन्नता से मिलने वाली दृढ़ता के बिना तथा चिंता, इंद्रियों के माध्यम से मिले दर्द, रूप छिन जाने, हताशा एवं हर्ष के अभाव, रूखेपन और सूखे शरीर के साथ जीने से होती है। वह जो हृदय में रहता है, सफ़ेद, पीला और लाल रंग का, उसे शरीर का *ओज* कहा जाता है। यदि यह नष्ट हो जाता है, तो वह व्यक्ति भी समाप्त हो जाएगा।

चरक संहिता
सूत्र स्थान; अध्याय - 17, श्लोक 73-74

आयुर्वेद हमें बताता है कि हमारी दिनचर्या का उद्देश्य हमें स्वस्थ रखना, हमारे शरीर की अग्नि को बढ़ाना तथा हम जिस कार्य के लिए जीवन में आए हैं उन्हें करने के लिए हमें ऊर्जा, शक्ति और स्थिर मन देना है। शरीर के परिवर्तनकारी गुण जब संतुलित रहते हैं, परिवर्तनशील रहते हैं और परिवर्तन

लाने वाले तत्व तथा ऊर्जा का संचार होता रहता है, तब एक आंतरिक कांति, अग्नि की सूक्ष्म ऊर्जा, आदि शक्ति, जीवन शक्ति की चमक और सभी उच्च अवधारणात्मक क्षमताओं का प्रकटीकरण होता है, जिसे *ओज* कहते हैं। वह व्यक्ति साहस, सूझ-बूझ तथा अंतर्ज्ञान का परिचय देता है। मन तथा चेतना में, मन को प्रोत्साहित करने वाली एक शक्ति होती है जो उसे समझने और तय करने, अनुभवों, विचारों, भावनाओं, संचित अंतर्ज्ञान तथा हमारी अपनी आध्यात्मिक इच्छाओं को अवशोषित करने की क्षमता देती है; जिससे हमारी आत्मा प्रकाशमान हो जाती है।

अग्नि की इस क्रिया के लिए हमें चक्रों में जीना होता है क्योंकि पृथ्वी पर जीवन भी चक्रों में चलता है। प्रकृति में ऐसे चक्र हैं जो आपका मार्गदर्शन करते हैं। यह जानने के लिए कैसे बदलना है, क्या बदलना है और कब छोड़ना है, धुरी का एक बिंदु होना चाहिए। यह धुरी आपकी आंतरिक पाचन अग्नि है।

यह अग्नि जब धीमी होती है, तब दिनचर्या की सारी गतिविधियाँ इस अग्नि को बढ़ाने, जगाने और तेज़ करने पर केंद्रित होनी चाहिए। आराम, हल्का भोजन, उपवास, व्यायाम, सेक्स, ठंडे पानी से स्नान और कुछ जड़ी-बूटियों से यह अग्नि जाग उठेगी। यह अग्नि जब तेज़ होती है, तब पूरी दिनचर्या इस अग्नि को पेट पर केंद्रित रखने पर टिकी होनी चाहिए ताकि यह न फैले न ही बुझे क्योंकि इसमें अग्नि की तरह ही आगे बढ़ने की प्रवृत्ति होती है। ध्यान लगा कर कार्य करना, अपेक्षित समय तक अच्छी नींद, स्वच्छ शुद्ध भोजन, समय पर खाना, पर्याप्त गतिशीलता और व्यायाम, ठंडा स्नान और कुछ जड़ी-बूटियाँ इस अग्नि को प्रबल, गर्म और परिवर्तनकारी बनाए रखेंगी।

लोग जब अपने जीवन को परिवर्तित करना चाहते हैं, तब उन्हें समझ नहीं आता कि कुछ रूटीन बनाने से ऐसा कैसे हो सकता है, जब उनकी दुनिया में दूसरे लोगों की इच्छाएँ ही प्राथमिकता लिए रहती हैं। *दिनचर्या* का मूल मंत्र है शरीर, मन, इंद्रियों और आत्मा को दिन के आरंभ और अंत में निर्धारित करना, इंद्रियों को स्वच्छ करना तथा उस अग्नि को प्रज्ज्वलित करना, जिससे

इसमें जो कुछ भी डाला जाए वह शरीर की संतुष्टि के अनुसार पक जाए और वह मन तथा आत्मा को बेहतर कर दे।

स्वस्थ करने वाले आयुर्वेद की ओर इसके सिद्धांतों के कारण आकर्षित होते हैं जो वास्तविक संसार में परखे जाने पर सच साबित होते हैं। रूटीन, इलाज और जड़ी-बूटियों का उपयोग जब आयुर्वेद के *दोष, धातु, स्रोत,* आम और अग्नि के अनुसार किया जाए तो वे सच में कारगर साबित होते हैं। मुख्य बात है सच्चे आयुर्वेद को अच्छी तरह सीखना ताकि आप अपने, अपने दोस्तों और परिवार पर सूझ-बूझ से उसे लागू कर सकें। फिर, खोज के कुछ स्तर के बाद, आपको संस्कृत में मूल रचनाओं का अध्ययन करना होगा ताकि आप अपने जीवन के लिए आयुर्वेद की गहराई और अर्थ को आत्मसात करें और अपने अंदर बसा लें। कुछ लोगों के लिए यह बेहद कठिन कार्य है, लेकिन संस्कृत आपकी अग्नि को तेज़ करेगी और आपकी अग्नि को नया जीवन देगी क्योंकि ध्वनियाँ और अवधारणाएँ आपके मन को आपकी इंद्रियों और आपकी आत्मा से जोड़ती हैं।

मैंने देखा है कि आयुर्वेद की शिक्षा ग्रहण करने से मेरा *ओज* बढ़ा है और मेरी *अग्नि* को नई जीवन शक्ति मिली है। यही नहीं, आयुर्वेद की शिक्षा ग्रहण करने वाले मेरे छात्रों और मरीज़ों को सबसे बड़ा उपहार मिला है और वह है स्वास्थ्य।

~ 42 ~

# नींद

मेरी माँ कह रही हैं कि वे सोने जा रही हैं। एक ऐसे इंसान की चौबीसों घंटे देखभाल करने के बाद वे थक कर चूर हैं जिसने उन्हें अपनी पलकों पर बैठाया और उड़ान भरता हुआ यूरोप तथा अमेरिका तक ले आया। वे अब अपनी इस चील के चंगुल में फँस चुकी हैं, बावजूद इसके कि उनके प्रति माँ का समर्पण अब भी वैसा ही है लेकिन लक़वा मार जाने के कारण बार-बार उनके गिरने के सदमों से वे ऊब चुकी हैं। बरसों से वे हर हाल में तड़के 4 बजे जागती रही हैं। अब, समय आ गया है जब उन्हें आराम करने दिया जाना चाहिए। मेरे पिता की गंभीर हालत जब तक बनी रहेगी, तब तक यह मेरी माँ के स्वास्थ्य पर भारी पड़ता रहेगा और इस कारण उन्हें अतिरिक्त आराम की ज़रूरत है।

दिन समाप्ति की ओर है, और मैं पूरे घर की जाँच का काम कर रही हूँ। यह देख रही हूँ कि सारे दरवाज़े-खिड़कियाँ बंद हैं या नहीं। मैं घर में यहाँ से वहाँ जाती हुई पुरानी यादों को ताज़ा कर रही हूँ, मैंने जो कुछ सीखा, देखा और इस घर को लेकर जो कुछ मुझे अच्छा लगता है। इस घर में मेरे रूटीन की परीक्षा हुई और उसे मेरे माता-पिता, सारे आगंतुकों, सगे-संबंधियों तथा दोस्तों द्वारा सँवारा गया, जो इस दौरान यहाँ आए।

मेरे सोने का वक्त हो चला है। मैं जानती हूँ कि मुझे आज थोड़ा ज़्यादा सोने की ज़रूरत पड़ेगी क्योंकि घर को समेटने के दौरान मेरा दिन उदासी और गहरे चिंतन में डूबा रहा। मैं अपने रात के रूटीन को आगे बढ़ाते हुए जब

पानी उबाल रही हूँ, ओवन में रखे तांबे के बर्तन में उसे डाल रही हूँ और प्यास बुझाने भर साफ़ पानी पी रही हूँ, तब मुझे सारी बातें याद आ रही हैं। इसके बाद मैं बाथरूम जाती हूँ और अपने बाल बाँधती हूँ, चेहरे को पानी से धोती हूँ, कुल्ला करती हूँ, थोड़ा टूथपेस्ट लगा कर ब्रश करती हूँ। मैं मुँह को फिर से धोती हूँ और अपनी जीभ को ग़ौर से देखती हूँ। ऊपर की तरफ़ थपकी देकर चेहरे को थपथपाती हूँ। फिर, हाथों को आगे-पीछे करते हुए आँखों पर थोड़ा घी मलती हूँ। चेहरे पर लगाने के लिए चंदन घिस कर पेस्ट तैयार करती हूँ, और चेहरे के रोम की दिशा में बाहर की ओर लगाती हूँ। मैं अपने पैरों को धोती हूँ और जूतों के बिना ही बेडरूम की तरफ़ बढ़ जाती हूँ, जहाँ हल्के, साफ़ रात के कपड़े पहनती हूँ और दिन के कपड़ों को कुर्सी पर हवा लगने के लिए छोड़ देती हूँ। मैं अपने *आसन* की चटाई निकालती हूँ और योग की कुछ मुद्राएँ करती हूँ। स्ट्रेच करती हुई सुनती हूँ कि मेरा शरीर क्या कहता है। मैं कुछ मंत्रों का उच्चारण करती हूँ तथा अपने बिस्तर पर जाती हूँ, जिस पर बैठ कर एक पल के लिए दिन का स्मरण करती हूँ, अपने हृदय को चेतन मन से आभार से भर देती हूँ, घड़ी में समय देखती हूँ और फिर सोने के लिए लेट जाती हूँ। आम तौर पर कड़ी चटाई पर या फ़र्श पर। यह रूटीन अपने आप में ही एक कंडिशनिंग बन गया है, और मैंने ग़ौर किया है कि मेरा शरीर जब गति की दिशा में जाता है तब नींद मुझे अपनी ओर आकर्षित करती है। मैं खुद को धन्य मानती हूँ कि मुझे अनिद्रा नहीं है या अधिकांश रातों में नींद आने में परेशानी नहीं होती। जल्दी ही, मैं सो जाती हूँ।

'जल्दी सोने और जल्दी जागने' का नियम जहाँ स्वस्थ, मज़बूत और उन लोगों पर लागू होता है जो मानसिक रूप से विक्षिप्त नहीं हैं, वहीं किसी व्यक्ति के सहन करने की क्षमता से अतिरिक्त दर्द और तनाव के चलते उसे ज़्यादा नींद की ज़रूरत पड़ती है। आयुर्वेद कहता है कि प्रत्येक व्यक्ति भिन्न होता है, उसमें कष्ट और उलटफेर को सहने की क्षमता भी अलग होती है। सदमे को दूर करने के लिए अतिरिक्त समय और अतिरिक्त नींद चाहिए। गर्भवती महिलाओं, बच्चों और बीमारी से ठीक हो रहे व्यक्तियों को अतिरिक्त नींद की ज़रूरत पड़ती है। अतिरिक्त *कफ़* वाले लोगों में सुस्ती और जड़ता रहती है। अतिरिक्त *आम* वाले लोग भी ज़्यादा सोना चाहते हैं, लेकिन यह

चूँकि रोग की हालत होती है, इस कारण उनके लिए इस आकर्षण से बचना और जल्दी सोकर उठना ही बेहतर होगा।

एक और अच्छा नियम होता है अच्छी नींद के लिए बिस्तर को तैयार करना, जिसे नींद की स्वच्छता कहा जाता है। यदि संभव हो तो बेडरूम को एक स्थिर, पवित्र स्थान बनाकर रखना चाहिए। छोटा-सा कमरा आदर्श होता है जिसमें सरल, स्वच्छ चीज़ें और आराम बढ़ाने वाली फ़र्निशिंग हो। बिस्तर के पास बिजली के तार नहीं होने चाहिए क्योंकि बिजली का करंट विद्युत चुंबकीय क्षेत्र का निर्माण करता है, जिसका आपके विद्युत चुंबकीय क्षेत्र पर सूक्ष्म प्रभाव पड़ेगा। इस कारण इलेक्ट्रॉनिक उपकरण, विशेष रूप से वाई-फ़ाई की सलाह नहीं दी जाती है। बिजली के उपकरणों में सकारात्मक आयनों की उच्च एकाग्रता होती है, इस कारण इनसे मुक्त बेडरूम ही सबसे अच्छा हो सकता है। बेडरूम से कचरा हटा दिया जाना चाहिए। बिस्तर का सिर पूर्व या दक्षिण दिशा में होना चाहिए। किसी भी स्थिति में उत्तर की तरफ़ नहीं होना चाहिए क्योंकि पृथ्वी की ध्रुवीयता को रीढ़ के तरल पदार्थ और सूक्ष्म नब्ज़ों, जिन्हें क्रेनियोसैक्रल पल्सेशन कहा जाता है, की सीध में रखना ठीक नहीं होता।

आयुर्वेद कहता है कि गद्देदार मैट्रेस या हवा वाले कुशन, वाटरबेड या कोमल फ़र्श की अपेक्षा सख़्त बिस्तर अच्छा होता है। शरीर क्रिया विज्ञान के अनुसार, दरअसल, प्रतिरोध के चलते ही मांसपेशियों व हड्डियों को उनकी ताक़त और ठोस होने में मदद मिलती है। लंबे समय तक गुरुत्वाकर्षण से दूरी के कारण अंतरिक्ष यात्रियों की हड्डियों का घनत्व और पेशियों का द्रव्यमान तेज़ी से कम होने लगता है। शरीर जब 6-8 घंटे यानी किसी के जीवन के एक तिहाई हिस्से तक हर रात कोमल गद्दे पर सोता है, तो हड्डियों को गुरुत्वाकर्षण से प्रतिरोध नहीं मिलता। इसकी बजाय, कड़े मैट या फ़ुटोन पर सोने से शरीर को मजबूरन अपने आपको अन्य संरचनाओं के अनुसार ढलना पड़ता है जिसके साथ वह बना होता है। ऐसे में रीढ़ अंदर से मज़बूत होती है, जिससे उसका स्वाभाविक घुमाव बना रहता है और सख़्त सतह बिना कसावट वाली पेशियों की तुलना में रीढ़ को ढीला पड़ने नहीं देती है। जब तक आपको सख़्त सतह की आदत नहीं पड़ जाती, तब तक आपको सिर के नीचे तकिया रखने की ज़रूरत पड़ेगी।

आयुर्वेद की यह भी सलाह है कि सोने से पहले आप तभी पानी पिएँ जब आपको प्यास लगी हो। आख़िर क्यों अपनी किडनियों और पेट को पानी को उस ऊर्जा में बदलने के लिए अतिरिक्त शक्ति ख़र्च करने के लिए मजबूर करें, जिस ऊर्जा का उपयोग ही नहीं होना है? यह आपको सुझाव देता है कि सोने के 3 घंटे के भीतर कुछ भी न खाएँ क्योंकि आपके *पित्त* की अग्नि आपके पेट पर अपनी ऊर्जा ख़र्च करने में व्यस्त हो जाएगी जिसे वह आपके दिमाग़ पर कर सकती थी। रात को सोने से पहले थोड़े-बहुत परिसंचरण के लिए थोड़ी स्ट्रेचिंग या थोड़ा योग करें या शाम को टहलें।

आप जिस कमरे में सोते हैं उसका माहौल सुखद, आरामदेह होना चाहिए। एक हल्की रोशनी, भीनी ख़ुशबू वाली *अगरबत्ती* या शांत मूड को बढ़ाने वाले कुछ फूल होने चाहिए। बिस्तर पर साफ़ चादर हो, और अगर आप कंबल का इस्तेमाल करें तो आपके और कंबल के बीच भी साफ़ चादर होना चाहिए। तकिए के कवर भी हफ़्ते में 1-2 बार बदले जाने चाहिए, जो इस पर निर्भर करता है कि आपके बाल कितने साफ़ रहते हैं और सोते समय आपका मुँह खुला तो नहीं रहता। आपको अपना ही तकिया इस्तेमाल करना चाहिए क्योंकि दूसरों के रंध्र छिदों से रिसे तत्व नींद के दौरान आपके तकिए पर गिर सकते हैं।

आप जिस कमरे में सोते हैं वहाँ अंधेरा होना चाहिए, जिससे आपकी शीर्षग्रंथि अंधेरे क्षेत्र को जान ले। आपका दिमाग़ जब अंधेरे और प्रकाश के स्पष्ट अंतर को पहचान लेता है, तब हॉर्मोन के लिए स्पष्ट संकेत उत्पन्न करता है। इस कारण आपका कमरा यदि किसी लाइट पोस्ट की ओर या शहर में है तो आपको गहरे रंग के पर्दे लगाने चाहिए।

बेडरूम एक सुरक्षित स्थान होता है, जहाँ कोई व्यक्ति अपने शरीर को सुरक्षित रूप से रखता है जबकि मन और आत्मा नींद की दुनिया में चले जाते हैं। यह सुनिश्चित करें कि ज़रूरत पड़ने पर बेडरूम का दरवाज़ा बंद किया जा सके। अगर बार-बार आवाजाही की गुंजाइश है तो अपने घर में नियम तय करें। अगर आपके साथ कोई सोता है तो वहाँ झगड़ा न हो। यह तय करें कि झगड़ा, बहस या चीख़-चिल्लाहट बेडरूम नहीं किसी और कमरे में जाकर की जाए। बेडरूम का इस्तेमाल सिर्फ़ सोने और अंतरंग पलों, क़रीब आने तथा प्रेम करने के लिए होना चाहिए, जहाँ अच्छे हृदय, अच्छे सहयोग की भावना हो न कि नकारात्मक भावना। बिस्तर पर खाने

की इजाज़त न दें। बिस्तर पर धूम्रपान न करें। इसका इस्तेमाल एंटरटेनमेंट जोन की तरह न करें। इस पर बेवजह के तकिए, साधन या कपड़े, पेपर या क़िताबें न हों। बिस्तर को साफ़ रखें, और हर दिन सोकर उठने से पहले चादर को झाड़ कर उसे फिर से बिछाएँ। अगर बहुत सारी गतिविधियाँ हुई हैं या चादर साफ़ नहीं रही तो उसे बदल दें।

एक बार आपने सोने के लिए पवित्र क्षेत्र को तैयार कर लिया है, तो अपने आपको रात की रूटीन के लिए तैयार करें जिसमें अपने मूत्राशय को ख़ाली करना, प्राकृतिक रेशों कपास या रेशम के कपड़े पहनना, और अपने पैरों को धोना शामिल है।

इन दिशा-निर्देशों के साथ, आप अपने सोने की ज़रूरत पर स्वयं अध्ययन करें और जानें कि आपको कितनी नींद की ज़रूरत है। याद रखिए कि आधी रात से पहले एक घंटे की नींद उसके बाद की दो घंटे की नींद के बराबर होती है। अगर आपको यह चाहिए तो आपको अच्छा रूटीन बनाना होगा, जब तक कि आपको यह न लगने लग जाए कि आप पर्याप्त सो रहे हैं। यह इतनी बड़ी उपलब्धि होगी कि आपको अच्छी नींद की स्वच्छता के महत्त्व का एहसास हो जाएगा।

सोने से ठीक पहले, चुपचाप बैठें और छोटी-सी प्रार्थना करें। अपने दिन के लिए ख़ुद को धन्यवाद दें, चाहे वह कितना ही कठिन क्यों न रहा हो। आपने उस दिन को जी लिया और आपके पास विकल्प है कि आप अगले दिन को कैसे जिएँ।

अपने सपनों में, मैं अक्सर अपने बचपन की यादों में लौट जाती हूँ, उस गाँव में जहाँ मेरे पूर्वज कई साल पहले रहते थे और पेड़ों को काट कर जला दिया गया। मैं वहाँ जाती हूँ क्योंकि वहाँ प्रकृति का ज्ञान है और उसकी शक्तियाँ हैं। मेरा सूक्ष्म व्यक्तित्व जानता है कि जब मैं इसकी शक्तियों में डूब जाऊँगी तो स्वस्थ हो जाऊँगी। मेरा मन मुझे वहाँ ले जाता है जहाँ मैं खेल सकती हूँ, सपने देख सकती हूँ और बढ़ सकती हूँ। मैं गहरी साँस लेती हूँ, जो स्वस्थ करने वाली भरपूर हवा है, और मुझे जो मैं हूँ वैसा रहने की इजाज़त देती है, बिना किसी संकोच के कामुक और बिना डर के आध्यात्मिक। यहाँ आयुर्वेद ज़िंदा है, क़िताबों या लेखों में नहीं, बल्कि इस ज्ञान के ज़रिये जो पेड़-पौधों में छिपा

है और जिस प्रकार वे अपनी पारिस्थितिकी में सौहार्द के साथ मिलकर रहते हैं। हर एक को शिक्षित करने के लिए तैयार जो ख़ामोशी से बैठ कर उन्हें सुनना चाहे। प्रकृति के बीच का हर पल हमें एक कड़ी को देखने और आगे बढ़ने की याद दिलाता है, उस दिन की शक्तियों के साथ हो लेने को कहता है जब तक कि हम विज्ञान का विश्लेषण न कर लें और इस बात की पुष्टि न कर लें कि इन सारी बातों के बीच प्रकृति हमें क्या सिखाने का प्रयास कर रही है।

# उपसंहार

अपने जीवन में हम जब अपने पेशे को चुन लेते हैं, तब अपनी आत्मा से जुड़ जाते हैं। सच्चे अर्थों में निरोगी करने के रास्तों की तलाश और उस रास्ते पर चलने का अधिकार ही मेरा पेशा है। मुख्यधारा की चिकित्सा में अपनी प्रैक्टिस के दौरान मैंने न तो संतुलन को देखा, न ही मुझे स्वास्थ्य दिखा। मैंने जब पारंपरिक चिकित्सा को आयुर्वेद के साथ जोड़ दिया, तब सबकुछ जीवंत हो उठा। न्यू यॉर्क में अपने छात्रों, मरीज़ों, दोस्तों व सहयोगियों के लिए आयुर्वेद को सुलभ बनाने के दौरान, मेरी चिकित्सा 'गुड मेडिसिन वर्क्स' ने प्रत्येक सलाह में *दोष, धातु, गुण* और आत्मा को अपना आधार बनाया। मेरे मरीज़ों को यह तरीक़ा पसंद आया। धीरे-धीरे, यह प्रैक्टिस इस कारण ख़्याति प्राप्त करने लगी क्योंकि आधुनिक चिकित्सा जिनका इलाज नहीं कर सकी, उसे इसने चंगा करना शुरू कर दिया। तब इस पुस्तक का जन्म हुआ।

गहराई से समर्पण ने एक आवश्यकता का रूप ले लिया। आयुर्वेद के पूर्वजों के प्रामाणिक ज्ञान के प्रति समर्पण के साथ, गहराई से रोग और स्वयं की देखभाल तथा *ओज* के अध्ययन को लेकर एक भूख पैदा हो गई। ज्ञान के इस सागर में गोते लगाने के लिए एक ही रास्ता था कि संस्कृत से बचा न जाए। इसने शरीर विज्ञान और जैव-रसायन को लेकर अनेक बातों को विभिन्न माहौल में शरीर की पारिस्थितिकी को देख कर स्पष्ट किया है।

बनारस हिंदू यूनिवर्सिटी में बैठ कर मैं जब इस पुस्तक को अंतिम रूप दे रही हूँ, फिर से पीएच.डी. के अध्ययनों के प्रति समर्पित कर रही हूँ, तब मैं पूरे भारत के आयुर्वेद के उन अनेक विद्वान नैदानिक ज्ञाताओं

के प्रति आभार प्रकट करती हूँ जिनसे इस वर्ष फुलब्राइट स्कॉलर के रूप में मुझे मिलने का अवसर मिला, जिन्होंने अपने साथ आने के लिए मेरा स्वागत किया, और पुस्तक के आगे बढ़ने के साथ-साथ मुझे सलाह दी तथा प्रेरणा के साथ ही मेरा उत्साहवर्धन किया। मैं अपने मरीज़ों की भी आभारी हूँ जिन्होंने मुझे दिखाया कि व्यावहारिक वास्तविकताएँ वैज्ञानिक सिद्धांतों से कहीं अधिक सार्थक होती हैं। यदि चिकित्सा विज्ञान को उसके उपयोगकर्ताओं की दृष्टि में सार्थक बने रहना है तो उसे हर हाल में वास्तविक जगत की सच्चाई के अनुरूप बदलना होगा।

कोई चीज़ जीवन में कितनी मूल्यवान है यह साबित करने का सबसे अच्छा तरीक़ा जीवन में उसका उपयोग करना ही है। नहीं तो जब कोई बीमार पड़ता है और उसे आयुर्वेद के सिद्धांतों और व्यवहार पर भरोसा ही नहीं है, तो इस विज्ञान का मूल्य ही क्या है? इस पुस्तक को मैं अपने शपथ पत्र के रूप में पेश कर रही हूँ कि सच्चा आयुर्वेद कारगर होता है। इस पुस्तक के लेखन के दौरान, मैंने अपने शरीर को प्रयोगशाला के रूप में इस्तेमाल किया, और बयालीस सलाहों में से हर एक पर प्रयोग किया तथा शास्त्रों को पूरी तरह से समझने का प्रयास किया। अपनी दैनिक दिनचर्या का पूर्ण रूप से पालन किया और शास्त्रों का अध्ययन करने के साथ ही मेरा वज़न कम होने लगा। मैंने जब इस पुस्तक को लिखना प्रारंभ किया था और जब तक यह पुस्तक पूरी हुई, तब तक मैं बिना डायटिंग और बिना ज़्यादा मेहनत अपना वज़न 26 किलो कम कर चुकी थी। इसमें एक सिद्धांत को इन सभी के केंद्र में रखा : *अग्नि* को किस प्रकार संतुलित रखा जाए। प्रत्येक निर्णय इसी गणना के आसपास केंद्रित था, जिससे आयुर्वेद की सलाह पर चलना मेरी विवशता बन गई, और जिसे मैंने आधुनिक समय के अनुसार ज़रूरत के मुताबिक़ अपनाया और उसकी सलाह का ही पालन किया।

इस पुस्तक को लिखने में मैं पूरी तरह तब जुट सकी जब मेरे पिता ने अंतिम साँस ली और उनकी अस्थियों को गंगा में विसर्जित करने के लिए मैं वापस लौटी। मैं उस देश में पहुँची जिसने उन्हें और मुझे आयुर्वेद की शिक्षा दी थी। मुझे आशा है कि आप मेरे माता-पिता के ज्ञान के आशीर्वाद तथा उसके लाभ का उतना ही आनंद उठाएँगे, जितना मैंने उठाया है।

नमस्कार।

# लेखिका के विषय में

मैनहटन और काशी में रहने वाली डॉ. भास्वती भट्टाचार्य एक लाइसेंसधारी, बोर्ड-सर्टिफ़िकेट प्राप्त चिकित्सक हैं, जिन्होंने पिछले पंद्रह वर्षों के दौरान 'अच्छी चिकित्सा' को आयुर्वेद का पर्याय बना दिया है। वे वाइल कॉर्नेल मेडिकल कॉलेज में फ़ैमिली मेडिसिन की क्लिनिकल असिस्टेंट प्रोफ़ेसर और बनारस हिंदू यूनिवर्सिटी में पीएच.डी. रिसर्चर हैं। वे 2014 की फुलब्राइट-नेहरू स्कॉलर, अमेरिकन मेडिकल असोसिएशन की लीडरशिप अवॉर्ड प्राप्तकर्ता और हार्वर्ड यूनिवर्सिटी में कमेंसमेंट एक्सरसाइज़ को संबोधित करने वाली पहली भारतीय हैं। उनकी रचना की चर्चा डिस्कवरी चैनल पर प्रसारित *हीलर्स : जर्नी इनटु आयुर्वेद* नामक डॉक्यूमेंट्री में की गई है। उनकी वेबसाइट है www.drbhaswati.com

# अनुवादक के बारे में

**महेंद्र नारायण सिंह यादव :** महाराजा कॉलेज, छतरपुर (म.प्र.) से स्नातक, भारतीय जन संचार संस्थान (नई दिल्ली) से पत्रकारिता में स्नातकोत्तर डिप्लोमा तथा गुरु जंभेश्वर विश्वविद्यालय से पत्रकारिता एवं जनसंचार में स्नातकोत्तर की उपाधि प्राप्त। पिछले 20 वर्षों से रेडियो, टेलीविज़न पत्रकारिता तथा अनुवाद और संपादन से जुड़े हैं। उन्होंने चिल्ड्रंस बुक ट्रस्ट के हिंदी संपादक के रूप में भी कार्य किया है। वर्तमान में वे दिल्ली में समाचार चैनल 'समय मध्यप्रदेश-छत्तीसगढ़' में पत्रकारिता कर रहे हैं।

उन्होंने अब तक क़रीब 25 पुस्तकों का अंग्रेज़ी से हिंदी अनुवाद किया है, जिनमें पूर्व राष्ट्रपति डॉ. एपीजे अब्दुल कलाम की *ख़ुशहाल व समृद्ध विश्व* और *भारत भाग्य विधाता,* नेपोलियन हिल की *मनचाही सफलता कैसे पाएँ, 'मेट्रोमैन' ई. श्रीधरन* और अशोक बैंकर की *अयोध्या का राजकुमार* व *मिथिला का संकट* शामिल हैं।

## अनुवादक की ओर से

हिन्दी अनुवाद को प्रमाणित करने में सहयोग देने हेतु प्रोफ़ेसर चंद्रभूषण झा एवं श्री प्रभात उपाध्याय का धन्यवाद।